法官商谏

——企业法律风险应对

FA GUAN SHANG JIAN

王春年 主编

中国财富出版社

图书在版编目（CIP）数据

法官商谏：企业法律风险应对 / 王春年主编 . —北京：中国财富出版社，
2013.9

ISBN 978 - 7 - 5047 - 4793 - 8

Ⅰ.①法…　Ⅱ.①王…　Ⅲ.①企业法—研究—中国　Ⅳ.①D922.291.914

中国版本图书馆 CIP 数据核字（2013）第 199143 号

策划编辑	黄　华	责任印制	方朋远
责任编辑	卢海坤	责任校对	饶莉莉

出版发行	中国财富出版社（原中国物资出版社）	
社　　址	北京市丰台区南四环西路 188 号 5 区 20 楼　邮政编码　100070	
电　　话	010 - 52227568（发行部）　　　　010 - 52227588 转 307（总编室）	
	010 - 68589540（读者服务部）　　010 - 52227588 转 305（质检部）	
网　　址	http：//www.cfpress.com.cn	
经　　销	新华书店	
印　　刷	北京京都六环印刷厂	
书　　号	ISBN 978 - 7 - 5047 - 4793 - 8/D·0096	
开　　本	710mm×1000mm　1/16	版　次　2013 年 9 月第 1 版
印　　张	24.75	印　次　2013 年 9 月第 1 次印刷
字　　数	485 千字	定　价　50.00 元

序 言

受益于互联网、全球化、数字化、服务经济年代的便利，更大范围、更高频率、更深层次的经济交流合作成为可能。近年来国内优秀的创业者们也如雨后春笋般涌现出来。无论是初创企业、兼并重组，还是国际化发展，法律问题都是不可回避的重要问题之一。有效运用法律手段规避风险，是企业稳健发展的前提之一。

法律风险在企业经营中，可谓"与生俱来、如影随形"。市场的规范运作离不开法律制度的调整。法律风险在书中主要是指企业运行者因缺乏必要的法律思维、疏于法律审查、逃避法律监管而导致的法律纠纷，或是不当应对纠纷后而产生的不良后果。相比于市场风险的客观性和不确定性，法律风险更具有人为性、可识别性以及可控性等特征。这些特征使得法律风险的可防范性大大增加。因此，不断提高发现、识别、预防、应对法律风险的能力，是企业经营者不可或缺的一种能力。

在企业经营中，要有效防范法律风险，往往要求企业管理者们做到以下三点：一要强化风险意识，在事前决策中将潜在的法律风险降到最低限度；二要加快建立现代企业制度，建立健全法律风险防范机制，使法律风险的应对处于专业化、制度化、常态化状态；三要学会沟通，在沟通中学习，规范企业内部管理。

中欧 EMBA11SH4 学员王春年以法律人的视角，对审判实务中企业经营者遭遇的种种法律风险进行了梳理、结集，最终编著成了这本《法官商谏：企业法律风险应对》。"以铜为镜可以正衣冠"，对于广大读者而言，本书就是一面手边的"镜子"。本书将成为企业经营者手中一面重要的"管理之镜"。

本书受众明确、切入点精准、体例独特。从要点提示、案例陈述、案例分析、风险提示以及风险应对等 5 个方面进行了分析，系统地给读者提供了一种事实参照和解决问题的工具。企业经营者如能熟读本书内容，切实掌握个中要领，树立法律风险意识，建立健全的风险管理制度，积极主动地在实践中预防各种法律风险，那么，企业的竞争力水平又将迎来一次大的飞跃。

企业如何规避在服务经济新时代过程中的新型经济活动所带来的法律风险，是摆在企业经营者面前的一个迫切需要解决的课题。没有规矩不成方圆，本书不仅为企业经营者规范竞争行为提供了借鉴，更为市场经济的法律风险理论提供了一个新的分析视角。

本书主编是中欧国际工商学院 EMBA 学员。我作为院长，也作为本书最早的读者之一，特别欣慰。顾念及此，是为序。

中欧国际工商学院院长　朱晓明

2013 年 8 月于上海

目　录

后　记

Chapter 1 第一章
公司设立及治理

第一节　企业形态选择的法律风险

【要点提示】

日益发达的市场经济孕育了多样化的企业形态，现代企业的主要形态有：有限责任公司、股份有限公司、自然人独资公司、普通合伙企业、有限合伙企业、个体工商户、中外合资企业、中外合作企业、集体企业，等等。多样化的企业形态正是市场经济的一个特征，即最大地激发创造力与生产力。人员、资金、结构、规模、经营范围等，这些组成因素的差异决定了企业设立形态的不同。对经济人①而言，选择不同的企业形态，意味着投资者享有不同的权益、承担不同的风险与责任，因此选择企业形态需要综合考量各项因素，包括经营、管理与风险控制。利益最大化是投资者的目标，但如果选择不当，可能给企业投资者带来巨大的损失和风险，因此，企业形态选择对企业发展至关重要。

【相关案例】

案例一：

A公司与B公司双方协商，合作形式决定采用"A公司无锡分公司"，在双方签订的设立"A公司无锡分公司"的协议书中明确约定由A公司提供生产设备、生产配件、技术图纸、技术人员，B公司则提供流动资金与厂房。且双方协商由B公司负责"无锡分公司"的经营并承担全部盈亏，且"无锡分公司"印章等全部相关资料皆由B公司法定代表人掌握。后B公司起诉A公司要求支付"无锡分公司"经营期间应付给其的货款200余万元；B公司法定代表人名下的另一家C公司，举证了一份C公司与"无锡分公司"签订的买卖合同，要求A公司与"无锡分公司"支付货款100万元。经庭审发现，B公司的关键证据上都盖有"无锡分公司"的印章。而依据法律，"无锡分公司"没有独立的法人资格与独立的财产权，故A公司不得不承担"无锡分公司"的债务。权衡之下双方达成调解协议，A公司向B公司支付巨额赔偿款后，终止了双方的合作协议，并关闭了"无锡分公司"。

评析：

从合作到对簿公堂，A公司在进入诉讼程序后以支付赔偿款了结诉讼，可以反思两点：①企业形态"A公司无锡分公司"的选择存在隐患；②印章等全部材

---

① "经济人"在西方古典经济学理论假设中是指追求利益最大化的理性人；在本书中，是指追求经济利益最大化的市场竞争主体。

料由 B 公司掌握存在隐患。因此，合作双方如何选择合作经营的实体形态至为重要。

案例二：

A、B 双方协商一致约定共同出资开办有限责任公司，注册资金为 200 万元。但是双方并未就股权配置时达成一致。A 出资 10 万元，欲占股权 40%，B 出资 190 万元，占股权 60%。就是因为出资比例与股权比例不匹配，在工商局登记注册时被拒绝登记。

评析：

拒绝登记即导致设立不能，该法律后果的原因在于投资者对企业形态的选择不当。出资比例与股权比例对等是有限责任公司设立的基本要求。设立不能不但有违投资者的初衷，还会产生设立期间债务承担的问题。如果出现上述类似情形，不必执着于公司的形态，相较之下，有限合伙企业是比较合理的选择。

案例三：

甲、乙系兄妹，欲成立有限责任公司，为满足法定的股东人数要求，工商登记载明甲、乙作为股东分别持股 90%、10%。后乙诉至法院，主张 A 公司股东的权利，但甲称乙并未实际出资，仅是挂名股东而已。

评析：

为了满足法律规定的股东人数要求，名义股东屡见不鲜。实践中，也有名义股东因各种原因，主张股东的实质权利，且为达目的妨碍公司正常经营，这样的风险经常存在。

【风险提示】

不同的企业形态有其特定的要求，包括开办注册资金、手续烦琐程度、风险责任承担、税赋比例、投资人关系等，由投资者根据自身的条件和需求进行选择。公司作为现代企业制度，有其责任的有限性，在企业形态选择中，最大的法律风险就是盲目选择的问题，会给投资者带来法律风险。例如，在公司形态的选择过程中，法律风险主要包括两个方面：

1. 因资金不足选择公司法律形态的法律风险

资金是企业经营的基本保障，也是对债权人的保护。根据我国法律的规定，有限责任公司的最低注册资本额为 3 万元，股份有限公司的最低注册资本额为 500 万元。

不同的企业形态对资金有不同的要求，资金短缺是投资者在选择法律形态时的一大障碍。在实践中，为了设立企业，大多数投资者往往执着于某一特定的法律形态，在遭遇资金不足的瓶颈时，并不是通过合法途径转换为更合理的形态，而是选择虚假验资、虚报注册资本等违法方式，由此引发了诸多法律风险。对拟设立有限公司的投资人而言，如出资不足，根据我国法律的规定，公司、其他投资人等都应承担相应的责任，包括补足投资差额等，给其他投资者或第三方造成损失的，要承担相应的民事赔偿责任，同时根据刑法的规定，虚报注册资本取得公司设立登记，将追究相关的刑事责任。

2. 因人数不足选择公司法律形态的法律风险

我国法律规定，有限责任公司由50人以下股东出资设立，股份有限责任公司股东应当有2人以上200人以下为发起人，而且，我国法律已允许股东一人申请设立有限责任公司。但是，根据我国法律的规定，在注册资本金等方面，对一人公司的要求要比普通有限责任公司严格很多，因此，仍然有很多投资者愿意虚拟出资人数等以便利设立登记。

公司申请设立不符合法定人数，根据我国法律的规定，将面临着设立申请不予批准的法律风险。设立申请不被批准将带来很多后续问题，譬如设立产生的大量费用必须由发起人承担。

勉强满足人数的要求后，往往容易忽略股东之间的信任问题。公司的一大特征就是"资合性"，但"人合性"也需要关注，尤其是有限责任公司。为了凑齐股东人数而降低股东之间的相互信任度，不利于公司的长期发展。

实践中往往存在名义股东，为了凑股东的人数而拉来的名义股东，并未实际出资，但却因经济等因素考虑主张经营管理、分红、查账等实质权利，容易导致公司僵局。

【化解对策】

1. 充分考虑影响企业形态的因素

选择企业法律形态应当考虑的因素主要有：拟创办企业的规模、资金规模、人数、理念、风险承受能力、设立的条件、手续、费用等。权衡及综合考量各种因素后，投资人应谨慎选择企业法律形态。

具体而言，在选择企业形态时要注意以下几个方面：

①个体工商户或合伙企业的规模较小，对资金要求较少，且管理简便灵活，独立性较强，决策程序简化，合伙人之间人身信赖程度较强，但对投资人或合伙人对企业债务承担须遵循法律的相关规定。

②如果企业规模较大、投资人比较多、所需资金较多，且投资人注重责任的有限性和风险的可预测性，可以选择有限责任公司或者股份有限公司，其公司管理更趋现代化，职业经理人便是现代企业制度的一大特征。

③如果有国外的投资者，可以考虑选择中外合作企业或中外合资企业，这样就可以享受相关的优惠政策等。

综上，在选择公司法律形态时，投资人构成、资金、企业经营范围、企业规模等都是必须要考虑的因素，结合法律对不同企业形态的相应规定，从有利于企业的长期发展考虑，从多样性中选择最为合适的企业形态。

2. 谨慎适用"无限责任"的设立形态

个体工商户、个人独资企业、合伙企业均是"无限责任"的企业形态，企业的债权人可以追索投资人的个人全部资产甚至家庭财产，即投资人对企业的债务承担无限责任。这种形态的确具有税负轻、灵活管理、宽松监管等便利性，但无限责任意味着投资风险大、抗风险能力弱。对此，投资人应当具有充分的思想准备与风险意识，并在企业经营中时刻注意防范经营风险。

3. 特别注意分支机构的设立风险

异地设立分支机构，初衷是便于公司经营和扩大业务，但其分公司的印章管理往往存在巨大风险。对其分支机构在经营过程中的债务，其设立企业必须以其所有的财产承担相应的法律责任。所以，分支机构是典型的"风险大、责任重"的设立形态[①]。

4. 慎重选择一人有限责任公司

一人有限责任公司内部管理结构简单，可以避免公司僵局，且因其有限责任预先限定了股东的投资风险，实现公司财产和股东个人财产的分离，也较有利于商业秘密的保护，所以这种企业形态被法律认可后有效地促进了社会投资。实践中，很多公司由于人数不足往往被迫解散，但一人公司很好地解决了这个问题。但其弊端也不应忽视。股东的唯一性破坏了传统的法人治理制度，缺乏制衡机制，又容易以其责任的有限性为理由导致债权人利益受损的情况，故存在公司法人人格否认制度，规制滥用公司独立人格这种情况，否认股东有限责任而直接追索股东的责任。对一人公司而言，投资人要从资金占用、财务成本以及债务承担方面权衡利弊、慎重选择。

第二节　公司设立出资的法律风险

【要点提示】

股东出资是公司成立和存续的物质基础，是公司资本形成最基最重要的途径，且对公司的债权人而言，股东出资是公司对其债权人承担责任的信用基础。

---

① 朱智慧．企业法律形态之选择［EB/OL］．［2008 - 11 - 06］．http：//www.zjblf.com/view.asp?id＝567&bcg＿id＝459&bcg＿id1＝457.

股东出资对其他股东、公司、公司债权人的利益都会产生很大影响。出资义务是指股东应当足额缴纳公司章程中各自认缴的出资额，它是股东基于其股东地位，为公司目的事业所负的、对公司所为的一定给付义务①。公司法对股东的出资形式、最低注册资本额、不同种类的出资所占注册资本的比例等事项都作出了明确的规定。

关于股东出资瑕疵，有学说认为，在法律对股东出资设定了明确规则的情况下，如股东出资未吻合这些规则，股东用以出资的财产或财产权利本身存在瑕疵，或其他出资行为有瑕疵，即构成出资瑕疵②。有学者认为，股东出资瑕疵是指股东缴付的现物存在品质上或权利上的瑕疵的情形，包括法律瑕疵和自然瑕疵，如所交付的标的物不符合章程约定或国家规定的品质标准，不具有相应的功能或效用，或者所交付的标的物存在着第三人的合法权利，影响公司对标的物的占有、使用和处分③。

本文所涉及的出资瑕疵具体包括虚假出资、抽逃出资、不适当出资、出资形式不当等情形。

【相关案例】

案例一：

A、B、C3家公司共同签订了成立某股份有限公司的发起人协议，对各方的出资方式和出资比例均有约定。后因A公司出资不实，导致新设立的股份公司无法正常运营，给公司及其他设立人带来巨大损失。

案例二：

A公司与B公司在达成的兼并协议中约定：A公司向兼并后新成立的C公司注入资金100万元。但在协议履行过程中，A公司并未交付任何财产，仅以伪造的资金证明虚假出资，违反了公司法规定的股东出资义务。根据我国法律的规定，A公司向C公司补缴了100万元出资；且A公司的法定代表人作为直接负责的主管人员，被追究了相关的刑事责任。

案例三：

A、B、C3家公司拟共同投资设立D公司。其中A、B公司因资金紧张而无法交付投资款，E公司同意先垫付出资，并将款项汇入该两家公司账户。D公司成立后，A、B公司采取伪造银行对账单、提供虚假购货发票等手段将E公司先予以垫付的出资款归还给E公司。

---

① 冯果. 论公司股东与发起人的出资责任 [J]. 法学评论, 1999 (3).
② 蒋大兴. 公司法的展开与评判——方法·判例·制度 [M]. 北京：法律出版社, 2001.
③ 郑曙光. 股东违反出资义务违反形态与民事责任探究 [J]. 法学, 2003 (6).

案例四：

A、B公司一直有业务往来。因到期后B公司未按时向A公司履行还款义务，A公司诉至法院。判决生效后A公司申请法院强制执行。但此时B公司已无财产可供执行。经过对B公司的财产情况和注册登记情况进行了详细的调查，B公司是由甲、乙、丙3人共同投资成立的有限责任公司，注册资金100万元。其中甲以现金出资20万，占20%的股份；乙以自购车一辆，经评估作价30万元作为出资，占30%的股份；丙以自己的一套商品房出资，经评估作价50万作为出资，占50%的股份。3个股东的出资除甲的现金出资到位外，乙的汽车、丙的房屋都并未过户至B公司名下。A公司申请追加乙、丙为被执行人，在其出资不实的范围内承担民事责任，查封了丙的商品房。后乙、丙履行了还款义务①。

评析：

通过大量案例不难看出，出资瑕疵会引发大量的法律风险，甚至导致公司设立无效，且出资瑕疵股东对其他股东、公司及公司债权人都应承担相应的责任，在一定情形下还要追究其刑事责任。

【风险提示】

1. 虚假出资

虚假出资是指股东表面上出资而实际未出资，却取得了公司股权。实践中往往有以下表现形式：①以无实际现金的虚假的银行进账单、对账单骗取验资报告，从而获得公司登记；②以虚假的实物投资手续骗取验资报告，从而获得公司登记；③以实物、工业产权、非专利技术、为了保证公司资产的充实，维护债权人和社会公众的利益，法律明令禁止股东虚假出资，但还是有些单位和自然人利用虚假出资欺骗公司登记机关，非法获得公司登记。土地使用权出资，但未实际交付或未办理财产权转移手续；④股东设立公司时，为了应付验资，将款项短期转入公司账户后又立即转出，该款项并未实际用于公司经营；⑤未对投入的净资产进行审计，仅以投资者提供的少记负债高估资产的会计报表验资。虚假出资和未交出资款不同，区别在于前者是无代价而取得股份，行为性质为欺诈；后者是未交出资款也未取得股份，其行为性质为违约②。

虚假出资，使得现代公司资本制度难以实现。对其他出资人，虚假出资人要承担违约赔偿责任；对公司，虚假出资人仍然要依约出资，需要承担补缴出资责任及赔偿责任；对公司债权人，虚假出资人要承担清偿责任；情节严重的，虚假

---

① 虚假出资的案例分析［EB/OL］.［2009-06-10］. http：//wenku. baidu. com/view/8da0c61d10a6f524ccbf8555. html.

② 张辉. 谈股东虚假出资行为的民事法律责任［EB/OL］.［2006-02-13］. http：//www. chinacourt. org/article/detail/2006/02/id/196002. shtml.

出资人还可能面临刑事处罚。

2. 抽逃出资

抽逃出资，是指股东将已缴纳的出资又通过某种形式转归于自身所有，但是仍然保留股东身份和原有的出资额的情形①。《公司法》第三十六条明确规定：公司成立后，股东不得抽逃出资。实践中抽逃出资往往表现为以下形式：①利用股东地位，特别是控股股东，强行划走公司账上的资金；②公司从其股东手中回购其占有的公司股权，但就该股东减少情况并未进行变更登记；③违反法律规定，未提取法定公积金就先行进行利润分配；④违反法律规定，在弥补上一年的亏损前就进行利润分配；⑤制作虚假财务会计报表虚增利润进行分配；⑥公司向股东支付相当于股本金的货币但股东仍持有股权；⑦股东利用亲友或自己控制的其他经济主体实施关联交易，转让利润。一般而言，能够从公司中抽逃出资的股东往往是控制、掌握公司者②。

抽逃出资的责任包括：①对公司而言，公司依法享有返还财产请求权。股东出资后，公司对其资产享有独立的财产权，有别于股东的个人财产，这种抽逃出资的行为侵犯了公司的独立财产权。除了应当返还所抽逃的相关出资外，该侵权行为人还应当支付相应的利息及承担对公司其他直接损失的损害赔偿责任。②对其他股东而言，该行为人违背了设立出资协议，故对其他按约履行出资义务股东需要承担违约责任；③对公司债权人而言，抽逃出资造成公司资产不当减少，公司的偿债能力被大大削弱，实践中，往往存在公司资不抵债，而债权人债权实现有困难的情况，法院一般允许追加抽逃出资股东为共同被告，并判决该股东在抽逃出资及其利息范围内承担连带责任，如此有效地保护了公司债权人的权利。抽逃出资同时会涉及刑事犯罪的问题。

3. 不适当出资

不适当出资是指出资义务履行不当。不适当出资包括以下情形：①迟延出资，也称逾期出资，关键就是履行期限。股东具有履行出资义务的能力，但未按照公司章程约定的期限和法定的期限履行出资、交付财产或办理财产权转移手续的情形。所谓未按公司章程约定的期限履行出资义务主要发生于公司设立过程之中，所谓未按法定期限履行出资义务主要是指在公司成立后未在规定的期限内办理财产权转移手续。②不实出资，是指未依法履行足额缴纳出资义务的情形，是不完全出资的一种特殊形式。出资方式不是货币时，如实物、非专利技术、工业

---

① 吴庆宝. 商事裁判标准规范 [M]. 北京：人民法院出版社，2006.

② 昌辉. 论公司股东对债权人的清偿责任 [EB/OL]. [2009-02-04]. http：//www.chinacourt.org/article/detail/2009/02/id/343705.shtml.

产权、土地使用权，这些出资方式的实际价额显著低于公司章程所确定的价额。③瑕疵出资：是指股东缴付的现物存在品质上或权利上的瑕疵的情形，包括法律瑕疵和自然瑕疵。如所交付的标的物不符合章程约定或国家规定的品质标准，不具有应的功能或效用，或者所交付的标的物存在着第三人的合法权利，影响公司对标的物的占有、使用和处分①。

　　不适当出资因其程度不同，而可能出现以下后果：①股东出资瑕疵而使公司资本不能满足法律规定的最低资本额的要求，属于设立瑕疵，会导致公司设立无效或公司登记被撤销；②虽然不适当出资，但公司资本已达到法律规定的最低资本额，但与登记载明的资本不符，此时应区别是否属于资本显著不足的情况。如公司资本不属于显著不足，则债权人可在应缴与实缴的差额内直接向公司股东追缴出资；如公司资本属于显著不足，则否认公司的法人人格，责成股东承担无限连带责任。不适当出资的股东虽然其股东身份不受影响，但要对其他股东承担违约责任、对公司承担差额补缴责任、损害赔偿责任、对债权人承担债务清偿责任。

4. 出资形式不当

　　法律规定：股东可以用货币出资，也可以用实物、知识产权、土地使用权等可以用货币估价并可以依法转让的非货币财产作价出资；但是，法律、行政法规规定不得作为出资的财产除外。出资人不得以劳务、信用、自然人姓名、商誉等作价出资，更不能以"干股"的形式出资。

　　出资形式不当包括：出资形式不为法律认可、法律等规定为不得作为出资的财产、货币出资要求不合法。即使发起人就出资达成协议，就该形式不当的出资部分约定也是无效的，该部分出资人应当提供合法有效的替代出资。如果出资形式选择不当，公司将面临设立不能的风险。有的发起人在公司设立过程中对出资形式、出资数额进行变更，比如将货币出资变更为非货币出资，那么会导致设立费用和设立时间增加，设立程序更加烦琐，同时如果非货币出资不被法律认可，将会导致公司设立不能，等等。

5. 出资评估不当

　　非货币的价值问题不仅涉及公司注册资本额的问题，还关系到货币出资人和非货币出资人之间的协议履行问题。若非货币出资人作价过高，相当于同一股份在不同出资人之间价格有异，便导致了"掺水股"的存在，显然有违公平原则。

　　在由专家进行非货币出资的价值评估模式中，专家是根据既定的标准和方法对非货币出资的实际情况作出的价值评估。因此专家应当对评估结果的真实性和合理性负责。我国《公司法》第二百零八条便规定了评估机构接受公司的委托对

---

① 郑曙光. 股东违反出资义务违法形态与民事责任探究明 [J]. 法学，2003.

非货币出资进行评估，如果故意弄虚作假或存在过失导致评估结果不实的，需要承担责任，包括行政责任和民事赔偿责任。

同时，中介机构的选择也存在法律风险，可能导致评估结果不被有关机关认可，延误公司设立或者最终导致公司设立不能。对于出资资产评估不实的风险，出资人必须补足出资外，还应该根据设立协议的约定，向其他出资人承担违约或者赔偿责任。

【化解对策】

①依法出资。遵循法律规定进行出资，一定要对出资形式作出明确约定，并对改变出资形式的责任承担作出明确约定。

②及时办理验资与登记手续，在规定期限内办理财产转移手续，进一步规范验资行为。

③非货币出资一定要评估。选择专业机构、对价值评估给予充分披露、完善审查监督机制、明确评估不实的责任承担。

④根据不同的出资形式，按照法律规定及时办理交付、过户、登记等手续。

⑤完善相应的司法救济，充分利用权利救济方式，包括股东代表诉讼、失权程序、公司法人格否认、司法解散。

第三节 公司设立文件的法律风险

一、公司设立协议缺失或瑕疵引起的法律风险

【要点提示】

公司设立协议，是指发起人为规范公司设立过程中各发起人的权利和义务而签署的协议。按照《公司法》的规定，设立公司，投资者应当签订设立协议或发起人协议。作为基础性的法律文件，公司设立协议包括了投资者出资方式、出资比例等内容，规定了投资者之间的权利义务。实践中，因法律知识的缺乏，很多投资人自行拟定设立协议甚至不签订设立协议，这些不完善包括：对出资方式、出资期限、违约责任等未明确约定或约定不明，造成了许多争议。此外，公司设立协议约定事项违法的情况也偶有发生，有些个别条款无效，有些则可能影响公司的成立。

【相关案例】

A公司、B公司、C公司三方共同出资成立D公司。C代A缴纳了其出资额；但是双方并未对于利益分配、责任划分等问题作出明确约定。后D公司因经营不

善、不能清偿到期债务，被债权人诉至法院。债权人向法院请求将 A 追加为被执行人，要求其在应出资额范围内承担清偿义务。法院经审理查明：A 虽未实际履行出资，但既为公司的股东，就要承担股东应尽的义务，遂支持了债权人的请求。

【风险提示】

1. 缺少书面公司设立协议的法律风险

实践中，发起人之间就公司设立达成一致意向后便着手操作，很少未雨绸缪地考虑公司在设立过程中可能出现的问题；对于发起人之间的权利、义务、责任，也很少以书面的设立协议等方式先予以明确，致使在公司设立的过程中，发起人个人随意性较大，决策容易引发纠纷、造成浪费。

缺乏书面的公司设立协议，该风险不仅体现在设立活动本身，且权利义务不明确致使潜在的法律风险一直持续到公司正常经营活动中的股东之间。

2. 公司设立协议约定不当的法律风险

公司设立协议，具体规定公司设立过程中发起人之间的权利义务；在公司不能依法设立的情形下，发起人也可以依据设立协议当中的有关条款，确定彼此之间的违约责任、赔偿责任以及责任大小。

但是，如果公司设立协议约定不当，一旦出现问题，一方面在发起人之间的责任划分上存有一定的难度，同时也可能引发发起人之间的纠纷。

3. 设立协议中保密条款缺失的法律风险

在公司的设立过程中，有关将来公司的很多资料、信息都没有来得及采取适当的保密措施，这为以后公司的保密埋下隐患。

对于一些具有特定专利技术、技术秘密或者具有特殊经营方法或者服务理念的公司，保密问题更显重要。而这些秘密往往是企业的核心所在，这些信息一旦被他人恶意利用，给公司造成的损害无法估量。

公司成立以后的保密问题也必须引起重视。因股东身份的特殊性，一定要避免股东利用其身份损害公司利益，也要避免股东利用该公司信息"另起炉灶"，与公司直接竞争致使公司利益受损。

4. 股东之间约束机制条款缺失的法律风险

公司股东掌握公司的全部经营活动。但是，根据出资的多寡，股东获益可能有所不均。因此，当股东利用其掌握的经营信息的优势地位，能够远远超出其出资的获益时，那么约束股东对经营信息的滥用就至关重要了。

实践中最为常见的缺乏对股东约束的法律风险体现为股东的竞业禁止义务，即公司股东另外投资从事与公司相同的行业，形成与公司直接或间接的竞争关系；对于不参与经营的小股东，这种法律风险更为突出。

关于竞业禁止的约束，对于员工，公司可以通过劳动合同、规章制度等对其设定行为规范；对于董事和经理，我国公司法规定了基本义务；但是，无论是公司制度还是《公司法》，都很难限制股东的行为。对于股东行为的限定，最为有效的还是通过股东之间的相互约束实现。

【化解对策】

①事先签订书面的公司设立协议。

②对公司设立协议的法律风险应当进行全面、综合的分析和评估。

③在设立协议当中设置恰当的保密条款及其责任。

④在设立协议中明确设立股东约束机制条款及其责任。

二、公司章程不完善的法律风险

【要点提示】

公司章程是公司依法制定的，由全体发起人制定并签署的，规定公司名称、住所、经营范围、经营管理制度等重大事项的重要文件，是公司的"宪法"，保障公司高效有序运行。

根据是否由法律规定，章程的内容可分为必要记载事项和任意记载事项。必要记载事项，是《公司法》列举的必须或者可以在章程中记载的条款，包括：①绝对必要记载事项，即法律规定必须记载的事项，缺少任何一项或任何一项违法，将导致整个章程无效，从而使公司设立无效，例如公司名称、住所、股东出资、公司资本等；②相对必要记载事项，是指法律列举的是否记载由发起人选择的事项，一经记载则发生法律效力，不予记载也不会影响整个章程效力，如经营期限、实物出资等。任意记载事项，是指《公司法》未作规定，发起人在章程中载明的其他事项，一经记载，则对各发起人有约束力。

【相关案例】

甲、乙、丙3人分别是3家公司的法定代表人。2003年年底，3人名下的4个公司联合报名参加了某房地产开发项目的国有土地使用权竞买并中标。为共同投资开发该房地产项目，3人以个人的名义签订了一份《股东协议书》，约定：①三人共同出资成立项目公司，其中甲乙各占41.5%的股份，丙占17%；②项目公司注册资本金以及应投入的土地出让金、土地开发补偿经费、开发资金等，丙合计出资600万元，其余应出资金由甲乙双方垫付，丙承担利息。2004年上半年，该地块开发的项目公司注册成立。但在项目公司登记备案的章程中，项目公司的股东却登记为A、B、C3家公司，其中B、C公司的法人代表分别为乙、丙，A公司法人代表则为其他人。根据项目公司章程的约定，公司注册资本为8000万元，首期出资2400万元，A公司认缴50%的出资，占公司股权的50%，B公司认缴33%的出资，占公司股权的33%，C公司认缴17%的出资，占公司股权的

17%。章程还特别规定股东应缴纳所认缴的出资，各股东也对剩余注册资本的到位时间作出了承诺。项目公司注册时，各股东首期出资均按章程规定正常到位并经验资，其中C公司出资408万元。2006—2007年，A、B两公司认为，无论是根据《公司法》规定还是各方承诺，项目公司剩余注册资本的出资期限均已到期，遂将自己应出的剩余注册资本全部汇入公司验资账户并经会计师事务所验资，同时还多次要求C公司按章程规定，缴纳剩余注册资本。但是，C公司认为，根据《股东协议书》的约定，剩余出资应由A、B两公司垫付，故拒绝缴纳剩余注册资本。由于上述争议，项目公司无法办理注册资本到位的登记手续，在工商年检以及公司经营等各方面均受到影响。为此，项目公司及A、B两公司于2007年7月向项目公司所在地的中级人民法院起诉，要求C公司履行出资义务并协助办理工商登记手续。但C公司在接到法院传票后，却突然向项目公司所在地的基层人民法院提起诉讼，以公司僵局为由，要求解散公司，并申请中级人民法院中止了前一案件的审理。A、B两公司认为，C公司已经没有继续出资的诚意，故又向中级人民法院提起诉讼，要求法院根据C公司在项目公司中的实际到位注册资本408万元，确认C公司在项目公司股权为5.1%，并要求C公司协助办理工商变更手续、赔偿经济损失等①。

【风险提示】

公司章程是公司的"基本法"，是公司高效有序运行的重要法律基础文件。公司章程具有专业性、原则性、复杂性。但实践中忽视公司章程的情况大多存在，很多经营者或投资者仅将其作为公司设立的一份普通法律文件，重视程度不够。有的公司章程条款非切实可行，未考虑结合实际情况，也不够具体明确，缺乏操作性。有的公司章程未予明确股东会、董事会等职责，未能完善相应会议制度与表决制度，缺乏公司重大决策的法定程序和监督程序。比如，《公司法》第三十八条规定，股东会有权决定公司的经营方针和投资计划；第四十七条第（三）项规定，董事会有权决定公司的经营计划和投资方案。但经营方针和经营计划的差别并没有更明确的定义。这样不明确的章程致使发生争议和纠纷的概率明显增加。

【化解对策】

公司章程的价值在于内容具体、针对性强、操作性强。每个公司在资本规模、股权结构、经营范围等方面有所区别，每一份公司章程都应适合本公司实际需要的自治规则。为此，公司章程的制定不仅仅是公司发起人之间签订一份协

---

① 公司章程制定及风险防范 [EB/OL]．http：//wenku．baidu．com/view/6c1ef80a581b6bd97f19eaf2. html．

议，兼顾公司运作的高效、便利及有利于公司发展的原则。

制定章程的原则应为兼具"合法性"与"可操作性"，具体策略包括：

①充分重视公司章程，强化公司章程意识和法治观念。

②在遵循法律法规规定的基础上制定公司章程时，充分考虑公司股东及持股比例、行业特征、运行机制等因素。

③充分利用章程自治的特征，将细化公司治理与发展、股东权利义务分配等内容写入章程。

④加强公司章程的可操作性，尽量细化，也可增加"违反公司章程的责任"的内容。

⑤章程应当注重平衡股东之间以及利益相关人之间的利益，调动全体公司人员的积极性，促进公司良性发展。

第四节　公司设立股权配置的法律风险

【要点提示】

股权设置是出资人根据其出资比例确定的，通过设置股权以确认投资者在企业中地位、权利以及承担的义务和责任。同时，可以依据投资者承担风险的能力、资本的多少设置不同的股权以吸引投资者投资。公司具有什么样的股权配置结构对企业的类型、发展以及组织结构的形成都具有重大的意义[①]。

【相关案例】

案例一：

A公司，只有两个股东，双方各占50%股份。按照公司法规定，股东会决议需要过半数的表决权股东同意才有效。后来，两个股东因为其他原因导致争议，双方互不同意对方的提议，导致公司无法形成任何决议，经营不能正常进行。

案例二：

B公司，为有限责任公司，有股东3人，甲、乙两个股东各占45%的股份，丙占10%的股份。按照公司法规定，股东会决议需要超过半数的表决权股东同意才有效。甲、乙一旦意见不同，则丙支持哪一方，哪一方的意见就能够形成有效决议。甲、乙发现这一情况后，都有意拉拢丙。最终的结果是丙实质上控制了公司的发展走向。

---

① 股权设置［EB/OL］. http：//wiki. mbalib. com/wiki/%E8%82%A1%E6%9D%83%E8%AE%BE%E7%BD%AE.

评析：

上面两个案例所产生的问题并不相同，但同样损害着公司利益。案例一形成了公司僵局，案例二导致了公司控制权与利益索取权的失衡。股东所占股份的百分比，只是在分红时起作用，并不意味着每个股东对公司的运营能产生影响，尤其是一些零散的决策权，总是掌握在某一个股东手里。零散决策权必将带来某些私人收益。股东从公司能够获得的收益是根据其所占股份确定的，股份越高其收益索取权越大，就应当有对应的控制权。当公司的控制权交给了股份比例较小的股东，其收益索取权很少，必然会想办法利用自己的控制权扩大自己的额外利益。这种滥用控制权的法律风险是巨大的，对公司和其他股东利益都有严重的损害。

案例三：

1987 年 12 月，A 公司与 B 公司欲筹资组建 C 公司（有限责任公司），双方约定：A 公司出资 400 万元，占 40%；B 公司出资 600 万元，占 60%。某外贸 D 公司欲入股 C 公司，与 B 公司签订合同约定：双方以"B 公司"名义共同投资 C 公司；关于 600 万元的出资份额，B 公司出资 240 万元，占 40%，外贸 D 公司投资 360 万元，占 60%；投资赢利由双方对半分成，亏损亦由双方各半承担。随后，办理了 C 公司（有限责任公司）的设立登记并领取营业执照。在 C 公司股东名册、公司章程、工商登记中记载的公司股东为 A 公司与 B 公司。

外贸 D 公司与 B 公司签订的协议，对于应当由 B 公司承担的 600 万元出资，外贸 D 公司分担了 360 万元，B 公司实际出资则为 240 万元；但在 C 公司股东名册、公司章程、工商登记中记载的公司股东为 A 公司与 B 公司。此案就是一种比较典型的隐名出资[①]。

评析：

从案例三可以看出，由于隐名出资涵盖的法律问题比较复杂。这些问题如果处理不当，就会隐埋下诸多法律风险。

【风险提示】

1. 股权设置集中法律风险表现

事实上有很多公司有一个主要出资人，为了符合过去的公司法有关规定才找了其他小股东共同成立公司。这种情况下，很容易出现股权过分集中的结构，一个大股东拥有公司绝对多数股份。

一股独大的情况下，董事会、监事会和股东会形同虚设，"内部人控制"问

---

① 张学华. 股权设置 ［EB/OL］. ［2012 - 05 - 29］. http：//www. 110. com/ziliao/article - 296925. html.

题严重，企业无法摆脱家长式管理模式。但在公司进入到规模化、多元化经营以后，缺乏制衡机制，决策失误的可能性增加，企业承担的风险会随着公司实力的增强而同步增大。

另外，一股独大，导致企业的任何经营决策都必须通过大股东进行，其他小股东逐渐丧失参与公司经营管理的热情。一旦大股东出现状况，如大股东意外死亡或被刑事关押等，直接导致企业无法正常经营决策。等到一切明朗的时候，企业已经被推到了破产的边缘。

股权过分集中，不仅对公司小股东的利益保护不利，对公司的长期发展不利，而且对大股东本身也存在不利。一方面由于绝对控股，企业行为很容易与大股东个人行为混同，一些情况下，股东将承担更多的企业行为产生的不利后果；另一方面大股东因特殊情况暂时无法处理公司事务时，将产生小股东争夺控制权的不利局面，给企业造成的损害无法估量。

2. 平衡股权结构风险

所谓平衡股权结构，是指公司的大股东之间的股权比例相当接近，没有其他小股东或者其他小股东的股权比例极低的情况。在设立公司过程中，如果不是一方具有绝对的强势，往往能够对抗的各方会为了争夺将来公司的控制权，设置出双方均衡的股权比例。如果这种能够对抗的投资人超过两个，所形成的股权结构就较为科学。但是如果这种能够对抗的投资人只有两个，则将形成平衡股权结构①。

3. 夫妻公司风险

许多民营企业家在创业之初即为夫妻共同打天下，公司注册为夫妻两人所有；也有企业为了满足公司法规定的"公司股东必须为两人以上"的强制性要求，但又信不过别人，因此，将公司注册为夫妻两人所有，实质上由一人出资经营。

关于夫妻公司，我国公司法并未明确予以禁止，夫妻共同投资一家公司也并不具有任何法律上的瑕疵。实践中，夫妻公司往往与家庭并无实质分别，尤其是财产上混为一体，容易出现个别股东操纵公司、损害公司法人人格独立性，可能招致公司人格的丧失，失去"有限责任"的保护，将整个家庭与公司混同。2005年年底修改《公司法》，确立了法人人格否定制度，夫妻公司经营管理活动不规范则存在法人人格被否定的法律风险。

因"夫妻公司"引发的法人资格否定的纠纷，主要体现在公司债权人要求偿

---

① 赵洪升. 公司股权设置及法律风险的防范 [EB/OL]. [2010 - 06 - 05]. http://www.66law.cn/domainblog/19558.aspx.

还债务和夫妻离婚诉讼两种情况。从法人人格否定制度来讲,其目的在于保护债权人,只有在法人债权人提出诉讼请求时,法院才进行审查"夫妻公司"是否存在滥用法人人格的情况,决定是否否定法人人格①。

4. 隐名出资法律风险表现

隐名投资,是指一方(隐名投资人)实际认购出资,但公司的章程、股东名册或其他工商登记材料记载的投资人却为他人(显名投资人)②。

在实践中,隐名出资或隐名股东的存在比较普遍,而其中的法律关系又比较复杂,涉及股东权利的行使和股东的责任问题。在股权设置方面,如果能将隐名出资问题处理妥当,将会有效降低出资过程中的法律风险,实现公司设立目的。隐名出资法律风险表现主要体现在以下几个方面:

(1)隐名出资人和显名出资人之间协议缺失的法律风险

隐名出资人与显名出资人之间的具体权利义务,通常是以双方隐名出资协议确定的。比如双方的出资比例、利益分配问题、纠纷解决方式、双方的责任划分等。

但是,在具体的实践当中,出资人往往忽视书面出资协议的重要性,经常仅依靠"君子"协议,即着手实施巨额投融资项目。一旦问题出现,由于缺乏明确合法的依据,双方相互推诿责任或者争夺利益,引发纠纷,甚至还可能损害第三人的合法权益。

(2)隐名出资人和显名出资人之间协议约定事项不完善的法律风险

隐名出资人和显名出资人之间协议,是解决双方之间法律问题的基础,应当完善、明确,尽量避免因为约定不明、约定内容本身存在歧义等问题,引发一系列的法律问题。

在实践当中,大多数隐名出资人都会通过专业的法律机构或者聘请律师,起草、审核隐名出资协议,对于其中涉及的法律问题,应提前做好防范措施。

(3)协议效力不被确认的法律风险

关于隐名出资人协议的效力,目前我国法律还没有明确的规定。隐名出资人和显名出资人之间发生纠纷,在实践当中,更多的是依赖于法官的自由裁量权。一旦协议效力不被确认,事情的处理方式很可能就与出资人最初的设想产生很大差异。

因此,对于隐名出资协议,出资人应当及时向专业的法律机构进行咨询,或

---

① 张学华. 公司股权设置及法律风险的防范 [EB/OL]. [2010 – 05 – 29]. http://www.110.com/ziliao/article – 296925.html.

② 隐名投资 [EB/OL]. http://baike.baidu.com/view/3483540.htm.

者借助机构的专业力量，对协议的条款进行重新安排，以降低隐名出资可能引发的法律风险。

（4）与第三人交易引起的法律风险

隐名出资人和显名出资人之间确定权利义务的协议，一般情况下可以作为双方权利义务的依据。但是，由于隐名出资的特殊特点，隐名出资人与显名出资人之间的约定，如果没有明确告知，第三人通常是不可能知晓的①。

对此，我国法律的规定，隐名出资人是不能以工商登记不实对抗第三人的；另外，隐名出资人也很容易因此陷入交易的被动局面。

【化解对策】

随着经济的发展，人力资本或知识资本的重要性日益突出，使得传统的集中型、平衡型、夫妻型股权受到挑战。无论哪种类型的股权配置形态，无优劣而言，但随着公司规模的变换、产能的变化、发展模式的变化，应全面分析、准确定位，选择最适合于公司发展的组织结构模式。就隐名出资的结构模式而言，隐名出资人最好事前作出必要的防范措施，例如，对显名出资人的行为予以一定的控制和监督，以保障自己的资金合法权益。

第五节　公司设立不能的法律风险

【要点提示】

公司设立不能，是指在公司设立过程中，由于资本没有筹足、没有达到我国法律规定的成立要件、发起人未按期召开创立大会、创立大会作出不设立公司的决议等原因，导致公司的设立申请没有被公司登记管理机构审核批准②。公司设立不能，将引发一系列的法律风险。

【相关案例】

2003 年 7 月，A 与其他 3 家国内企业共同筹划建立 B 公司。资本总额确定为 2000 万元，4 家发起企业认购其中的 1300 万元的股份，其余 700 万元向社会公开募集股份。同年 10 月，发起企业认足了 1300 万元的股份，其出资方式有现金、厂房、设备、土地使用权等。由于发起人作为投资的厂房需要装修，因此，由发行人共同协商成立的生物公司筹建处向某装潢公司洽购一批装饰材料，包括墙

---

① 李东. 防范公司股权设置中存在的法律风险 [EB/OL]. [2012 - 01 - 09]. http://law-yer. 110. com/89722/article/show/type/1/aid/270398.

② 公司设立不能 [EB/OL]. http://baike. baidu. com/view/3435392. htm.

纸、保丽板、地毯、吊灯等和成套办公用品若干套，存款总计人民币 97 万元。双方商定 B 公司一经成立立即向装潢公司一次性付清全部货款。1 周后，某装潢公司按约将货物运至筹建处指定的仓库。在各项准备工作均已完成的情况下，经国务院证券监督管理机构批准，B 公司等 4 家发起企业在当地报纸上发布招股说明书，进行公开募股。但 4 个月募股期限过后，仅募集到 620 万元。公司无法成立。装潢公司向 B 公司等 4 家发起企业要求偿付装饰材料及办公用品货款 97 万元。4 家企业以种种理由相互推诿，拒付货款。装潢公司遂以 4 家企业为被告向当地人民法院提起诉讼。

公司的设立是一个过程，在公司依法注册登记之前，公司并未成立，因而也不具有法人资格，也就没有权利能力和行为能力。但是，公司在设立过程中难免与他人发生一定的法律关系，因此，由公司的发起人代替将成立的公司实施必要的法律。发起人作为创设公司的成员，对外代表设立中的公司进行筹备创立活动，对内组建。所以，发起人的法律地位应属于设立中公司的机关。基于发起人的这种法律地位，发起人对外代表设立中的公司进行活动所产生的权利义务应属于设立中的公司。如果公司依法成立，即使设立中的公司取得法人资格，那么因发起人的行为而使设立中的公司随的权利义务也就归于已成立的公司。在我国实践中，发起人往往是成立一个筹建机构来负责公司筹建工作。这一筹建机构在性质上是发起人的代理人。公司由于种种原因不能成立时，原本可以由将要成立的公司承担的责任，却不能因公司不能成立而自然消失。如果没有人承担这些责任，无人偿还原本应当由将成立的公司偿还的债务和费用，债权人的利益就得不到保障，应当收取的费用也无法收取，这势必损害债权人和其他有关各方的利益。有鉴于此，作为进行各种公司设立行为的发起人，就应当对设立行为所产生的债务和费用承担责任。同时，所有的发起人之间对设立行为所产生债务和费用的清偿负连带责任。在公司因募股期间限届满未募足股份而不能成立情况下，由于认股人已缴纳了股款，因此可能遭受损失。而在公司设立过程中，设立行为主要是由发起人作出的，因此发起人对于认股人因公司不能成立所受的损失，应当承担连带责任①。

【风险提示】

1. 公司发起人承担连带责任的法律风险

公司设立不能，对于公司设立前以及设立过程中已经发生的债务、费用等，如果在事前如果没有约定或者提前做好安排，极易引发纠纷。

---

① 贷款担保公司合同纠纷［EB/OL］. http：//www. shanghailawyers. net/news/jjhtplay. asp? ID = 119.

对于股份有限责任公司，我国法律还作出了特殊规定，即公司不能成立时，公司发起人要对公司设立行为所产生的债务和费用、返还认股人的股款及同期利息、过失致公司利益损害承担连带责任①。

2. 资本"回转"过程中的法律风险

出资人出资申请设立公司，依据我国法律的规定，要将货币出资足额存入指定账户、将非货币财产权利转移给公司。如果公司设立申请未被批准通过，则出资资本必然存在一个"回转"的过程。在此过程中，往往会因投资人之间事先未有合理安排而存在难以完全收回投资的风险。因此，公司发起人在签订设立协议过程当中，要尽量完善相关条款，提前做好各项安排；在公司申请设立登记时，也可以借助专业机构的帮助，依照法律规定办理各项审批手续，避免设立不能的结果发生。

【化解对策】

1. 完善投资协议的责任条款

在公司不能设立时，根据民法原理，出资人之间所签订的协议实际上仅具有合伙协议的性质。其法律责任的分配按照协议约定及公司法规定的分配原则处理。为防止发生不必要的纠纷，出资人在出资协议中应尽可能明确公司设立不成功时的相关法律责任的分担，尤其是债务问题的处理。因为根据《民法》《合同法》的基本原理，法院在处理此类纠纷时，如果当事人已经就债务承担的比例或方式有相关约定，只要不存在法律、行政法规禁止的情况，一般会直接按照约定予以处理。

2. 充分利用专业机构规避风险

在公司申请设立登记时，可以借助专业机构的帮助，依照法律规定办理各项审批手续，避免设立不能的结果发生。此外，在签订出资协议前，投资人可以咨询专业的法律机构进行，或者借助专业律师，对出资过程中的各个程序、各种规定进行详尽的了解，事先对于自己的资金安全筹划周全的保护措施。

第六节　股东权行使的法律风险

【要点提示】

股东权利，即股东权、股权。《公司法》第四条规定，公司股东依法享有资产受益、参与重大决策和选择管理者的等权利，包括收益权、管理权、知情权、

---

① 《中华人民共和国公司法》第九十五条规定：股份有限公司的发起人应当承担下列责任：公司不能成立时，对设立行为所产生的债务和费用负连带责任；公司不能成立时，对认股人已缴纳的股款，负返还股款并加算银行同期存款利息的连带责任。

诉权以及其他派生权利等。股东权利滥用是指股东为了私利或追求公司、其他股东不利而对股东权的随意使用。作为一个正常、理智的股东，应合理地使用法律赋予的权利，不应滥用股东权利。

股东权利不当行使是指股东为了达到自己个人的某种目的，恶意运用自己的股权优势，迫使股东会无法召开、召开无法达成有效决议或达成对自己有利而对其他股东不利的决议的行为。具体而言，主要表现为大股东或控股股东利用持股比例较高的优势，把持股东会决议的表决通过或拒不出席股东会会议，迫使决议内容因达不到表决权比例而"流产"。为了防范此种情况的发生，我们应充分利用章程"自治原则"，在公司章程中设定对大股东或控股股东的权利的限制机制。比如在章程中明确约定股东的忠实义务，不得控制公司、损害公司和其他股东的利益，股东在某些重大事项决策中股权代表表决权比例可作适当调整，股东拒不参加股东会的制度限制及相应责任，等等①。

【相关案例】

2002 年 5 月 13 日，A 某与原告 B 集团签署设立被告 C 公司的章程，主要条款约定：被告 C 公司注册资本 50 万元，股东 A 某与原告 B 集团分别出资 25 万元；股东有权了解公司经营状况和财务状况。2002 年 6 月 25 日，工商行政管理部门核发了被告营业执照，经营范围是销售机械电器设备、五金交电等。原告分别于 2007 年 7 月 9 日、24 日两次特快专递向被告提出要求查阅公司会计账簿，被告拒不提供。现原告起诉要求判令被告向原告提供会计账簿，供其查阅，诉讼费用由被告负担。

法院认为，查阅权和信息获取权的行使并非是绝对的，依法应当受到限制，即不得侵犯公司及其他股东的合法权益。被告账簿包括原始凭证中，必然会涉及被告以往产品的销售渠道、客户群、销售价格等商业秘密。原告设立的分公司从事同种类产品的销售工作，通过查阅账簿了解上述情况后，势必会掌握被告的该项商业秘密，从而存在损害被告利益的可能，遂驳回原告诉讼请求②。

【风险提示】

我国《公司法》第二十条规定，公司股东应当遵守法律、行政法规和公司章程，依法行使股东权利，不得滥用股东权利损害公司或者其他股东的利益；不得滥用公司法人独立地位和股东有限责任损害公司债权人的利益。公司股东滥用股

---

① 《中华人民共和国公司法》第二十条规定：公司股东应当遵守法律、行政法规和公司章程，依法行使股东权利，不得滥用股东权利损害公司或者其他股东的利益；不得滥用公司法人独立地位和股东有限责任损害公司债权人的利益。公司股东滥用股东权利给公司或者其他股东造成损失的，应当依法承担赔偿责任。

② 民五庭，张洁. 从一则案例看对股东行使情权的限制 [EB/OL]. [2012-02-08]. http://bjx-cfy. chinacourt. org/public/detail. php? id=231&apage=2.

东权利给公司或者其他股东造成损失的，应当依法承担赔偿责任。公司股东滥用公司法人独立地位和股东有限责任，逃避债务，严重损害公司债权人利益的，应当对公司债务承担连带责任。

1. 股东知情权滥用风险以及建议

股东知情权是指法律赋予股东通过查阅公司的财务会计报告、账簿等有关公司经营决策、管理的相关资料以及询问与上述有关的问题，实现了解公司的运营状况和公司高级管理人员的活动的权利。但有的股东为了与公司进行同业竞争或为了谋取其他不正当利益而利用该权利获取公司的商业情报，滥用知情权。因此，新的公司法对股东知情权作出限制性规定，以防止知情权滥用①。

股东查阅会计账簿的，应提出书面请求并说明目的，公司认为股东有不正当目的的，可拒绝股东查阅。公司法只对股东查阅会计账簿作出限制性规定，但对股东会会议记录、董事会会议决议、监事会会议决议和财务会计报表的查阅没有作限制规定。我们应在公司章程中对此进行规定，防止不良股东滥用知情权。

2. 股东滥用质询权的法律风险以及建议

质询权是指股东对有关公司经营、人事、财务等事项要求董事会、监事会、公司主要负责人作出解释或说明的权利，质询权的相对义务主体是公司负责人。质询权是股东知情权的派生权利，是股东了解公司运营状况的重要权利。为了防止股东滥用，我们也可在公司章程中自行限制此项权利行使。例如，明确质询的事务范围，根据公司实际情况设置。如"公司经营"包括公司生产决策、行政性管理、人事安排、财务会计、董事薪酬等各个方面都可以进行质问。质询权行使的方式、方法和程序，可以防止股东恶意质询、无理取闹等情形发生。

3. 股东滥用诉权的法律风险以及建议

股东诉权是指股东对损害公司利益和股东权益的行为向人民法院提起的诉讼，具体包括撤销决议之诉、损害赔偿之诉、查阅权行使不能之诉、解散公司以及股东的派生诉讼等。这些诉权保障了股东权利不能实现的或受到损害时可以通过诉讼来获得救济和保护②。

但为了防止股东的"滥诉"行为，防止股东利用恶意诉讼行为来干扰公司的正常经营或其个人权利，除了从《公司法》法定程序去防止以外，可以充分运用章程来规制。就股东的查阅权来说，股东可以在章程中自行约定有关查阅的范围内容、行使查阅权的前置程序、查阅后的保密义务等权利、义务内容，从而避免股东权利使用的随意性。

---

① 宋从文. 股东知情权行使与限制之维［J］. 法律适用，2009（7）.
② 樊云慧. 英国少数股东权诉讼救济制度研究［M］. 北京：中国法制出版社，2005.

4. 股东侵害其他股东权益的法律风险以及建议

股东侵害其他股东权益主要表现为两方面，一是控股股东利用控股地位，滥用权利，在公司事务上作出损害公司利益的行为进而影响中小股东之利益；二是控股股东藐视中小股东意愿，以自己的意志取代公司的意志，拒绝为中小股东分派利润。对于上述两方面法律风险，股东可以充分利用"章程自治"原则：①设置控股股东侵害公司利益时，赋予任一股东直接代为提起、赔偿之诉的权益；②设置控股股东拒不赔偿侵害之利益时，可直接不对控股股东分配利润，作为公司权益受损之赔偿款；③赋予异议股东股权回购请求权。如果公司连续5年不向股东分配利润，而且该公司5年连续赢利，符合公司法规定的分配利润条件，公司应该按照合理的价格回收异议股东的股份。至于何为"合理的价格"，章程中应明确回购价格的评估确认方式、方法、程序、评估机构、人员等。

【化解对策】

①股东查阅会计账簿的，应提出书面请求并说明目的，公司认为股东有不正当目的的，可拒绝股东查阅。

②在公司章程中自行限制质询权的行使。

③充分运用章程来规制股东的诉权。

④充分利用"章程自治"原则，防止股东侵害其他股东权益。

第七节　公司高管的法律风险

【要点提示】

公司、企业的高级管理人员或高层管理人员，即对公司、企业的经营管理活动具有决策权或能够产生重大影响的人员，即所谓高管。高管的范围在我国《公司法》第二百七十一条第一款中有一个明确的界定：高级管理人员，是指公司的经理、副经理、财务负责人，上市公司董事会秘书和公司章程规定的其他人员。这是高管的狭义范畴，《公司法》将董事、监事与高管并列论述的原因，是立法行文便于着重强调前二者的责权及阐述公司治理结构等法律规范内容的要求。广义的高管范畴更具意义，其包括：实际控制人、控股股东、董事和监事，他们是高管中最重要的组成部分；此外，高管还应包括章程载明的董事长助理、总经理助理、部门经理、总会计师、总经济师以及处于公司关键岗位的其他重要职员等①。

---

① 易守达. 浅议公司企业高管如何应对法律风险［EB/OL］.［2011 - 04 - 12］. www. xbjdypw. com/showinfo. asp? id = 259.

高管未按照法律、章程规定或相关合同约定依法行使权利、履行义务，或者未依法适应外部法律环境的变化，而对公司、企业及高管本人造成的负面法律后果的可能性，就是高管的法律风险。

【相关案例】

曲某原为 A 公司的法定代表人、董事长，程某原为 A 公司财务科科长。在他们任职期间，代表单位意志决定设立公司"小金库"，通过在公司账目上少列收入进行虚假的纳税申报，偷逃应缴税款 1456709.46 元。2007 年 4 月 20 日，法院作出刑事判决，认定 A 公司、曲某、程某的行为均已构成偷税罪，判处 A 公司罚金 146 万元；判处曲某有期徒刑 3 年，缓刑 3 年，并处罚金 146 万元；判处程某有期徒刑 2 年，缓刑 3 年，并处罚金 80 万元。已退还的偷税款 6 万元上缴国库，尚未退还的偷税款 1396709.46 元继续向 A 公司追缴，上缴国库。据此，A 公司被判决追缴偷税款 146 万元，并判处罚金 146 万元，合计 292 万元。A 公司诉至法院，请求判令曲某、程某对 A 公司交纳的罚金 146 万元、罚金产生的税金 48.18 万元承担连带赔偿责任[①]。

法院经审理认为，公司法规定，董事、监事、高级管理人员执行公司职务时因为违反法律、行政法规或者公司章程的规定，给公司造成损失的，应承担赔偿责任。该规定并未就有关人员违反"法律"的范围作出特别限制，对此不得随意作扩大解释或限缩解释，应作通常理解。刑法作为为国家基本法律，是上述规定的法律之一，而同时公司董事、监事、高级管理人员的首要义务是在执行职务过程中遵守法律、行政法规。因此，公司董事、监事、高级管理人员因执行公司职务违反刑法而造成公司损失的，应当向公司承担赔偿责任。企业所得税法第十条第四项规定，在计算应纳税所得额时，罚金、罚款和被没收财物的损失支出不得扣除。据此，企业应以其税后利润缴纳罚金，即企业依法缴纳的罚金不能作为企业的成本支出在其应纳税所得额中扣除，如企业当年没有利润，应以企业往年积累或其他自有资金缴纳罚金，企业并不因缴纳罚金而被多征收企业所得税。本案中，虽然 A 公司缴纳了罚金，但其并未因此多交企业所得税，故其要求曲某、程某赔偿所谓税金损失缺乏事实和法律依据。法院判决：由曲某、程某向 A 公司赔偿因缴纳罚金产生的损失 146 万元；驳回 A 公司的其他诉讼请求。

评析：

依据目前的公司法处理本案似乎使曲某、程某承担的责任过重，但公司法的相关规定并未对公司董事、监事、高管人员违反法律的范围作出限定，应作一般

---

① 马杰. 构成单位犯罪的公司高管人员应对公司承担民事赔偿责任［J］. 人民法院报，2011 (3).

理解，如对此进行限缩解释缺乏法律依据。同时，遵守法律是公民的基本义务，董事、监事、高管人员应当遵守法律法规，对其违法行为应当予以较为严厉的制裁，这也有利于促使公司及相关人员合法经营，推动市场健康发展。相关人员承担责任过重的问题可以通过股东会商议减免相关人员责任制度、建立董事责任保险制度等途径解决。目前市场主体违法、违规经营的现象较为严重，该处理结果更具有现实针对性，更加有利于促进公司规范经营。

公司高管法律风险产生的主要原因有以下几点：

1. 法律意识淡薄、法律知识缺乏

部分高管由于法律意识淡薄，导致其很难用法律的思维，在法制的范围内来判断和决策；在公司、企业经营管理中，对可能发生的法律风险认识不足。有的高管认为公司是自己个人努力奋斗的成果，视公司为自己私有财产，甚至在企业改制或者上市之后，仍不能很好地转变理念，改进管理机制，而是继续随意动用公司资金，想方设法以个人意志影响公司决策。

2. 过分信赖行业"潜规则"

企业由于现代社会商业竞争非常激烈，迫于生存压力，有时不惜采用一些违法手段，比如贿赂，又比如为了偷逃税而作假账，这已成了某些行业的"潜规则"，高管们认为很多人都这样做而自己不做就会吃亏，因此虽然明知这样做是违法的，但都竞相效仿或被动接受。另外，部分手中拥有大权的高管难以抵挡一些公司公关手段中钱、名、利、色的诱惑，于是在不知不觉间就进行了违法甚至犯罪行为。

【风险提示】

1. 刑事责任方面

按照罪名来看，我国企业的高级管理人员至少存在 120 个左右的刑事犯罪的法律风险，涵盖了出资、融资、生产销售、进出口、商业贿赂、公司上市、侵犯公司财产、失职、破产清算、侵犯知识产权、违反税收征管以及诉讼等各种类型，几乎在各个环节都有风险。企业从设立到终止整个运作过程中，其高管都可能因为实施了不法行为而构成犯罪，从而要承担相应的刑事责任。高管犯罪所产生的影响重大，轻则本人银铛入狱，重则企业将因此被颠覆。

2. 民事责任方面

企业高管的民事法律风险也很突出，这些法律风险包括但不限于高管对企业造成损害承担赔偿责任的法律风险、高管对公司设立承担连带赔偿责任的法律风险、高管权力行使不当的法律风险、高管怠于行使权力的法律风险、高管知情权行使和保障中的法律风险、高管越权的法律风险、高管违反忠诚义务的法律风险、高管违反勤勉义务的法律风险、高管决策失误的法律风险等。企业高管违法

执行职务后，轻则被罢免，重则有可能被法院判决向公司或股东承担巨额赔偿责任。因此，企业高管在思想上一定要高度重视民事法律风险，切不可掉以轻心。企业高管一定要认真学习公司法及其配套法规，透彻了解公司章程的具体规定，深入理解自己的义务、责任。在日常工作中，严格依《公司法》、公司章程规定行事，切勿违法违规。

3. 行政责任方面

企业高管的行政法律风险也不容忽视。行政处罚措施多种多样，包括但不限于警告、通报批评、罚款、公开谴责、没收违法收入或没收非法财物、收缴发票或者停止发售发票、责令停产停业、暂扣或吊销许可证、暂扣或吊销执照、行政拘留、取消上市公司董事资格、行业禁入、停止出口退税权、通知出境管理机关阻止出境等。这些行政处罚措施来自于政府的各个部门，包括但不限于工商部门、税务部门、卫生部门、环保部门、银行管理部门、证券管理部门、保险管理部门、公安部门等。这些行政法律风险无论是对于企业高管的个人前途，还是企业的长远发展都将产生重大的影响。

【化解对策】

①作为公司高管，至少要具备起码的法律意识、以法律思维来决策判断，对一些民事法律概念，如地域管辖、诉讼时效、反诉等有一定的认识；了解与企业经营内容相关的法律。高管必须提高自身法律意识，丰富法律知识。

②企业员工的职务行为也可能会造成相应的法律后果，且由企业直接承担，高管则承担领导责任或管理责任。因此，为了有效地减少民事纠纷的发生率，起到法律风险防范的作用，应聘请专业法律知识人员，加强员工法律素质和法律风险意识培训。

③重视会议记录制度，明确异议登记，规避违法、违规决议方面的法律责任。参与公司决策时应明确自己的态度和意见，并核定会议记录，做到记录的准确无误，以规避对违法、违规决议承担责任的风险。

④遵守公司章程的具体规定，认真学习与公司组织、行为规范相关的《公司法》《公司登记管理条例》等法律规范，切勿违法违规违章。

第八节　股东会召开的法律风险

【要点提示】

股东会由公司全体股东组成，是公司的最高权力机构，公司重大事项的决策都由其作出决定。股东会代表了公司资本所有者的权益，股东会的决策代表着绝大多数资本所有者的公司经营意识，彰显着公司发展的方向①。

股东会召集、表决程序瑕疵的法律风险，主要是指如果股东会召集人不是法定人员，则召集程序可能被认为是违反法律或公司章程的，股东可以请求法院予以撤销。当出现股东不出席股东会、出席不表决或中途退席等，致使无法作出表决结果，而在章程中又没有相应规定，则存在风险。

股东会记录瑕疵的风险，是指《公司法》规定股东会应当对所议事项的决定做成会议记录，出席会议的股东应当在会议记录上签名。因此股东会召开后，记录有瑕疵或者记录虚假，以及不做记录，都将产生法律风险。

股东会决议违反法律和章程规定的风险，是指股东如果发现股东会决议违反了章程规定，可以请求法院予以撤销，而股东会的决议内容违反法律、行政法规的强制性规定，则会导致无效。

股东会僵局的法律风险，是指有限公司是兼具资合性和人合性的公司，由于股东间的利益冲突和观念矛盾，经常会在有些问题上达不成一致。当股东之间出现严重的情绪化抵触时，阻碍公司运行的情况不可避免发生，导致公司无法形成决议，公司运行陷入僵局，致公司身陷泥潭，前进不能，后退不得。

【相关案例】

2004 年 4 月，吴某、陆某等 36 人出资成立房地产公司并签署公司章程。之后，陆某按章程向公司投资 162 万元，占出资比例的 3.24%。同年 6 月 27 日，公司董事会会议对扩股、撤股有关权利义务作出决议，并由董事、监事签字认可，陆某也在该文本上签了字。今年 2 月 13 日，公司召开股东会议并形成企业名称变更及"陆某将持有本公司 3.24% 的股权以 162 万元的价格转让给吴某"等的股东会决议，陆某没有在该决议上签名，而是由他人代签。随后，公司依据该决议修改了章程，变更了股东，并办理了工商变更登记。陆某不再是公司股东。

陆某经交涉无果，提起诉讼，请求法院宣告今年 2 月 13 日公司作出的股东会决议无效；公司、吴某立即恢复他持有的股权并要求吴某公开赔礼道歉。庭审中，陆某称，2004 年 6 月 27 日的董事会决议的内容是公司事后套印的，自己签名时纸上无内容，是公司借口向银行贷款，要求董事签名的。

被告房地产公司辩称，陆某所诉转股是事实，但股权转让是根据董事会会议说明进行的。吴某辩称，对陆某股份的转让是公司制度规定，所转股权仅暂挂其名下，其本人并非占有该股权。因其没有侵害陆某的人格权，不应赔礼道歉。

一审法院审理后，判令房地产公司今年 2 月 13 日作出的股东会决议关于"陆

---

① 股东会的法律风险及防范 [EB/OL]. http://china.findlaw.cn/gongsifalv/zuzhigou/gudonghui/39611.htm.

某将持有本公司 3.24% 的股权以 162 万元的价格转让给吴某"的条款无效。同时，要求公司、吴某办理股权变更登记，恢复陆某在公司的 162 万元股权登记。

二审法院经审理认为，公司今年 2 月 13 日的股东会仅有十多名股东参加，没有通知陆某到会。因此，在未经陆某同意的情况下，公司擅自转让陆某股权的条款无效。而该份股东会决议的其余内容不违反法律禁止性规定，陆某也没有证据表明有违反法律、行政法规的情形。因此，法院最后没有支持陆某要求确认股东会决议的其他内容也为无效的主张①。

评析：

股东会是公司的最高权力机关，股东会决议应当由全体股东签字确认并对全体股东生效。但是当股东会决议未通知股东本人时，不对该股东生效。

【风险提示】

1. 股东会召集法律风险

股东会分为定期股东会会议与临时股东会会议，一般情况下由董事会召集，董事长主持。但有时因种种原因致使股东会无法及时召集，由于董事长一股独大，把持董事会，此时就会使得股东会无法召开，其他股东的权益有可能受到侵害而很难补救。新的《公司法》正是考虑到这一点，设置了如下的原则：

①董事会或执行董事召集、主持。一般情况下，股东会会议由董事会召集，董事长主持；董事长不能履行或不履行的，由副董事长主持（这里要注意的是：应由公司章程规定由哪位副董事长主持）。副董事长不能或不履行的，由过半数以上的董事共同推举一名董事主持。不设董事会的由执行董事主持。

②监事会或监事召集、主持。董事会或执行董事不能或不履行的，由监事会或不设监事会的监事召集、主持；股东自行召集、主持；监事会或监事不召集、主持的，由代表 1/10 以上表决权的股东召集和主持股东会会议。

2. 股东会召开通知的法律风险

确定召开股东会后，全体股东必须得到提前通知。但通知的方式、程序及内容不当，往往会导致股东会不能召开或无效的风险出现。《公司法》只确立了股东会召开分为定期会议或临时会议两种形式。而对于召开的时间只规定了提前 15 天通知（公司章程或全体股东同意的规定除外），对通知的主体、召开地点、通知的方式、通知的程序没有做具体的规定，《公司法》赋予了公司章程很大的"自治"空间。

所以公司应充分发挥章程的"自治"作用。在章程里规定两种会议通知的主

---

① 股东会决议股权转让无效案例［EB/OL］. http：//china. findlaw. cn/gongsifalv/gongsidagui/gudongguquan/45339. html.

体，即由哪个部门来通知全体股东，以及未通知的法律责任；明确通知的内容，如会议召开的时间、地点、会议的内容、会议的召开形式等；在章程里规定通知的方式以及通知到或视为通知到的情形。

3. 股东会议表决权的法律风险

我国《公司法》第四十三条规定：股东会会议由股东按照出资比例行使表决权，但公司章程另有规定的除外。由此可见，若公司章程对表决权没有规定，则实行"按资表决"，即出资越多，表决权越大；因有限公司具有"人合"性的特点，所以公司将"表决权"的"优先权"又赋予了公司章程。

如果公司章程中对表决权有其他规定，应优先适用公司章程的规定。所以应根据企业自身情况，合理利用好公司章程，由公司章程规定是按"按人表决"还是"按资表决"以及表决的时间、表决的方式、未按规定表决的法律后果等。

4. 股东会决议无效或被撤销的法律风险

股东会决议无效。股东会决议内容违反法律、行政法规的自始无效，例如，股东会决议将《公司法》规定修改公司章程、增加或者减少注册资本的决议，以及公司合并、分立、解散、变更公司形式的决议必须经代表 2/3 以上表决权的股东通过改为 1/2，则因股东会的决议内容违反了公司法的强制性规定而无效①。

股东会决议被撤销。对于可撤销的情形，股东可在决议作出后的 60 日内要求法院撤销。可撤销的情形有 3 种：一是会议召集程序、表决方式违反法律、行政法规；二是会议召集程序、表决方式违反公司章程；三是股东会决议内容违反公司章程。因此公司作出股东会决议时，应遵守法律和章程的规定，以免决议无效或被撤销。

【化解对策】

公司应严格依据《公司法》和公司章程的规定，通知、召集股东会。保障中小股东的参与权，完善股东大会表决机制；完善通知方式，规范通知行为；加强监事会对股东会相关事项的监督，防止股东会召集的程序瑕疵。大股东往往忽视小股东的权利，尤其是中小民营企业，应对公司相关制度加以完善。

第九节　股权转让的法律风险

【要点提示】

股权转让，是公司股东依法将自己的股东权益有偿转让给他人，使他人取得

---

① 股东及股东会法律风险与防范措施［EB/OL］. http://wenku.baidu.com/view/8c2ae747be1e650e52ea9935.html.

股权的民事法律行为。股权自由转让制度，是现代公司制度最为成功的表现之一。随着中国市场经济体制的建立，国有企业改革及《公司法》的实施，股权转让成为企业募集资本、产权流动重组、资源优化配置的重要形式，由此引发的纠纷在公司诉讼中最为常见①。

股权转让协议是当事人以转让股权为目的而达成的关于出让方交付股权并收取价金，受让方支付价金得到股权的意思表示。

股权转让是一种物权变动的行为，股权转让之后，股东基于股东地位而对公司所发生的权利义务关系全部同时转移给受让人，受让人因此成为公司的股东，取得股东权。股权在本质上是股东对公司及其事务的控制权或者支配权，是股东基于出资而享有的法律地位和权利的总称，具体包括收益权、表决权、知情权以及其他权利。根据《合同法》第四十四条第一款的规定，股权转让合同自成立时生效。但股权转让合同的生效并不等同于股权转让生效。股权转让合同的生效是指对合同当事人产生法律约束力的问题，股权转让的生效是指股权何时发生转移，即受让方何时取得股东身份的问题，所以，必须关注股权转让协议签订后的适当履行问题。

股权转让形式。有限责任公司股东转让出资的方式有两种：一是公司内部的股权转让，即股东将股权转让给其他的现有股东；二是公司外部的股权转让，即股东将其股权转让给现有股东以外的其他投资者。这两种形式在条件和程序上存在一定差异。

内部转股问题。内部转股是股东之间的内部行为，出资股东之间依法相互转让其出资额，可依据《公司法》的有关规定，变更股东名册、公司章程及出资证明书等即可发生法律效力。一旦股东之间发生权益之争，可以以此作为准据。

向第三人转股问题。其指的是对公司外部的转让行为，股东向股东以外的第三人转让出资，除依上述规定变更股东名册、公司章程以及相关文件外，还须向工商行政管理机关登记变更。《公司法》对于向第三人转股，规定比较明确。在第三十五条第二款规定："股东向股东以外的人转让出资时，必须经全体股东过半数同意；不同意转让的股东应当购买该转让的出资，如果不购买该转让的出资，视为同意"。该项规定的立法出发点是：一方面要保证股权转让方转让其出资相对自由，另一方面考虑有限公司资合和人合的混合性，尽可能保持公司股东间的信任。根据《公司法》的这一规定和公司法第三十八条的规定，外部股权转让必须符合两个实体要件：全体股东过半数同意和股东会作出决议。这是关于公司外部转让出资的基本原则。这一原则包含了以下特殊内容：第一，以人数作为

---

① 股权转让 [EB/OL]. http://baike.baidu.com/view/31950.htm.

投票权的计算基础。我国公司制度比较重视有限公司的人合因素，故采用了人数，而不是按照股东所持出资比例为计算标准；第二，以全体股东而不是除转让方以外股东的过半数作为计算的基本人数。

《中华人民共和国公司法》（以下简称《公司法》）的规定：

第七十二条 有限责任公司的股东之间可以相互转让其全部或者部分股权。

股东向股东以外的人转让股权，应当经其他股东过半数同意。股东应就其股权转让事项书面通知其他股东征求同意，其他股东自接到书面通知之日起满三十日未答复的，视为同意转让。其他股东半数以上不同意转让的，不同意的股东应当购买该转让的股权；不购买的，视为同意转让。

经股东同意转让的股权，在同等条件下，其他股东有优先购买权。两个以上股东主张行使优先购买权的，协商确定各自的购买比例；协商不成的，按照转让时各自的出资比例行使优先购买权。

公司章程对股权转让另有规定的，从其规定。

第七十三条 人民法院依照法律规定的强制执行程序转让股东的股权时，应当通知公司及全体股东，其他股东在同等条件下有优先购买权。其他股东自人民法院通知之日起满二十日不行使优先购买权的，视为放弃优先购买权。

第七十四条 依照本法第七十二条、第七十三条转让股权后，公司应当注销原股东的出资证明书，向新股东签发出资证明书，并相应修改公司章程和股东名册中有关股东及其出资额的记载。对公司章程的该项修改不需再由股东会表决。

第七十五条 有下列情形之一的，对股东会该项决议投反对票的股东可以请求公司按照合理的价格收购其股权：

（一）公司连续五年不向股东分配利润，而公司该五年连续赢利，并且符合本法规定的分配利润条件的；

（二）公司合并、分立、转让主要财产的；

（三）公司章程规定的营业期限届满或者章程规定的其他解散事由出现，股东会会议通过决议修改章程使公司存续的。

自股东会会议决议通过之日起六十日内，股东与公司不能达成股权收购协议的，股东可以自股东会会议决议通过之日起九十日内向人民法院提起诉讼。

第七十六条 自然人股东死亡后，其合法继承人可以继承股东资格；但是，公司章程另有规定的除外。

【相关案例】

A化工有限公司由甲、乙、丙、丁4个股东共同创立，甲、乙、丙、丁4人各占25%的股份。后乙因急需钱将其股份转让给戊，并签订股权转让合同。现丙、丁起诉至法院表示不同意乙的股权转让，要求确认乙与戊签订的股权转让合同为无效合同①。

法院经审理认为，股东在转让股份时，其转让股份的权利受到其他股东权利的限制，即其他股东可能不同意转让或要求行使优先购买权，此时拟转让股份的股东与非股东签订的股权转让合同效力处于不确定状态。

评析：

《公司法》第七十二条规定："股东向股东以外的人转让股权，应当经其他股东过半数同意"。如乙与戊签订股权转让合同后，告知其他股东，其他股东过半数同意并且放弃行使优先购买权，则该股权转让合同有效；如过半数股东不同意或同意转让但要求行使优先购买权，则该股权转让合同无效。本案在法院判决前仍未有过半数股东同意并放弃优先购买权，应认定该股权转让合同为无效合同。该合同被认定为无效合同后，其他股东行使的不是合同撤销权，而是合同无效的请求确认权。

【风险提示】

1. 股权转让合同签订前程序性风险分析与防范

有限公司股东转让股权给股东以外的人，其合同的订立应遵守《公司法》的程序要求。有限公司的股东向股东以外的人转让其出资时，必须经全体股东过半数同意；而其中不同意转让的股东应当购买该转让的出资，如果不购买该转让的出资，则应视为同意转让，在同等条件下，其他股东对经股东同意转让的出资有优先购买权。未经上述程序而签订的股权转让合同会因程序的瑕疵被认定为无效或被申请撤销。因此建议购买方在购买目标公司的股份时应当要求目标公司召开股东会，作出同意出让方股东出卖其股份的《股东会决议》。

2. 股权转让合同签订后股东人数限制风险

股东转让其全部或部分出资后，公司的股东数额要符合《公司法》的要求。《公司法》规定有限公司股东人数为2个以上50个以下，股份公司股东人数应为5人以上。也就是说，有限公司股东人数不得少于2个也不得多于50个，股份公司股东人数不得少于5个。这是公司设立的条件，也是公司存续的条件，股东转让股权不得导致股东人数违反法律规定。

3. 股权转让合同履行风险的防范

股权转让合同的履行，转让方的主要义务是向受让方移交股权，具体体现为将股权转让的事实及请求公司办理变更登记手续的意思以书面方式正式通知公司

---

① 徐建民. 未经过半数股东同意的股权转让合同无效吗［EB/OL］.［2012-10-16］. http://fzzy. chinacourt. org/article/detail/2012/10/id/607506. shtml.

的行为。而受让方的主要义务则是按照约定向转让方支付转让款①。根据《公司法》第三十六条和第一百四十五条的规定，将股权转让结果记载于变更工商登记、公司章程修改、股东名册等事项是公司的义务。在合同履行中目标公司可能怠于或拒绝履行义务，使受让方不能正常取得股东身份或行使股东权利，同时目标公司的其他股东或董事也可能不尽配合、协助的义务。公司未及时履行义务的，受让人可以起诉公司，公司应承担相应的责任，但公司没有义务去监督或判定转让合同约定的其他义务的履行情况。因此在签订股权转让合同前在对目标公司进行调查时，受让方应与目标公司的其他股东以及董事、公司管理层进行较为充分的沟通，为自己行使股东权利奠定一个前期的基础。

【化解对策】

①股权购买方在购买目标公司的股份时应当要求目标公司召开股东会，作出同意出让方股东出卖其股份的《股东会决议》。

②股东转让股权不得导致股东人数出现违反法律规定的结果。

③在签订股权转让合同前对目标公司进行调查时，受让方应与目标公司的其他股东以及董事、公司管理层进行较为充分的沟通。

第十节　公司僵局的法律风险

【要点提示】

"公司僵局"是指公司在存续运行中由于股东、董事之间矛盾激化而处于僵持状况，导致股东会、董事会等公司机关不能按照法定程序作出决策，从而使公司陷入无法正常运转，甚至瘫痪的状况。公司的正常运行是通过股东行使股东权利和公司管理机构行使职权实现的。如果股东、实际控制人之间或公司的董事之间因其利益冲突而产生矛盾，往往会导致公司出现运行障碍，严重妨碍公司的正常运行甚至使公司的运行机制完全失灵，公司就会陷入僵局。由此看来，公司陷入僵局的主要原因，是股东之间对公司主导权的争夺②。

一般认为，公司僵局的类型主要有股东僵局和董事僵局两类。有些学者将其具体化为三类：①由于股东之间的严重分歧，连续两次的股东会无法形成有关公司经营的有效决策，并且因此可能导致对公司造成实质性损害；②由于董事之间

---

① 防范股权转让合同履行风险［EB/OL］.［2011 - 11 - 15］. www. lawtime. cn/info/hetong/fengxian/20111115145917. html.

② 张鉴. 公司僵局及其立法完善［J］. 攀枝花学报，2012（6）.

的严重分歧，连续两次的董事会无法形成有关公司经营的有效决策；③董事任期届满时，由于股东之间的严重分歧，连续两次的股东会均无法选出继任董事，并因此导致董事会无法达到形成有效经营决策的人数。

我国《公司法》第一百八十三条规定："公司经营管理发生严重困难，继续存续会使股东利益受到重大损失，通过其他途径不能解决的，持有公司全部股东表决权 10% 以上的股东，可以请求人民法院解散公司。"通常认为，该条是关于公司僵局司法处理的规定。其赋予了持公司全部股东表决权 10% 以上的股东在公司经营管理发生严重困难时，向人民法院提起诉讼请求解散公司的权利。公司僵局通常只存在于有限责任公司中，特别是一些股东人数较少、公司规模较小的公司中，这是因为从根本上讲，公司僵局的形成是由于《公司法》的制度安排和公司组织结构的封闭性造成的。

《公司法》第一百八十三条为公司僵局的破解提供了一种正式的、制度化的途径，但是，这种途径的适用是有严格条件限制的：

①公司经营发生严重困难。在此经营发生严重困难是指公司治理层面的严重困难，即公司管理发生严重困难，公司无法作出经营决策，公司日常运作陷入停顿与瘫痪状态。需要注意的是，司法实践中一般认为，由于公司经营不善、效益下滑而导致的财务困难并非此处所讲的"公司经营发生严重困难"。

②僵局状态的持续会使股东利益受到重大损失。笔者认为，对于这一点应该灵活掌握，只要公司经营管理严重困难这一状态的持续，会使公司股东利益有受损失的可能性，而并不是一定要已经现实地使股东利益有损失，即可适用该条规定。

③通过其他途径不能解决。这为适用该法条设置了一个前提条件，即只有在穷尽了其他方式仍不能解决公司经营管理的严重困难时，方能适用。至于哪些是其他途径，如何才是达到了通过其他途径仍不能解决的状态，法律并未作规定。其将一种自由裁量权赋予了法官，使裁判者在审理该类诉讼时，应当结合案件的具体情况，综合判断。一般而言，应尽量要求公司首先通过内部救济途径，包括内部和外部的股权转让方式解决僵局。

④原告资格条件。根据该条法律规定，持有公司全部股东表决权 10% 以上的股东，可以请求人民法院解散公司。至于股东表决权计算的依据，公司法第四十三条规定：股东会会议由股东按照出资比例行使表决权，但是公司章程另有规定的除外。以系统解释的方法，可以认为，第一百八十三条股东表决权的计算依据也应为股东出资比例，但是如果公司章程对股东表决权的计算依据另有规定，则从其规定。

【相关案例】

原告林某诉称：A公司经营管理发生严重困难，陷入公司僵局且无法通过其他方法解决，其权益遭受重大损害，请求解散A公司。被告A公司及戴某辩称：A公司及其下属分公司运营状态良好，不符合公司解散的条件，戴某与林某的矛盾有其他解决途径，不应通过司法程序强制解散公司。

法院经审理后查明：A公司成立于2002年1月，林某与戴某系该公司股东，各占50%的股份，戴某任公司法定代表人及执行董事，林某任公司总经理兼公司监事。A公司章程明确规定：股东会的决议须经代表1/2以上表决权的股东通过，但对公司增加或减少注册资本、合并、解散、变更公司形式、修改公司章程作出决议时，必须经代表2/3以上表决权的股东通过。股东会会议由股东按照出资比例行使表决权。2006年起，林某与戴某两人之间的矛盾逐渐显现。同年5月9日，林某提议并通知召开股东会，由于戴某认为林某没有召集会议的权利，会议未能召开。同年6月6日、8月8日、9月16日、10月10日、10月17日，林某委托律师向A公司和戴某发函称，因股东权益受到严重侵害，林某作为享有公司股东会1/2表决权的股东，已按公司章程规定的程序表决并通过了解散A公司的决议，要求戴某提供A公司的财务账册等资料，并对A公司进行清算。同年6月17日、9月7日、10月13日，戴某回函称，林某作出的股东会决议没有合法依据，戴某不同意解散公司，并要求林某交出公司财务资料。同年11月15日、11月25日，林某再次向A公司和戴某发函，要求A公司和戴某提供公司财务账册等供其查阅、分配公司收入、解散公司。另查明，A公司章程载明监事行使下列权利：①检查公司财务；②对执行董事、经理执行公司职务时违反法律法规或者公司章程的行为进行监督；③当董事和经理的行为损害公司的利益时，要求董事和经理予以纠正；④提议召开临时股东会。从2006年6月1日至今，A公司未召开过股东会。服装城管委会调解委员于2009年12月15日、12月16日两次组织双方进行调解，但均未成功。

法院认为：首先，A公司的经营管理已发生严重困难。根据公司法第一百八十三条和《最高人民法院关于适用〈中华人民共和国公司法〉若干问题的规定(二)》(简称《公司法解释(二)》)第一条的规定，判断公司的经营管理是否出现严重困难，应当从公司的股东会、董事会或执行董事及监事会或监事的运行现状进行综合分析。"公司经营管理发生严重困难"的侧重点在于公司管理方面存有严重内部障碍，如股东会机制失灵、无法就公司的经营管理进行决策等，不应片面理解为公司资金缺乏、严重亏损等经营性困难。本案中，A公司仅有戴某与林某两名股东，两人各占50%的股份，A公司章程规定"股东会的决议须经代表1/2以上表决权的股东通过"，且各方当事人一致认可该"1/2以上"不包括本数。因此，只要两名股东的意见存有分歧、互不配合，就无法形成有效表决，显然影响公司的运营。A公司已持续4年未召开股东会，无法形成有效股东会决议，也就无法通过股东会决议的方式管理公司，股东会机制已经失灵。执行董事戴某作为互有矛盾的两名股东之一，其管理公司的行为，已无法贯彻股东会的决议。林某作为公司监事不能正常行使监事职权，无法发挥监督作用。由于A公司的内部机制已无法正常运行、无法对公司的经营作出决策，即使尚未处于亏损状况，也不能改变该公司的经营管理已发生严重困难的事实。其次，由于A公司的内部运营机制早已失灵，林某的股东权、监事权长期处于无法行使的状态，其投资A公司的目的无法实现，利益受到重大损失，且A公司的僵局通过其他途径长期无法解决。《公司法解释（二）》第五条明确规定了"当事人不能协商一致使公司存续的，人民法院应当及时判决"。本案中，林某在提起公司解散诉讼之前，已通过其他途径试图化解与戴某之间的矛盾，服装城管委会也曾组织双方当事人调解，但双方仍不能达成一致意见。二审法院也基于慎用司法手段强制解散公司的考虑，积极进行调解，但均未成功。此外，林某持有凯莱公司50%的股份，也符合公司法关于提起公司解散诉讼的股东须持有公司10%以上股份的条件。综上所述，A公司已符合公司法及《公司法解释（二）》所规定的股东提起解散公司之诉的条件。从充分保护股东合法权益，合理规范公司治理结构，促进市场经济健康有序发展的角度出发，依法判决解散该公司①。

评析：

《公司法》第一百八十三条将"公司经营管理发生严重困难"作为股东提起解散公司之诉的条件之一。判断"公司经营管理是否发生严重困难"，应综合分析公司组织机构的运行状态。若公司虽处于赢利状态，但其股东会机制长期失灵，内部管理有严重障碍，已陷入僵局状态，则可以认定为公司经营管理发生严重困难。对于符合公司法及相关司法解释规定的其他条件的情况，人民法院可以依法判决公司解散。

【风险提示】

公司僵局对公司、公司职工、公司股东及债权人都会产生严重的损害：一是公司僵局的出现，使公司陷于瘫痪和混乱。由于公司无法作出经营决策，不能正常进行经营活动，管理陷于瘫痪和混乱，必然导致无谓损耗和财产流失。二是公司僵局会导致公司业务的递减、效益下降，以致公司会采取裁员、降低工资等手段降低损失，而直接侵害职工利益。三是股东预期的投资目的也难以实现。由于公司僵局，经营决策无法作出或无法有效执行，公司不能在瞬息万变的市场竞争

① 林方清诉常熟市凯莱实业有限公司、戴小明公司解散纠纷案［J］．人民法院报，2012（4）．

中获得收益，股东预期的投资目的也难以实现。因此导致股东之间信任丧失，合作的基础破裂，控制公司的一方往往会侵害另一方的利益。四是公司僵局还会损害公司客户、供应商及其他债权人的利益。僵局引起的种种不协调所造成的影响逐渐由内波及至外，使公司商誉下降、形象受损、客户流失、公司债务大量堆积，从而影响公司外部供应商及其他诸多债权人债权的实现，并引发连锁反应，进而对市场产生震荡。

【化解对策】

1. 通过章程事前预防

新《公司法》加大了公司的自治权，公司可以通过章程载入"公司僵局"的解决方法，从而起到事前预防的效果。比如为了防止"公司僵局"的出现，可以在章程中规定对股东或董事表决限制措施。这种限制措施主要有：限制表决权行使制度、类别表决权制度和表决权回避制度等。公司还可以在其章程中赋予董事长以在出现表决僵局时最终的决定权；规定在董事会出现表决僵局时，可以将此事项交由股东大会表决等以解决僵局。

如果股东在公司章程中规定了仲裁条款或诉讼前达成了仲裁协议，还可以将僵局事项提交仲裁解决，而解决方案可以在符合《强制法》的基础上由当事人通过意思自治选择。

2. 资本退出模式

资本退出模式在大股东控制公司的情况下，也不失为一种优良的选择。比如法院可以通过判决强令一方股东以合理的价格收买另一方股东的股权或股份，从而让其中一方股东退出公司，以此解决僵局。如此即可达到打破僵局救济小股东权利的目的，又能最大限度保有公司的存续。此外，在必要时亦可选择如为公司指定财产监管人、指定临时董事等其他司法救助方式①。

---

① 公司僵局的解决途径 ［EB/OL］. http：//wenku. baidu. com/view/8c397263ddccda38376baf1b. html.

第二章

合同事务

第一节　合同订立的法律风险

【要点提示】

合同是民法关系中调整经济行为最常见的表现形式，在市场经济条件下，合同已成为市场主体联系的主要纽带，市场主体的一切经济活动都离不开合同。任何企业都会在日常经济活动中接触大量的合同。而具体在签订和履行合同时，除经济业务本身的风险外，企业会面临诸如违法违规招致处罚的制度风险、合同一方违约导致的信用风险以及合同内容约定不明或失误导致纠纷和损失的条款风险等，如何把握住这些风险，并在具体执行的过程中予以防范是合同订立人和履行人应当考虑的问题。重视并正确签订合同，在很大程度上能规避和化解上述风险。

【相关案例】

案例一：

2002年4月，A市一家企业接到一张来自"世界华人工商促进会"的邀请函，声称可以帮助该企业到海外市场融资，对企业进行技术改造，还可以包销经技术改造后企业的产品。随后，该市领导亲自带队到B市洽谈融资事宜。一名自称"B市华商融实业有限公司"负责人和"世界华人工商促进会"秘书长的人物接待了他们并进行了合作洽谈。随后，双方签订合同，按照合同约定，该企业缴纳了10万元的项目考察费和评估费。等企业回去后再与这家公司及相关人等联系时，对方却已不见踪影。

评析：

据了解，这种打着"融资"幌子骗取企业考察费的现象，是合同诈骗中的一种最常见手段。诈骗企业往往打着国际财团在中国大陆地区总代理的旗号，通过各种渠道搜寻到内地企业的招商项目后，再放出各种优惠条件，诱使内地企业与其签订融资合同，在骗取到"考察费""评估费"等名目费用后便不见踪影。

案例二：

C化工厂向D信用社借款50万元，由E燃料公司提供担保，到期后，化工厂与信用社协商，欲再延期6个月，化工厂与信用社做工作要求燃料公司继续提供担保，燃料公司法定代表人李某很为难，就在借款展期合同的担保栏中写上潦草的4个字并签名盖章后离开，信用社以为是"同意担保"。6个月后，化工厂仍未归还借款，信用社诉至法院要担保人燃料公司承担担保责任，燃料公司辩称自己写的是"不愿担保"，双方都无法举证予以证明。鉴定部门认为只能鉴定是谁的笔迹而不能鉴定出字的意思。

评析:

合同要有效成立,需双方当事人意思表示明确一致。本案中,因鉴定部门都无法确定李某意思的情况下,法院则应采信签字人李某的解释,即认定为"不愿担保",故该担保合同并未成立,燃料公司就不必承担担保责任。但是,燃料公司需承担因合同不成立而产生的缔约过失责任。缔结契约的首要义务是在缔约时须尽善意的注意义务。这种注意义务不仅要注意相对方的意思表示,而且要注意自己行为所作出的意思表示,体现的是一种民事上诚实信用原则,如果违反该原则就要承担缔约过失责任。本案中,李某如不愿担保本来只要明确说明,或干脆不在合同上签字盖章即可,然而李某碍于情面不便当面拒绝,却要在担保栏中写上"不愿担保"4个字,那么就应当充分注意相对方看得懂这4个字所表达的意思,其写后一走了之是一种极不负责任的行为,现在正是李某的疏忽大意(或过于自信)造成信用社认识上的重大失误,其行为违反《合同法》第四十二条规定应当承担缔约过失责任。与此同时,信用社也应承担缔约过失责任。信用社理应对李某的签字进行认真审查,在不了解对方字迹的情况下,应当要求燃料公司法定代表人李某对其签字进一步明确,然而信用社审查人员缺乏必要的知识、技能、信息或经验,对应当注意的问题没有充分注意到,擅自认为合同已成立,继续向化工厂发放贷款,其过失责任难以推卸。综上,在合同签订时,如合同签订人对应当注意的重要事项而都没有注意,有悖于诚实信用原则,对各自的过失大小应分别承担缔约过失责任。

【风险提示】

1. 合同文义表述在存在的风险

(1) 合同文义被单方面篡改

在经济交往中,有些当事人违背诚实信用原则,将自己和他人的合同擅自篡改,这类案件主要包括:伪造他人签名;在合同中空白地方添加对己有利的条款;任意截取其他合同或有对方当事人签名的其他文件的一部分,保留签名及上面的空白处,自己另行制作一份对方当事人欠自己款项的借(欠)据或其他对自己有利的文书;篡改合同或借据中的金额,如将"1"改为"4"等。

(2) 利用多义词、模糊语言浑水摸鱼的风险

中国的语言文字存在多义字、词现象,容易产生理解上的分歧。有人在签订合同时,往往利用这一点给另一方造成被动或经济损失。例如,还款合同的"还",存在"还款"与"还有""还存在"两种不同的意思。当欠款人归还结清余款1万元、出借人出具"还欠款1万元"的证明时,歧义就产生了:欠款人归还结清余款1万元,双方再无债务纠纷;但是,出借人则说,欠款人还有1万元欠款未还,尚须归还。另外,一些模糊的语言也会产生歧义,例如,"收货后付

款"，该文的意思没有明确"收货后"多少时间内付款，会导致收货方拖欠货款的现象，这对供货方极为不利。

2. 合同诈骗的风险

一是虚构主体资格或冒用他人名义实施合同欺诈。行为人未取得营业登记便以法人名义与他人订立合同，或是"挂羊头卖狗肉"手法，冒用公众比较熟悉的大企业、大公司的名义进行欺骗性交易。二是虚构合同标的骗取财物。不法分子利用市场供求关系的波动，虚构市场紧俏物资，趁机买空卖空，骗取定金或预付款。三是以"货到付款"方式骗取大宗货物。行为人抓住一些当事人急于销售产品的心理，以高于产地价格大量收购积压物资，承诺"货到付款"。一旦货物到手，又以低于产地价格抛售，携款潜逃。四是"钓鱼式"欺诈。不法分子先履行几笔小额合同，骗取发货方信任后，再骗取大宗货物。五是以虚假财产、权利作担保，骗取财物。不法分子通过伪造产权手续，以虚假财产向银行、债权人作担保，骗取货款或财物。还有的钻政策空子，将某一财产反复抵押担保，骗取多个当事人的财物。六是利用虚假广告等传播手段制造虚假供求信息，发出要约引诱，以鼓吹发财致富途径、寻求货物销路、推销专利技术、提供技术标准和验收方法，使当事人达不到"质量要求"，从而骗取当事人质保金、定金。还有一部分人以技术转让名义骗取钱财，他们以技术转让为名，将一些所谓技术秘密转让给他人，骗取技术转让费、培训费、材料费。七是其他方式。在购销合同中主要有：签订合同时出具真样品，但在履行时却偷梁换柱，以伪劣残次品代之；提供虚假说明书，夸大产品的成分、性能，而实物与该说明书严重不符，或者在商品、商品包装上印制假标志、假时间等；伪造产品质量证明，以权威部门的名义伪造质量检测报告、鉴定报告，或谎称自己的产品已获专利，诱使他人签订合同等。在加工承揽合同中主要是以承揽方为名，到处签订合同，以骗取加工原料或定金；或以质量不合格为由拒收对方加工好的产品，并要求对方承担赔偿责任。在担保合同中，有的设立无财产可承担保证责任的担保人，致使在己方无履行能力时，因保证责任无效致使合同履行不能。

【化解对策】

1. 审查合同内容，避免细节出错

（1）认真审查签约对象的主体资格和资信能力

订立合同前先对对方是否有履行能力、是否具有缔约资格以及市场信誉度、资本能力、生产设备等进行深入的调查，这是订立与履行合同的基础。通过调查将那些履行能力强的合同当事人纳入合格缔约方，剔除那些不讲诚信、没有履行能力的当事人，从源头上防范合同风险。

（2）认真审查合同签订人的权限

合同如果是企业的法定代表人或其他合同当事人授权的经办人或代理人代为签订的，在审查合同主体是否合格的同时，还应注意审查合同签订人是否取得委托人的委托证明，并根据授权范围以委托人的名义签订。

（3）缩略用语应作定义

合同语言追求言简意赅，但并不是说只要签约时双方经办人员能明白用意就可以任意缩略。凡是在合同内落字的词语均要反复推敲，以保证仅能得出唯一性的解释，绝不可存有歧义以至于在合同履行过程中成为被对方致命攻击的武器。对于可能存在歧义的意思表示，要么用长句表述，可以多用限定语，不要嫌烦琐；要么采用定义的方式，明确其在合同内的具体含义，以避免将来去证明真实意思表示的麻烦。

（4）应格外注意履约顺序

在合同履行过程中，有些企业由于担心对方的履约能力问题而停止履行合同义务，不知这已使自身沦为违约方，并可能要承担违约责任。为避免前述情形的出现，起草合同时在合同义务的安排上应尽量将对方合同义务的履行时间放在己方之前。当然，如果双方谈判地位悬殊，在履约顺序上无法作出有利的约定，那么在怀疑对方的履约能力时，应该依据合同法对不安抗辩权的规定来有礼、有力、有节地维护己方的合法权益。

（5）生效条款要认真设计

当事人一般会约定合同在签字盖章后生效，当然法律法规要求办理批准或登记手续方可生效的合同另当别论。但是，一些公司考虑到可能出现的特殊情况，有时会与对方约定附条件生效的条款。但是，市场竞争瞬息万变，附条件生效的条款反而给对方留下了毁约的空间。因此，在设计合同生效条款时要作出充分的考虑，以避免出现漏洞。

（6）合同内容尽量详尽

有些承办人员对合同内容的详略程度存在错误认识，图简单省事，不对合同条文仔细推敲，甚至感觉难以破开情面与对方商榷具体详细的条款，认为在合同履行中去相互磨合更为稳妥。这实际上已经为合同的履约风险埋设下了重大隐患。为防范出现前述情形，在起草合同时应尽量预见到履行中可能发生的各种情形并予以规范，合同内容约定的越详细对双方的保护力度就越大。

（7）变更合同要签订书面协议

合同在履行过程中很有可能会遇到一些在签订合同时未能预见到的情况，对于这类问题双方当事人应采取书面协议的方式，以避免在未来发生纠纷的情况下对协议的内容纠缠不清。在起草时要注意与原合同的衔接，以使合同的履行不偏离企业的立约宗旨，避免出现合同履行失控的情况。

（8）保密协议的合理约束

企业在进行经济活动时，自身信息和资料甚至是商业秘密都有可能遭到外泄，从而造成损失。这方面的风险可能来自于公司内部，也可能来自于合同相对方。公司内部员工可能由于劳动合同的履行变化，发生人员的流动，将公司的资料泄露出去；而公司的技术协作方或合同相对方，可能在项目的合作过程中或合同的谈判、履行过程中将企业的有关有用的技术信息或公开或占用从而导致企业的损失。因此企业在和任一合作伙伴进行磋商之前，最好签署保密协议。该保密协议的作用，使得与其磋商的任何当事方能将商业秘密的保守义务的重要性了然于心，既为恶意磋商的人敲响警钟，又为可能过失泄密的当事方提醒。

2. 保障合同安全，签好违约救济条款

（1）合理约定违约责任条款

违约责任是一把双刃剑，无论对于己方或是合同对方，都是具有破坏性的，这是对合同双方不诚信履行合同的一种制裁。但是，我国法律规定的违约责任是一种补偿性的责任而不是一种惩罚性责任。补偿性责任的承担过程中由于己方实际损失往往难以准确估量，因而，向合同对方主张时的举证难度较大，同对方当事人往往利用这些空档通过违约制造违约利益。一方面，违约责任的风险对于己方来讲，因为自己违约可能给自己带来巨大的违约损失（有时，违约损失甚至是毁灭性的）；另一方面，合同对方当事人也可能利用合同条款的不完善等因素故意违约，制造违约利益。常利用的手段如下：一是利用缔约地位优势在合同违约责任条款中减轻自己的违约责任，加重对方的违约责任，这样使得自己违约时，能够以承担非常小的违约责任损失来换取违约后通过其他途径取得的远远高于违约损失的利益；二是在合同对违约责任不作约定或约定不明，这时，故意违约的一方将有可能因违约而不承担任何违约代价；三是在违约后采用隐匿财产等手段逃避应负的违约责任等。在合同中，违约责任一般分两种形式进行约定，一是定额，二是定比例。例如，逾期付款或者交货的违约责任，可选择以下一种方式，一是定额责任，即每逾期一日，每日违约方应向守约方支付一定数额的违约金。二是定比例责任，即每逾期一日，每日违约方应向守约方按照合同总价款的 x% 支付违约金。在约定违约责任时有几点要注意的：①责任条款的约定应当尽量保证公平，双方承担责任或责任大小相差悬殊，容易导致合同显失公平而被法院撤销；②违约责任的具体形式应当约定明确，否则引发纠纷时，难以操作；③违约金条款不能违反有关法律规定。违约金责任在任何情况下都可以约定，但数额应当公平合理，不应偏高或偏低。一般以不超过合同未履行部分价金总额为限。否则，对超出部分，法律不予保护，合同仲裁机关或人民法院也有权干预，对过高

的违约金作适当调整。

（2）妥善约定争议处理条款

《合同法》规定，当事人可以通过和解、调解解决合同争议，及根据仲裁协议或条款向仲裁机构申请仲裁。没有订立仲裁协议或者仲裁协议无效的，可以向人民法院起诉。因此企业应根据法律规定选择既有利于解决争议，又能保护自身利益的争议解决方法。约定诉讼管辖地，争取在我方所在地法院起诉。诉讼管辖地的约定要明确。约定管辖的法院应依照《中华人民共和国民事诉讼法》第三十四条约定，只有以下几个地方的法院可供当事人协议管辖：原告所在地、被告所在地、合同签订地、合同履行地、标的物所在地、与争议有实际联系的地点的人民法院，但是不得违反专属管辖和级别管辖的规定。如果采用仲裁的方式，仲裁条款要明确约定某一个仲裁机构，而且该仲裁机构必须客观存在，否则将导致条款无效。

（3）注意定金和订金之差异

定金是债的一种担保方式，合同法规定当事人可以依照《中华人民共和国担保法》约定一方向对方给付定金作为债权的担保。和定金不同，订金不是一个规范的概念，属于预付款的一部分，是当事人的一种支付手段，不具有担保性质。最高人民法院的解释规定"当事人交付留置金、担保金、保证金、订约金、押金或者订金等，但没有约定定金性质的，当事人主张定金权利的，人民法院不予支持。"债务人履行债务后，定金应当抵作价款或者收回。给付定金的一方不履行约定的债务的，无权要求返还定金；收受定金的一方不履行约定的债务的，应当双倍返还定金。可见定金具有惩罚性，在合同法上称为定金罚则。在实践中不少人将定金写成了"订金"，从而丧失了应有的作用，合同经办人员在签订时应特别留意。

（4）违约后妥善采取补救措施

即使我们在签订合同时对各个方面均作了约定，但实践中依然难免会出现问题。违约方可能是出于恶意，进行合同欺诈，也有可能是情势变更，已经无法再根据原合同的约定继续履行。在这种情况下，守约方应当及时作出反应，维护自己的权利，避免损失过大。①协商变更和解除合同。协商变更，包括对合同的内容进行修改或者补充；协商解除，是双方当事人通过协商，在合同关系有效期限尚未届满前提前终止合同。这适用于违约方并非恶意的情况；②不予履行。不予履行适用于守约方发现已签订的合同不符合法律的规定，对方有欺诈嫌疑，双方签订的合同可能为欺诈性的无效合同的场合。在这种场合，守约方应暂不履行合同规定的内容，如不予发货、不予付款，以免造成财产无法返还；③中止履行。中止履行适用于守约方已经开始履行，但尚未履行完毕，发现合同可能为欺诈性合同，对方有欺诈嫌疑的场合。在这种场合，守约方应当暂时停止履行；④请求人民法院确认合同无效。如果被欺诈方在履行前或正在履行中发现合同属于欺诈性的合同，对方有欺诈嫌疑的场合，且双方没有订立书面仲裁协议，可以直接向人民法院起诉，要求确认该欺诈性的合同无效。在请求人民法院确认合同无效的过程中，应当注意：发现对方有欺诈嫌疑的，要及时起诉；在起诉前做好充分准备，包括搜集证据、写好起诉状等；在发现欺诈方可能处分或转移已经履行的财产的，依法向人民法院申请诉讼财产保全；⑤及时向司法机关报案。合同欺诈的案件有许多都是触犯刑法的，欺诈方应负刑事责任。在发现欺诈方隐匿财产不能履行或欺诈方潜逃之后，被欺诈方应当及时向公安机关、人民检察院或人民法院报案，并积极提供各种线索，收集有关合同欺诈的证据，协助司法机关快速侦破合同欺诈案件，以挽回因合同欺诈所遭受的经济损失。

第二节　合同未生效、无效的法律风险

【要点提示】

合同成立是指合同当事人就合同主要条款达成了协议。《合同法》第二十五、第三十二、第三十三、第三十六、第三十七项条款针对不同情况，就合同成立分别作出了规定。原则上"承诺生效时合同成立。"但除口头合同外，合同成立的具体情形主要有：①双方当事人签字或盖章时合同成立。当事人采用书面形式订立合同的，自双方当事人签字或盖章是合同成立。②签订确认书时合同成立。当事人采用信件、数据电文等形式订立合同的，可以在合同成立之前要求签订确认书。合同自签订确认书时成立。③实际履行时合同成立。采用书面形式订立合同，在签字或盖章前，当事人一方已经履行主要义务，对方接受的，合同成立。

但合同成立并不等于合同生效。合同生效是指当事人订立的合同得到法律的认可，依法发生法律效力。关于合同生效，根据《合同法》规定，主要情形有：①自合同成立时生效。绝大多数合同成立与合同生效是一致的。②批准、登记时生效。法律、行政法规规定应当办理批准、登记等手续生效的，自批准、登记时生效。③条件成就时生效。当事人对合同的效力可以约定附条件。附生效条件的合同，自条件成就时生效。④期限届至时生效。当事人对合同生效约定附期限的，自期限届至时生效。绝大多数情况下合同成立与合同生效是一致的，即自成立时生效，但并非都是一致的，合同生效的第②种至第④种情况与合同成立显然不一致。如合同的批准或登记，当事人签订的合同须经有关部门批准或者登记，合同才能生效。换句话说，有关部门的批准或登记是合同的生效要件。在此情况下，合同成立在前，生效在后。如果合同未经批准或者登记，尽管当事人就合同条款达成了协议，但不管当事人意志如何，合同并不能生效。应当注意的是，根据最高院的司法解释，在一审法庭辩论终结前如当事人已补办了法定的批准登记手续的，应认定合同生效。此外，在法律仅规定合同应当办理登记手续，但未规定登记后生效的情形下，如《房地产法》等所规定的房地产权属登记等，此时登记手续的欠缺并不影响合同效力，但会导致合同标的物所有权及其他物权不能转移，且不能对抗善意第三人。

合同无效是指不具备合同的有效要件且不能补救，对当事人自始即不应具有法律约束力的应由国家予以取缔的合同。根据《合同法》五十二条规定，有下列情形之一的，合同无效：①一方以欺诈、胁迫的手段订立合同，损害国家利益；②恶意串通，损害国家、集体或者第三人利益；③以合法形式掩盖非法目的；④损害社会公共利益；⑤违反法律、行政法规的强制性规定。上述第⑤项是兜底性条款，应注意的是，根据最高院的司法解释，此处的"强制性规定"仅指效力性的强制规范。所谓的效力性规定是指，法律及行政法规明文规定违反该类规定将导致合同无效的规范，或者虽未明确规定违反之后将导致合同无效，但若使合同继续有效将损害国家利益和社会公共利益的规范。如仅是损害当事人之间利益，在此情况下该规范就不应属于效力规范，而是取缔规范，如法律规定的预售商品房登记，其主要关乎当事人的利益，法律设立该制度的目的是保护买受人的利益，故其不属效力性强制规范。

【相关案例】

原告（上诉人）：A 市 B 信用社。

被告（上诉人）：罗某。

2000 年 7 月 6 日，罗某到 B 信用社存入人民币 77000 元，B 信用社为其开具了 8 年期存单 1 份。2008 年 10 月 14 日，罗某到 B 信用社办理存单支取手续，B 信用社按 8 年期储蓄存款利率 17.1% 将上述存款本金 77000 元及利息 105486.92 元（扣除利息税后为 86173.72 元）支付给罗某，并开具利息支付清单 1 份给罗某。当月，B 信用社提起诉讼，诉称该社在业务复核过程中，发现因工作人员的疏忽大意，在办理该笔存款支取业务时按早已取消的 8 年期存单及 17.1% 的利率出单并付息，依储蓄管理条例的规定该利率应认定无效，遂请求法院判令罗某返还多收的利息 70093.59 元。

一审法院经审理后认为：本案的焦点是 8 年期存单及其利率的效力如何认定及利息是否应当返还。储蓄管理条例第二十二条规定："储蓄存款利率由中国人民银行拟订，经国务院批准后公布，或者由国务院授权中国人民银行制定、公布。"第二十三条规定:"储蓄机构必须挂牌公告储蓄存款利率,不得擅自变动。"中国人民银行广东省分行在 1996 年 5 月《转发人民银行总行关于降低金融机构存、贷款利率的通知》第六条规定:"取消八年期存款利率种类,约定存期和实际存期都在 5 年以上的存款,按 5 年期的存款计息。即在 5 年存期内按 5 年期定期存款利率计息,超过 5 年的按活期存款计息。"本案 8 年期存单及 17.1%的利率,违反了上述规定,应认定为无效。根据上述规定,计算罗某应得的利息为 16080.12 元(扣除利息税后),B 信用社多付给罗某的利息为 70093.6 元。造成上述存单无效,双方均有责任,B 信用社对多付的利息应承担主要责任,罗某应承担次要责任,罗某应返还 28037.44 元利息给 B 信用社。据此判决:罗某应在判决生效之日起 5 日内返还 28037.44 元利息给 B 信用社。宣判后,双方均不服一审判决,提起上诉。

二审人民法院经审理认为:合同法规定,违反法律、行政法规的强制性规定的合同无效。最高院《关于适用〈中华人民共和国合同法〉若干问题的解释(二)》规定,该强制性规定是指效力性强制性规定。据此,储蓄管理条例第二十二条和第二十三条的规定,是对金融机构关于储蓄存款利率拟订、公布、变动等的管理性强制性规定,不是对储蓄机构对外签订、履行储蓄存款合同的效力性强制性规定。在没有法律法规明确规定本案所涉 8 年期储蓄存款合同及利率为无效合同或无效条款的情况下,不能仅根据储蓄管理条例以上规定确认本案合同无效。故罗某与 B 信用社订立的储蓄存款合同为有效合同,双方作为平等的合同主体,均享有自愿订立合同的权利,而合同一旦有效订立,双方均应受合同的约束,履行自己的承诺,不得擅自变更。本案中,双方按 8 年期存款,按 17.1%计息是双方的合同订立、履行行为,具有法律约束力,B 信用社以 8 年期存款已被取消,17.1%利率的约定无效为由,要求罗某返还利息没有法律依据,不应予以支持。B 信用社如认为本案 8 年期存款合同违反了金融机构的利率政策,可在对外承担合同义务的同时,对内按相关管理性规定自行处理。据此判决:①撤销一审判决;②驳回 B 信用社的诉讼请求。

评析:

储蓄管理条例是针对储蓄存款利率拟订、公布、变动等制定的管理性强制性规定,而不是对储蓄机构对外签订、履行储蓄存款合同的效力性强制性规定,不能以本案 8 年期存单高达 17.1%的年利率违反了储蓄管理条例而认定合同无效。储蓄机构可在对外承担合同义务的同时,对内按相关管理性规定自行处理。本案中,最为关键的是储蓄管理条例的上述强制性规定究竟是管理性强制性规定还是效力性强制性规定作出认定,从而对合同的效力作出正确判断,避免违反强制性规定成为获取额外利益的借口,以维护交易稳定。

【风险提示】

1. 合同生效问题

合同成立并不等于合同生效。合同一般经过要约邀请、要约、承诺等几个不同阶段，合同即告成立。但是，成立的合同未必经过法律认可的阶段或达到法律认可的条件，而成立的合同只有得到法律的认可，方能发生法律效力。为此，合同如前文所述，在有些情况下，成立的合同必须到法律指定的行政机关进行审批或登记，例如，重大的投资项目必须得到政府机关的审批，而不动产抵押等必须进行登记；在有些情况下，当事人双方约定了条件生效的条件，那么合同只有当条件成就时才能生效。而在另外一些情况下，当事人可能对合同生效的期限有特别的约定，那么该合同只有在合同约定期限内才会生效。

2. 合同未生效、无效的法律责任问题

合同成立未生效、无效的话，双方当事人的权利义务仍未得到法律认可，如果成立的合同最终被确认为无效，那么它设定的权利义务关系对双方当事人就没有法律上的约束力；而合同生效是法律对当事人意思表示的肯定评价，表明当事人的意思表示符合国家意志，当事人设定的权利义务得到国家强制力的保护。再则，如果合同不成立，产生的法律责任只涉及如缔约过失责任、返还财产等民事责任，但无效合同因为在性质上根本违反国家意志，因此它不仅产生民事责任，还可能会引发行政责任或刑事责任。

【化解对策】

1. 注意合同生效的要件

合同生效必须具备以下要件：

①当事人作出意思表示并达成合意的双方当事人必须具备法律规定的合同主体资格，否则，其所订立的合同无效。但实践中对以下问题应给予必要的关注：第一，限制民事行为能力人和无民事行为能力人的主体资格问题。第二，法人或其他组织超越经营范围或超越其成立宗旨订立的合同是否有效的问题。

②合同不得违反法律、行政法规的效力性强制规范和公序良俗，即当事人订立合同的目的、合同中确定的条款、合同的形式以及订立合同的程序等，均不得违反法律的效力性强制性规定。

③当事人意思表示真实。不能有强迫或胁迫、不能存在欺诈以及其他的任何使当事人违背真实意志的情况，否则，合同就可能被认定无效或被撤销。

④形式合法。合同形式即当事人采用的意思表示形式。我国原有的合同法均对合同形式作了明确规定，而且很严格。但由于经济合同法并没有明确规定合同的成立和效力制度，实践中对应当采用书面形式而未采用的合同是否成立、是否有效产生了争议。我国现有合同法并没有将书面形式作为合同的一般形式，而是

充分尊重当事人的意思自治，允许当事人在书面形式、口头形式和其他形式中加以选择，只是对某些合同要求采用书面形式：第一，《合同法》和其他法律规定的不动产和价值较大的动产的转让合同、抵押合同，应当采用书面形式。之所以作如此规定，主要考虑到不动产价值较大而且具有特定性，没有证据力较强的书面合同，一旦产生纠纷则难以平衡双方的利益；何况我国行政法规一般都对此类合同规定了批准或登记手续，没有书面合同则无法办理。此外，世界各国一般也将飞机、汽车、轮船等价值较大的动产按照不动产的管理办法加以管理，我国法律对此类财产的买卖合同、抵押合同均规定了登记手续。第二，当事人约定采用书面形式。这是对当事人选择权的尊重，因此，双方可以对任何合同约定采用书面形式，法律一律予以认可。但是实践中对于未采用法定或约定形式的法律后果存在较大争议。

只要当事人双方订立的合同具备合同成立的要件，无论法律对形式有何规定，均应认定合同成立。但是合同形式对合同效力却存在较大影响，如果法律将批准或登记手续作为合同生效要件的，则当事人必须补办相关手续（此时，无书面合同，则手续也无从办理）。此外，如前文所述，有些合同，比如在房屋买卖中，双方虽已达成一致并已交款上房，但这一交易由于未办理产权登记手续，从而无法对抗已办理产权登记手续的第三人对房屋的权利要求，买受方仅能对由此产生的损失可要求对方予以赔偿。由此可见，未采用法定书面形式的合同，并非是无效合同，只是其履行的后果可能不能得到法律的保护，也无法对抗第三人，但对生效要件缺乏有过错（如推卸、懈怠办理以致合同不生效）的当事人应承担相应的赔偿责任。

2. 谨慎履约

履约未经生效的合同，存在一定的法律风险。一般而言，合同不生效的，已履行的应恢复原状——一方因此的获利为不当得利；无法恢复原状的，应折价补偿。另外，因履行义务产生的费用或造成的经济损失，由合同当事人根据双方各自的过错承担责任。所以，在正式向对方履约前，一定要先注意合同是否成立、生效。在没有肯定合同成立、生效之前，千万不要想当然就开始履行合同，以免给自己造成损失。除非是促使合同生效的义务。比如，最高院《关于审理外商投资企业纠纷案件若干问题的规定（一）》的司法解释规定：未经行政审批的合同为"未生效合同"而非"无效合同"，即"合同因未经批准而被认定未生效的，不影响合同中当事人履行报批义务条款及因该报批义务而设定的相关条款的效力。"据此，当事人应根据报批条款履行义务，否则，应承担因为未履行报批义务造成合同未能生效而产生的赔偿责任。

3. 依法向过错方索赔

合同一旦被认定无效，则双方所签合同自始无效，双方应返还财物，有过错方应赔偿对方损失。例如在买卖合同中，买方应返还货物，卖方返还货款。如卖方的故意欺诈行为而使得买方遭受运费、货款利息等损失，买方可在认定合同无效同时要求对方赔偿上述损失。

第三节　合同履行的法律风险

【要点提示】

合同的履行，是指债务人全面地、适当地完成其合同义务，债权人的合同债权得到完全实现，如交付约定的标的物、完成约定的工作并交付工作成果、提供约定的服务等。合同履行是债务人完成合同债务的行为，即所谓给付行为。合同履行是合同最本质的目的，因债务人履行合同的行为未必总能达到履行的效果，以使债权人实现债权，因此，法律有必要对合同的履行加以规制，以使履行行为能够达成成立合同的目的。当合同规定的全部义务都被执行完毕时，当事人订立合同的目的也就得以实现，合同也就因目的实现而消灭。因此，合同的履行是合同目的实现的根本条件，也是合同关系消灭的最正常的原因。由此可见，合同的履行是合同制度的中心内容，是合同法及其他一切制度的最终归宿或延伸。履行合同义务的当事人，一般情况下是合同双方当事人，但在特殊情况下也可以是当事人以外的第三人。执行合同义务的行为一般情况下都表现为当事人的积极行为，如执行合同规定的交付、完成合同规定的工作等。但在特殊情况下，消极的不作为也是合同的履行，如保密义务的执行。执行合同的义务，按合同订立的要求，须是全部合同义务都应执行，这是合同的完全履行。但是，合同义务的执行有时间上的先后顺序，允许一项一项地执行，这是合同的部分履行；合同存在的客观环境不同，有可能合同的部分义务无法执行，这是合同的不履行；合同当事人的主观认识并非一致，实际中有的当事人不执行合同规定的义务，这也是合同的不履行。

1. 合同履行的原则

当事人在履行合同过程中应当履行一些基本的原则。根据中国合同立法及司法实践，合同的履行除应遵守平等、公平、诚实信用等民法基本原则外，还应遵循合同履行的特有原则，即适当履行原则、协作履行原则、经济合理原则和情势变更原则。在此，有必要对合同履行特有的原则作展开说明。

（1）适当履行原则

适当履行原则是指当事人按照合同规定标的及其质量、数量，由适当的主体在适当的履行期限，履行地点，以适当的履行方式全面完成合同义务。按照全面履行的要求，应当做到履行无任何瑕疵。

（2）协作履行原则

协作履行原则是指在合同履行过程中，双方当事人应互助合作共同完成合同义务的原则，合同是双方民事法律行为，不仅是债务人一方的事情，债务人实施给付，需要债权人积极配合受领给付，才能达到合同目的。由于在合同履行的过程中，债务人比债权人更多地应受诚实信用、适当履行等原则的约束，协作履行往往是对债权人的要求。

一般认为，协作履行原则包含以下内容：①债务人履行债务时，债权人应当适当受领给付。②债务人履行债务时，债权人应当创造必要的条件，提供方便。③债务人不履行债务时，摘取人应当积极采取措施，避免损失扩大。经济合理原则是指在合同履行过程中，应讲求经济效益，以最少的成本取得最佳的合同效益。该原则具体表现在许多方面，债务人在选择运输方式、履行期、选用设备、变更合同时，均应采用最为经济合理的方式。

（3）诚实信用原则

诚实信用原则，是指当事人按照合同约定的条件，切实履行自己所承担的义务，取得另一方当事人的信任，相互配合履行，共同全面地实现合的签订目的。其基本含义有两个：一是强化市场经济中的契约意识和公平正义观念；二是不仅自己严格按约履行，也要尽力督促和协助对方当事人履行，相互提供方便，保障合同履行，最终实现自己的权利。

诚实信用原则是我国民法的基本原则，贯穿于民法的始终。合同的履行属于重要的民事活动，也应毫无例外地贯彻诚实信用原则。诚实信用原则是一个抽象的概念，是人们在合同履行中所应遵守的道德规则。

（4）情势变更原则

情势变更原则是指合同成立后，因不可归责于双方当事人的原因发生了不可预见的情势变更，致使合同的基础丧失或者动摇，若继续维持合同原有效力，则显失公平，因而允许变更或者解除合同的原则。值得注意的是，其一情势变更不同于商业风险：商业风险属于从事商业活动所固有的风险，作为合同成立基础的客观情况的变化未达到异常的程度，一般的市场供求变化、价格涨落等属此类；而情势变更则是作为合同成立基础的环境发生了异常变动。其二，对商业风险，法律推定当事人有所预见，能预见，而对情势变更，当事人未预见，不能预见。其三，商业风险带给当事人的损失，从法律的观点看可归责于当事人；而情势变更则不可归责于当事人。情势变更也不同于不可抗力。所谓不可抗力，是指"不能预见、不能避免并不能克服的客观情况"，只要是因发生不可抗力，而导致合同不能履行或造成他人损失的，均可基于法律规定免于承担责任。因不可抗力与情势变更均要求所发生的是"不能预见、不能避免并不能克服"的客观情况，故二者的"情势"常发生重合，但二者仍有区别：①客观表现不同：不可抗力表现为人力不可抗拒的自然力，如地震、台风、洪水、海啸、旱灾等（自然灾害），也包括社会异常事件，如战争、罢工、暴动等；情势变更表现为意外事件、社会经济形势的急剧变化、物价飞涨、货币严重贬值、金融危机和国家政策的转变等事由。②适用范围不同：不可抗力为法定免责事由，适用于违约责任和侵权责任；情势变更仅在具有合同关系的双方当事人履行合同过程中，适用免除合同责任。③直接造成的后果不同：有些不可抗力造成的后果是绝对不能克服的；情势变更可以相对克服，只是这使合同履行显失公平，不利于债务人。④免责程度不同：不可抗力导致合同不能履行，一方当事人当然免于承担违约或侵权责任；在发生情势变更的情况下，即使法院或仲裁机构同意变更或解除合同，并不当然免除该当事人对方当事人的赔偿或补偿责任。⑤当事人享有的权利性质不同：在不可抗力下，当事人享有延期履行、部分履行或解除合同的权利为形成权，只要不可抗力发生后，当事人履行了附随义务，即可发生法律上的后果，无须征得对方当事人同意；情势变更情形下的变更或解除合同，当事人不能自行决定，须申请人民法院或仲裁机构决定。

2. 合同履行的规则

（1）履行主体

合同履行主体不仅包括债务人，也包括债权人。因为合同全面适当地履行，不仅主要依赖于债务人履行债务的行为，同时还要依赖于债权人受领履行的行为。因此，合同履行的主体是指债务人和债权人。除法律规定、当事人约定、性质上必须由债务人本人履行的债务以外，履行也可以由债务人的代理人进行，但是代理只有在履行行为是法律行为时方可适用。同样，在上述情况下，债权人的代理人也可以代为受领。此外，必须注意的是，在某些情况下，合同也可以由第三人代替履行，只要不违反法律的规定或者当事人的约定，或者符合合同的性质，第三人也是正确的履行主体。不过，由第三人代替履行时，该第三人并不取得合同当事人的地位，第三人仅仅是居于债务人的履行辅助人的地位。

（2）履行标的

合同的标的是合同债务人必须实施的特定行为，是合同的核心内容，是合同当事人订立合同的目的所在。合同标的不同，合同的类型也就不同。如果当事人不按照合同的标的履行合同，合同利益就无法实现。因此，必须严格按照合同的标的履行合同就成为了合同履行的一项基本规则。合同标的的质量和数量是衡量合同标的的基本指标,因此,按照合同标的履行合同,在标的的质量和数量上必须严格按照合同的约定进行履行。如果合同对标的的质量没有约定或者约定不明确的,当事人可以补充协议,协议不成的,按照合同的条款和交易习惯来确定。如果仍然无法确定的,按照国家标准、行业标准履行;没有国家标准、行业标准的,按照通常标准或者符合合同目的的特定标准履行。在标的数量上,全面履行原则的基本要求便是全部履行,而不应当部分履行,但是在不损害债权人利益的前提下,也允许部分履行。

(3) 履行期限

合同履行期限是指债务人履行合同义务和债权人接受履行行为的时间。作为合同的主要条款,合同的履行期限一般应当在合同中予以约定,当事人应当在该履行期限内履行债务。如果当事人不在该履行期限内履行,则可能构成迟延履行而应当承担违约责任。履行期限不明确的,根据《合同法》第 61 条的规定,双方当事人可以另行协议补充,如果协议补充不成的,应当根据合同的有关条款和交易习惯来确定。如果还无法确定的,债务人可以随时履行,债权人也可以随时要求履行,但应当给对方必要的准备时间。这也是合同履行原则中诚实信用原则的体现。不按履行期限履行,有两种情形:迟延履行和提前履行。在履行期限届满后履行合同为迟延履行,当事人应当承担迟延履行责任,此为违约责任的一种形态;在履行期限届满之前所为之履行为提前履行,提前履行不一定构成不适当履行。

(4) 履行地点

履行地点是债务人履行债务、债权人受领给付的地点,履行地点直接关系到履行的费用和时间。在国际经济交往中,履行地点往往是纠纷发生以后用来确定适用的法律的根据。如果合同中明确约定了履行地点的,债务人就应当在该地点向债权人履行债务,债权人应当在该履行地点接受债务人的履行行为。如果合同约定不明确的,依据《合同法》的规定,双方当事人可以协议补充,如果不能达成补充协议的,则按照合同有关条款或者交易习惯确定。如果履行地点仍然无法确定的,则根据标的的不同情况确定不同的履行地点。如果合同约定给付货币的,在接受货币一方所在地履行;如果交付不动产的,在不动产所在地履行;其他标的,在履行义务一方所在地履行。

(5) 履行方式

履行方式是合同双方当事人约定以何种形式来履行义务。合同的履行方式主要包括运输方式、交货方式、结算方式等。履行方式由法律或者合同约定或者是合同性质来确定,不同性质、内容的合同有不同的履行方式。根据合同履行的基本要求，在履行方式上，履行义务人必须首先按照合同约定的方式进行履行。如果约定不明确的，当事人可以协议补充；协议不成的，可以根据合同的有关条款和交易习惯来确定；如果仍然无法确定的，按照有利于实现合同目的的方式履行。

（6）履行费用

履行费用是指债务人履行合同所支出的费用。如果合同中约定了履行费用，则当事人应当按照合同的约定负担费用。如果合同没有约定履行费用或者约定不明确的，则按照合同的有关条款或者交易习惯确定；如果仍然无法确定的，则由履行义务一方负担。因债权人变更住所或者其他行为而导致履行费用增加时，增加的费用由债权人承担。

3. 合同履行中的抗辩权

合同履行中，最为值得重视的是履行中的抗辩权，也就是当事人一方对抗相对人的履行请求的权利，在行使该项权利时，负有履行义务的债务人可以暂时拒绝履行债务，此时的拒绝履行，是正当行使权利，不会被认为是违约行为。合同履行中的抗辩权包括以下 3 类：

（1）同时履行抗辩权

该权利是指双务合同的当事人一方在对方未进行已需要履行的对等给付之前，可以拒绝履行自己相对应的债务。例如，在房屋买卖合同中，如果双方未约定办理房产过户与交付房款的先后顺序，则应当认为，办理过户与收受房款之间属于同等履行的债务，在出卖人没有协助办理过户手续时，买受人可以暂时拒绝支付价款。

（2）先履行抗辩权

该权利是指合同的当事人互负债务，各自的债务有履行的先后顺序，如果负有先履行义务的一方尚未履行其债务之前，后履行一方有权拒绝其履行请求，如果先履行一方履行债务不符合履行要求的，后履行一方有权拒绝其相应的履行请求。先履行抗辩权发生于有先后履行顺序的双务合同中，适用于先履行的一方违约的场合。

（3）不安抗辩权

不安抗辩权是指双方当事人因同一个双务合同而互负债务，在履行过程中，后履行的一方当事人有丧失履行债务能力的状况或者极大的可能性，则履行债务在先的当事人可以中止履行。根据我国合同法的相关规定，履行债务在后的当事人有以下 3 种情形之一的，履行在先的当事人就可以行使不安抗辩权：①经营状况严重恶化。②转移资产或者抽逃资金，以逃避债务的。③存在严重丧失商业信誉的行为。同时，法律还抽象的规定，有其他丧失或者可能丧失履行债务能力的，也可以行使不安抗辩权，以对抗对方当事人履行债务的请求。

【相关案例】

案例一：

某物业中心与一家节能设备科技公司签订合同，由科技公司为该中心负责区内的小区供暖系统进行节能技术改造。合同约定，改造后达到20%的节能效果。但施工后，物业中心使用中发现并未达到双方约定的节能效果，便拒绝支付剩余工程款35万元。为此，科技公司告上法庭。物业中心与科技公司于2005年7月签订供热管网节能技术改造工程承包合同，工程总价款50万元。双方约定，合同签订后物业中心支付15万元，施工完毕并调试完成后，物业中心再支付10万元，2006年3月（第一个供暖季末），物业中心支付剩余的25万元。合同还约定，设备改造后，在供暖季使用30日内，如物业中心认为节能效果未达到20%以上时，通知科技公司，双方共同商订日期进行节能效果鉴定。鉴定时，任何一方均可提请第三方到场见证或公证，以确保鉴定结果的真实性、公正性。鉴定结果如未达到20%以上，并经双方确认后，科技公司承担第三方的全部费用，并退还全部工程款，物业中心亦不再支付未付清的工程款。如物业中心未在上述条款约定日期前提出鉴定请求，则视为确认设备已达到约定的20%的节能效果。合同签订后，物业中心支付了15万元预付款。设备改造完毕后，物业中心在使用过程中发现节能效果不佳，但未在30日内提出异议。2006年10月18日，物业中心向科技公司发函提出节能系统存在的技术问题。2007年年初，物业中心委托鉴定机关对设备节能效果进行鉴定，得出节能效果只有2.9%结论。据此，物业中心不予支付后续的35万元工程款。法庭上，物业中心不否认未付款的事实，但表示不付款的原因是因为工程的质量问题。而科技公司则认为质量不存在问题，理由是物业中心并未在合同约定的期限内提出异议，应当视为认可工程的节能效果。

法院经审理后认为，根据双方合同的约定，物业中心如果认为设备节能效果未达到20%以上，应在工程技术改造后的首个供暖季使用30日内向科技公司提出节能效果鉴定，而物业中心在该期限内并未提出鉴定要求，直至2006年10月18日，物业中心才提出节能系统存在的技术问题，已超过合同约定的期限，故应视为物业中心确认设备已达到约定的20%的节能效果。物业中心应当支付尚欠的工程款。据此，判决物业中心于判决生效后10日内给付科技公司工程款35万元。

评析：

按照合同法全面履行的要求，当事人向对方提交合同标的物应当符合合同的约定及相关法律的规定，如果提供的标的物不符合约定的标准或者相关法律的规定，接受标的物的一方有权拒绝接受该物品，或者在接受后的一定期限内提出异议，要求退货或者修理、更换、重做等。标的物不符合约定即为质量瑕疵，是指出卖人所交付的合同标的物不符合当事人在买卖合同中约定的标准或法律规定的国家标准、行业标准、通常标准、符合合同目的特定标准的情况，质量瑕疵主要包括以下情形：①合同标的物的外观质量不符合合同约定标准或者法律规定的标准，就是说，合同的标的物存在表面瑕疵，如标的物的外观、品种、型号、规格、花色等方面存在瑕疵，对于表面瑕疵，一般情况下，买受人无须通过特殊的检验就可以发现。②买卖合同标的物的包装不符合约定或者法律规定的标准。合同法第一百五十六条规定，出卖人应当按照约定的包装方式交付标的物；对包装方式没有约定或者约定不明确，依照合同法第六十一条的规定仍不能确定的，应当按照通用的方式包装，没有通用方式的，应当采取足以保护标的物的包装方式。对于"足以保护标的物"的推定，应当理解为出卖人需以使用标的物损耗最小、最安全、最实用的方式包装标的物。实践中，具体可以从以下几个方面进行判断：首先，包装是否牢固；其次，包装是否符合运输的要求，特别是不同运输工具的特定要求；最后，包装标志是否符合通用要求等。③标的物的内在质量不符合合同约定标准或者法律规定的标准。标的物的内在质量不符合要求或标准，一般情况下，买受人需要通过检验或者使用才能发现。

对于质量异议，必须在一定的期限内提出，否则视为质量合格，该通知即为质量异议，该一定期限即为质量异议期。

质量异议既是买受人的权利，也是买受人的法定义务。根据《合同法》第一百五十七条、第一百五十八条的规定，该制度既包括买受人对标的质量的检验权利，也包括买受人对标的物质量瑕疵的通知义务。关于对质量异议期限的原则通常基于以下几方面的原则：

①依照合同自由的原则，买卖双方可以对质量异议期限自主约定。根据《合同法》第一百五十七条的规定，"当事人约定检验期间的，买受人应当在检验期间内将标的物的数量或者质量不符合约定的情形通知出卖人。买受人怠于通知的，视为标的物的数量或者质量符合约定。"

②买卖双方未约定检验期间的，质量异议期限为买受人在发现或应当发现标的物质量瑕疵的合理期限，而且该合理期限一般不得高于两年。该期间为不变期间，不适用诉讼时效中止、中断或者延长的规定。

③买卖双方在买卖合同中有质量保证期的，应按质量保证期确定质量异议期限。适用质量保证期为买受人提出质量异议的最长期限，可以不受两年期间的限制；同时质量保证期作为国家的强制性规定，因此，质量保证期间短于两年的，笔者认为也应当在质量保证期内提出。需要指出的是，买卖双方约定的质量保证期短于法律、行政法规规定的质量保证期间的，应当以法律、行政法规规定的质量保证期间为准。

在一些特殊情形下，关于对质量异议期限也会有特殊的要求：①出卖人存在故意或过失的情形。《合同法》规定，若出卖人知道或应当知道提供的标的物不符合约定的，提出异议的时间不受上述 3 项原则性规定的限制。出卖人在知道或应当知道提供的标的物不符合约定的，此时出卖人主观上存在故意或重大过失，因此，为平衡双方利益，保护买受人利益，法律作出的有利于保护买受人的规定。②关于买卖双方约定质量异议期的例外认定，如果买卖双方约定的检验期间短于法律、行政法规规定的检验期间的，则应当以法律、行政法规规定的检验期间为准；如果买卖双方约定的检验期间过短，依照标的物的性质和交易习惯，买受人在检验期间内难以完成全面检验的，双方约定的期限应视为对标的物外观瑕疵提出异议的期间。而对于隐蔽瑕疵提出异议的期间仍应按"合理期间"认定。③关于当事人未约定质量异议期例外认定。如果买卖双方对标的物的检验期间未作约定，买受人签收的送货单、确认单等载明标的物数量、型号、规格的，一般认定买受人对于标的物的数量及外观不存在任何异议。

关于对"合理期限"的认定，如上所述，对于没有约定检验期间的情况，法律并没有对质量违约的情形进行分类并相应地规定出买受人提出异议的期间，而是规定了买受人收取标的物开始检验之后发现或者应当发现标的物的质量或者数量不符合约定之日起的合理期间。该合理期间要针对不同的买卖合同，不同的标的物，不同的质量违约情形进行个案的分析确定。

合理期间应当综合买卖之间的交易性质、交易目的、交易方式、交易习惯、标的物的种类、数量、性质、安装和使用情况、瑕疵的性质、买受人应尽的合理注意义务、检验方法和难易程度、买受人或者检验人所处的具体环境、自身技能以及其他合理因素，依据诚实信用原则进行判断。

综上所述，买卖合同的质量异议期对于买卖双方，尤其是对于买受人，具有重大利益。当标的物存在质量瑕疵时，只有买受人行使了质量异议的权利后，买受人才可以根据标的的性质以及损失的大小，并依据《合同法》向出卖人主张违约责任，包括修理、更换、重作、退货、减少价款或者报酬等责任，甚至解除合同。

案例二：

2005 年 10 月，A 市 B 公司与 A 市 C 公司签订合同，由 C 公司向 B 公司购买 PLC 控制系统一套（包括编程调试），并约定：合同签订一周内付款10% 计 49229 元，工程竣工验收之日起一星期内付款到总合同价款的90%，10% 作为系统质量保证金；B 公司提供设备保修期一年，保修期从工程竣工验收之日起计算，在保修期内，因产品质量问题，B 公司不负责更换设备或不维修的，C 公司有权扣除质量保证金，B 公司承担违约责任；软件编程、系统调试，归 B 公司负责。

合同签订后，B 公司按约送货并于 2006 年 9 月 6 日安装调试完毕。后 C 公司未按约支付货款至合同标的的 90%。B 公司遂诉至法院，请求判令 C 公司向 B 公司支付全部余款 80934.37 元。审理中，C 公司提出，双方订立买卖合同是事实，但合同履行过程中，C 公司多次要求 B 公司提供后续技术服务，但 B 公司未提供，违反双方关于 B 公司应提供质保的约定，并造成了 C 公司的损失，C 公司有权扣除质保金，并要求 B 公司承担相应损失。

法院经审理认为，关于 B 公司未提供后续技术服务是否违约、是否应承担违约责任——根据双方合同约定，工程验收完毕后一周内，C 公司有义务向 B 公司支付货款至 90%，但 C 公司未按约足额支付，故 B 公司有权行使先履行抗辩权，不履行包括提供后续技术服务在内的质保义务。B 公司该行为是在行使先履行抗辩权，不属于违约行为，不应承担相应违约责任，更不应承担 C 公司的相应损失。C 公司提出 B 公司未提供相应的技术服务属于违约行为，应赔偿 C 公司因 B 公司违约行为所受到的损失，并在本案中扣减相应货款，该抗辩主张于法无据，不予支持。此外，根据双方之间合同的约定，扣除质保金的条件是 B 公司产品有质量问题且不负责更换或维修，C 公司未提供证据证明 B 公司产品本身存在质量问题，现双方约定的一年质保期已过，C 公司应向 B 公司支付质保金，故对 C 公司要求从货款中扣减质保金的抗辩不予支持。故判决：C 公司于判决发生法律效力之日起三日内向 B 公司支付全部剩余货款 80934.37 元。

评析：

判断 B 公司是否有先履行抗辩权，需要分 3 个层次分析：

①第一阶段是质保期内（即竣工验收后一年内）。B 公司与 C 公司之间签订的买卖合同是典型的双务合同，在质保期内，C 公司有在质保开始后一周内付款至合同标的 90% 的义务，B 公司则有应 C 公司要求提供包括后续技术服务、对有质量问题的产品进行维修和更换的质保义务，B 公司与 C 公司均对对方负有债务，双方互负债务。C 公司要求 B 公司提供相应后续技术服务时，其付款至 90% 的义务早已到清偿期，早就应当履行，但一直未履行，B 公司提供相应的后续技术服务的义务的履行期限是在 C 公司付款义务履行期届满后。现 C 公司未按约付款，B 公司行使先履行抗辩权的条件具备，有权基于先履行抗辩权，拒绝履行提供后续技术服务在内的质保义务。

②第二阶段是质保期满后（即竣工验收后一年后）。双方明确约定质保期是工程竣工验收后一年内，故 B 公司负有的质保义务具有时效性，该义务在竣工验收完毕一年后消灭，此时，B 公司已不再对 C 公司负有质保义务，C 公司仍对 B 公司负有付款义务，也就是说，只有 C 公司单方对 B 公司负有债务需要履行，双方已不是互负债务。故合同双方需互负债务的这一先履行抗辩权成立条件已不具备，B 公司的先履行抗辩权因其义务的消灭而消灭，B 公司不能再行使先履行抗

辩权，也因为其不再对 C 公司负有义务而没有必要行使先履行抗辩权。

③B 公司拒绝提供后续技术服务是在行使先履行抗辩权，不构成违约。先履行抗辩权的行使具有阻却违法的效果，对后给付一方而言，行使中止权即便使其所负债务超过了原定履行期限，该逾期在性质上也并不属于迟延履行，无"双方违约"的问题。故 B 公司行使先履行抗辩权，拒绝履行质保义务，这种拒绝本身是在行使法律赋予的权利，为《合同法》所保护，不属于违约行为，C 公司不能就 B 公司行使权利的行为向其承担违约责任。故 B 公司行为即使给 C 公司造成损失，也应由 C 公司自行承担。

【风险提示】

合同履行是合同作为交易形式中最重要的一个环节，合同订立的目的就是为了履行，通过履行实现合同目的。合同的履行也是合同交易整个过程中最容易发生风险的一个环节，必须给予足够的重视。合同履行中的风险主要体现在以下几个方面：

1. 迟延履行的风险

合同通常都约定有履行义务的时间，作为履行义务一方完成自己义务的时间上的约束。迟延履行将产生违约责任。违约责任的体现方式，如果合同约定了迟延履行的违约金或者违约责任承担的方式，则按照约定执行；如果合同没有约定，仍然需要承担违约责任，具体的方式，在交付货物一方，需承担因为延期交付给对方带来的损失，包括预期可得利润的损失，在给付金钱债务的一方，则需支付迟延支付期间的利息损失。另外，需要关注的是，延期履行还有可能带来解除合同的法律后果。是否解除合同，应结合订立合同的目的、迟延履行的程度来判断，如果迟延履行已经造成合同的目的在根本上无法实现，对方可以请求解除合同，拒绝继续履行，同时还可以请求对方赔偿损失；如果迟延履行没有达到合同目的不能实现这一法律后果，则不可以主张解除合同。

2. 瑕疵履行的风险

合同履行应当按照约定，全面的、正确的履行，以实现双方订立合同的目的。提供货物不符合合同的约定，也应视具体情况处理：如果货物仅是表面瑕疵，或者有质量问题但不影响货物使用的，在交货之前，收货人可以要求改正或者补偿损失，否则有拒收的权利；在交货之后，收货人有要求修正的权利；如果货物的瑕疵在运行使用过程中才得以发现，则收货人有权要求供货人及时检修，如果检修后仍然无法正常使用，则收货人有权要求退货、更换。对于瑕疵履行，因法律规定有检验期，合同也通常会约定有异议期，超期提出异议，则异议的权利无法获得法律的认可与保障，因此，及时检验的风险也需要足够的重视。另外，合同的履行除了双方在合同中约定的义务也就是主合同义务以外，还包括基于诚实信用原则而必须履行的附随义务，这些义务包括双方在交接过程中的协助义务、通知义务、照顾义务等。违反这些义务，虽然没有合同的明确约定，但仍然可以产出违约责任，在这些义务瑕疵履行以致无法实现合同目的的情况下，对方可以解除合同。

3. 各项抗辩权的风险

合同履行的抗辩权，包括前述同时履行抗辩权、先履行抗辩权和不安抗辩权都是合同履行中对抗履行请求的有效权利，在一方的履行期间已经到来，有履行义务的同时，如果该方享有抗辩权，则可以暂时的对抗对方的履行请求，中止债务的履行。此时是不能追究暂停履行方的违约责任的。

【化解对策】

1. 全面、及时履行债务

合同履行中的风险主要来自于不按照约定履行，因此，债务履行一方应当按照合同的约定和法律的规定及时的、全面的履行债务，切实有效的减少违约风险的产生。全面履行包括当事人按照约定的标的及数量、质量，由适当的主体在适当的履行时间、地点，以适当的方式全面完成合同义务。全面履行不仅要求当事人履行合同约定的义务，还包括由无须约定、由法律直接规定的通知、协助、保密、照顾等的附随义务。在的确有困难无法按约履行的情况下，应当及时与对方沟通，力求取得对方同意改变履行的条件，并保留好达成新的合意的相关证据。

2. 清晰、全面约定合同内容

合同法尊重当事人意思自治，在当事人有相关约定时，法律一般是不介入的，即意思自治优先，法律在大多数情况下仅作为当事人约定缺失情况下的补充出现，因此，应当对合同约定的内容予以充分重视，对己方的权利、对方的义务约定应当全面、清晰、准确。在约定清楚的情况下，一方面可以以合同提醒、约束当事人，排除出现问题时双方推诿；另一方面也可以减少在未作约定情况下的疏忽大意情况的发生。比如，在合同对履行时间有特别要求时，仅写明在何时前履行对保护己方权利是不够的，还须写明合同的目的，时间对该目的实现的特定作用，在作此约定后对方如还是不能按时履行的，则可以追究根本违约的违约责任，如解除合同、全面赔偿损失等，否则的话，仅能追究一般迟延履行的违约责任。

3. 认真对待抗辩事由

在一方不履行合同义务时，总会提出各种各样的理由，在收到相关抗辩理由时，应当认真对待，进行合理的分析和梳理。如果抗辩理由不成立，则应及时地、明确地予以拒绝，通知对方及时履行义务；如果抗辩理由成立，则应当立即先履行自己的义务，或者排除引起对方不安的因素，消除对方行使抗辩权的理由。同样的，抗辩权作为对抗履行请求的正当权利，存在相关的事由时，应当予以重视，用好这些权利，保障好自己的权利，做到防患于未然。

第四节　合同变更的法律风险

【要点提示】

合同变更有广义和狭义之分。广义的合同变更指在合同履行过程中，双方协商修改合同内容和变更合同主体，通常需要双方签订补充协议。合同主体变更实际上是债权的转移或债务的承担或债权债务同时移转。狭义的合同变更仅指合同内容的变更，即标的物数量、标准，履行时间，履行地点等的变更。合同变更一般是指合同的非根本性变更，变更后的合同基本条款、主要内容和变更前需保持同一性，否则就成为合同更新，即成立了一个新的合同。合同变更分为约定变更和基于法律的规定直接变更。

【相关案例】

2009 年 1 月 12 日 A 公司与 B 公司签订债权转让协议一份，该协议内容载明："一、B 公司同意受让沈阳 C 公司债权 123926 元。二、协议生效后，由 A 公司负责通知沈阳 C 公司。三、本协议一式两份，由 AB 双方各执一份，双方签字（盖章）即生效"。

原告 B 公司诉称，2006—2008 年，他公司与 A 公司签订了四份机械类产品购销合同，合同总金额为 1218340 元。合同履行中 A 公司陆续付款 1084000 元，经对账还欠 B 公司 123926 元。2009 年 1 月 12 日双方签订债权转让协议，但 A 公司未按约定通知债务方沈阳 C 公司，导致该债权转让协议未生效。2009 年 10 月 11 日 A 公司又付款 10000 元，目前仍欠 113926 元，此款几经催要无果，故向法院起诉，请求法院判令 A 公司支付货款 113926 元，并承担本案诉讼费。

法院经审理认为：被告 A 公司曾结欠原告 B 公司货款人民币 123926 元，后 A 公司将其享有的对沈阳 C 公司的债权 123926 元转让给 B 公司，双方经协商后签订了债权转让协议，该协议系双方的真实意思表示，又不违反法律强制性规定，依法有效，故本院对此协议依法予以确认。B 公司与 A 公司签订债权转让协议后，B 公司即受让了 A 公司对沈阳 C 公司的债权，故 B 公司与 A 公司之间的因买卖关系产生的债权债务关系归于消灭。协议签订后，A 公司支付给 B 公司的 10000 元，系 A 公司单方自愿履行原债务的行为，B 公司并无证据证明双方的债权转让协议因此解除。故 B 公司要求 A 公司支付货款 113926 元的诉讼请求，法院依法不予支持。故判决驳回原告 B 公司的诉讼请求①。

评析：

本案是一起关于债权转让中通知效力问题的买卖价款纠纷，主要争议焦点在于，债权转让未通知债务人是否影响债权转让的效力。《中华人民共和国合同法》第八十条规定，"债权人转让权利的，应当通知债务人。未经通知，该转让对债务人不发生效力。债权人转让权利的通知不得撤销，但经受让人同意的除外"。依此规定，可清楚的得出，债权转让时只有债权人通知债务人时，对债务人方发生法律效力，但并不影响债权转让这一行为本身的效力。具体到本案，A 公司与 B 公司签订了一份《债权转让协议》，将 A 公司的债权转让给了 B 公司，双方在协议上签字（盖章）后该协议就已经生效，A 公司与 B 公司因买卖关系产生的债权债务关系归于消灭，B 公司受让了 A 公司对沈阳 C 公司的债权。对于 A 公司是否履行了通知义务，并不导致债权转让的无效，只是对债务人沈阳 C 公司不发生效力，若债务人沈阳 C 公司确实不知道债权已经转让，其可以仍然按照原合同的约定继续向原债权人即 A 公司履行债务，而不必向新债权人履行，而 A 公司在接受沈阳 C 公司的债务履行后，再转交给新债权人 B 公司，否则就构成违约。

【风险提示】

1. 合同主体变更

从广义而论，合同在履行过程中，一方当事人可能会将权利或义务转让给第三人，从而发生主体的变更。一旦合同主体发生变更，第三方的信用程度和履约能力对合同另一方来说就存在了未知风险。比如合同履行过程中的债权转让，转让人只需通知债务人即可，债务人对受让人的情况其实并不了解；此时受让人对债务人来说就是一个新的风险。特别一些合同对主体是有特殊要求的，尤其是在一些技术性要求很强的行业，一般对从事者都会有资质的要求，比如建筑、医药等行业。如果公司与不具备相应资质的相对方签订合同，合同就极易被认定为无效。而且这些行业一般所涉数额巨大，如果风险出现，企业面临的法律风险损失将难以估算。法律禁止一些主体从事特定交易活动，比如《担保法》规定，"国家机关、学校、幼儿园、医院等以公益为目的的事业单位不得作为保证人。"如果企业在与以上主体签订担保合同时，就会因为违反法律强制性规定而无效。企业则不会得到任何实际性的保证，从而给企业造成巨大的经济损失。

2. 合同内容变更

合同在履行的过程中，遇到一些特殊情况内容会不可避免发生变更。之前的

---

① 康晓光，卢凤. 债权转让中"通知"行为效力的认定［EB/OL］.［2013 - 04 - 19］. http：// www. jsfy. gov. cn/alpx/msal/2013/04/19143102718. html.

合同条款不可能穷尽合同履行过程中遇到的各种情况，已经约定的条款根据现实情况的变化可能会发生变化，原来的合同条款可能已经没有履行的必要。此时合同内容的变化对双方当事人来说就意味着新风险的产生。

【化解对策】

1. 合同约定禁止转让

公司为了防止合同变更给自身带来的不可预见的风险，可以在合同中设立禁止合同转让条款，即双方在合同中约定"本合同的权利、义务不可转让"。

2. 严格控制主体变更

为了防止出现仅凭对方当事人的单方意思即变更主体的情况发生，要从严控制主体的变更，除非确有需要，否则不得随意变更主体。双方必须协商一致并签订补充条款作为原合同的补充协议，由双方盖章确认后方可生效。

3. 谨防企业合并或分立引起的风险

公司合并或分立是企业订立合同时必须注意到的法律风险，其构成了合同主体的法定变更。我国《公司法》第一百七十四条规定，"公司合并，应当由合并各方签订合并协议，并编制资产负债表及财产清单。公司应当自作出合并决议之日起10日内通知债权人，并于30日内在报纸上公告。债权人自接到通知书之日起30日内，未接到通知书的自公告之日起45日内，可以要求公司清偿债务或者提供相应的担保。"第一百七十五条规定，"公司合并时，合并各方的债权、债务，应当由合并后存续的公司或者新设的公司承继。"第一百七十七条规定，"公司分立前的债务由分立后的公司承担连带责任。但是，公司在分立前与债权人就债务清偿达成的书面协议另有约定的除外。"为了防范此种风险就需要在订立合同前，企业对其交易方有个详尽的调查，一旦出现合并，积极主张自己的债权，并积极向新当事人主张权利。

4. 明确约定合同可以变更的情形

交易双方要在合同中明确合同变更的情形以防出现意外情况，而且对法定情形也要有清楚的认识。当然双方也要明确擅自变更合同内容的违约责任。企业应当在签订合同时就增加单方擅自变更合同的违约责任条款，从而限制对方变更合同，提高对方的违约成本。

第五节　表见代理的法律风险

【要点提示】

表见代理是指行为人虽无代理权，但由于本人的行为，造成了足以使善意第三人相信其有代理权的表象，而与善意第三人进行的、由本人承担法律后果的代理行为。表见代理实质上是无权代理，是广义无权代理的一种。若无权代理行为均由被代理人追认决定其效力的话，会给善意第三人造成损害，因此，在表见的情形之下，规定由被代理人承担表见代理行为的法律后果，更有利于保护善意第三人的利益，维护交易安全，并以此加强代理制度的可信度。表见代理也为我国法律所确认。正如《合同法》第49条规定的，"行为人没有代理权、超越代理权或者代理权终止后以被代理人名义订立合同，相对人有理由相信行为人有代理权的，该代理行为有效。"其意义在于维护代理制度的诚信基础，保护善意第三人的合法权益，建立正常的民事流转秩序。

1. 构成要件

根据上述表见代理的概念和立法规定，可知表见代理应具备以下构成条件：

①表见代理应当符合代理的形式要求。即表见代理人须以被代理人的名义进行活动，与第三人缔结民事关系。表见代理作为代理的一种，它就应当符合代理的表面要件。否则，则不成其为代理，而是表见代理人与第三人之间形成的民事法律关系，只对缔约双方存在法律效力，不及于其他人。

②表见代理人与第三人之间的民事行为，须具备成立的有效条件。即行为人具有相应的民事行为能力、意思表示真实、内容不违背法律或者社会公共利益。如果表见代理人与第三人之间的民事行为欠缺成立的有效要件，那么该行为从一开始就不产生法律效力，也就不能够转嫁到被代理人身上，更无从何谈起被代理人承受该代理行为的法律效果。值得一提的是，这里的"真实意思表示"，应理解第三人根据表象完全有理由相信表见代理人所实施的民事行为系其真实意思表示，而不是仅仅局限于事实上的意思表示真实。否则，如果出现表见代理人为故意损害被代理人的利益而与善意无过失的第三人签订有损被代理人的权益的合同的情况，则会因表见代理人的意思表示不真实，导致合同无效，使第三人的权益无法得到充分的保护。

③客观上须有使第三人相信表见代理人具有代理权的情形，并能够使第三人该代理人不容怀疑的具有代理权的认识。第三人作为该行为的相对方，其目的应是追求通过表见代理人从被代理人处获得该民事代理行为的法律效果，第三人在主观上是相信该民事代理行为是有效成立的，该代理人是有代理权的。而第三人之所以会与该代理人为民事代理行为，其必然要求该代理人与被代理人之间存在着一种使其对该代理人的代理权达到内心确信程度的事实上或者法律上的联系。只有这样，法律才有必要设立表见代理制度来赋予第三人向被代理人追求民事代理行为法律效果的权利。

④第三人须为善意且无过失，即第三人不是明知行为人没有代理权而仍与之

签订合同，也不是由于自己疏忽大意，缺乏应有的谨慎而轻易将没有代理权的行为人认作有代理权的人，而是有正当理由相信行为人有代理权。相对人不知行为人所为的行为系无权代理行为。如果相对人出于恶意，即明知他人为无权代理，仍与其实施民事行为，就失去了法律保护的必要，故表见代理不能成立。

⑤被代理人在主观上存在过失。虽然表见代理不具备代理权，但却具备了代理的表象，该表象使得第三人在尽到了法律上要求的对表见代理人的代理身份和代理权限的注意义务后，还无法预见到该代理人并不具备代理权，如果第三人和被代理人在主观上均不存在过失，是不可能形成代理权表象的。为避免被代理人的合法权益在无过失的情况下受到损害，使双方在这场市场交易中处于同等的地位，势必要求被代理人在主观上具有过失，以使第三人产生误信。

2. 法律后果

《合同法》第四十九条规定，"行为人没有代理权、超越代理权或者代理权终止后以被代理人名义订立合同，相对人有理由相信行为人有代理权的，该代理行为有效。"因此，在表见代理成立的情况下，订立的合同有效，合同对当事人有法律约束力。表见代理被认定成立后，其在法律上产生的后果同有权代理的法律后果一样，即由被代理人对代理人实施的代理行为承担民事责任。被代理人因表见代理成立而承担民事责任，因此给被代理人造成损失的，被代理人有权根据是否与代理人有委托关系、代理人是否超越代理权以及代理权是否已经终止等不同的情况，以及无权代理人的过错情况，依法请求无权代理人给予相应的赔偿。无权代理人应当赔偿给被代理人造成的损失。

3. 表见代理的功能

①表见代理体现着当事人无过错条件下的选择。表见代理是指代理人没有代理权，但相对人有充分理由相信代理人有代理权，在这种情况下，相对人与代理人发生的法律行为的结果由本人承担。在表见代理的情况下，第三人必须是善意无过错的，对这一点无论是理论界还是实务界是没有争议的。

②表见代理是市场经济条件下，当事人利益的法律平衡，进一步维护社会公平和正义。有的学者认为，表见代理是为了保障财产的动态安全，也有的学者认为表见代理既为了保障动态安全，也为了保障静态安全。

③表见代理是效率重于公平的体现。从表见代理的规定来看，尽管相对人有充分理由相信代理人代表本人，但实际上并不代表本人。在代理人不代表本人，本人不同意接受代理人的行为结果，而本人又无过错的情况下，让本人对代理人的行为后果负责，实质是对本人意志的一种强制。然而，表见代理制度的建构，很大程度是因为在表见代理所设定的情况下，代理人的财产和信誉已不足以保护善意相对人的利益，本人如果不对代理人的行为负责，善意无过错相对人的权益

就无法保护，财产权益势必遭到损失。

因此，表见代理是在保护无过错的本人权益中还保护善意相对人的权益的两难情况下所作出的艰难选择。从两者权益的法律价值来看，不保护本人的权益仅仅是一个民事主体的损失（有的情况下还不一定有损失，如由本人与相对人全面履行一个代理人和相对人签订的一个合同），而不保护善意相对人的权益，不仅仅影响一个善意相对人的权益问题，而且将影响民事主体参与市场活动的信心、改变市场主体的数量、降低市场的活动、扰乱市场的秩序、降低市场经济的效率。

【相关案例】

案例一：

2008 年间，A 公司与 B 公司签订了《建设施工劳务分包合同》，在合同上，明确 A 公司委派吕某为 A 公司的代表，为项目经理；潘某是技术总负责人。2008 年 9 月 5 日，潘某以"A 公司项目部"名义（甲方）与周某（乙方）签订了《基坑围护施工合同》，在合同上潘某除签字外还加盖了"A 公司项目部技术专用章"。2010 年 1 月 3 日，周某与潘某就工程进行了结算，并各自签字确认周某的工程量价款为 603447 元。事后，周某催讨工程款未果，遂起诉至原审法院。

本案的争议焦点主要为，A 公司是否应当支付周某工程款项。一审法院审理后认为，根据 A 公司与 B 公司签订的《建设施工劳务分包合同》反映，潘某是 A 公司委派到某项目的技术总负责人，且从周某提供的 2009 年 7 月 30 日、10 月 30 日的"工程签证单"亦能反映潘某当时是代表 A 公司作为施工单位在该"工程签证单"上签字并加盖技术专用章确认工程量。现 A 公司提出其与 C 公司签订的建筑工程劳务分包施工合同明确潘某是 C 公司员工，且该工程是分包给 C 公司理应由 C 公司承担责任的抗辩，因 A 公司与 C 公司劳务分包施工合同为其内部之间的约定，C 公司在实际施工期间，是以 A 公司名义对外发生关系。现周某向 A 公司主张债权，A 公司不能因为内部约定对抗善意的周某。A 公司承担债务之后，可以另行主张权利。

二审法院审理认为：A 公司与 B 公司签订了《建设工程劳务分包合同》，是涉案工程的劳务分包方，上述合同同时明确吕某、潘某等人系 A 公司的驻工地管理人员，工程的施工单位亦是 A 公司，周某据此有理由相信潘某有权代表 A 公司，且周某与潘某签订的合同上加盖了 A 公司的印章。虽然 A 公司否认印章的真实性，但周某并不负有对上述印章真实性进行审查的义务。现周某依据合同已实际进行了施工，故原审法院判决由 A 公司承担相应的给付工程款的责任，并无不当。至于 A 公司称其将工程分包给 C 公司，工程实际由 C 公司施工，亦应由 C 公司承担相应法律后果的意见，因工程是以 A 公司的名义进行的，A 公司与 C 公司之间的关系并不足以约束他人，故对 A 公司该上诉请求，法院不予支持。

评析：

本案的要点为：建设工程合同签订后，承包人的驻地管理人员以承包人的名义对外签订工程分包合同，并在合同上加盖承包人印章的，第三人有理由相信其管理人员有效代表承包人，该合同合法有效，承包人应当对第三人承担法律责任，若承包人与其管理人员有内部约定的，该内部约定不能对抗善意第三人。

案例二：

2006年11月3日，A市B公司派业务经理韩某与C市D厂签订了输送胶带买卖合同一份，约定：B公司向D厂提供输送胶带一批。合同签订后，B公司按约将货物发送到指定地点，实际货物总价款为494995.2元。D厂收到货物后，先后支付B公司货款260000元。2007年1月11日，D厂法定代表人在对账清单上签字确认欠款数额为234996元，其后D厂支付B公司5000元，尚欠货款229996元。

后B公司向人民法院提起诉讼，请求判令D厂立即给付所欠货款并承担逾期付款违约金。

D厂以B公司指派了韩某的弟弟参与处理运输胶带质量问题并签字确认为由，请求驳回B公司的诉讼请求。

法院审理认为，B公司与D厂签订的买卖合同合法有效。D厂在约定的期限内未付清货款，应当承担违约责任。D厂提出的B公司提供的产品存在质量问题，要求B公司赔偿经济损失的主张，证据不足，不予支持。遂判决：D厂于判决生效之日起10日内向B公司支付货款，并承担逾期付款违约金；驳回D厂要求B公司赔偿损失的诉讼请求。

D厂不服判决，提起上诉。

二审法院经审理认为，表见代理是指虽无代理权但表面上足以使人相信有代理权而需由本人负授权之责的代理。表见代理的代理权有欠缺，本来属于无权代理，因本人行为造成表面上使他人相信有代理权存在，在善意相对人的信赖利益和本人利益之间，信赖利益涉及交易安全，较本人利益更应保护。因此，表见代理发生有权代理的效果。我国《合同法》第四十九条"行为人没有代理权、超越代理权或者代理权终止后以被代理人名义订立合同，相对人有理由相信行为人有代理权的，该代理行为有效"的规定，就是表见代理发生有效代理效果的法律规定。认定是否属于表见代理，除了要符合代理的一般要件，如须有三方当事人、代理为合法行为等，主要从以下特别构成要件分析：一是行为人以被代理人的名义与相对人实施"代理"行为。如果行为人不是以被代理人的名义实施了"代理"行为，不构成表见代理，只能适用无因管理或隐名代理的规定。表见代理只适用于显名代理。二是客观上必须具有使相对人相信行为人有代理权的情形，也就是本人有作为或者不作为实施某种表示，使相对人根据这一表示足以相信行为人有代理权。如交付印章给行为人保管，或者把盖有印章的空白合同交付行为人，行为人以本人名义与第三人订立合同时，根据行为人握有本人印章的事实，即可以相信行为人有代理权。三是相对人系基于善意且无过失，而信赖行为人有代理权。

本案中，韩某既没有以 B 公司名义与 D 厂处理输送胶带质量问题，也没有以 B 公司名义在输送胶带质量问题处理意见上签字；他既不是 B 公司工作人员，又不是 B 公司与 D 厂买卖输送胶带的业务经办人，D 厂也没有提供证据证实他是受 B 公司指派而参与处理输送胶带质量问题的；D 厂在韩某没有出具 B 公司的介绍信或者授权委托书等情形下，就认为其有权代表 B 公司处理输送胶带质量问题，不符合法律规定，不是善意无过失的相对人。因此，韩某的签字行为不构成表见代理。

评析：

表见代理是指虽无代理权但表面上足以使人相信有代理权而需由本人负授权之责的代理。表见代理除了要符合代理的一般构成要件以外，还具有特别的法律要件，如果相关人员不是当事人的工作人员，也未以当事人名义从事相关行为，则不能认定该人员的行为对相关当事人构成表见代理。

【风险提示】

法人为法律上拟制的人，法人的行为都要通过他人完成，这里的他人，既包括作为法定的法人执行机关比如董事长，也包括经过授权的其他人。在经济交往中，交易的一方如果以他人名义进行活动，该方是否取得他人的合法授权，非常重要。如果对授权的权限疏于审查，则会引起明显不同的法律效果。在表见代理制度下，通常的风险表现形式有以下几种：

1. 授权表示型表见代理

本人以自己的行为表示授予他人代理权而实际上并未授权，或者明知他人以自己的名义从事民事行为而不作否认表示，造成第三人误以为行为人有代理权时，本人要对相对人承担实际授权人的责任。根据我国《合同法》的规定，结合我国的司法实践。我国民法上授权表示型的表见代理有如下几种类型：①本人以书面，口头或者其他形式直接或间接向相对人表示已经授权而实际上未授权，相对人依赖本人的表示而与行为人进行的交易行为。这种情况中，本人的意思表示，可以是直接的，也可以是间接的；可以是口头的，也可以是书面的；相对人可以是特定的，也可以是不特定的（如广告授权方式的相对人为公众）。②本人将其具有代理权证明意义的文书印鉴交与他人，他人凭此以本人的名义从事民事活动，相对人对此信赖而进行的交易。这些文书印鉴包括被代理人的印章、合同章、盖章的空白证明信、空白委托书、空白合同文书等。这些文书印鉴本身虽然不是授权委托书，但其与本人有密切联系，具有专用性，起着证明代理权的作用，善意相对人因此相信行为人有代理权而与之订立合同，应构成表见代理。③本人知道他人以自己的名义实施民事行为而不作否认表示的。本人知道他人没有代理权而以自己的名义实施民事行为时，应对他人的无权代理行为明确表态。本人所表示的不同态度，可以产生不同的法律后果。如果本人表示承认，则等于授予行为人代理权或者是事后追认，这种事后授权行为追认行为具有追溯效力，致使行为人的无权代理转为有权代理。如果本人表示否认，则行为人的无权代理成为狭义的无权代理，由行为人自己负责，本人对此不承担任何责任。如果本人明知他人以自己的名义进行无权代理，既不承认，又不作明确的否认，为保护善意无过失的第三人，应认为成立表见代理。④允许他人作为自己的分支机构进行活动。联营活动中，一些牵头单位允许其他单位或个人以自己"分公司""分厂"的名义进行活动。善意相对人并不知情，一旦这些"分支机构"与相对人发生纠纷，牵头单位则以自己不是合同当事人为由拒绝承担责任。因为根据民法基本理论，不具备法人资格的分支机构为法人的组成部分，法人要对其民事活动承担责任。因此，这些本来并非法人分支机构的单位，以法人分支机构的名义从事活动，使善意的交易相对人认为其为该法人的行为时，成立表见代理。

2. 权限逾越型表见代理

权限逾越型表见代理，又称为超越代理权的表见代理，代理人的代理权，通常都有一定的限制，但这一限制不一定为相对人所知，如果表现在外的客观情况，能使善意相对人误以为行为人有代理权，就构成表见代理，由本人承担其后果。权限逾越型表见代理主要有以下两种表现形式：①本人虽对行为人的代理权作了某些限制，但未在委托授权书中说明，或者本人授予代理人一定的代理权，但事后又加以限制，代理人不顾其限制而按原来的代理权进行代理活动，但相对人并不知情。②本人委托授权不明，而客观情况又能使善意相对人误信行为人有代理权，即使行为人的行为超越了本人意定的授权范围，也成立表见代理。

3. 权限延续型表见代理

权限延续型表见代理，又称代理权终止的表见代理，这种类型指本人与行为人曾有代理关系，但代理权已经终止或撤回后，本人未及时向外部公示，相对人并不知情。因此，为保护善意相对人的利益和维护交易安全，其代理权的终止和撤回不得对抗善意相对人。主要有以下两种情况：①代理期间届满或代理事务完成后的代理。本人应当在出示给第三人的授权委托书中载明代理期间及代理事务。如果本人没有作出明确记载，即使其与代理人对代理权的消灭事由有过约定，只要第三人不知道这种情况，仍与代理人为订立合同，则成立表见代理。②

本人撤回委托后的代理。代理权可以依本人的意思而撤回。这种撤回行为属单方法律行为，撤回的通知到达代理人即发生法律效力。这时，本人应收回代理证书，通知第三人，或者发布代理权撤回的公告。如果本人没有这样做，致使相对人不知道代理权已不存在，仍与代理人为民事行为，则构成表见代理。

【化解对策】

1. 明确授权范围

在委托他人进行民事活动时，对授权的受委托人名称、事项、权限以及期限应对做到明确无争议，确保表见代理所必需的权利外观无从形成。具体的措施，在填写委托书时应当使用清晰、准确的词语写明委托的事项，委托的权限，哪些事项可以由代理人单独完成，哪些事项须由委托人明确另行答复；在委托书的留白处用标记消除，以免代理人或者第三人不正当的添加委托事项。

2. 消除无权授权表征

在权限延续型表见代理情形下，如果代理人已经离开，或者不再具有代理权，应当将这一结果及时通知代理人从事交易行为的对方，及时消除无权代理人的代理权表征，防止对方误认为代理人仍有代理权而做出不当的履行。在通知的同时，还应注意收回代理人保留的空白介绍信、合同、委托证书等。在消除这些授权表征后，代理人仍然继续以被代理人名义从事的行为则不会被视为代理行为，也不构成表见代理。

3. 加强内部管理

对公章、空白介绍信、盖章的空白合同等必须建立备案和使用的审批、登记制度，防止这些具有权利外观的凭证被不正当的使用；对于他人以自己名义或者以自己分支机构名义从事活动，在知晓后第一时间予以否认，否认行为的表示，既可以向行为人作出，也可以向相对人作出，甚至求助于公安机关，保留好提出异议的相关凭证。

第六节　空白合同的法律风险

【要点提示】

所谓空白合同就是先在空白合同上签章，之后再填充相应的合同内容。合同是双方当事人真实意思的表示，一旦双方签订了合同，该合同就对双方当事人具有法律约束力，之后，一方当事人再以签订合同时未仔细查看合同内容为由主张合同无效或撤销，通常得不到法院的支持。在现实生活中，一般是合同的一方当事人利用其优势地位，强迫对方签订空白合同，或者是一方当事人利用对方缺乏法律知识，令对方签订空白合同。空白合同的签订方殊不知一旦签订了合同，就承担了相应的义务，在后续的诉讼中，一般会难以举证以维护自身的合法权利。

【相关案例】

刘某为某甲公司的职员，为推销其公司生产的一品牌摩托车。经人介绍，请在某乙商场上班的业务员杨某帮忙。杨某满口答应，并利用手里盖过公章的空白合同书，于2000年9月与刘某所在的甲公司签订了价值25万元的购销合同。合同约定由甲公司负责供货，货到后乙商场10日内付款，并同时约定"如因本合同发生争议，双方一致同意提交某仲裁委员会处理"。合同签订后，甲公司按合同约定发货，并通知乙商场按合同约定期限付款。但乙商场的领导以不知情并且未授权杨某签订合同为由拒付货款。经多次协调未果，无奈之下某甲公司根据合同中的仲裁条款，向仲裁委员会申请仲裁，要求乙商场支付货款25万元，并赔偿所造成的损失1万元。

在开庭过程中，乙商场辩称，杨某虽为我商场的业务员，但我方并未授权杨某与某甲公司签订购销合同，故双方签订的购销合同为无效合同，由此造成的损失应由杨某自己来承担，与商场无关。

经审理，仲裁庭认为，虽然此案中乙商场并未授权杨某与甲公司签订合同，但根据《中华人民共和国合同法》第49条规定，"行为人没有代理权、超越代理权或者代理权终止后以被代理人名义订立合同，相对人有理由相信行为人有代理权的，该代理行为有效。"而杨某作为乙商场的业务员，在持有加盖了商场公章的合同书的情况下，作为甲公司当然有理由相信商场已授权杨某签订合同。所以甲公司与乙商场签订的合同为有效合同，应予以认定，故依法裁决如下：①乙商场于本裁决作出之日起十日内将25万元货款支付给甲公司；②驳回甲公司赔偿1万元损失的仲裁请求①。

评析：

在市场经济中，商家为了追求经济效益，一般会在事先准备大量的空白合同，以便其销售人员在业务活动中使用，但是这样做的同时也带来了法律风险。销售员与企业之间的委托代理关系是其内部关系，一般不为外部交易方所知。只要销售员有足以使对方相信的委托资料，企业就需要承担由此产生的法律后果，这在法律上称之为表见代理。这点也经常会被一些别有用心的销售员利用。面对这种情况，企业就需要加强对其合同的管理，将风险降到最低。

---

① 加盖公章空白合同效力争议仲裁案[EB/OL]. http://www.110.com/panli/panli_62768.html.

【风险提示】

在现实生活中，因签订空白合同而上当受骗的案件大量存在。空白合同的一方往往在交易中违背诚信信用原则，违背对方当事人的真实意思，单方面填充合同内容，将不平等条款强加给对方。受害方往往无法证明合同内容不是自身真实意思的表示而陷于不利的处境，承担意外的法律责任。这种情况主要是发生在一些公司预先将相当数量盖有公章的格式合同给其销售代表或销售分公司，便其与相对方签订合同。这些销售代表往往就会利用这些空白合同谋取不正当利益，受害方往往很难发现其不具有代理权或其越权代理。

【化解对策】

1. 尽量避免签订空白合同，树立风险控制意识

合同是双方当事人的真实意思表示，一旦成立生效即具有法律效力，所以当事人双方对合同的每一项条款都要谨慎，特别是在合同上不能随意留有空白。一旦留下空白就意味着给自己留下了危险。如果确实是没有内容需要填写，那么也应该在空白处注明此处无内容。

2. 审查上尽到谨慎义务

公司要对空白合同提高警惕，如果仅仅是所谓的业务员持有盖有公司公章的合同，而没有其他授权文件或公司的营业执照等，企业在订立合同前一定要核查对方公司的真实情况及该业务员的代理权限，并通过各种方式对对方的资信情况、履约能力进行调查，以防止无权代理或越权代理从而使自身处于不利地位。一般企业都是因为觉得有利可图就忽视了对相关事实的审查，这种心理最容易被对方利用，所以企业一定要完善合同签订过程中的谨慎义务。订立合同时必须有规范的手续、规范的程序、规范的样式，对合同约定的经营业务的全部过程和完全可能性要有充分的准备，对合同内容要严格审查。审查合同标的，合同的数量和质量，价款或酬金条款，审查旅行的期限、地点和方式条款，审查违约责任条款。

3. 完善合同留存管理制度

公司要完善对合同的管理，一旦引起纠纷，合同将是极为有力的证据。一般合同签订时就会一式多份以便各方当事人留存，所以企业一定要注意合同的保存。公司可以根据合同的重要性等级进行不同年限的保存。

4. 公司要加强对空白合同的管理和授权识别

有些企业特别是销售行业容易出具加盖公司公章的合同以方便业务员联络业务，这些企业尤其需要注意对自己开具的空白合同管理，防止业务员利用空白合同进行欺诈。根据《合同法》的规定，一旦业务员的行为构成表见代理，企业则需要对业务员的个人行为承担责任。

第七节　合同违约的法律风险

【要点提示】

违约责任是指合同当事人不履行合同义务，或者未按约定履行合同义务所应承担的民事责任[①]。违约责任分为单方违约、双方违约，根本违约和非根本违约，实际违约和预期违约。预期违约是指合同当事人于合同履行期届至前明确表示，或者以某种行动表示不履行合同义务的行为[②]。实际违约即为不能履行，延迟履行和履行不适当。

【相关案例】

原告：张某。

被告：A市B地产开发有限公司。

2003年8月3日，原、被告签订了一份关于合作兴办建材市场的协议，协议约定由被告将已全部出租的街房屋腾出20套，出租给市场经营户作门市、货场，原告张某负责市场的一切市场建设和市场的招商和运作；保证相关经营户入住。被告B公司负责与原告张某招入市场的经营户直接签订租赁合同并收取租金，并按照合同约定给付原告相应租金，对收取的租金超出合同约定的优惠价格的部分，应全部转交给原告张某。双方合作期从2003年8月28日—2009年8月27日止。协议签订后，双方均按约履行了各自的合同义务，原告并以投资人身份领取了该市场的个人独资企业营业执照并招入了经营户。合同签订后，被告将市场20套房屋以6000元/套的价格予以出租，期限为2003年8月28日—2004年8月27日，租金给付时间为签订时付3000元，2004年2月28日前付3000元。被告对收取的前半年租金按约向原告支付了相应的租金款。2004年2月26日，原告以该市场办公室负责人名义向经营户发出通知，称"B公司对合作协议有违约行为，各经营户未经商城负责人同意，不得交钱给B公司"；2004年3月16日原告以该市场领导小组名义发布陶瓷商城公约，其中明确"通过该领导小组研究工作决定从2003年8月28日起算房租的，一律免去1个月，从9月28日交半年租金给商城办，后果由商城办负责"等。后来，经原告协助，被告仅收取到4套房屋租金，其中一套房屋后被出售，对此4套房屋租金提成、售房提成，原、被告双方已予结算。合同期满后，双方因合作分成发生争议。现原告请求法院依法判决被

---

① 高富平. 民法学［M］. 北京：法律出版社，2006：562.
② 高富平. 民法学［M］. 北京：法律出版社，2006：566.

告给付 2004 年 8 月 28 日—2009 年 8 月 27 日合作分成 6.2 万元，被告并承担本案的诉讼费①。

法院经审理认为：原、被告双方签订的合作协议，协议内容真实有效，不违反法律法规规定，为有效合同。原、被告双方在履行合作协议过程中，因双方的权利义务承担和合作利润的分成产生矛盾，虽然原告张某公开发布通知、公约，要求经营户拒交租金给被告 B 公司，但在此之后原告张某还是协助被告 B 公司收取了 2003 年 2 月 28 日—2004 年 8 月 27 日之间部分经营户的租金，被告 B 公司虽于 2007 年 8 月 8 日曾向人民法院起诉要求解除与原告张某之间的合作协议，但后来 B 公司申请撤回起诉。故关于被告 B 公司自 2004 年原告张某起诉后双方之间的合作协议就已经解除的抗辩理由，法院不予采纳。双方所签协议约定，原告负责招入陶瓷经营户，并且对市场建设、运作进行管理，被告和经营户签订合同，并且向原告支付租金提成及售房提成，因此被告支付租金提成的义务不仅仅对应于原告首次招入经营户的义务，同时还对应原告的管理建设市场义务。原告于第一年招入经营户后，半年后即与被告发生矛盾，并张贴"通知""公约"，对被告收取下半年租金造成一定影响。协议中约定，原告保证 20 个门市全部整天开门营业，并无一门市经营他类物品，而后来部分门市经营户已经营其他行业。原告张某没有举证证明 2004 年 8 月 28 日—2009 年 8 月 27 日履行了协议中约定的市场管理、招商、运作义务，实际上自 2004 年 2 月以后双方关系僵硬，已不再履行合作联营关系。综上，原告在 2004 年 8 月 28 日—2009 年 8 月 27 日未履行合作联营协议约定的义务，双方联营关系实际上已不存在，故原告要求被告支付 2004 年 8 月 28 日—2009 年 8 月 27 日期间的合作分成款，没有事实与法律依法，本院不予以支持。本院判决如下：驳回原告张某的诉讼请求。

评析：

1. 根本违约和一般违约的界定问题

我国理论界并没有对根本违约作出明确的定义，在各国的立法上也有着不同的表述。如在英国普通法上，合同条款分为违反条件和违反担保，违反担保是指一方当事人违反合同次要条款或则从属性条款，但最终并不影响合同成立的目标。违反条件是指一方当事人违反条款中根本、重要的条款，影响合同成立的目的。在美国判例立法中，规定了重大违约和轻微违约制度。前者指一方违约，使另一方没有从合同中取得重大利益。我国《合同法》第九十四条第四项规定，"当事人一方迟延履行债务或者有其他违约行为致使不能实现合同目的，"可以解

---

① 费光明. 尼商案例 [EB/OL]. [2011 - 06 - 02]. http://www.jsfy.gov.cn/alpx/msal/2011/06/02090043800.html.

除合同。从该条款上看出这是我国立法对根本违约的法律定义，也是法定解除权行使的兜底条款。从该条条款中可以看出，我国《合同法》对重大违约行为认定中应以无过错为原则，强调客观的标准。这种客观的标准也是区分根本违约和一般违约的关键，即违约行为是否影响合同的目的的实现。

2. 如何准确认定合同目的

确定合同的主要类别是确定合同目的一种重要方法。合同类别不同，合同追求的目的也是不同的。我国《合同法》理论界对合同类别分类有许多种，例如：①以双方是否互负给付义务，划分双务合同与单务合同。②以一方当事人从合同中取得利益是否需要向对方支付相应的对价为标准，划分为有偿合同与无偿合同。③以对该合同是否在法律上确定了一定的名称及规则为标准，划分为有名合同及无名合同，在我国的《合同法》上规定了 15 种有名合同。④以合同双方的给付是否在合同成立时同时完成，划分为清结合同与非清结合同。如果在双务合同中，负有给付义务的当事人没有及时有效的给付，那么他的行为就影响合同目的实现，可能构成根本的违约。在有偿合同中，如果一方当事人没有及时给付合同约定的利益就可能构成根本违约。如果在有名合同中，一方没有按照法律规定的规则履行合同，就可能构成违约。对于无名合同，判定合同目的主要依据双方当事人在合同中约定的内容并分析双方的权利义务。

从本案来看，判定合同是否解除，首先就要认定合同的类别。对于本案合同的类别认定有两种意见，一种意见认为原告与被告签订的合同是居间合同，另一种意见是原告和被告之间应该是协作型联营合同。实际上，判定此类无名合同应从双方签订的合同内容及权利义务关系分析，本案合同约定原告负责办理市场的一切手续及市场管理工作，并保障经营户的到位情况，原告可以获得租金提成得到收益，并收取被告提供相关费用用于市场运转。可以看出原告的主要义务包括招商义务和管理市场义务，其不仅仅是负责招商，所以被告签订合同、支付租金并不是仅仅对应原告招商户的义务，还对应原告管理市场建设的义务，双方合同具有合作联营性。综上，双方签订的合同不是居间合同而是带有合作性质的联营合同。

确定了本案的合同类别是协作型联营合同，那么就可以根据合同的内容及类别确定合同的目的。本案中的合同目的是原告和被告之间能否继续协作，获得各方的利益。被告在本案中抗辩："在 2004 年，原告和被告诉讼发生后合作协议就解除了，因为原告在前期通过发布通知、公约的方式要求经营户拒交租金，而且被告在 2007 年曾向法院起诉要求解除与原告的协议。"从本案的证据上看，虽然原告在前期通过发布通知、公约的方式要求经营户拒交租金，其行为已经违反了合同的约定，但是之后原告积极协助被告公司收取了 2003—2004 年部分经营户的租金，故双方当时还是互相协作并且共同经营市场，被告也取得了一定的利益，原告先期行为并没有根本影响合同目的的实现，其行为只是一般的违约，并不构成根本违约，所以这份合作联营合同在 2004 年并没有解除。在合作协议继续成立的情况下，被告是否需要给付原告合作分成款 62000 元，就要判定原告是否积极履行了合同规定的义务，因原告在 2004 年 8 月 27 日后并没有依照合同积极履行自己的义务，所以其不能按照合同约定获得相应的款项。基于本案笔者大胆假设，如果被告诉原告解除合同纠纷案件中，被告并没有在庭审中撤诉，法院是否可以支持被告的诉讼请求？笔者认为被告的诉讼请求可能被支持，因为 2004 年之后因原告没有履行合同约定的义务，双方的合作联营关系已经破裂，不具有合作、收益性，原告的行为已经影响合同成立的目的，其行为已经构成根本违约，被告通过诉讼的方式请求法院予以支持，因此合同最终可能被解除。综上，本案并没有判定解除合同是正确的，也是符合合同法立法的精神的，有利于鼓励当事人自由买卖，保障合同的持续性，促进市场经济的发展。但是如果一方违约行为已经根本影响合同成立的目的，那么相对方有权要求解除合同。

【风险提示】

合同是双方当事人意思一致的表示，一旦任何一方发生违约行为，将给对方造成巨大的经济损失，违约方将承担违约金，损害赔偿责任等，以至于影响到企业的商业信用，不利于企业的长远发展。违约责任的承担方式主要有：

1. 继续履行

合同继续履行一般适用以下情况：①违约方无正当理由拒不履行合同。②违约方履行合同不适当，如给付数量不足，仅为部分支付。③违约方延迟履行合同，如房屋买卖合同中，卖方一直拖着不办过户手续等。

2. 违约金

违约金是指合同双方约定或法律直接规定，如合同一方违约应向另一方支付的金钱。违约金的数额是可以调整的，法律规定违约金数额的调整为约定的违约金低于造成的损失的，当事人可以请求人民法院或者仲裁机构予以增加；约定的违约金过分高于造成的损失的，当事人可以请求人民法院或者仲裁机构予以适当减少。调整的标准是当事人主张约定的违约金过高请求予以适当减少的，人民法院应当以实际损失为基础，兼顾合同的履行情况、当事人的过错程度以及预期利益等综合因素，根据公平原则和诚实信用原则予以衡量，并作出裁决。当事人约定的违约金超过造成损失的30%的，一般可以认定为《合同法》第一百一十四条第二款规定的"过分高于造成的损失"。当事人就迟延履行约定违约金的，违约金支付后，还应当履行债务。

3. 赔偿损失

违约责任中的赔偿损失，又称为违约损害赔偿，是指合同一方不履行合同义务或者履行合同义务不符合约定时需要赔偿对方所受损失的责任。赔偿损失的种类：合同法中规定了两种违约赔偿：一种是约定赔偿，另一种是法定赔偿。《合同法》第一百一十四条中规定，"可以约定因违约产生的损失赔偿额的计算方法"，这是约定赔偿的法律依据，约定赔偿是一种附条件的从合同，当违约损害发生时，条件成就，则按约定进行赔偿。如果约定赔偿数额大于实际发生的损失，应按合同约定的数额赔偿。《合同法》第一百一十三条同时规定，"当事人一方不履行合同义务或者履行合同义务不符合约定，给对方造成损失的，损失赔偿额应当相当于因违约所造成的损失，包括合同履行后可以获得的利益。"这是法定赔偿的法律依据。法定赔偿是法律直接规定违约赔偿的数额或违约赔偿的计算方法。法定赔偿在适用方面应优于约定赔偿，在有法定赔偿的情况下，不宜再行约定赔偿，如果约定后发生冲突，则优先适用法定赔偿。法定赔偿损失的范围包括赔偿损失额应包括直接损失和可得利益的损失。直接损失指现有财产所减少的数额，可得利益损失是指合同履行后可以获得的利益未获得。直接损失容易确定，《合同法》对可得利益作了一定的限制，即不得超过违反合同一方订立合同时预见到或者应当预见到的因违反合同可能造成的损失。这一规定是对违约方一种保护，一般情况下，预见需符合以下 3 个要件：一是预见方是违约方，而非守约方；二是预见时间点为签订合同时，而非违约时；三是签订合同时预见到的损失，而非是预见不到的损失。

【化解对策】

1. 注意抗辩权的使用

合同履行过程中，根据合同一方的履行情况，另一方可行使抗辩权。但抗辩权的行使是专业性很强的，一旦抗辩权行使有误，就会带来不必要的损失。

（1）同时履行抗辩权

当事人双方互负债务，没有先后履行顺序的，应当同时履行，一方在对方履行之前有权拒绝其履行要求。一方在对方履行债务不符合约定时，有权拒绝对方的履行要求。其构成要件为：①债务因双务合同而产生，法律条文里说的互付债务，是指同一合同而产生的债务，而非两个或两个以上而产生。②履行顺序没有先后，这里的没有"先后"是指合同没有约定或法律没有规定履行有"先后"。③对方没有履行或履行不完全，只有在对方拒绝履行或履行不完全时，另一方才能提起。④对方给付是可行的，只有在对方能够给付的情况下，一方才有提出同时履行抗辩的必要性，如果已履行不能，只能通过其他方法处理。

（2）先履行抗辩权（《合同法》第六十七条）。当事人互负债务，有先后履行顺序，先履行一方未履行的，后履行一方有权拒绝履行要求。先履行一方履行债务不符合约定的，后履行一方有权拒绝其相应的履行要求。其构成要件为：①债务因同一双务合同而产生。②履行有先后顺序。③先履行一方不履行或履行不符合约定。④先履行一方具有可履行能力。

（3）不安履行抗辩权（《合同法》第六十八条）。具有先给付义务的一方当事人，当对方财产明显减少，或有其他不能保证对待给付的情形时，具有先给付义务的一方有权拒绝履行义务的权利。其构成要件为：①债务因同一双务合同而产生。②先履行一方有权行使。③先履行一方有确凿证据才能行使，法律规定的情形有：a. 有证据证明后履行一方经营状况严重恶化。b. 后履行一方转移财产、抽逃资金、以逃避债务的。c. 丧失商业信誉的。d. 其他可能丧失债务的情形。以上3种抗辩权的行使，如果准确操作，可以避免企业受到损失，但如操作不当或操作错误，很有可能会背上违约的罪名要承担相应的违约责任，如给对方造成损失，还要承担赔偿责任。

2. 遇到法定条件或者合作方违约可能损害到己方利益的情况时，可以采取中止履行和解除合同的方法来保护己方的权益

（1）中止履行

《合同法》第六十八条规定了中止履行的条件。有确切证据证明对方有下列情况之一的，可以中止履行：第一，经营状况严重恶化；第二，转移财产、抽逃资金，以逃避债务；第三，丧失商业信誉；第四，有丧失或者可能丧失履行债务能力的其他情形。

对于分批送货分批付款方式，如果对方某批货款没有如期支付时应以充分的重视，如果继续送货，可能会受到更大的损失。当然，是否中止合同的履行应视具体情况而定，不能一概而论。

（2）解除合同

《合同法》第九十四条规定了解除合同的条件。有下列情形之一的，当事人可以解除合同：第一，因不可抗力致使不能实现合同目的；第二，在履行期限届满之前，当事人一方明确表示或者以自己的行为表明不履行主要债务；第三，当事人一方迟延履行主要债务，经催告后在合理期限内仍未履行；第四，当事人一方迟延履行债务或者有其他违约行为致使不能实现合同目的；第五，法律规定的其他情形。此外，根据《合同法》第九十六条规定，"解约应通知对方，而且要以将来一旦发生诉讼能够得以证明的方式通知。"实践中一般采取以下几种较为妥善的方式：①解约通知经对方签收。②特快专递或快递服务。③公证送达。④以合同中事先约定的方式通知。

第八节　合同管理制度漏洞

【要点提示】

合同管理是企业自治的一项重要内容，规范公司合同管理，有效防范和控制合同风险。合同管理是全过程、系统的、动态的，全过程就是由洽谈、草拟、签订生效开始，贯穿合同履行过程，直至合同履行完毕为止。来自于合同管理过程中的法律风险既包括合同本身产生的法律风险，也包括外部因素引起的法律风险。合同风险是企业法律风险源头，大部分法律风险都是因为本身不完善或者合同履行过程出现了问题而产生的，因此，合同管理在企业管理中占有非常重要的地位，充分认识其在生产经营过程中的重要作用，防范合同管理中可能出现的法律风险，对企业健康发展、创造更大经济效益具有十分重要的意义。

【相关案例】

某城市拟新建一大型火车站，各有关部门组织成立建设项目法人，在项目建议书、可行性研究报告、设计任务书等经市计划主管部门审核后，报国家计委、国务院审批并向国务院计划主管部门申请国家重大建设工程立项。审批过程中，项目法人以公开招标方式与3家中标的一级建筑单位签订《建设工程总承包合同》，约定由该3家建筑单位共同为车站主体工程承包商，承包形式为一次包干，估算工程总造价18亿元。但合同签订后，国务院计划主管部门公布该工程为国家重大建设工程项目，批准的投资计划中主体工程部分仅为15亿元。因此，该计划下达后，委托方（项目法人）要求建筑单位修改合同，降低包干造价，建筑单位不同意，委托方诉至法院，要求解除合同。

法院认为，双方所签合同标的系重大建设工程项目，合同签订前未经国务院有关部门审批，未取得必要批准文件，并违背国家批准的投资计划，故认定合同无效，委托人（项目法人）负主要责任，赔偿建筑单位损失若干。

评析：

本案车站建设项目属2亿元以上大型建设项目，并被列入国家重大建设工程，应经国务院有关部门审批并按国家批准的投资计划订立合同，不得任意扩大投资规模。根据《合同法》第二百七十三条规定，"国家重大建设工程合同，应当按照国家规定的程序和国家批准的投资计划、可行性研究报告等文件订立。"本案合同双方在审批过程中签订建筑合同，签订时并未取得有审批权限主管部门的批准文件，缺乏合同成立的前提条件，合同金额也超出国家批准的投资的有关规定，扩大了固定资产投资规模，违反了国家计划，故法院认定合同无效，过错方承担赔偿责任，其认定是正确的①。

【风险提示】

1. 合同签订中的法律风险

合同签订过程的法律风险主要是集中在签订合同的主体不适格问题以及合同签订程序的合法问题。

在合同的签订过程中主要是分为准备环节、谈判环节和订立审查环节。准备环节中要弄清楚合同批准人的权限管理。根据合同金额大小、重要程度等因素，公司合同管理制度明确不同层次的领导可以作为批准人，但在合同上签署必须经公司法定代表人书面授权，并在授权范围内订立合同。另外一个问题即与谁签订合同，签约对方是否具备合法的身份资格、是否具备履行合同的相应能力和条件。尤其是在一些关系到国计民生的行业，国家实行行业准入制度，不符合一定标准的自然人和其他主体不允许进入市场。与不适格当事人所签订的合同往往将导致合同的无效。

合同签订程序不符合法定程序通常存在于建设工程项目中，根据法律规定，招标、投标是订立合同的基本方式，而在招投标中，有很多不符合法定程序，应当招标而没有招标，招标人泄露标底的，投标人串通作弊、哄抬标价，致使定标困难或无法定标的，招标人与个别投标人恶意串通，内定投标人的，国家重点建设项目及大型建设项目公开招标的，其议标单位少于 3 家的，这些情况都有可能带来合同无效。

2. 合同履行中的法律风险

合同履行环节是一个周期较长并较复杂的环节，最容易出现各种问题。在实际履行过程中，公司应该成立专门机构监督合同履行的全过程，并督促当事人按照约定全面、适当、实际履行合同。履约能力即合同当事人履行合同的能力，履约能力既包括支付能力也包括生产能力。合同当事人作为市场主体，内部的风险和外部的风险都可能影响到其支付能力和生产能力。在签订合同之前对对方的履约能力作全面的调查对风险防范有很大帮助，调查的内容应当包括对方的企业性质、注册资金、银行的信用等级、项目审批、资金来源、生产能力、生产规模、技术力量和已有业绩等。要在经济往来过程中注意对方的履约能力，必要时可以自行也可以委托社会中介机构进行调查。

在合同履行过程中，合同欺诈也是企业面临的主要的法律风险。合同欺诈的表现方式五花八门，主要表现形式有伪造虚假证件、对自己的真实身份和能力加以隐瞒、利用有些企业对新业务范围的信息缺乏、抓住急于获得经济利益的心理

① 佚名. 合同纠纷案例［EB/OL］. http：//wenku. baidu. com/view/f932434aa8956bec0975e3d1. html.

诱使上当。企业遭受合同欺诈后，应该利用《合同法》关于合同无效的相关规定积极维护自身的合法权益，要求返还财产。对于合同标的额大，影响恶劣的，可以请求公安、司法机关处理。

政策变动带来的合同风险属于企业的外部法律风险。在我国这样一个经济转轨国家，政策调整和变动的风险始终是影响企业经营的重要因素。国家政策变动包括金融政策变化、税收政策变化、产业政策变化等。由于我国《合同法》尚未设立情势变更规定，因而防范由于政策变动带来的合同风险显得尤为重要。

合同的保存在合同的履行过程中也非常重要，某公司就曾发生过业务员和钢材供应商签署合同后，将合同文本长期私自存放，结果造成了文本丢失。该业务员也调离了该公司，也未对该事进行通报和补救。工程竣工后，公司其他人员在毫不知情的情况下，被合同对方抓住漏洞，告上法庭，该公司最终不仅如数赔付了合同价款，而且还支付了数目庞大的违约金和滞纳金。因此，公司领导和其他业务员如需调阅合同，阅后必须及时交还合同保管人，不能以任何借口留存。

3. 纠纷处理中的法律风险

无论是因索赔引发的争议还是合同执行过程中其他因素引发的合同争议，各方均应首先采用协商、调解方式解决。协商或调解能够达成一致时，应依合同订立程序订立书面协议。协调或调解不能达成协议时，可依合同约定进行仲裁或诉讼。

企业作为社会经济生产单位，其所有的契约行为都是严肃的法律行为，因这种法律行为产生的所有法律风险最终会造成经济风险。

【化解对策】

1. 在企业内部建立严格的合同评审机制，落实合同会签制度，做好合同风险的事先防范

这是防范合同管理中法律风险的制度保障。在合同评审体制中最重要的就是合同会签制度，合同在签订之前，必须经过业务部门负责人签署意见。

相关业务部门应当从自身的职责及角度出发，对合同的内容进行审核，将本部门的意见签署在合同会签单上，明确是否同意签订合同，合同内容还应该做什么样的修改。

合同评审属于合同风险的事先防范，事先防范投入的成本远远低于事后救济，但起到的作用却不可估量。事先防范的投入和事后防范的投入是成反比的，事先防范的投入小，事后防范的投入就大；反之，事先防范的投入大，事后救济的投入就小。企业重视发挥合同评审机制的作用，可以以小的投入获得大的收益。

2. 收集与本行业有关的合同文本，对合同文本进行整理，形成符合本企业特点的示范文本

企业的性质不同，使用的合同种类也不相同。企业的主导产业所使用的合同是最重要的合同，是关系企业经济效益的重要合同，其他合同从性质和合同金额上来讲，都是为主导产业服务的。企业应当针对自己的主要业务内容对这些经常使用的合同进行总结，一方面可以借鉴行业内其他企业的通行做法；另一方面可以总结自身在长期的经营管理过程中形成的合同实际履行的经验，并把经验书面化到合同中，建立本企业经常使用的示范文本。除此之外，企业还应当根据国家法律、行政法规、地方性法规和规章以及行业规范的更新变化，及时调整示范文本。

3. 提高企业全体员工的法律水平，进行有针对性的培训，提高员工履约能力，防范合同履行过程中的法律风险

签订一个好的合同只是开始，合同的履行才是真正重要的环节。企业相关人员在合同履行过程中，应当注意保存自己一方已经履行合同义务的证据，同时注意保存对方违反合同的证据，尽量将这些过程用书面形式记载下来。在合同履行过程中，有时合同内容可能会发一些变化，尤其是对方当事人占主导和支配地位的合同，对方当事人往往会利用优势地位在履行过程中让相对方承担合同义务之外的工作。相对方在此种情况下应做好补充合同或者备忘录等书面记载，将书面文件送交对方当事人签字或者盖章。如果对方拒绝签收或者在收到文件后不签字盖章，经办人应保留曾经将此类文件送交给相对人的书面证据。

企业要针对本行业的特点对企业员工进行相应的法律培训，提高他们的法律素养，使他们在履行合同的过程中能够收集保管好相关证据资料，保证合同顺利履行，防止诉讼发生，为诉讼需要的证据资料做好准备。

4. 做好合同相对人的资信调查，建立信用等级评价、客户登记制度

企业可以制定签约主体资信调查制度，具体内容包括：

（1）履约能力

财产状况的调查：注册资金、实有资本、其他形式的财产，此项调查可依据资产负债表、损益表和金融机构出具的信用证明。

生产能力的调查：厂房、设备、原材料、生产规模、技术水平、交货能力。

经营能力的调查：经营金额、销售渠道、市场竞争能力的强弱。

（2）履约信用

经营历史、经营作风、客户的评价、与金融机构、政府间的关系。调查的方式和渠道包括：官方渠道，注册、变更、年检材料，纳税申报表，审计报告；委托金融机构或资信调查机构：付款和贸易；直接向对方了解：谈判记录、函电、洽谈会；根据调查结果进行登记，对合作关系良好，在合同履行过程中互相支持的相对人建立诚信客户名册；对信誉差、履约能力低、双方曾发生过矛盾甚至诉讼的，在企业内部进行公布警示，与之发生业务时严加防范。

对已经签订合同的，为减少相对方履约能力降低给当事人带来的风险，我国《合同法》第六十八条和第六十九条的不安抗辩权制度对此作出了规定，"当发现对方经营状况严重恶化、转移财产、抽逃资金，以逃避债务；丧失商业信誉、有丧失或者可能丧失履行债务能力的其他情形等情形时，当事人可以中止履行合同，如果对方在合理期限内不能恢复履行能力并且未提供适当担保的，合同当事人还可以解除合同。"

5. 利用担保保证合同全面履行

企业在合同签订和履行过程中，为保证合同严格履行，可以依据《担保法》的规定，依法设定担保的内容，明确合同三方的权利义务，用好合同担保制度，降低合同风险。具体而言，企业要求其他企业为合同履行提供担保，应审查对方的担保资格以及用来担保的财产权利状况，并在合同中明确担保责任条款，一旦相对方违约，可依法追究担保责任，实现合同担保权利。企业如果是做担保人或为其他企业提供担保，要依法审慎设定，必要时可要求被担保人提供反担保，以减小合同担保风险。

6. 利用保险制度转嫁合同风险

保险业有资金融通、经济补偿和辅助社会管理三大功能，企业可以利用其经济补偿功能转嫁合同风险，实现三方共赢。

7. 在企业内部建立完善的法律事务机构，建立和实行企业总法律顾问制度

这是防范合同管理中的法律风险的组织保障。我国加入世界贸易组组后，国内企业已被置于与国外企业同一市场规则的法律环境，因此，必须选用一批懂经济、懂法律、懂管理和能掌握运用世贸规则的高级企业管理人才，建立和完善法律事务机构，以化解经营风险。企业总法律顾问制度是企业法律顾问制度的核心，国家经贸委《关于在国家重点企业开展企业总法律顾问制度试点工作的指导意见》、中共中央组织部、人事部、司法部等七部委《关于印发在国家重点企业开展企业总法律顾问制度试点工作的指导意见的通知》和国资委于2004年6月1日颁布施行的《国有企业法律顾问管理办法》等文件，对企业总法律顾问制度做出了非常明确的规定，大型国有企业尤其是国有重点企业应当设立总法律顾问制度。建立和实行企业总法律顾问制度对化解合同管理中的法律风险有十分重要的作用。企业总法律顾问在企业中地位与"三总师"相同，直接对法定代表人负责，是企业决策层成员。在签订合同过程中，企业总法律顾问可以参与决策，保

证决策的合法性，对合同签订过程中的相关法律风险提出防范意见，变传统的事后防范为事先预防。

第九节 合同诉讼时效的法律风险

【要点提示】

诉讼时效又称为消灭时效，是指因一定期间不行使权利，致其请示权消灭的法律事实①。民法关于时效的规定是强行性规定，不得由当事人依自由意思予以排除，时效期间不得由当事人协议予以加长或缩短，时效利益不得由当事人预先予以抛弃。

1. 诉讼时效的计算

《中华人民共和国法通则》（以下简称《民法通则》）第一百三十七条规定，"诉讼时效从知道或应当知道权利被侵害起算。"此为原则性规定，有一些特殊情况。附条件、附期限的请求权，从条件成就、期限到来起算，有履行期的请求权，从履行期到来起算，无履行期的请求权，从权利人可行使权利之时起算，但20年时效从权利成立时起算。分期履行的请求权，从最后一期履行期限届满之次日起算。标的为不作为请求权，从义务人有违反行为之时起算。

2. 诉讼时效的中止、中断

诉讼时效中止是指在时效期间即将完成之际，有与权利人无关的事由如不可抗力而使权利人无法行使其请求权，法律为保护权利人而使时效期间暂停计算，待中止事由消灭后继续计算。要成立诉讼的中止有两个条件：一是有使权利人不能行使请求权的障碍；二是此障碍发生在2年的普通时效期间或1年的特别时效期间的最后6个月内。

诉讼时效中断是指在有法定事由发生时，此前已计算的时效期间全归于无效，待中断事由消灭后时效期间重新计算。《民法通则》第一百四十条规定，"发生诉讼时效中断的法定事由有：起诉、以其他方式主张权利、义务人同意履行义务。"

《诉讼时效若干规定》规定，"下列事项之一，人民法院应当认定与提起诉讼具有同等诉讼时效中断的效力：申请仲裁；申请支付令；申请破产、申请破产债权；为主张权利而申请宣告义务人失踪或死亡；申请诉前财产保全、诉前临时禁令等诉前措施；申请强制执行；申请追加当事人或者被通知参加诉讼；在诉讼中

---

① 王泽鉴. 民法概要［M］. 北京：中国政法大学出版社，2003.

主张抵消等。权利人向人民调解委员会以及其他依法有权解决相关民事纠纷的国家机关、事业单位、社会团体等组织提出保护相应民事权利请求的，导致诉讼时效中断。权利人向公安机关、人民检察院、人民法院报案或者控告，请求保护其民事权利的，导致诉讼时效中断。"

【相关案例】

2008 年 4 月 9 日，在某市当阳区西辅线沙河大街工商银行门前，孙某驾驶小客车与步行的钱某相撞，致钱某受伤。2008 年 4 月 12 日，公安机关认定孙某负交通事故全部责任并送达交通事故认定书。钱某受伤后于当日前往当阳区中医院治疗，入院诊断：外伤性脾破裂，左尺桡骨骨折，经过医院精心手术，于 2008 年 4 月 23 日出院，出院医嘱一年后取内固定。2009 年 4 月 17 日，钱某在当阳区中医院行取内固定术，于 2009 年 4 月 24 日出院。钱某因伤治疗共发生医疗费用 28758.6 元。2009 年 8 月 6 日，司法鉴定所鉴定钱某构成八级伤残。钱某于 2009 年 12 月 1 日诉至法院，要求孙某赔偿医疗费、误工费、护理费、交通费、残疾赔偿金等损失合计 180351.83 元。孙某认为对方诉讼时效已过，拒绝支付。

法院审理后认为，交通事故人身损害的损失要根据以后的治疗、休息、护理以及是否构成伤残等情况才能确定，所以诉讼时效应自治疗终结之日或损失确定之日起算。本案钱某身体受到伤害比较严重，需要住院治疗，且需要后续治疗，又构成残疾，其损失在治疗终结或定残后才能确定。钱某首次治疗于 2008 年 4 月 23 日出院，出院医嘱：一年后住骨科取内固定。故其首次出院时治疗尚未终结。钱某于 2009 年 4 月 17 日住院行二次手术，同年 4 月 24 日出院。从治疗终结、损失能确定之日起算诉讼时效，钱某的起诉未超过诉讼时效，故孙某关于钱某的起诉超过诉讼时效的辩称意见不能成立①。

【风险提示】

诉讼时效直接关系到企业权利的主张，我国法律对诉讼时效有着明确的规定，一旦超过时效期限，将导致请求权的丧失。

在民事诉讼中，诉讼时效分为两类：

①普通时效，其可分为 3 类：①一般诉讼时效 2 年。②短期诉讼时效，《民法通则》第一百三十六条规定，"身体受到伤害要求赔偿的""出售质量不合格的商品未声明的""延付或者拒付租金的"以及"寄存财物被丢失或者损毁的"，诉讼时效为 1 年。③最长诉讼时效期间 20 年，即《民法通则》一百三十七条规定从权利被侵害之日超过 20 年的，不予保护。

---

① 交通事故人身损害赔偿案诉讼时效起算点如何确定［EB/OL］. http：//www. doc88. com/p-611723556173. html.

②特殊诉讼时效，是指由特别法规定的诉讼时效。特别法规定的诉讼时效。特别法的规定。例如，《环境保护法》规定：因环境污染损害赔偿提起诉讼的时效期间为 3 年；《产品质量法》规定：因产品存在缺陷造成损害要求赔偿的诉讼时效期间为 2 年；《合同法》第一百二十九条规定涉外合同期间为 4 年；还有短于 2 年的，如《海商法》第二百五十七条规定，就海上货物运输向承运人要求赔偿的请求权，时效期间为 1 年，在时效期间内或者时效期届满后，被认定为负有责任的人向第三人提起追偿请求的，时效期间为 90 日。

【化解对策】

1. 依法运用诉讼时效中止制度

诉讼时效中止是指在诉讼时效期间的最后 6 个月内，因法定事由而使权利人不能行使请求权的，诉讼时效期间的计算暂时停止。《民法通则》第一百三十九条规定，"在诉讼时效期间的最后 6 个月内，因不可抗力或者其他障碍不能行使请求权的，诉讼时效中止。从中止时效的原因消除之日起，诉讼时效期间继续计算。"当然，其他已经过的期间仍然有效，待阻碍时效进行的法定障碍消除后，时效期间继续进行。诉讼障碍主要表现为：不可抗力、其他影响权利人行使权利的障碍，如权利人是无民事行为能力或限制行为能力人，且法定代理人未确定或丧失行为能力等。所谓不可抗力指人力不能预见、不可避免和不能克服的客观情况。其包括自然灾害和人的活动，前者如地震、洪水、台风等，后者如战争、罢工等。出现不可抗力时，权利人在客观上无法或不便在法律规定的时效期间行使请求权，那么，权利人就可以借助时效中止制度进行维权。其他障碍如企业法定代表人出现相应病况，在其民事行为能力表达上出现障碍，公司管理一时限于管理混乱状态等。

2. 充分利用诉讼时效中断制度

诉讼时效中断是指因权利人积极行使权利，使已经过的时效期间失去效力而须重新起算时效期间的制度。根据《民法通则》第一百四十条的规定，"诉讼时效因提起诉讼、当事人一方提出要求或者同意履行义务而中断。诉讼时效从中断时起，诉讼时效期间重新计算。"

发生诉讼时效中断的事由：

（1）权利人积极请求

即权利人在诉讼外或前向义务人请求其履行义务的意思表示。请求的方式，可以是口头请求也可以是或书面请求。请求对象：可以向主债务人请求，也可以向主债务之保证人、债务人的代理人及财产代管人提出请求，其请求效果一样。当然，请求要保留请求证据，如人证、物证等。

（2）义务人的同意履行义务

即指义务人向权利人表示同意履行义务的意思表示。义务人的同意，就是对权利人的权利的承认，所以，与请求发生相同的中断时效的法律效果。同意的方式，可以是口头的，也可以是书面的；是明示的，也可以是默示的。当然，有关"同意"的意思表示也要留有证据。

（3）提起诉讼或仲裁

权利人提起民事诉讼或申请仲裁，请求法院或仲裁庭保护其权利的行为，诉讼时效当然中断。

（4）提出调解

调解等同于权利的主张，因而调解提出之时也就是诉讼时效中断之时。

诉讼时效中断的法律效果：诉讼时效中断的事由发生后，已经经过的时效期间归于消灭，中断事由存续期间，时效不进行计算，中断事由终止时，重新计算诉讼时效期间，时效长短以有关法律规定为准。作为企业，在诉讼时效将到期又不想提起诉讼，则主动的促成时效中断不失为一个很好的办法。比如在诉讼时效即将到期前，可以通过发律师函来主张自己的权利，达到诉讼时效中断的法律效果。

第十节　合同诉讼中证据保全的法律风险

【要点提示】

证据保全，是指法院在起诉前或在对证据进行调查前，依据申请人、当事人的请求，或依职权对可能灭失或今后难以取得的证据，予以调查收集和固定保存的行为。证据问题是民事诉讼活动的中心问题，是查明案情的重要手段，因此以一定形式固定证据是诉讼的重要环节。证据保全的形式等。由于证据保全的目的在于防止因证据灭失或难以取得给当事人举证、质证和法庭调查带来困难，因此证据保全应符合以下条件：①证据可能灭失或以后难以取得。这是法院决定采取证据保全措施的原因。"证据可能灭失"，是指证人可能因病死亡，物证和书证可能会腐烂、销毁。所谓证据"以后难以取得"，是指虽然证据没有灭失，但如果不采取保全措施，以后取得该证据可能会成本过高或者难度很大，如证人出国定居或留学。造成证据可能灭失或以后难以取得的，既有自然原因，也有人为原因。前者如物证的腐烂，后者如书证被销毁。②证据保全应在开庭审理前提出。这是对证据保全在时间上的要求。在开庭后，由于已经进入证据调查阶段，就没有实施证据保全的必要。

【相关案例】

2009 年 8 月，北京某文化传播公司的委托代理人至公证处，称发现本市多家网吧未经其授权，非法使用其享有信息网络传播权的影视作品，为保护其合法权益，申请对其取证行为保全证据。

公证办理流程：

(1) 受理

公证人员首先查验了申请人提交的身份证明、法人资格证明、授权委托书等，确认委托代理人具备代理资格，有权代表申请人申请办理公证事项；其次，公证人员核验了当事人提交的相关影视作品所有人签发给申请人的网络传播权授权证明，确定申请人与公证事项具有法律上的利害关系；另外，申请人将要进行的取证行为发生在本公证机构业务辖区之内，符合管辖规定；最后，公证人员对于申请人提出的取证方案进行了分析，认为具有可操作性，遂受理了本公证事项。

(2) 取证过程

公证人员与申请人的委托代理人，于约定时间来到涉嫌有侵权行为的网吧，由申请人的委托代理人以普通消费者的身份在网吧登记上网，并播放相关的影视作品，播放过程中对画面截屏取证，并将截屏图像保存后通过电子邮件发送到指定邮箱，公证人员现场监督取证过程并制作《现场工作记录》。

(3) 出具公证书

回到公证处后，公证人员登录指定邮箱，对于发送至该邮箱的截屏图像进行打印。随后，根据要素式公证书格式要求拟制公证书，在公证文书中对取证时间、地点、方式、过程及取得的证据采用邮件发送到指定邮箱的事实进行了客观陈述。公证人员制作的《现场工作记录》存入公证卷宗保存①。

评析：

在这个案例中，当事人采用的是公证的方式进行证据保全。公证证据保全有着其特有的优点。第一，公证是非诉讼活动，向公证处申请证据保全更符合当事人的心理需求。第二，从社会成本角度考虑，公证保全较之其他制度更为可行，成本更小。第三，从接近客观事实的可能性方面来说，公证保全在时间上离事实最近，甚至有的就是在事件发生的当时，更能保证证据的真实性。第四，公证介入证据保全，从立场上，更容易保持独立、客观，比起法官来，公证员更少其他因素的干扰。

【风险提示】

俗话说打官司就是打证据，所以说证据在整个民事诉讼过程中起着至关重要

---

① 王晖. 网上证据保全案例分析 [EB/OL]. http：//www. sdgzxh. org/moudle/WebSubEnd. aspx? id＝472685F7780FC89A&subsortid＝5EAD16CAE4C33756&pagenumber＝F3698BBEC2767DC6.

的作用。现实中，一大批的诉讼失败就是因为苦于没有证据，口说无凭是每个企业必须谨记的。根据新民诉法，当事人可以申请法院进行证据保全，这种情况下，企业就得熟悉申请证据保全的程序，以免因为程序不合法而无法进行证据保全。现在现实生活中更多的公证机关的证据保全，但是公证机关的证据保全也有其缺陷，所以应该将公证保全和诉讼保全结合起来。

【化解对策】

在企业合同管理中，一定要对合同履行过程中双方履行的证据进行锁定。证据可分为：己方守约的证据、对方违约的证据、己方违约的证据，对方守约的证据。无论是哪方哪种性质的证据，都要及时收集、妥善保管，以备不时之需，以供律师参考，制定完善的诉讼应对方案。对于企业自己不能收集到或可能灭失的证据，我们可以申请法院进行证据保全。

1. 证据保全措施

证据保全措施，一般是法院根据申请人申请采取的。但在法院认为必要时，也可以由法院依职权主动采取证据保全措施。申请采取证据保全措施的人，一般是当事人，但在某些情况下，也可以是利害关系人。例如，根据 2002 年 1 月 9 日最高人民法院颁布的《关于诉前停止侵犯注册商标专用权行为和保全证据适用法律问题的解释》的规定，商标注册人或者利害关系人可以向人民法院提出保全证据的申请。

2. 证据保全阶段

证据保全措施，不仅可以在起诉时或法院受理诉讼后、开庭审理前采取，而且也可以在起诉前采取。在前一种情况下，法院既可以根据申请人的申请采取，也可以在认为必要时，依职权主动采取。在后一种情况下，申请人既可以向有管辖权的法院提出，也可以向被保全证据所在地的公证机关提出。但此时，无论是法院，还是公证机关，都只能根据申请人的申请采取保全措施，不能依职权主动采取证据保全措施。

3. 证据保全申请

证据保全申请，如果是向法院提出的，应当提交书面申请状，该申请状应当载明：①当事人及其基本情况。②申请保全证据的具体内容、范围、所在地点。③请求保全的证据能够证明的对象。④申请的理由，包括证据可能灭失或者以后难以取得，且当事人及其诉讼代理人因客观原因不能自行收集的具体说明。如果是向公证机关提出，应当提交公证申请表。该公证申请表应当包括以下内容：①申请证据保全的目的和理由。②申请证据保全的种类、名称、地点和现存状况。③证据保全的方式。④其他应当说明的内容。

4. 证据保全范围

保全证据的范围，应当限于申请人申请的范围。申请人申请诉前保全证据可能涉及被申请人财产损失的，人民法院可以责令申请人提供相应的担保。

法院收到申请后，如果认为符合采取证据保全措施条件的，应裁定采取证据保全措施，如果认为不符合条件的，应裁定驳回。申请人在人民法院采取保全证据的措施后 15 日内不起诉的，人民法院应当解除裁定采取的措施。

Chapter 3

第三章

民事权益

第一节　个人合伙的法律风险

【要点提示】

个人合伙是指两个以上公民按照协议，各自提供资金、实物、技术等，共同经营、共享收益、共担风险，对共同债务承担无限连带责任的自然人联合经营体。

个人合伙既非从事简单经济活动的公民个人，也不同于合伙企业。是两个以上的公民基于相互间的信任，根据书面或口头协议，各自提供资金、实物、技术、劳动等，从事生产经营活动，参与合伙盈余分配，对共同债务承担无限连带责任。《民法通则》中明确规定了个人合伙的概念、特征和法律地位，规定了对合伙盈余的分配和债务的承担方式等，这是司法实践中处理个人合伙案件的基本法律依据。另外，最高人民法院《关于贯彻执行〈民法通则〉若干问题的意见》中，对个人合伙问题，做了原则性规定。然而，实践中一些情况比较复杂，一旦出现纠纷，合伙人很难维护自己的权益，个人合伙的经营也会出现法律风险。

【相关案例】

案例一①：

A市B镇是全国有名的水果之乡，盛产桃、梨、苹果等水果。2002年5月该镇某村农民陈A、张B、陈C、陈D、陈E、徐F、陈G7人合伙干起了水果销售"托拉斯"生意，由陈A等人坐镇B镇联系收购，陈C、陈D销售。按照他们的话说，他们是"碰班子"，之间没有什么书面协议，有些协议也是边干边说。他们之间大多是本家或亲戚、邻居，互相之间是靠朴素的感情维系的相互信任，期间一起干了几年，也没有出现什么大问题。可是没有想到，2002年他们的合伙生意彻底砸了，他们的水果销售"托拉斯"乱成了一锅粥，仅仅几个月，就亏损了87700.55元。而且除合伙负责管账人陈A之外，几乎大家都"不认这壶酒钱"：这两三角钱收的桃，1.2元卖掉怎么就亏损了？几个合伙人无法解决这一问题，2003年1月13日，合伙负责人、管账人陈A把其他合伙人告上了法庭。

对于当事人争论不休的合伙纠纷，法院认定的事实是：2002年陈A与被告陈C、陈D、陈E、陈G、张B、徐F合伙做鲜桃生意，陈A出资68110元占两股、陈C出资19000元占一股、陈D出资19000元占一股、张B出资10000元占一股、陈E出资5000元占半股、徐F出资4700元占半股、陈G占一股但未实际出资。合伙终止后，各合伙人未进行清算。陈A一人既管钱又管账，利用便利条件在合

---

① 佚名. 一笔算不清的糊涂账［J］. 蔬菜，2007 (11)。

伙账册中作了虚假记载，制作了 2002 年夏季生意盈亏情况表一份，得出合伙期间共亏损 87800.55 元。后被告陈 C、张 B 未参与算账即在此表上签名。因此，法院认定为，陈 A 主张的合伙亏损为 87800.55 元不属实。

法院经审理认为，原、被告合伙终止后，未进行合伙清算，对于合伙的损益不确定。陈 A 主张的亏损数额虽有多人签名，但亏损数额是虚假的，与实际经营情况不相符。如以此作为分配合伙损益的依据，对其他合伙人显失公平，也违反了法律对民事活动应遵循公平原则的规定。因此，陈 A 的诉讼请求没有事实与法律依据，本院不予支持。依照《民法通则》第四条的规定，法院判决，驳回原告的诉讼请求，并判原告承担诉讼费用 1150 元。

评析：

个人合伙多数是靠朴实的亲情、友情维持相互间的信任，一旦出现纠纷很难维护自己的权益。本案的 7 个农民，合伙又没有书面协议，管理又很不规范，经营期间由一人管钱管账，造成账目混乱不清，而无法进行清算，辛苦经营一年，得到的不是分红却是无尽的纠纷、烦恼和债务。

案例二①：

原告刘某与被告周某系江西省吉安县某镇同村农民。2005 年 4 月 15 日，双方口头协议合办种鸡场，由双方共同借款，共同饲养，收益共同分享。2005 年 4 月 20 日，两人共同向刘某的好友肖某借款 6000 元（未出具欠条，但双方予以认可），从某种鸡场购买种蛋 10000 个。在孵化期间，两人轮流值班，共同管理。小鸡孵出后，周某见有少量死亡，但未和刘某协商，便于 5 月 18 日擅自退出经营，后经刘某劝说，5 月 20 日周某回到鸡场上班。此时，小鸡开始大量死亡，至 6 月 5 日全部死亡。刘某要求周某共同偿还欠其好友肖某的借款。可是，周某以种鸡场是刘某独自经营，自己只是帮忙为由，拒绝承担偿还借款的责任。双方协商不成，刘某遂于 2006 年 4 月 26 日诉至江西省吉安县人民法院要求周某偿还一半借款。法院受理后，通知肖某作为本案第三人到庭参加诉讼。

法院经审理认为，原告刘某与被告周某按照口头协议，共同借款合办种鸡场，并共同经营、共同劳动。符合个人合伙的法律特征，应确认种鸡场是原告刘某与被告周某合伙经营这一事实，原、被告之间已形成个人合伙关系。鉴于双方口头协议共同借款，收益共同分享，被告周某对于个人合伙所欠债务与原告刘某一样具有同等的清偿责任。故于 2006 年 5 月 24 日判决原告刘某与被告周某应各自偿还第三人肖某借款 3000 元。

---

① 刘红连. 个人合伙所欠债务如何清偿［EB/OL］. www.cahb.net.

评析：

本案原、被告之间是一种什么关系？所欠债款应由谁负责偿还？本案中的原告刘某与被告周某按照口头协议，共同借款 6000 元合办种鸡场，并共同经营、共同劳动，符合《民法通则》规定的个人合伙条件。周某声称种鸡场是刘某独自经营，自己只是帮忙，与事实不符。因此，原、被告双方是合伙关系。

原告刘某与被告周某共同向第三人肖某借款 6000 元，且口头协议中约定收益共同分享，其各自的出资额视为相等。在合伙经营中，虽然被告周某中途离开种鸡场，但是经原告刘某劝说，周某还是回到了自己的岗位上，与原告刘某一样均无明显过错。鉴于原告刘某与被告周某出资额相等，因此，原、被告对合伙经营期间发生亏损而形成的债务应当承担连带的民事责任。

【风险提示】

1. 合伙设立时的法律风险

（1）合伙人的选择

因合伙企业具有较强的人合性，所以合伙人一般都是彼此之间比较熟悉、信任的人。但理智的选择合伙人不单纯是熟悉、信任，还要看其有无一定的物质实力或软实力。合伙企业的合伙人承担的是无限连带责任，一旦企业债务不能偿还时，有实力偿还的合伙人就有被强制偿还企业全部债务的风险，如果其他合伙人没有实力，不应由其承担部分则很难追偿。

（2）书面合伙协议的签订

由于各合伙人都比较互相信任，加之合伙设立之初对前景看好，对风险估计不足，有的合伙根本就没有书面合伙协议，只是口头约定，这样一旦发生纠纷，自己的合法利益很难得到全面保障。如上述案例一中，几个村民凭着相互间的信任未签订书面合伙协议，当出现纠纷时，没有合伙协议可以依照，增大了纠纷解决的难度。有时虽有合伙协议，但事项约定不明，也为日后的纠纷埋下了隐患。

（3）合伙财产的约定

因出资形式多样，合伙财产可以是货币，也可以是土地使用权、房屋所有权或使用权、知识产权以及劳务出资等。根据不同的出资，应当有不同的约定。否则极易引起争端。

2. 合伙事务管理的法律风险

个人合伙具有较强的人合性，合伙人之间相互存在信任，加之合伙出资形式多样，有时很难确定各合伙人出资对应的价值和比例，正因为这些特征，法律并没有直接规定合伙事务决策方式。合伙人之间由于具有较好的交情，在发展初期常常通过协商确定共同的发展目标，但随着经营活动的增多，要继续保持所有事务形成全体一致的意见只能阻碍企业发展。合伙协议中若缺少对合伙事务决策的安排，则随着合伙发展，该法律风险必然对合伙造成损害。

3. 合伙内部责任划分的法律风险

根据法律规定，合伙人对合伙个人合伙债务承担连带责任，但这仅仅解决合伙人对外承担责任的问题，而对于合伙人内部责任的划分，法律原则性的规定并不一定适用于所有个人合伙和合伙企业。当合伙人内部责任划分不明时，容易引发合伙人之间的矛盾，对合伙发展造成损害。

4. 隐名合伙的法律风险

隐名合伙是当事人一方对另一方的生产、经营出资，不参加实际经营活动，而分享营业利益，并仅以出资额为限承担亏损责任的合伙形式。隐名合伙人通常不实际参与经营管理。这是因为隐名合伙人是单纯的投资者，其承担责任为有限责任，若其参与到经营管理中滥用权利的信用风险明显高于其他合伙人；隐名合伙人所有的权利义务都通过与出名合伙人之间的协议确定，当合伙出现亏损或外负债务时会基于合伙人之间的协议来分担责任，隐名合伙人的有限责任会增加合伙人之间的争端。

【化解对策】

合伙之初对许多问题都事先未予充分考虑的话，在合伙过程中如果涉及彼此之间的利益分配和风险责任分摊，就会出现很多纠纷和矛盾，这就严重影响了合伙的生存基础。因此，要避免此类事情发生，在合伙之初合伙人间就不能重情轻法，初期就应当重视合伙人的人选，规范合伙企业的协议、各项制度，这样既能使大家不伤感情，避免纠纷发生，也能使个人合伙能顺利发展。

1. 确定合伙之前的准备工作

合伙人的选择。认真审查对方的资本实力。审查合作伙伴的资本实力，同时也是检验对方的诚信。在合伙过程中，对方如果实力不足而以实力雄厚的面目出现，不但增加将来生意上的风险，也容易发生争执。

合伙前，要理清自身的账目。理清自身账目，为的是在将来合作中，明晰自己的投入，在发生争议时能明确自己的权益。这点为很多人所忽略，糊里糊涂地投入，到合伙终结清算时，便相互扯皮。

2. 合伙协议的签订

在签订合伙协议的时候，应当载明如下事项：

①合伙企业的名称和主要经营场所的地点。

②合伙目的和合伙企业的经营范围。

③合伙人的姓名及其住所。

④合伙人出资的方式、数额和缴付出资的期限。

⑤利润分配和亏损分担办法。

⑥合伙企业事务的执行。

⑦入伙与退伙。

⑧合伙企业的解散与清算。

⑨违约责任。

下列内容需要在合伙协议中制订周详、明确，以免给合伙的运作留下法律风险：

①合伙财产的约定要明确。以货币与一般财产所有权出资：一般情况应认定为合伙人的共有财产。以土地、房屋出资：以土地作为出资的，只能约定以土地使用权出资，同时要约定折价份额及使用的年限，并办理登记手续；以房屋出资的，要明确是以房屋的所有权还是以使用权出资及折价份额，同时办理相关手续。以知识产权出资：如合伙人以商标、专利等知识产权出资时，要明确是以知识产权的所有权还是以使用权出资，并明确出资份额，如果是以使用权出资，同时还要约定使用的年限。以劳务及技能等出资：如合伙人以劳务技能等出资，要对劳务、技能达到的要求及其折价份额作一个明确的约定。劳务的价值很难进行准确衡量，更多依赖合伙人之间形成统一的意见。当合伙人只是同意以劳务出资，但并未明确其价值时，不确定的法律风险会因为这种不规范行为产生。对以货币以外的财产出资时，如果出现瑕疵，要有明确的处理方法。

②合伙人之间的权益的分配、责任划分要明确。虽个人合伙对外承担无限连带责任，但内部合伙人之间还是要按份额分红、承担债务的。有些个人合伙对此没有约定，从而导致在分红或承担债务时合伙人之间产生纠纷，给合伙造成不必要的损害。

③合伙负责人的权限约定要明确。因为市场瞬息万变，合伙不可能事事都由合伙人会议决定，所以合伙负责人的权限要约定清楚，究竟哪些事项由合伙负责人来行使，哪些事项由合伙人共同决定，这样会使合伙能够适应市场，也避免了推诿、扯皮现象，有利于合伙的健康发展。

④合伙人会议投票机制要明确。在合伙人会议中各合伙人如何行使自己的投票权利一定要约定清楚——是无论投资多少一人一票，还是根据出资比例来决定票权。无论采用哪种方法，只要事先有约定，就不会出现合伙人意见不一致而无法决策的现象。

⑤退伙的条件和处理方法要明确。例如，当合伙人退伙离开企业时，每个合伙人资本份额如何估价、如何处理等问题，不能因为内部因退伙引起的争端影响到对外承担的责任。

3. 订立合理的财务制度

最为重要的是财务会计制度，对会计准则达成协议或让可靠的会计人员从事这一工作是极其重要的事情。对于不参加实际业务的合伙人，更要坚持这一点，从而能从专业角度把握企业经营的真实情况。个人合伙应按照个体工商户征收个人所得税，不征收营业税。

第二节 一人有限公司的法律风险

【要点提示】

一人公司，简言之，是指仅有一个自然人股东或者一个法人股东的有限责任公司。

在传统上，各国曾一度认定两名以上的股东才能组建公司，法律不承认所谓的一人公司。尽管不为法律认可，一人公司却一直客观存在。原因在于：①合法的股权转让或者继承，可能导致股东仅剩一人。②某些公司的业务类型，需要的投资很小，且只适合个人经营，多人投资没有必要。另外，从经济学上看，一人公司可以最大程度地节约公司的设立、运行和监督成本。承认一人公司，可以使投资者获得更大的社会信用，有利于公司发展。因此，进入 20 世纪以后，各国纷纷通过修改法律或者判例的形式，赋予一人公司合法地位。

我国在 2005 年修订《公司法》后，也开始允许设立一人公司。公司法一方面规定一人公司可以像普通有限责任公司那样承担有限责任，另一方面又设置了许多限制性条件。①实行严格的资本确定原则，一人有限责任公司的注册资本不得低于 10 万元，并且必须一次缴足。②必须在公司营业执照中载明自然人独资或者法人独资，以予公示。③一人有限责任公司不设股东会，股东行使股东会决策范围内的决策权时，应当采用书面形式，并由股东签名后置备于公司。④每一会计年度应当编制财务会计报告，并经依法设立的会计师事务所审计。⑤一个自然人只能投资设立一个一人有限责任公司。该一人有限责任公司不能投资设立新的一人有限责任公司。⑥在发生债务纠纷时，一人公司的股东有责任证明公司的财产独立于股东自己财产。否则即丧失依法享有的仅以其对公司的出资为限对公司承担有限责任的权利，而应对公司的全部债务承担连带责任。

【相关案例】

案例一：

A 公司、B 公司于 2001 年 6 月投资设立 C 有限公司，其中 A 公司出资 12 万元，B 公司出资 40 万元。在经营过程中两股东发生矛盾。9 月 15 日，双方订立"退股协议"和"还款协议"，明确 A 公司自 10 月 20 日起退出 C 有限公司，由 B 公司单独经营，A 公司收回投入公司的设备及原辅料等，并由 B 公司于 15 日内给付 A 公司 17 万元。两份协议都有两股东签名及 C 有限公司的印章。

10 月 30 日，B 公司给付 A 公司股权转让款 8 万元，后 B 公司去工商登记部门办理变更手续时，工商部门未予准许。此后，B 公司拒付其余转让款，为此，A 公司诉至法院，要求 B 公司给付股权转让款 9 万元。

本案的审理在法院内部引起了争议。一种意见认为，原、被告订立两份协议后，将导致"一人公司"的出现，违反了公司法的有关规定，并且公司章程规定股东之间可以相互转让其部分出资，而原告转让全部股权给被告违反了章程的规定。另外，协议签订后，原告没有按照《公司登记条例》规定办理相关工商变更登记手续，原告仍为公司的股东，故认定原、被告双方签订的"退股协议"和"还款协议"无效，据此驳回原告的诉讼请求。另一种意见认为，两份协议系当事人自愿行为的结果，是双方真实意思表示，且其内容并不违反法律规定，故应认定两份协议有效，被告应按照协议约定向原告支付尚未给付的转让款 9 万元。最终，法院采纳了第二种意见，支持了原告的诉讼请求。

评析：

上述案例出现在《公司法》修订之前，当时并不允许一人公司的存在，所以在被告是否应按照协议约定向原告支付尚未给付的转让款问题上出现相异观点。

案例二：

某广告公司有周某和陈某两名股东。陈某占股较小，但是善于经营，所以担任总经理，负责业务发展。公司业务很快上轨道，并开始赢利。此时，两人在收益分配上的分歧也逐步显露。2008 年 4 月周某将全部股份转让给陈某，两人去市工商局办理了变更登记，陈某成为广告公司唯一股东。2009 年 1 月，广告公司驻某市分公司经理携合同款 30 余万元潜逃。事情曝光后，合同相对方某日化品公司立即解除合同，并将广告公司和陈某告上法庭，请求法院判令广告公司返还合同款和利息，陈某承担连带责任。同时，日化品公司还申请法院对陈某名下价值 70 万元的房产及其个人存款 15 万元，采取财产保全措施。

庭审中，陈某一再强调，欠合同款的是广告公司，而不是其本人；广告公司是独立的企业法人，依法应当独立承担民事责任，这与其本人无关。

评析：

广告公司是陈某为唯一股东的一人公司，而且公司财产与股东财产混同。陈某始终不能证明哪些财产是广告公司的、哪些是他本人的。因此，陈某应对本案承担连带责任。

【风险提示】

1. 一人公司内部环境方面

公司组织机构方面："股东会—董事会—监事会"三会并立是传统公司的基

本机构，这一机构是经过长期实践，在奉行资本平等、同股同权、效率优先、兼顾公平、权力清晰和相互制约的原则基础上确立起来的。公司所具有的社团性一直被认为是公司的本质特征，但一人公司则完全背离了公司成员为复数的基础，其股东一元化使公司的意志不再是多数人的共同意见，而是唯一股东的意思表示，股东与公司难以分离，人格很容易发生混同，从而产生股东与公司人格混同、滥用有限责任、无视企业信誉、侵害债权人权益等问题①。

2. 在个人财产与公司财产以及公司法人格方面

因为只有一名股东，投入公司的财产与股东个人的其他财产极易混淆，难以考察，而且一人公司通常都是由股东直接控制公司，唯一股东行使股东会的权利，公司原有的内部制约机制都形同虚设。此时的唯一股东不但容易将公司财产挪作私用、给自己支付巨额报酬、同公司进行自我交易、以公司名义为自己担保或借贷，使公司与股东的人格难以区分，还可以通过多种渠道使公司财产流于公司之外，使公司空壳运转；而一旦要承担责任时，唯一股东又可能在公司法人格和有限责任的庇护下逃避责任，滥用公司法人格②。

3. 在保护债权人利益方面

一人有限公司的股东只以公司的注册资本为限对外承担有限责任，即对公司的债务只以公司的财产偿还，不牵涉股东个人财产的安全。因为唯一股东的意思就是公司的意思，唯一股东就可能"为所欲为"地混同公司财产和个人财产，将公司财产挪作他用，给自己支付巨额报酬，以公司的名义为自己担保或借贷，行欺诈之事以逃避法定或契约义务等，而诸多的混同又使公司的相对人很难分清与之交易的对象是公司还是股东个人，而且在有限责任的庇护下，即使公司财产有名无实，一人股东仍可能隐藏在公司面纱的背后而不受公司债权人的追究，这就会使债权人承担过大的经营风险③。在股东应对公司债务承担连带责任这个问题上，公司法采取了举证责任倒置的立法。也就是说，当一人公司拖欠债权人款项时，债权人可以起诉一人公司股东，要求股东承担连带偿还责任，在这种情况下，一人公司股东必须证明一人公司财产独立于股东自己财产，否则将被法院判决承担连带偿还责任。而实际操作中，一人公司的股东与公司、人格与财产难解难分，由于一人公司在我国是新兴事物，相关的法律制度尚未跟上，"揭开公司面纱"制度来源于英美国家的判例法，需要法官根据不同的个案情况行使自由裁量权。而我国是成文法国家，一人公司一旦被控，是由一人公司承担其没有滥用

---

① 熊进光、余树海. 论一人公司弊端之规制 [J]. 企业家天地，2006（2）.
② 同上.
③ 同上.

法人人格的举证责任，如果没有相关的法律制度来明确区分并加以保障，就需要法官有很好的判断能力，但目前我国这两项均不具备。一人公司的投资者将面临巨大的风险。

虽然法律对一人有限公司有一些规制措施，这些规制措施对债权人等而言是其权益的有效保障。而对一人公司和一人公司的股东而言，恰恰形成了一人公司和一人公司的股东所要面临的独特的法律风险。而公司特别是集团化的公司，基于特定的目的，必须要设立独资公司进行运作，尤其需要防范一人公司相关法律风险，否则，不但不能实现特定的目的，甚至还要付出不必要的成本和代价。

实际上，一人公司的便利就在于独立的法人主体资格和股东有限责任。但根据前述分析，为了规制一人公司，法人人格否认制度大显身手，一人公司的股东很容易因一人公司的法律人格被否认而遭到直接追索从而丧失责任"有限"性。因此，一人公司风险防范的核心即在于防范法人人格否认的适用。

【化解对策】

一人公司的弊端虽然显著，但对一个具有合理存在的现实，只能通过制度来完善而不是去禁止。建议在登记、财务管理和责任承担方面加大法律监督，加大惩罚力度，形成内部和外部有效监督机制，使其不良影响降至最低程度，充分发挥一人公司在市场经济中的积极作用。

1. 从一人公司的内部管理入手

一是实行严格的登记、公示和书面记载制度，增加公司透明度。要防止一人公司不被滥设，就应强化登记权机关的权力实行实质审查主义和公平主义，以使一人公司的相对人在与之交易时能随时查阅并充分了解公司的状况。对于公司设立后而成为一人公司（存续一人公司）的，也应就该事实向登记机关进行登记，并在公示公众的登记簿上进行信息披露，增加公司的透明度，防止与公司进行交易的相对人，因不知对方为设立后的一人公司而承担过高的经营风险。二是限制一人公司与其唯一股东之间的交易。《公司法》第六十二条规定，"股东作出本法第三十八条第一款所列决定时，应当采用书面形式，并由股东签名后置备于公司。"在一人公司中，股东与公司之间进行交易时，很难履行必要的审查手续。因此，要防止这种交易内容可能的虚假，防止以交易为名行转移财产之实，欺诈债权人，交易合同就必须采用书面形式，并记载于相关的公司文件中。由于一人公司是由唯一股东控制，该股东可以轻而易举地为自己在公司的债权设定担保从而享有优先权，这样极易导致欺诈公司的债权人。因此，法律应限制此时优先权的适用。三是设立专门的私人会计公司，建立一人公司会计制度。《公司法》第六十三条规定，"一人有限责任公司应当在每一会计年度终了时编制财务会计报告，并经会计师事务所审计。"对一人公司的财务进行监督，也是各国普遍的做法，它旨在防止一人公司自我交易、杜绝公司的财产与股东的财产发生混同。但因为一人公司唯一股东的权力过大，财会人员若不想被炒则只能对其"言听计从"，在这种情况下，假账就在所难免。所以建议设立专门的私人会计公司财会人员只隶属于会计公司，而不隶属于一人公司；同时规定一人公司的财会人员必须由会计公司的会计人员担任，这样会计人员既不用担心被解雇，又能避免假账行为，还可有效地监督一人公司的财务状况。澳大利亚就专门设立了私人会计公司，负责对一人公司的财务进行监督。四是强化资本充实义务和资本维持制度。《公司法》第五十九条规定，"一人有限责任公司的注册资本最低限额为人民币 10 万元。股东应当一次足额缴纳公司章程规定的出资额。"在一人公司中，最低限额对保障债权人的利益来说，意义重大，因为公司的对外责任能力直接取决于公司资本的多少。在当前信用市场未完全建立的大环境下，只规定最低额并不意味着公司债权人就可以高枕无忧了，相反，还必须如实地贯彻资本维持或资本充实原则。因为公司资本是公司从事经营活动和获取信用的基础，因此，公司在设立后至解散前，都应保有相当于公司资本的现实财产，以保护交易大众，维护公司信用。而且，一人公司成立后，为防止其抽回出资，应禁止一人公司以提供资金、贷款或提供担保的方式，使第三人取得公司唯一股东部分或全部出资的行为，以免使公司成为"空壳公司"或"皮包公司"。从而防止公司资本变相减少，降低损害一人公司债权人的风险。五是建立一人公司股东的个人财产公示制度。为防止一人公司资本与一人股东生活费用发生交叉使用和混同，应建立唯一股东的个人财产公示制度，由唯一股东定期向公司登记机关公示其个人财产状况，以促使唯一股东个人财产与一人公司财产截然分开，保证公司财产的独立性，保护债权人的利益，体现市场经济的平等和公平。虽然目前中国信用体制尚未真正建立，个人信用较低，义务人很难按要求对其财产信息的披露真正做到公开、透明、真实，但任何制度的建立都要经历一个曲折的发展过程，一人公司股东的个人财产公示制也不例外①。

2. 在一人公司的外部建立起工商、税务及司法部门的有效监督机制

要保证一人公司的良性发展，内部的和外部的规制缺一不可。但我国公司的现状是公司运行状况的信息不透明，公司资产难以知悉，连律师都要持有法院的立案通知书才能查阅公司的相关资料，而往往此时了解的信息又不完整、不真实，要解决这种信息不透明、不对称和会计舞弊的问题，就需要建立起适度而有效的外部监管。此时，由工商、税务及司法部门建立起一套有效监督机制则是对

---

① 熊进光、余树海. 论一人公司弊端之规制［J］. 企业家天地，2006（2）.

一人公司进行规制的必然之举①。

3. **在保护债权人利益方面**

一人有限公司的股东只以公司的注册资本为限对外承担有限责任，即对公司的债务只以公司的财产偿还，不牵涉股东个人财产的安全。因为唯一股东的意思就是公司的意思，唯一股东就可能"为所欲为"地混同公司财产和个人财产，将公司财产挪作他用，给自己支付巨额报酬，以公司的名义为自己担保或借贷，行欺诈之事以逃避法定或契约义务等，而诸多的混同又使公司的相对人很难分清与之交易的对象是公司还是股东个人，而且在有限责任的庇护下，即使公司财产有名无实，一人股东仍可能隐藏在公司面纱的背后而不受公司债权人的追究，这就会使债权人承担过大的经营风险。

第三节　个人挂靠的法律风险

【要点提示】

1. **挂靠经营的法律性质**

挂靠是指个体工商户、个人合作业或私营企业等生产、经营者，与另一经营主体约定，由前者以后者提供的经营资格和凭证进行经营活动，并向后者提供管理费或挂靠费等报酬的经营形式。从挂靠关系的主体可以看出挂靠通常适用于个体，通俗地讲是"借嫁衣裳"的行为——"我没有衣服，而你有，借我穿，我付钱"。但又不能简单认定为租赁，毕竟相关经营资格和证照不能成为租赁的标的。

挂靠关系一般表现为挂靠人与被挂靠人签订协议，挂靠方使用被挂靠方提供的介绍信、合同书、银行账号、印章等经营资格、证明，以被挂靠方名义对外从事民事活动，并向被挂靠方支付所谓"管理费"的经营形式。挂靠双方实际上是一种有偿使用资格证照的合同关系；对外，挂靠方以被挂靠方名义进行活动，对内则以依照合同约定享受权利，承担义务。

2. **为什么存在挂靠行为**

由于挂靠关系一般不为外人所知，当现挂靠人与第三人发生纠纷时，挂靠人和被挂靠人应承担何种法律责任，在我国现有法律法规体系中，尚无明确的规定，当挂靠人和被挂靠单位互相推诿时，不仅损害了第三人的利益，也无益于挂靠单位的经营。但日常生活中，挂靠是大量存在的一种经济现象，特别在建筑行

---

① 熊进光、余树海. 论一人公司弊端之规制［J］. 企业家天地，2006（2）.

业以及物流运输行业中尤为常见。《中华人民共和国建筑法》第二十六条明确指出，"禁止建筑施工企业超越本企业资质等级许可的业务范围或者以任何形式用其他建筑施工企业的名义承揽工程。禁止建筑施工企业以任何形式允许其他单位或者个人使用本企业的资质证书、营业执照，以本企业的名义承揽工程。"可见挂靠行为在建筑业是明令禁止的，也就是说挂靠行为是违法的，而事实上挂靠不但存在而且还具有一定的广泛性。

另外，机动车挂靠经营也备受个体车主的青睐。挂靠车主出资购买车辆，以挂靠单位为车主登记入户，并以其名义进行客货运输经营。这样可以由挂靠单位为挂靠车辆车主提供适于营运的法律条件，如客车经营线路、货车各种营运手续等，并收取相应的管理费或有偿服务费。

对挂靠人和被挂靠单位来说，可以说是一个"双赢"的局面。挂靠人以被挂靠单位名义从事经营，容易取得特定的经营许可，便于招揽生意；被挂靠单位既可以增加其业务量，又可利用更多的外界资源扩大企业规模，获取更多的利益。另外受人情关系或相关行业政策影响，挂靠便有更大的生存空间。

【相关案例】

案例一①：

2004年12月1日，东莞市A建筑公司（以下简称建筑公司）与曾某签订一份《挂靠协议书》，约定：从2004年12月1日起曾某以建筑公司的名义承揽工程，并确定曾某负责的施工队为第63施工队。同时建筑公司还将未经公安局许可的私刻印章交予曾某保管使用。而曾某对其承建的每项工程进行独立核算和资金自由支配，自负盈亏，建筑公司不承担任何责任。此外建筑公司给曾某出具了一份《任命书》，上面盖有建筑公司印章和第63施工队印章，由此任命其为第63施工队负责人。2005年11月14日，曾某以第63施工队（甲方）名义与B建材商行（以下简称建材商行，乙方）签订一份《购销合同》。约定由乙方向甲方供应钢材，甲方向乙方支付货款。但第63施工队在乙方供应第一期钢材后却违反约定，未支付任何款项。后来，曾某携第63施工队印章逃匿不知所踪，建材商行要求建筑公司偿还欠款被拒绝。2007年3月14日，建材商行将建筑公司和曾某作为共同被告诉至人民法院，请求法院判令：曾某向建材商行支付货款472万元、货款利息15万元并支付违约金100万元；建筑公司对曾某应当支付的货款本金、利息、违约金负补充清偿责任。

建筑公司答辩：其与曾某在《挂靠协议书》中明确约定，曾某对其承建的每项工程进行独立核算和资金自由支配，自负盈亏，建筑公司不承担任何责任。而

---

① 顾东林. 乱挂靠留下的恶果 [J]. 施工企业管理，2008 (10).

且建材商行提交的所有欠条均是以曾其波个人名义出具的，假定《购销合同》等一系列证据是真实的，那么支付货款的义务也应当由曾其波个人承担，与建筑公司无关。

法院审查认为，曾某应当承担违约责任。曾某与建筑公司存在挂靠关系，建筑公司承建厂房配套宿舍楼、办公楼工程，并由曾某以建筑公司第63施工队的名义具体组织进行施工，而且本案所涉的钢材全部用于建筑公司承建的工程。因此，建筑公司应当对曾某所欠建材商行的货款及违约金承担补充清偿责任。即判决曾某向建材商行支付货款472万元及违约金115万元；建筑公司对该债承担补充清偿责任。

评析：

法院之所以判决曾某个人对所欠货款和违约金负支付责任，判决建筑公司对曾某的债务承担补充清偿责任，是因为广东省高级人民法院《关于经济审判适用法律几个具体问题的意见（试行）》第三十三条明确规定，"挂靠者以被挂靠企业的名义对外进行民事活动，产生债务被起诉时，应列被挂靠者为第一被告……债务先以挂靠者所有的资产清偿，不足清偿的，以被挂靠企业的资产补充清偿。"鉴于被挂靠企业需对挂靠者的对外债务负补充清偿责任，建议建筑企业慎重对待挂靠。如存在挂靠关系的，应加强对挂靠者的管理，否则后患无穷。

案例二：

2006年王某购买了一辆轻型自卸货车，并将车辆挂靠在某汽车运输公司名下经营，双方签订了《车辆挂靠合同》，明确约定：车辆虽以运输公司名义登记，但车辆所有权、使用权和受益权仍归王某所有；车辆挂靠期间发生交通事故造成的损失由王某承担赔偿责任；王某每年向运输公司交纳车辆挂靠费420元。2008年4月，王某受雇于钱某驾驶该车运送××千克建筑材料（已超过该车核定最大载质量），在高速公路上超车时不慎向左侧翻致钱某受伤。事故经交警认定，由王某负全责。钱某将王某、汽车运输公司及保险公司告上法庭，要求赔偿各项损失6万余元。

经查，王某的车在某保险公司仅投保了交强险，而交强险合同中的受害人不包括本车人员和被保险人，因此保险公司没有义务承担赔偿责任。法院审理认为：王某驾驶超载车辆发生交通事故理应承担赔偿责任，汽车运输公司应对挂靠车辆在营运中造成的损失承担连带赔偿责任。钱某作为雇主，任由王某超载运输导致事故发生，应对自己的过错承担30%的责任。

评析：

王某与运输公司签订的车辆挂靠协议，是相对人之间的协议，仅对王某和公司产生约束力，对其他人无法律约束力，是一个独立的法律关系。当公司的运营车辆因交通事故对他人所构成的侵权，又是一个独立的法律关系。挂靠协议不能对抗被侵权的第三人，挂靠人和被挂靠单位对被侵害人共同承担连带赔偿责任。

之前审判实践中不同地区的法院对于车辆"挂靠人"和"被挂靠人"之间的责任分配问题观点差距很大，有以下几种：被挂靠人承担垫付责任；挂靠人承担赔偿责任，被挂靠人不承担责任或有限连带责任；被挂靠人承担赔偿责任或者与挂靠人分担赔偿责任；挂靠人与被挂靠人承担连带赔偿责任。2012 年 12 月 21 日起施行的最高人法院《关于审理道路交通事故损害赔偿案件适用法律若干问题的解释》第三条规定，"以挂靠形式从事道路运输经营活动的机动车发生交通事故造成损害，属于该机动车一方责任，当事人请求由挂靠人和被挂靠人承担连带责任的，人民法院应予支持。"

【风险提示】

1. 挂靠协议双方"法律责任"应包括民事责任、行政责任和刑事责任

对于经营中违法实施挂靠从而给第三方的合法权益造成损害的，挂靠人和被挂靠人应当承担连带赔偿责任，即民事责任。而挂靠人和被挂靠人违反《行政法》，未经许可私自从事法律规定应当事先取得许可或者取得许可后不得私自转让、出租、出借等活动，应当承担行政责任。当违法情形达到一定程度，从而触犯《刑法》时，应当受到刑事制裁，承担刑事责任。

①当挂靠人与第三人发生纠纷时，挂靠人和被挂靠人应承担何种法律责任，在我国现有法律法规体系中，尚无明确的规定，仅就如何确定诉讼主体作出了司法解释。最高人民法院也仅对类似情况下如何确定诉讼主体作出了司法解释。最高人民法院关于适用《中华人民共和国民事诉讼法》若干问题的意见第四十三条规定，"个体工商户、个人合伙或私营企业挂靠集体企业并以集体企业的名义从事生产经营活动的，在诉讼中，该个体工商户、个人合伙或私营企业与其挂靠的集体企业为共同诉讼人。"第五十二条又规定，"借用业务介绍信、合同专用章、盖章的空白合同书或者银行账号的，出借单位和借用人为共同诉讼人。"根据上述司法解释的规定，可以推定：当挂靠人挂靠在被挂靠人名下以被挂靠人的名义与第三人进行交易，如果第三人与挂靠人产生纠纷，第三人可以以挂靠人和被挂靠人为共同被告，一并追究其连带责任。

挂靠双方法律关系及与第三人法律关系可能依据"表见代理"规定确定各自法律责任。鉴于《合同法》第四十九条规定，"行为人没有代理权、超越代理权或者代理权终止后以被代理人名义订立合同，相对人有理由相信行为人有代理权的，该代理行为有效。"根据这条规定，就意味着挂靠方与第三方订立的合同，即第三方完全有理由相信挂靠方有代理权，故该合同有效，一旦挂靠方无法履行合同或者履行合同瑕疵，被挂靠方应当承担相应的法律责任。换个角度说，挂靠方以被挂靠方的名义对外承揽业务，挂靠时的正式协议——"挂靠协议"（包括责任的约定等）仅仅是内部协议，不能对抗善意第三人，被挂靠方由于出借自身资质必须对外承担一切由此产生的债务、责任等经营风险。在这类法律关系中，出于对债权人（第三方）利益的考虑，通常都使挂靠的企业（个体、合伙、公司等）与被挂靠的企业承担无限连带责任。

综上，挂靠人挂靠在被挂靠公司名下，对外以被挂靠公司名义签订的合同为有效合同，被挂靠公司对挂靠人对外签订的合同（无论该合同内容是否符合此前双方的挂靠合同约定要求）债务应当在自有财产范围内承担赔偿责任。

②被挂靠人违背了行政许可权利人在行使权利时必须依照法律规定实施许可，不得将被许可的权利随意转让他人的法律规定。《行政许可法》第二十九条规定，"公民、法人或者其他组织从事特定活动，依法需要取得行政许可的，应当向行政机关提出申请。"第八十一条规定，"公民、法人或者其他组织未经行政许可，擅自从事依法应当取得行政许可的活动的，行政机关应当依法采取措施予以制止，并依法给予行政处罚。"第七十九条还规定了出让、转借行政许可的责任："被许可人有涂改、倒卖、出租、出借行政许可证件，或者以其他形式非法转让行政许可的，行政机关应当依法给予行政处罚。"而挂靠人在没有取得行政许可的情形下，便假冒被许可人的名义从事相关活动，显然违反了《行政许可法》。

③如果挂靠经营活动触犯《刑法》，可能构成非法经营罪等犯罪，依法承担刑事责任。但依据罪刑法定原则，挂靠经营承担刑事责任时必须有《刑法》的明文规定。《行政许可法》第七十九条规定，"被许可人出租、出借、转让、倒卖许可证构成犯罪的，依法应当承担刑事责任。"第八十一条也规定，"未经许可而从事相关活动构成犯罪的也应依法承担刑事责任。"同时，《刑法》第二百二十五条规定，"违反国家规定，未经许可经营法律、行政法规规定的专营、专卖物品或者其他限制买卖的物品的，扰乱市场秩序，情节严重的或情节特别严重的，都构成非法经营罪，应依法承担刑事责任。"

2. 被挂靠单位能否确保合理追偿所得

挂靠合同中挂靠人虽然就经营所得独立核算，对挂靠经营自负盈亏，但挂靠人与被挂靠方仍是一种紧密的依附关系，两者的法律关系是组织体内部的关系，不能对抗外部的善意第三人。如果是以被挂靠方的名义对外签合同，在合同履行中往往出现挂靠人与第三人之间的债务纠纷，法院将会判决被挂靠方承担给付责任，当被挂靠方再向挂靠人行使追偿权时，也往往会因为挂靠人的承担能力欠缺而落空。

【化解对策】

1. 对挂靠人进行事前风险控制

通过全面系统的了解挂靠人的基本情况，有利于被挂靠方对挂靠人做到心中有数，对一些信誉、实力方面较差的个人、合伙或企业在没有进入时就给予淘汰。主要从以下几个方面着手：

①审核挂靠人的基本经营资料。该个人（企业）身份证（已年检的营业执照、税务登记证、相关人员上岗资格证）、相关资质证书、具体经办人员的授权委托书，并复印留底备案。

②资信情况：近 3 年个人债务信用（企业：财务报表、审计报告）、业务业绩、银行贷款情况等。

③被挂靠方可要求挂靠人提供履约担保，可以是现金担保或履约保函，也可以是实物抵押，最简便的方法是要求挂靠单位找一个有实力的单位做为保证人（当然挂靠人本身也可以担保）。这样做可以从根本上保证被挂靠单位在因挂靠协议受到经济损失时，通过向挂靠单位所提供的担保来弥补经济上所受的损失。

2. 加强被挂靠合同订立、履行过程的管理

通过加强被挂靠合同订立、履行过程的管理，可以减少被挂靠企业承担法律风险的责任。在合同订立时，做好敲章前审核工作，被挂靠企业应与挂靠人明确登记，以便于日后被挂靠单位核查。重大合同或特殊合同，被挂靠方可派员了解该合同谈判、订立，使被挂靠方能够全面的了解合同展概况及所遇到问题，有利于被挂靠方迅速及时的解决合同中所遇到的问题，对可能产生的纠纷起到防微杜渐的效果。

3. 加强财务管理

在挂靠人申请取款时，必要时说明款项的用途。同时可要求挂靠人每月报一次经营债务情况，并派员核对大宗交易的付款等情况，发现问题及时纠正，同时，应对合同款项的结算进行履约跟踪。严格防范挂靠人拿到合同款后挪用、占有甚至携款潜逃。

4. 建立监督机制

建立监督机制使被挂靠单位能够全面真实的掌握合同经营履行情况，利于被挂靠方制定出对策，不至于矛盾激化，给被挂靠单位造成无法挽回的财产、商誉等损失。对于挂靠时间较长的挂靠人，在挂靠期间未有不良记录的挂靠单位，被挂靠单位可要求挂靠单位，并将挂靠合同所发生的债权债务情况以书面形式给予说明，双方签字确认。对于挂靠时间较短的单位或在挂靠期间有不良记录的挂靠单位，对债权债务核查，真实而全面的掌握所发生的债权债务情况，使得被挂靠单位就核查出来的问题制定出较为完善的对策，避免在挂靠关系结束后，被挂靠方因该合同履约等纠纷无法妥善的解决。

5. 合理规避法律

被挂靠单位为了明确与挂靠单位之间权利义务，控制自己的风险，通常与挂靠单位之间会签订一份协议，签订具有固定期限的挂靠管理协议，在内部承包协议中，双方可约定"由于该经营行为给被挂靠方造成的经济损失，挂靠人应向被挂靠方给予赔偿。"若因挂靠经营业务给被挂靠单位造成损失时，被挂靠单位即可据此条款向挂靠单位追偿。

如果对外遇到诉讼纠纷一般的处理方式：①被挂靠方应当为适格的被告。②证明挂靠方与被挂靠方之间的关系，向对方原告证明被挂靠方和挂靠人之间的挂靠协议，证明被挂靠方与挂靠人之间只是合同关系。在赔付之后，向挂靠人追偿，可以依据被挂靠方与挂靠人的挂靠协议向其追偿，但不论挂靠合同如何约定，被挂靠方不能以该约定为由对抗第三方要求被挂靠方不承担责任。这只是被挂靠方追偿的依据。③向法院申请追加挂靠人为共同被告。

第四节　出租厂房的法律风险

【要点提示】

随着我国社会主义市场经济体制改革的不断深入，经济结构的逐步调整，新的城市规划对城区土地资源的重新开发，很多国有老企业、工厂纷纷倒闭、迁址，或者经过十几年来的改革、重组、改制，遗留下了大量的闲置厂房。厂房产权所属单位为了开发资源，牟取经济利益，将大量暂时无法拆除的闲置厂房整体或分隔后用于租赁经营，即出租厂房。厂房由于面积较大，一般商业用较多，比如用作仓库、商业经营等。出租厂房是房屋租赁的一种。即厂房所有人在约定的期限内将其房屋的占有和使用的权利有偿转移给承租人的一种法律行为。厂房所有人以有期限地出让房屋占有权、使用权的方式，而实现对其房屋的收益权。厂房承租人支付一定代价，取得在约定期限内房屋占有和使用的权利，并通过使用获取一定的利益。

按照法学理论，房屋租赁关系是民事法律关系毋庸置疑。首先，房屋租赁关系的当事人法律地位平等，双方应遵循平等、自愿、公平的原则决定是否缔结此种法律关系，以及该法律关系的内容。任何一方不得将自己的意志强加给另一方，任何他人不得非法干预。其次，只要这种法律关系的内容和形式不违反法律的强制性规定，就应当受到法律保护。然而在我国房屋租赁的实践中，尤其是在城市房屋管理和产权体制改革之前，城市房屋租赁关系的建立绝大多数是公有福利分房继而租赁。国家房屋主管部门及各分房单位对房屋租赁统包统管、握有绝对的控制权。承租人完全处于被动地位，对于租赁关系的内容没有任何发言权，过分强调承租人的义务，国有厂房的租赁尤为如此。与此相反，在私有房屋租赁关系上，过分强调出租人义务，限制出租人对自有财产的自由处分权。此时房屋租赁已全然失去其民事法律关系性质，成为一种行政法律关系。

随着我国市场经济的深入发展，房屋的商品性已被社会广泛承认，在消费用房领域内公有房屋租赁也会逐渐减少。我们必须重新审视房屋租赁关系的法律性质，还其民事法律关系的本来面目。厂房出租是平等主体之间就房屋租赁达成的合意，不管该厂房是国有还是私有，都不能改变其民事法律关系的性质。因出租厂房产生的纠纷，应根据房屋租赁的有关法律规定来处理。

【相关案例】

案例一①：

2003 年 5 月某物业公司将其管理的 2540 平方米厂房出租给某保龄球馆作为营业场所。自保龄球馆承租该厂房后，屋顶就因裂缝而发生漏水。2005 年出租房屋的地基又出现不规则的下沉，造成墙壁开裂及保龄球道弯曲、不平衡。为此，保龄球馆花费几十万元修整球道，仍无法彻底解决。2007 年 6 月，保龄球馆致函物业公司要求将月租金降低 35%，以弥补损失。此后双方多次协商，但物业公司始终回避出租房屋质量问题给保龄球馆造成的侵害和损失。为此，保龄球馆之后 3 个月未交租金。2007 年 10 月 11 日零点，物业公司停止对保龄球馆供电并将配电屏开关拆除。保龄球馆只能自行发电，然而又被环保局以噪声污染为由责令停业并处罚款。后保龄球馆诉至法院要求物业公司恢复供电并赔偿因租房漏水、地基下沉所造成的损失。而物业公司则反诉要求保龄球馆支付所欠租金、滞纳金，并终止租赁合同。

评析：

判断该案谁是谁非的关键问题是：①房屋出租人在承租人欠租时，能否以停电方式来收租？②承租人可否扣下租金来折抵因出租房屋质量问题而造成的损失？

目前房屋出租人对承租人欠租及其他违约行为，所采取的最常见的方式即对承租人停水、停电，而这种行为是违法的。本案例中，物业公司不是供电企业，也没有电力转经营权，除了自身办公用电及所管理的物业公用电外，它在用电户及供电企业之间只有电费代收、代缴的权利和义务。因此，从理论上说，房屋出租人对承租人停电的行为，是对供电企业和作为用电户的承租人权益的侵犯，是一种侵权行为。另外物业公司既非行政机关，又未经有权行政机关授权，其擅自停止供电的行为也是非法行为，应赔偿由此给保龄球馆造成的经济损失。

对于出租房质量问题给承租人造成的损失，不是一个容易计算的数额，并且

---

① 詹仁述. 房屋出租人无权中止对承租人供电［J］. 福建法学，2001（2）.

对损失结果是否系出租房质量问题所造成，往往还要依靠法定科学鉴定机构所做的判断，所以法律也就未赋予承租人以租金来折抵因出租房屋质量而造成损失的权利。承租人对此损失必须通过仲裁或诉讼来解决。

综上所述，在本案中，承租人保龄球馆以不付租金来折抵因出租房屋而造成的损失，系违约行为，应承担如数付租并支付滞纳金的违约责任。而房屋出租人以中止供电的手段来收租，系侵权行为，应当赔偿由此给承租人造成的经济损失。并且如果经法院审理，承租人设备的损坏确系出租房质量问题而造成，那么出租人还应当赔偿由此给承租人造成的损失。

案例二：

甲公司与乙公司签订了房屋租赁合同，合同约定：甲公司将位于某地的闲置厂房出租给乙公司使用，租赁期限为 5 年，乙公司以季度为单位支付租金；如果乙公司需要改建、装修房屋，必须经过甲公司的同意，并不得损害房屋的主体结构，装修费由乙公司承担；乙公司不能按期支付租金，若逾期 20 天，甲公司有权终止合同。双方还约定，如有违约不符合终止条款时，违约方支付违约金为当年租赁费的 30%。合同签订后，甲公司将出租的房屋交付给乙公司使用，乙公司因经营管理需要，计划将房屋由 3 层改建为 5 层，并向房管部门申报改建计划，但房管部门以该房屋用地属危改小区规划范围为由不同意房屋加层。为此，甲公司又与乙公司签订了房屋租赁合同的附件，约定甲公司同意乙公司对该房屋加层，加层费用由乙公司承担，在合同期满后，乙公司撤出自有资产，楼体主体装修无偿转让给甲公司。之后，乙公司未经房管部门的同意，将房屋加盖至 5 层，并进行了装修。两年后，乙公司因经济效益滑坡，开始拖欠租金，双方为此发生纠纷。甲公司遂起诉至人民法院，请求法院判令解除双方的房屋租赁合同，乙公司支付所欠的房屋租金及利息、违约金。

评析：

本案的焦点是如何认定在房屋租赁合同履行过程中，双方当事人对加盖违章建筑的过错责任。

最高人民法院《关于贯彻执行《民法通则》若干问题的意见（试行）》第八十六条规定，"非产权人在使用他人的财产上增添附属物，财产所有人同意增添，并就财产返还时附属物如何处理有约定的，按约定办理；没有约定又协商不成，能够拆除的，可以责令拆除；不能拆除的，也可以折价归财产所有人；造成财产所有人损失的，应当负赔偿责任。"在本案中，如果扩建的房屋被确认为违章建筑，能否适用该规定呢？一般来说，违章建筑的建造是影响城市规划的，是未经合法手续审批的，是一种违法行为。违章建筑可能随时被房管部门或其他权力机关责令拆除或没收，故违章建筑所有人的权利是不稳定的。在司法实践中，对于违章建筑的处置不等同于对添附物的处置，不能适用一物一权原则和公平原则来处理，依据违法行为人各自的过错责任来划分违章建筑责任是比较合理的。

本案中，乙公司在对房屋进行加层前，虽然经过甲公司同意，但乙公司的加层行为被房管部门禁止，因此，该加层部分属于违章建筑。尽管该违章建筑没有被房管部门责令限期拆除，但这无法改变它属于违法行为的事实。对房屋的加层行为是出于乙公司的意志，并由乙公司来具体实施的，所以乙公司对此负主要责任。但甲公司同意乙公司建造违章建筑，也有过错，只不过其过错较轻，所以负次要责任。因此，双方按照过错责任原则来划分合同双方对违章建筑的责任是比较合理的。

【风险提示】

由于厂房租赁涉及不动产，同时涉及装修、水电、消防、物业管理等众多问题，不管是出租人还是承租人，都有一定的法律风险。法院每年都要审理相当数量的房屋租赁合同纠纷案件。而一旦发生纠纷，对于租赁双方的损失都难以避免，如由于生产经营停顿而导致的经济损失、退租退房的搬运损失、装修损失等，在相关法律风险没有有效控制的情况下，损失的范围可能令企业难以承受。

出租人首先应保证出租的厂房必须具有以下合法条件：有合法的房屋产权证件或其他权属证明；房屋为共有产权的，有共有人同意租赁的证明；将住宅或其他用房该做经营用房出租的，应提交规划或房管部门的证明；将房管部门直管公房内的场地出租的，应提交经房管部门同意的证明；住宅用房的租赁，应当符合国家和房屋所在城市人民政府规定的租赁政策；房屋能正常使用，水电、消防等处于安全范围内。如果出租人未能在保证以上基本条件下即把厂房出租，则之后若出现厂房不符合出租条件被行政机关处罚、房屋因权属不明被其他合法所有人主张权利、厂房质量造成的承租人或其他人的损失，出租人将负有不可推卸的责任。

承租人租赁厂房经营，难免会出现投入大量资金前期准备但未能实际经营、生产经营停顿、退租退房过程中的经济损失等。

可见出租人、承租人作为合同的双方，其权利义务在一定范围内是对等的，都会因为某一方义务的不履行或者不正当履行导致其权益受到损害。除了要符合法律法规的强制性规定外，双方自愿、平等及纠纷如何解决的合意尤为重要。

【化解对策】

1. 租赁该厂房前，承租人应当实地考察该厂房或商铺

主要包括地理位置、通水通电通路"三通"、基础设施等综合考察。考察对象是否符合要求应根据投资意图与需要综合判断。

2. 对出租人及出租的厂房的信息进行核查

对出租人主要是核查其是否是房屋所有权人，如果不是房屋所有权人，是否得到合法授权处理厂房出租事宜。对出租的厂房主要是核查是否有房产证（如有房产证核查的信息包括房屋用途、房屋是否共同、房屋面积、房屋是否抵押等）、是否有租赁许可证、是否有消防验收合格证。

租赁厂房作生产、办公用的，房产证上的房屋用途最好是工业用途；租赁商铺作经营用的，房产证上房屋用途最好是商业用途；否则，会导致将来不能办理企业营业执照。房产证上显示房屋有抵押的，最好要出租人提供必要的担保或者干脆不租。

3. 订立租赁合同明确权利义务

80%以上的厂房租赁纠纷是由于合同权利义务约定不明确，现结合常发生的一些纠纷，在起草赁租合同时特别要加进下列条款，以控制风险：

（1）出租面积条款

如果房产证有标明的，以房产证标明的数字确定出租面积，并将房产证复印作为租赁合同附件；如果房产证没有标明面积的，租赁合同的双方可以聘请专业测量机构测量出面积，双方及测量机构签字确认，也作为租赁合同的附件。租金计算以此为据。

（2）出租房屋用途条款

一定要详细注明租赁房屋是用来做什么，作厂房的就注明作厂房用，作商铺的就注明作商铺用。这样做的好处是什么呢？我们在这个条款里确定了合同的目的以后，如果将来房屋不能满足合同目的（如因房屋问题不能办理营业执照，因房屋不能满足生产电源需要等）情况出现，承租一方可以按照法律规定解除合同，尽量减少损失。

（3）租赁期限条款

租赁期限是合同的主要条款之一。当事人可以明确约定期限，也可以不明确约定期限，对于明确约定期限的租赁合同，到期后合同自然终止，承租人返还原物。但双方当事人可以依明示或默示的方式将租赁的期限延长，也就是"续租"，续租期限内双方当事人的权利义务不变。所谓明示方式即明示更新，是指当事人于租赁合同期限届满后另订一合同，约定延长租赁期限。默示方式即默示更新，是源于法律的规定的更新，我国《合同法》规定，租赁期间届满之后，承租人继续使用租赁物，而出租人没有提出异议的，原租赁合同继续有效。对于未明确约定期限的租赁合同，视为不定期租赁，当事人可以随时解除合同，但出租人在解除合同之前，应当在合理的期限内通知承租人，给予承租人必要的准备时间。

（4）租金条款

租金是租赁合同的本质特征之一，是双方当事人经济利益的集中体现。租金由双方当事人协商约定，当事人在订立租金条款时，应注意以下几个问题。

• 租金的标准

租金标准，国家有统一规定的，按统一规定执行，没有统一规定，当事人自行协商确定。租金的构成一般说来应包括租赁物的维修费、折旧费和投资的法定利息、上缴利税、必要的管理费及保险费等。还要考虑市场需求状况、出租方合理的赢利等。出租方不得将收取租金作为获得高利的手段，租金标准过高的，国家法律是禁止的。

• 租金的支付及结算方式

租金一般以货币支付，但当事人也可以在合同中约定以其他物代替货币支付。以货币支付的，还应对租金的结算方式及结算银行、银行账号等作出规定。

• 租金的支付时间

租金是定期支付还是不定期支付，是一次性支付还是分期分批支付，应在合同中明确规定，并且将总金额及每次分别支付的金额及期限都规定清楚，如果需要预付租金，也应在合同中注明。

（5）水电、物业等其他费用承担方式条款

租赁合同里要约定在租赁期内水电、物业费、卫生费等其他费用的承担方式，消费者应该就这部分条款做出明确的约定并直接写入合同，可以避免产生费用方面的纠纷。

（6）租赁物的维修保养责任条款

租赁物的维修保养责任具体由哪方承担，双方可以根据实际情况协商确定。一般情况下，出租方承担租赁物的维修和保养责任，但在某些特殊情况下，出租方进行维修和保养有困难，也可以约定由承租方在租赁期限内承担维修和保养的责任。实践中一般做法是：如果承租方按规定正常使用租赁物而发生磨损或出现故障，需要大修，那么，应由出租方负责。

双方当事人对这些都要协商决定，并在合同中明确规定出来，至于租赁物的日常保养维修，由承租方负责进行也切合实际。对于这项工作的费用支出，也应在合同中作出规定，如果没规定，一般要由出租方支付。

（7）装修或扩建条款

虽然法律和司法解释对装修或扩建费用相关事宜做了规定，但当事人仍可以在合同中明确装修或扩建的前提、具体方式；因租赁合同无效、租赁期间届满或合同解除时，损失如何承担；装修或扩建价值如何认定等问题。

（8）厂房交付条款

除了要约定厂房交付的时间，在交付使用前双方还要特别注意签好房屋物品清单确认书，约定租赁结束后房屋物品的归属，以此作为租赁结束后交房及验收的依据。

（9）出租方与承租方的变更条款

按照《合同法》的规定，双方当事人在合同中相互约定变更合同的情况和条件。

（10）违约责任条款

在违约责任条款中应明确规定违约金额的计算方法，赔偿要公平、合理。

出租方的违约责任主要有：

①未按合同规定的时间和数量提供租赁物，应向承租方偿付违约金，承租方还有权要求在限期内继续履行合同或解除合同，并要求赔偿损失。

②未按合同规定的质量标准提供租赁物，影响承租方使用的，应赔偿承租人或第三人因此而造成的损失，并负责调整或修理，以达到合同规定的质量标准。

③合同规定出租方应提供有关设备、附件等，如未提供致使承租方不能如期正常使用的，除按规定如数补齐外，还应偿付违约金。

④按合同规定派员就租赁物为承租方提供技术服务的，如因技术水平低，操作不当或有过错的，致使不能正常提供服务时，应偿付违约金。违约金不足以补偿由此造成的经济损失时，应负责赔偿。

⑤出租人未尽办理相关证件之工商、税务、环保、消防、卫生、通信、增容、水电等协助义务的。

承租方的违约责任主要有：

①按合同规定负责日常维修保养的，由于使用、维修不当，造成租赁物损坏、灭失的，应负责修复或赔偿。

②因擅自拆改房屋、设备、机具等租赁物而造成损失的，必须负责赔偿。

③未经出租方同意擅自将租赁物转租或用租赁物进行非法活动的，出租方有权解除合同。出租方也可以要求承租方偿付一定数额的违约金。

④未按规定的时间、金额交纳租金，出租方有权追索欠租，应加罚利息，过期不还租赁物，除补交租金外，还应偿付违约金。

（11）其他条款

双方当事人还应约定争议的解决方式、其他约定事项及相关事宜。

第五节　雇工的法律风险

【要点提示】

1. 雇佣关系的内涵及与劳动关系的区别

"一方提供劳务，他方给付报酬"，这就是雇佣关系的内涵。雇佣在我国的任何一部法律上均没有明确的定义界定。我国最高人民法院《关于审理人身损害赔偿案件适用法律的若干问题的解释》（以下简称《解释》）第九条第二款规定，"从事雇佣活动，是指从事雇主授权或指示范围内的生产经营活动或者其他劳务活动。"雇佣关系是一个总的概念，指的是一个人（称之为雇员，经常被称为工人）和另一个人（称之为雇主）之间所建立的法律关系，雇员为了获取报酬而根据一定的条件向雇主提供劳动或者服务。雇佣关系即一方（雇员）根据他方（雇主）的指示、授权，在一定或不定的期限内从事生产经营活动或者其他劳务活动，由雇主支付报酬的权利义务关系。在雇佣关系中，雇员的主要权利是请求雇主支付报酬，主要义务是根据雇主的授权或指示提供劳务。雇主的主要权利是请求雇员供给劳务，主要义务是支付报酬和提供劳动保护。雇佣关系包括主体、客体、内容等法律关系要素。主体是权利义务承担者，客体包括行为、物、智力成果，内容是双方的权利和义务。

劳动关系是指劳动力的所有者（劳动者）与劳动力使用者（用人单位）之间，为实现劳动过程而发生的一方有偿提供劳动力由另一方用于同其生产资料相结合的社会关系。劳动关系本质上属于雇佣关系的范畴，只是社会发展到一定阶段，才将其中需要由专门法律调整的一部分雇佣关系划出来由劳动法等专门法律加以调整，这类雇佣关系也就因此被劳动关系所取代①。雇佣关系除了包括劳动关系外还包括自然人用工关系如雇佣保姆等形式。劳动关系和其他雇佣关系虽然本质上是一致的，但存在以下区别：

第一，主体的确定程度不同。雇佣关系的主体相对比较确定，其中处于雇员地位的当事人必须为自然人。劳动关系作为雇佣关系当中的一部分，其主体的确定性更强，即一方是用人单位（企业、个体经济组织、民办非企业单位等组织），另一方必然是作为自然人的劳动者。

第二，主体之间的地位不同。雇佣关系中当事人之间不仅有经济关系，而且有人身依附关系，受雇一方一般要按照雇佣一方的指示进行劳动，双方带有一定的隶属性。依附关系在劳动关系中表现的更为明显，劳动者除提供劳动之外，还要接受用人单位的管理，服从其安排，遵守其规章制度等。

第三，受国家干预的程度不同。雇佣关系中的劳动关系，国家经常以强行法的形式规定劳动关系当事人的权利义务，干预劳动合同的内容，即当事人的约定不能超出法律的规定。劳动关系一般适用《劳动法》或《劳动合同法》的规定，受社会法调整。劳动关系以外的其他雇佣关系在我国目前虽然还是通过民法来调

---

① 胡建新. 劳务关系、雇佣关系、劳动关系之辨析与建构［J］. 温州大学学报：社会科学版，2010（5）.

整《解释》第九条第一款规定,"雇员在从事雇佣活动中致人损害的,雇主应当承担赔偿责任。雇员因故意或者重大过失致人损害的,应当与雇主承担连带赔偿责任。雇主承担连带赔偿责任的,可以向雇员追偿。"最高人民法院在 1988 年《关于雇佣合同应当严格执行劳动保护法规问题的批复》〔(88)民他字第 1 号〕也明确规定,"对劳动者实行劳动保护,在我国宪法中已有明文规定,这是劳动者所享有的权利",作为雇主,"对雇员理应依法给予劳动保护"。

2. 雇主责任的含义及特征

雇主责任的含义,通常可以分两种情况来理解,一是指雇员就执行雇主交付的工作,给他人造成损害时,应由雇主负担的赔偿责任;二是指雇主对在营业活动中给雇员造成的侵害所负的民事责任(雇员受害责任)。后者通常由《劳动法》等法律规范予以调整和保障。

雇主责任作为侵权行为法上的一个重要概念,我国现行具有民法大纲性质的《民法通则》并未对其作出明确的规定。由于我国的国情特殊,雇佣关系长期以来得不到承认,随着经济体制改革的深入,社会上已经存在大量事实上的雇佣关系、帮工关系,雇工、帮工受害、致害的情况层出不穷,谁来承担损害赔偿责任,尚无明确的法律依据,我国曾有相关制度的立法探讨和司法解释,例如,最高人民法院《关于适用〈中华人民共和国民事诉讼法〉若干问题的意见》(以下简称《民诉意见》)第四十五条规定,"个体工商户、农村承包经营户、合伙组织雇用的人员在雇佣合同规定的生产经营活动中造成他人损害的,其雇主是当事人。"另外就是上述《解释》中的相关规定。

雇主责任作为一种特殊的民事责任具有以下法律特征:

第一,人身关系上的从属性。在雇主责任制度中,责任人与侵害人之间在人身上存在着一种依附关系。雇员在受雇佣期间从事雇佣活动,其意志和行为多受雇主的约束和支配;在执行职务的过程中,雇员实际上是按照雇主的意志来完成雇主交付的工作任务的,实际上雇员的职务行为就等于是雇主所实施的行为。

第二,侵权责任的替代性。雇主责任是典型的替代责任,核心的表现在于雇主为雇员的行为担负责任方面。此类案件中,实施具体侵权行为的人是雇员,不是雇主,但是在实际的赔偿法律关系中,受损害的第三人不是向实施侵权行为的雇员请求赔偿,而是向雇主请求赔偿,雇主则成为了这一关系的义务主体。雇主责任中的侵权人与责任人是相分离的,即雇员是侵害人,对此侵害承担责任的责任人却是雇主。造成这种分离状态的原因在于,雇主与雇员之间存在着特定的法律关系(雇佣关系),这种特殊的关系不仅是雇主责任的一个重要的法律特征,更是雇主承担责任的一个重要依据。

第三,经济利益的关联性。雇员在从事雇佣劳动中所实施的行为,直接为雇主创造经济利益及其他利益，雇主是这种利益的享有者，雇员虽然按照约定取得一定的劳动报酬，但是这种报酬远远少于其为雇主所创造的经济价值。雇主与雇员之间的这种特殊的经济利益关系，即雇员是为了实现雇主的经济利益，在直接或间接地受雇主意志支配的情况下，才发生的侵权行为。基于受益者必须承担相应风险和责任的民法理念，此处的受益者也就是雇主应当承担经济赔偿责任。

3. 雇主责任归责原则的认定

我国在立法上没有对雇主责任作出明确的一般性规定，因此雇主责任的归责原则也就无法从立法的角度去获取依据。目前，雇主责任应采用何种归责原则，理论界主要有无过错责任原则和以过错推定责任原则为主，兼采公平责任原则这两种主张。在我国雇主责任归责原则应适用无过错责任原则。其理由如下：

第一，采用无过错原则不仅体现了现代民法中保护弱者的思想，而且可以避免适用过错原则和过错推定兼公平原则带来的不足，可以更加有力地保护受害人的利益。首先，在雇主责任制度中，如果适用过错责任原则，就要求受害人对雇主的选任和监督过错进行举证，由于受害人很难证明雇主的过错，因此大大减轻了获得赔偿的可能性。如果采用无过错责任原则，受害人则无须再去证明雇主存在过错，从而减轻了受害人的举证责任，更有利于对受害人的保护。其次，依过错推定责任原则，雇主可以通过证明其对雇员的选任监督无过错而免责，受害人对此无法控制和预见。公平责任虽然能在一定程度上弥补过错责任的不足，给予被害人较为周全的保护，但是如何斟酌被害人和雇主的经济状况，从而使雇主负全部或部分赔偿责任，这一点是存在争议的，而且以当事人财产的多少来判定责任的轻重并不妥当。从理论上说，公平责任原则并不属于侵权行为法的规则原则之一，且过错推定责任也只是过错责任的一种特殊形式，并非独立的归责原则，因此，将过错推定原则兼采公平责任原则作为雇主责任的归责原则是行不通的。

第二，虽然立法上没有对雇主责任作出明确的一般性规定，但《民诉意见》第四十五条规定，"个体工商户、农村承包经营户、合伙组织雇佣的人员在进行雇佣合同规定的生产经营活动中造成他人损害的，其雇主是当事人。"的规定从程序意义上为雇主责任采取无过错责任归责原则提供了依据，并为长期的审判实践所遵循。《解释》第九条指出，"雇员在从事雇佣活动中致人损害的，雇主应当承担损害赔偿责任"，其归责原则也采用了无过错责任原则。

第三，采取无过错责任原则能促使雇主把好对雇员的选任、监督这一关，对工商业发展、经济振兴及整个社会发展都有裨益。

【相关案例】

个体户李某的弹花厂房发生火灾。此次大火不仅烧毁厂房 3 间，打棉机、弹棉机各 1 台，棉花 2000 余千克，更使雇工王某和第三人陈某被烧伤。经查，火灾系雇工王某（15 岁）玩打火机时点燃棉絮引起①。

评析：

案情很简单，但反映出几个法律关系：①雇主李某雇用未成年人王某为其工作。②雇工王某在雇用活动中侵害了第三人陈某的权益。③雇工王某执行职务时自身受到了损害。④李某的财产在此次火灾中也遭受损失。

根据以上的论述，李某对陈某的人身损害应承担无过错责任，因王某存在重大过失，应当与李某承担连带赔偿责任。李某承担连带赔偿责任的，可以向雇员王某追偿。对于王某的人身损害和李某的财产损失，由李某和王某按照各自的过错比例分担。李某显然存在选任过失，雇用未成年人为其工作，而且在工作场所没有做好防火的防范措施，存在比较大的过错。王某作为限制行为能力人，对在所工作的环境中不宜玩火应有一定的认识，但其玩打火机导致损害发生，存在一定的过错。因为王某是未成年人，所以应由其监护人承担侵权责任。

【风险提示】

社会经济生活中雇佣关系的大量存在，必然会有雇工致人损害和雇工自身损害的发生，由此产生的雇主对雇工致人损害承担的转承赔偿责任和雇主对雇工在执行职务过程中自身损害的赔偿责任则属于雇工的风险责任。

通过以上的案例，可以看出在雇佣关系中，雇工一旦发生意外事故，不仅可能使自身和第三人遭受人身损害，也可能导致雇主蒙受较大的经济损失。

【化解对策】

对于此种法律风险，应从以下几个方面加以防范：

①雇主在选任雇工时应尽审慎注意义务。尤其是一些需要特殊技术或者要求雇工必须具有某种资质的工作，必须严格按照相关法律规定来实施。

②雇主必须保证工作环境、工具和相关工作设备的安全，对雇工应进行必要的岗前培训，加强安全教育。

③雇工在雇佣活动中同样应尽最大的注意义务，原则上按照雇主的要求来劳动。应具备基本的安全知识。

---

① 冷文忠. 违法雇工、玩火招灾 [J]. 消防月刊, 2003 (7).

第六节　夫妻共同财产处置的法律风险

【要点提示】

夫妻财产属于《婚姻法》领域的重要内容之一，为此《婚姻法》以及《婚姻法解释》进行了较为详细的规定，其中关于经营性夫妻共同财产的认定以及处置，主要规定在《婚姻法》第十七条，《婚姻法解释（二）》第十五条、第十六条、第十七条、第十八条。通过这些规定，基本上构建起我国夫妻财产的基本制度以及经营性夫妻共同财产分割的规则。

1. 夫妻共同财产与个人财产的认定

值得注意的是，针对经营性夫妻共同财产而言，下列财产属于夫妻共同财产：①生产、经营收益，例如夫妻一方在婚姻关系存续期间设立公司、企业、办厂之外，还有承包、租赁、投资、个体经济等多种方式，从事上述活动的收益应属于夫妻共同财产。②知识产权收益。③继承或赠与的所得的财产，但遗嘱或赠与合同中确定只归夫妻一方的财产除外。例如，夫妻关系存续期间，夫妻一方父母赠与夫妻一方某公司股权、资产，该股权资产在没有明确只归夫妻一方的情形下归属夫妻双方共同所有。④一方以个人财产投资所得的收益，在婚姻关系存续期间，如果一方以个人财产进行投资产生相应收益，该收益仍属于夫妻共同财产。上述财产虽然从表面上看属于夫妻一方以某种方式获得，但我国法律认为，夫妻另一方即使对于收益或财产的取得产生直接作用，但是确有"间接贡献"，鉴于传统家庭中男方投资投资经营，女方承担照顾家庭更多的模式，基于"男女平等"的原则，认为上述财产或收益亦为夫妻共同财产。

2. 投资经营性夫妻共同财产分割处置的注意点

关于投资经营性夫妻共同财产的分割，属于经济人在夫妻共同财产领域最为重要的问题之一，随着改革开放的不断深入，经济发展和社会生活都发生了重大变化，投资经营性夫妻财产的分割处理越来越多，越来越复杂，处理好这些复杂的问题，除正确适用《婚姻法》外，还必须与《公司法》《合伙企业法》《个人独资企业法》等商事法律的规定和精神保持一致，应该坚持如下原则：一是坚持男女平等、保护子女和女方权益原则；二是自愿协商原则；三是维护其他股东、合伙人合法权益原则；四是有利于生产和方便生活原则。

具体而言：①对于股票、债券、投资基金份额等有价证券以及未上市股份有限公司股份的分割，根据《婚姻法解释》的规定，对此应先行协商，如协商不成的，可以按市价分配，按市价分配有困难的，可以根据数量按比例分配。应该注意的是，对于法律法规限制转让的股票或者股份，人民法院不宜进行分割处理，如果夫妻共同财产中的股份属于法律规定的上述情形，必须按照有关法律办理，待转让条件成就后，方可根据《婚姻法解释》第十八条的规定，请求再次分割夫妻共同财产。②对于有限责任公司的出资额的分割，《婚姻法解释（二）》第十六条已经进行了较为明确的规定，但是实践中应当注意一下问题：a. 适用《婚姻法解释（二）》第十六条规定的前提，是用于认缴该有限公司出资的财产是夫妻共同财产，但在公司登记里被记载在夫或妻一方之下，即虽从外表形式上看登记在一方名下，但却是婚姻关系存续期间的共同财产；b. 夫妻婚姻关系建立之前，一方已经作为公司股东出资于有限公司，其股本金虽不属于夫妻共同财产，但在夫妻关系存续期间的收益应作为婚后投资性收益，作为夫妻共同财产分割。婚后对新增资本的认缴依法应认定为夫妻共同财产；c. 该条规定仅适用于夫妻中只有一方是该公司股东，另一方在纠纷发生时并非公司股东的情形，如夫妻均为同一有限公司股东的，则根据《公司法》的规定，股东之间可以相互转让其全部出资或部分出资；d. 该条规定适用于夫妻双方就有限公司的出资协商一致的情况。如果夫妻本身对其共同财产中在有限公司的出资分割问题无法达成共识，则不适用直接分割股权。考虑到公司的人合性，法院可以判决股权归出资一方所有，另一方可以取得相应的折价补偿，通常在公平原则的基础上，由专业机构对公司的财产状况和财务状况进行综合评估，按照股权的实际价值决定对股东的配偶进行补充的数额。③对合伙企业中的出资的分割，根据《婚姻法解释（二）》第十七条的规定，"涉及分割夫妻共同财产中一方名义在合伙企业的出资，另一方不是该企业合伙人的，当夫妻双方协商一致，将其合伙企业中的财产份额全部或者部分转让给对方时，按以下情形分别处理：a. 其他合伙人一致同意的，该配偶依法取得合伙人地位；b. 其他合伙人不同意转让，在同等条件下行使优先受让权的，可以对转让所得的财产进行分割；c. 其他合伙人不同意转让，也不行使优先受让权，但同意该合伙人退伙或者退还部分财产份额的，可以对退还的财产进行分割；d. 其他合伙人既不同意转让，也不行使优先受让权，又不同意该合伙人退伙或者退还部分财产份额的，视为全体合伙人同意转让，该配偶依法取得合伙人地位。"④对在独资企业中夫妻共同财产的分割，《婚姻法解释（二）》第十八条已有较为明确的规定，但是实践中，应注意投资人在婚前以个人财产或婚后以个人婚前财产或婚后个人财产出资设立个人独资企业的，该企业的投资部分属于投资人的个人财产。但婚姻关系存续期间因生产经营所得收益应属于夫妻共同财产，夫妻离婚时只应对经营企业所得收益进行分割，而不能对企业财产进行分割。⑤对夫妻公司财产的分割，在离婚案件中处理有关夫妻公司问题时，可以参考公司登记中载明的投资比例情况作为划分财产所有权份额的依据，但也不亦然。因为夫妻关系的特殊性可能会导致工商登记载明的投资比例不真实，如一方提出异议，应根据其举证情况作出综合认定。对于夫妻公司的处理，应与《公司法》相衔接，离婚后夫妻双方均有经营能力，并且也都愿意继续共同经营的，可根据《婚姻法》有关处理夫妻财产的规定，直接分割双方的股权比例，夫妻双方都不愿意继续经营的，可解散公司进行清算，对公司剩余财产按《婚姻法》规定分割，夫妻一方要求经营公司，另一方要求退出公司的，可考虑通过股权转让的方式解决，使退出一方的补偿获得实现。

【相关案例】

案例一：

原告华某诉被告周某离婚后财产纠纷一案，周某与华某均系二婚且婚姻关系存续期间极短。周某系两公司的销售经理，其与企业签订营销协议，按照销售额分成，在其与华某离婚时，双方约定自离婚时起五年内周某在两公司的利润分成按照"三七"比例分成，因周某离婚后未按照离婚协议约定给付利润分成，华某诉至法院。法院受理后认为虽然周某在与华某离婚后五年内经营产生的收益不属于夫妻共同财产，但基于周某在离婚协议书中自愿对该部分财产予以分割，因此华某主张分割周某在此期间从两公司获得的利润分配，应予支持。

评析：

该案中，周某与华某婚姻关系存续期间极短，而周某担任两公司销售经理时间较长且一直从事销售业务、获取提成，周某在与华某离婚后，其在两公司所获取利润分配均属于周某个人财产，华某无权主张分割。但因周某在离婚协议中自愿将离婚后5年内的利润分配按比例分割给华某，因该协议属于双方真实意思表示，周某应按约支付。该案属于典型的通过协议离婚方式改变财产所有权属性的案例，实践中，选择双方妥协的协议离婚属于相对经济平和的方式，但是在离婚协议中约定分割一方经营收益的做法，一方面极有可能制约一方的经营行为；另一方面容易给对方产生较高心理预期，较容易产生离婚后财产纠纷。

案例二：

原告陶某诉被告余某、第三人A房地产公司离婚后财产纠纷一案，陶某系余某后妻，第三人A公司的法定代表人系余某之女，在余某与陶某婚姻关系存续期间，余某将卡上800余万元转入第三人账户投资理财产品，后陶某与余某离婚，陶某要求分割取得该400余万元的投资款及收益。

评析：

该案最后通过法院调解方式解决，余某一次性支付陶某100万元了结。本案中，余某实际上系 A 公司隐名控制人，在其与陶某婚姻关系存续期间，余某将个人资金转入 A 公司名下，从外表上看实际上导致了夫妻共同财产与企业资产的混同，在余某无法举证证明企业与其有其他应收账款情况下，陶某要求分割其中一半的投资款及收益，法院应予以支持。

【风险提示】

如何区分夫妻共同财产与夫妻个人财产，如何区分夫妻共同财产与夫妻一方投资经营企业所有的资产，在经济人相关法律风险防范范畴属于极易发生纠纷的"雷区"。实践中，主要的风险包括：

①在缺乏有效佐证的情况下，夫妻个人财产与夫妻共同财产未进行有效界分，极易造成"混同"，例如在遗嘱或赠与公司股权等情形下，如不能明确继承人或受赠与人为夫妻一方，则不能形成夫妻个人财产。

②夫妻一方个人财产投资经营款与夫妻共同财产的转化，夫妻一方以个人财产进行投资，如果该投资在婚姻关系存续期间一直稳定，则只有收益归夫妻共同财产，但是一旦某一方将投资款变现后在婚姻关系存续期间转为其他形式的投资，例如购置不动产，则该投资将转化为夫妻共同财产。

③夫妻一方实际控制下的企业财产与夫妻共同财产的混同，实践中，存在夫妻一方隐名控制之下的企业，此时，如果该企业占用夫妻一方的财产，则极易导致企业财产与夫妻共同财产的混同，达不到有效规制夫妻共同财产制度的效果。

【化解对策】

1. 明晰财产性质

对于经济人而言，明晰产权属于重要的举措之一，针对遗嘱继承或受赠与财产而言，应当通过公证等公示方式明确遗嘱继承或受赠与仅针对夫妻一方；针对夫妻一方隐名控制下的企业的资产，应当通过注册资本等符合《公司法》规定的方式实现对公司资产的控制，有效防止夫妻共同财产与企业资产的混同。

2. 合理运用夫妻财产约定制

我国对于夫妻财产所有制度不仅规定了夫妻财产法定制，还规定了夫妻财产约定制，夫妻财产约定制是在缔结婚姻之时对夫妻关系存续期间夫妻双方财产归个人所有进行明确约定，该制度能够清晰界定夫妻双方财产权属，防范出现财产纠纷。

3. 审慎对待协议离婚

协议离婚是夫妻双方采用自愿协商方式终结婚姻关系的方式，该方式具有"和平性""缓和性"特征，但是也容易造成双方信息不对称，订立自愿离婚协议时，应当综合考量夫妻资产全部状况，进行综合法律评估，从而保障双方资产状况。

第七节　公共场所管理人的法律风险

【要点提示】

近些年来，公共场所内发生的人身财产类侵权纠纷数量一直较多，不少纠纷由于直接侵权人逃逸，受害者将公共场所管理人告上法庭，以公共场所管理人未尽安全保障义务为由要求承担相应赔偿责任。从公共场所管理人角度看，一方面，保障进入经营场所的消费者以及一般公众的人身财产安全是其规范经营的需要；另一方面，防范类似案件的相关风险从而控制经营成本也是该类主体考量的另一重要因素。因此，基于防范风险角度出发，有必要对公共场所管理人的法律风险进行专门研究与提示。

1. 公共场所管理人与安全保障义务

公共场所管理人，实践中主要包括经营性的公共场所管理人以及公益性的公共场所管理人，其中经营性公共场所一般包括旅馆、银行、饭店、车站、娱乐场所等处于半封闭状态下的营业场所。公益性的公共场所一般包括开放式风景区、公益性群众活动占用区域场所等。公共场所管理人的法律风险主要来源于在其控制、管理区域内发生人身、财产侵权类纠纷。在我国，该类纠纷的处理主要通过设定安全保障义务予以规制。

2. 安全保障义务的立法规制及理论依据

所谓安全保障义务，我国立法主要借鉴了德国民法中的"交往安全义务"，主要的立法成果包括 2004 年 5 月 1 日起施行的最高人民法院《关于审理人身损害赔偿案件适用法律若干问题的解释》第六条："从事住宿、餐饮、娱乐等经营活动或者其他社会活动的自然人、法人、其他组织，未尽合理限度范围内的安全保障义务致使他人遭受人身损害，赔偿权利人请求其承担相应赔偿责任的，人民法院应予支持。"以及《侵权责任法》第三十七条："宾馆、商场、银行、车站、娱乐场所等公共场所的管理人或者群众性活动的组织者，未尽到安全保障义务，造成他人损害的，应当承担侵权责任。因第三人的行为造成他人损害的，由第三人承担侵权责任；管理人或者组织者未尽到安全保障义务的，承担相应的补充责任。"安全保障义务的立法理论依据主要包括：①风险与收益相一致理论，公共场所管理人一般系赢利性，赢利的同时必然承担相应的风险。②危险控制理论，公共场所管理人对其管理区域一般具有更为专业的风险控制能力，应由其承担相应风险。③信赖原则，公众正是基于对公共场所人身、财产安全的信赖才进入该区域，公共场所管理人应当承担相应的安全保障义务。④控制社会总成本原理，如果将在经营性公共场所以及一些公益性公共场所内的防止风险的义务分配给一般社会公众，将会极大增加社会公众为此投入的行动成本，导致社会成本的极大增加，而使公共场所管理人承担安全保障义务则能够有效缩小此类社会成本。⑤实质正义的需要，相对于公共场所的管理人而言，公共场所内的消费者以及进入该公共场所内的一般公众属于相对弱势地位，法律基于保障实质正义的要求，对两者利益进行权衡，基于"社会本位"的立场侧重于保护进入公共场所内一般公众的人身财产权益。根据公共场所管理人性质不同，可以区分为经营性公共场所管理人以及公益性公共场所管理人，两者所承担的安全保障义务的范围、程度因两者性质不同有所差异。总体而言，经营性公共场所管理人承担的安全保障义务更为严格，范围更广、责任更为严苛。

【相关案例】

案例一：

"银河宾馆案"，1998 年年仅 23 岁的王某在 A 市银河宾馆入住，在客房内遭遇抢劫遇害，警方先后从宾馆的安全监视系统记录资料中发现，凶手在入室作案前，曾尾随王某，并在两个小时内 7 次上下电梯，但对形迹可疑的凶手，宾馆保安人员无一人上前盘问，死者父母认为银河宾馆严重失职，将其告上法庭。该案经过二审终审判决，认为宾馆行业作为特殊服务行业，应向住客提供安全的住宿环境，王某入住银河宾馆双方形成合同关系，因此安全保障义务是宾馆的一项合同义务，本案罪犯 7 次上下电梯，宾馆却对此异常举动没有密切注意，宾馆未履行对王某的安全保障义务，应当承担违约责任①。

评析：

该案是 1998 年公报案例，该案的判决为我国引入安全保障义务提供了相应的司法实践及理论基础。该案中，法院从合同附随义务角度入手，将安全保障义务纳入宾馆这类公共场所管理人所应当承担的合同义务范畴，具有相应的开创意义。另外，该案的判决亦表明，宾馆、银行、饭店等公共经营场所的管理人在合理限度内负有安全保障义务，这类主体不应回避该类义务，而应通过多种途径履行安保义务，从而有效规避相应责任。

案例二：

李某诉王某、A 公园财产损害赔偿纠纷，A 公园系某地著名公园，公园内设有餐饮店，某日李某驾车前往该餐饮店吃饭，在购买公园门票后将车停泊于公园指定的停车位置，后王某驾驶的拖拉机由于制动失灵不慎将李某的汽车撞坏，李某将直接侵权人王某以及承担安全保障义务的 A 公园诉至法庭。

---

① 王利毅、张丽霞诉上海银河宾馆赔偿纠纷案［EB/OL］. www.chinacourt.org.

评析：

该案系较为典型的公共场所内的财产受损赔偿案件，最终法院经过调解，由A公园、王某共同赔偿李某车辆受损的相应损失。日常生活中，较为常见的是经营性公共场所内人身侵权类纠纷，经营性公共场所内财产侵权类案件数量较少，本案中，A公园对进园客户收取门票，并划定车位对车辆停泊进行管理，其应当保证停泊在划定车位的车辆的财产安全，在王某直接侵权发生时，公园没有采取相应的措施防范该风险，属于未尽到相应安全保障义务，应当承担补充赔偿责任。

【风险提示】

经营性公共场所管理人在营业过程中，易因自身经营硬件设施或软件设施原因对进入该场所内的个人造成人身或财产损害；也可能由于第三人侵权时，公共场所管理人未尽安全保障义务承担相应补充赔偿责任。具体而言，主要的法律风险如下：

①经营性公共场所硬件设施本身存在相应瑕疵，未能够尽到安全保障之功能，造成侵权纠纷的发生。例如，商场地面保洁时未能设置警示标志，未能及时清除地面积水等造成侵权纠纷；公共场所电梯存在故障，造成侵权纠纷；酒店楼层栏杆过低造成侵权纠纷等。

②经营性公共场所软件设施上的瑕疵，相对于硬件设施上的瑕疵而言，公共场所软件设施上的瑕疵更为隐蔽，也更不被管理人重视。但是，侵权纠纷一旦发生后，基于分摊责任、分散风险角度，软件设施往往成为法官自由裁量的"抓手"，具体而言，例如游泳池有无配备具有专业知识的救生员、酒店宾馆等有无配备相应保安人员等，另外，即使配备了上述人员后，发生事故时上述人员是否在岗，是否及时施救等都将成为司法裁判考量的依据。

③特殊行业更高要求的风险防范措施是否得当，特殊行业例如银行、高档宾馆等往往对管理人应当承担的安全保障义务要求更高，比如银行对于客户的人身资金安全应承担更高的安全保障义务，对于进出银行的可疑人员应当进行盘问等措施。这些特殊行业的管理人如果未能按照其行业性质、行业惯例在硬件、软件方面尽到较高程度的安全保障义务，则难以免除在侵权纠纷中的赔偿责任。

【化解对策】

1. 硬件设施方面

经营性公共场所管理人应当根据经营场所的特点设置和维护相应安全防护的设施，保障进入该场所内的不特定人员的人身与财产安全。硬件设施，不仅要考虑宾馆、酒店、银行等环境相对封闭性、安全性，还要考虑这些场所内基本设施的安全性。当然，公共场所管理人应当根据自身经营规模、专业水平等设置和维护硬件设施的安全性，司法实践中，公共场所管理人只要尽到了善良管理人的合理限度的安保义务，法律也不会强人所难。

2. 软件设施方面

经营性公共场所管理人应当根据自身经营场所的特点、布局、性质等配备相应的软件设施，保障进入该场所内的人员的人身财产安全。对于保安等服务人员，应当进行有针对性的定期培训，强化安全意识，落实责任制。建立健全突发事件应对机制，有效减少突发侵权事件造成的损害，从而减轻自身的责任。

第八节　建设工程分包的法律风险

【要点提示】

建筑工程分包合同是指从事工程总承包的单位将所承包的建设工程的一部分依法分包给具有相应资质的承包单位，该承包人不退出承包关系，其与第三人就第三人完成的工作成果向发包人承担连带责任而订立的合同。分包作为一种社会资源的配置形式，在各类工程建设中发挥着重要作用。然而，在工程项目建设实践中，建设单位（业主）指定分包、挂靠分包、违法分包等现象普遍存在，在一定程度上扰乱了工程项目建设市场秩序，损害了建设单位、承包人、分包人的合法权益，甚至造成重大责任事故，给国家、社会、企业与劳动者造成重大财产及人身损失。

目前，我国在《合同法》第二百七十二条规定了建筑工程分包的内容：发包人可以与总承包人订立建设工程合同，也可以分别与勘察人、设计人、施工人订立勘察、设计、施工承包合同。发包人不得将应当由一个承包人完成的建设工程肢解成若干部分发包给几个承包人。

总承包人或者勘察、设计、施工承包人经发包人同意，可以将自己承包的部分工作交由第三人完成。第三人就其完成的工作成果与总承包人或者勘察、设计、施工承包人向发包人承担连带责任。承包人不得将其承包的全部建设工程转包给第三人或者将其承包的全部建设工程肢解以后以分包的名义分别转包给第三人。

禁止承包人将工程分包给不具备相应资质条件的单位。禁止分包单位将其承包的工程再分包。建设工程主体结构的施工必须由承包人自行完成。

【相关案例】

2003年初，甲公司中标某市公路修建工程。当年6月，甲公司与并没有施工资质的乙公司签订"联合施工协议"，约定乙公司以包工包料的方式承担施工任务，甲公司按照工程造价的15%提取管理费。9月，乙公司与丙方签订机械租赁合同，约定由丙方提供平地机、压路机，在乙公司的管理下提供路面服务。丙方依约提供了劳务服务，但乙公司则拒绝依约支付丙方的劳务费用。于是丙方起诉要求甲、乙双方共同偿还所欠工程款。

评析：

本案中，该联合施工协议虽名义上为合作合同，但从内容实质上分析，其应为法律所禁止的转包合同，因为甲公司作为中标人放弃实际施工，而让没有修建公路资质的乙公司进行施工，属于典型的中标方抽取管理费，由没有相应资质的第三人施工的转包行为，是我国《合同法》第二百七十二条明令禁止的。而丙公司与乙公司签订的机械租赁合同也并非租赁合同性质，而应是劳务分包合同。丙公司为乙公司提供平地机、压路机并提供司机为其服务，包含了司机的劳务服务，而对公路建设而言，司机的专业劳动是一项技术性很强的劳动，应为该合同的主要内容。因此，丙公司应为劳务分包合同的承包人，在整个公路建设施工中处于实际施工人的地位，有权向甲公司和乙公司要求劳动报酬。

【风险提示】

从分包合同签订与履行的角度分析，违法分包的法律风险主要表现为：

1. 无资质挂靠

总承包企业现在使用的分包单位，很多实质上是没有资质仅仅是挂靠某单位的个人，被挂靠单位只收取管理费，不负责管理。一旦挂靠的个人出现问题，被挂靠单位便互相推诿，使问题迟迟得不到解决，造成的损失最终只能由建设施工企业来承担。

2. 分包单位对外以总承包企业内部单位的名义办理租赁、买卖等业务

因总承包企业的项目为了方便管理和规避发包方不许分包的规定，常常将分包单位编入总承包企业内部单位，对外宣称为总承包企业某施工队，而分包单位在对外办理租赁、买卖等业务时出于不同目的，也以建设施工企业某施工队的名义对外签订合同，这就会产生一旦分包单位不履行合同义务，总承包企业被迫承担相应合同义务的法律后果。

3. 付款控制不严，引发农民工的工资问题

农民工的工资问题，国务院和各地方政府对此均有明确的规定，因此总承包企业在制定分包合同范本时对农民工的工资支付作了特别规定，但个别项目在支付进度款时，不履行监督或审查分包单位支付农民工工资的义务，导致分包工程款已经办理竣工结算并且已经支付完毕，但仍有农民工工资被拖欠。按照国家政策规定，总承包企业可能被迫支付被分包单位拖欠的农民工工资。

4. 分包单位转包或再分包

把分包工程再分包是法律禁止的行为。施工总承包方在一般情况下是可以分包的，分包合同示范文本虽然对禁止分包单位再分包也作了明确的规定，但是仍有分包单位再分包的现象发生，导致实际履约主体转移，出现问题追究责任时呈现的是责任链并不是单一的、清晰的责任主体，增加了总承包企业管理成本。

【化解对策】

1. 建设工程分包时必须选择适格分包人

依法选择合格的分包人，是签订、履行建设工程分包合同，完成工程项目建设的关键。实践中，承包人一定要做好尽职调查工作：一是对分包人主体资格的审查，分包人的主体资格直接关系到工程分包合同的效力问题，审查包括企业法人营业执照、税务登记证、法人授权委托等在内的书面材料，有效解决违法分包问题；二是对分包人实际施工能力的审查，对分包人实施多级审查，对其施工能力实行年检制度，严格分包人引入。

2. 依法签订分包合同

依法签订分包合同，是防控建设工程项目违法分包法律风险的重要措施。建设工程总承包人或承包人在签订工程分包、劳务分包合同时，最好使用相关工程专业分包、劳务分包合同示范文本，做到条款严密、内容全面、单价合理，并按照企业有关合同管理制度，经企业法律顾问审查后签订。在签订分包合同时应当有意识地约定对自己有利的纠纷解决管辖机构，并确保争议解决条款约定合法有效，避免给企业造成损失。

3. 建立工程建设法律风险防控体系

着力研究开发法律风险识别评估与防控手册标准化模板，对工程项目建设业务工作流程进行详细梳理，按照法律风险识别、分析、评估、防范、处理和控制运作流程进行规范，编制工程项目建设领域"法律风险识别分析及防范"条目，汇编形成法律风险识别、分析、评估、防范、处理和控制的一整套运作流程，结合相关法律法规与相关案例等，充分揭示工程项目建设领域法律风险隐患，实现法律风险预警、部门防控及措施实施的规范化和程序化，指导工程项目建设单位与业务岗位防控化解法律风险。

第九节　商品房预售认购书中定金的法律风险

【要点提示】

商品房预售认购书是开发商取得商品房预售许可证之前，与买受人签订的关于在将来某一个确定的时间商讨签订正式的预售合同的协议。在商品房预售认购书中一般都有定金条款，在学理上定金分为立约定金、证约定金、成约定金、解约定金、违约定金。根据《关于适用＜中华人民共和国担保法＞若干问题的解释》第一百一十五条规定，"当事人约定以交付定金作为订立主合同担保的，给付定金的一方拒绝订立主合同的，给付定金的一方拒绝订立主合同的，应当双倍返还定金。"而商品房认购书在性质上看应当是一个独立的合同，与作为正式的预售合同时预约和本约的关系，不是担保合同和主合同的关系，那么商品房预售认购协议中约定的定金是否就不能被认定为担保合同中的定金的性质呢？

首先，认购书中的定金具有立约性质。立约定金是独立的，在主合同之前就成立。立约定金法律效力的发生与主合同是否发生法律效力是没有关系的。这就与商品房预售认购书与正式的预售合同的预约和本约的关系相对应。作为商品房认购书中的定金并不是担保购房合同签订而订立的，而是确保双方按期履行洽谈义务，只要双方履行了洽谈义务，即使最终没有达成购房合同，也不能构成违约。其次，如若房地产开发企业在接受定金后不按期履行与准买受人的洽谈义务或是在预约期内将预定的房屋转卖给他人的，则要双倍返还定金。这就说明了认购书中的定金还有违约金的性质。最后，根据《担保法解释》第一百一十七条的规定，"定金交付以后，交付定金的一方可以按照合同的约定以丧失定金为代价而解除主合同，收受定金的一方可以双倍返还定金为代价而解除主合同。对解除主合同后责任的处理，适用《中华人民共和国合同法》的规定。"因此，如果当事人在认购书中还明确规定了解约内容，那么这里的定金还有解约定金的性质。

所以，认购书中的定金应该是一种《合同法》上兼具担保、违约、解约性质的概念，其仍然是属于担保法上定金范畴。

【相关案例】

案例一：

2001年5月，王先生与某房地产开发公司签订了一份房产认购书，王先生认购位于某路某小区一套楼房，并选择了用贷款方式交纳房款。按照双方约定，王先生在认购书签订当天依照认购书向开发商交了两万元定金。此后王先生两次到售楼处，与开发商就签订正式的商品房买卖合同进行商谈。王先生要求开发商在合同中写明，所购之房可以办公，而对方却只同意写"可以协助办理办公"，为此双方不欢而散，商品房买卖合同也就没能签订。王先生认为既然合同没能签订，认购金就应该退给自己。而开发商却认为，认购书中已有明确约定，王先生交纳的两万元不是认购金而是定金，现在王先生在期限内，未签订正式的商品房买卖合同，定金不能退还。多次协商未果，王先生一纸诉状将开发商告上了法庭，要求解除与开发商签订的认购书，同时要求退还自己已交纳的两万元认购金并赔偿经济损失1062元。

评析：

本案因房屋能否商住两用，原、被告产生分歧而导致该合同未能订立，且认购书中对此并未明确约定，这个后果不能归责于双方当事人，双方都不存在过错，属于最高人民法院《关于审理商品房买卖合同纠纷案件适用法律若干问题的解释》第四条中规定的情形，即"出卖人通过认购、订购、预订等方式向买受人收受定金作为订立商品房买卖合同担保的，如果因不可归责于当事人双方的事由，导致商品房买卖合同未能订立的，出卖人应当将定金返还买受人。"因此，开发商应该向王先生返还两万元定金。

案例二：

A女士经权衡选择了某房地产项目，该项目系承诺于2004年6月底交付的期房。在售楼处，A女士为保留中意的房号，交付定金50000元，随后又分批将首付款18万余元如期交付。5月底，A女士去小区看建设进度，却发现楼盘尚未封顶，小区内环境及配套设施与售楼小姐所说的差距甚大：原来承诺小区绿化率达40%，现在连绿色都难得一见；承诺在交房时一并交付使用的健身设施没了踪影；水电暖热气也不能保证按期开通。经多方考察后，A女士了解到，该楼盘的建设质量和小区配套存在许多难以解决的问题。A女士决定退房并要开发商退款，可售楼处只同意退还已交的18万元房款，50000元定金却不退，理由是A女士已经毁约，按约定，定金不予返还。

评析：

本案因合同中的房屋周边设施与实际的房屋周边设施不一致产生原、被告的纠纷，这个责任在于开发商，属于法律规定"出卖人通过认购、订购、预订等方式向买受人收受定金作为订立商品房买卖合同担保的，如果因当事人一方原因未能订立商品房买卖合同应当按照法律关于定金的规定处理"的情形，即开发商应该将定金双倍返还给A女士。

【风险提示】

由司法案例可见，目前有关商品房预售认购中的问题，主要表现为商品房买卖合同无法签订之时，认购书中定金条款如何适用。前述已肯定认购书中的定金有适用定金罚则的可能性，是否具有确定性则在于造成商品房买卖合同无法签订的原因不同。

商品房买卖涉及开发商和买受人双方，任何一方的原因都可能导致最终买卖合同的无法签订。现实中，开发商可能由于房屋质量不合格、房屋转售等原因而使买卖合同无法达成，而准买受人也可能也因资金缺位等原因而不愿意再购买房屋。

【化解对策】

在商品房认购书中开发商与准买受人约定定金的目的是在约定的日期洽谈或签订正式的商品房买卖合同。现实生活中，只有明晰双方的责任范围才能更好地防范风险的发生。但认购书中约定的定金能否适用定金罚则以及承担什么责任，应当根据具体情况而定。

如果房地产开发企业与准买受人都遵守了认购书的约定在约定的期限内履行了各自的洽谈义务，但最终没能达成正式的购房合同。这种情况下，因为双方都履行了各自的义务，都没有违反预约中关于洽谈的义务，也不存在违约的发生，不能适用定金罚则。

商品房开发商或准买受人有正当理由没有在约定的时间内履行洽谈正式的购房合同的义务的，应当认定商品房开发企业或者准买受人没有过错，定金应当予以返还。这里的正当理由包括不可抗力、意外事件。若由于合同以外的第三人的原因导致合同的一方未能履行义务，根据《合同法》第一百二十一条规定，"当事人一方因第三人的原因造成违约的，应当向对方承担违约责任。"

由于商品房开发企业或准买受人的过错导致双方不能履行洽谈正式的购房合同的，应当适用定金罚则。如果商品房开发企业或准买受人为了不受定金罚则的规则，在签订了认购书后，又不欲签订正式的购房合同而恶意磋商的，根据我国《合同法》第四十二条第一项规定，"假借订立合同，恶意进行磋商，给对方造成损失的，应当承担损害赔偿的责任。"

第十节　金融委托理财的法律风险

【要点提示】

近年来，随着金融市场开放步伐加快、资本市场竞争加剧、国民经济增长和个人财富的增加，个人理财业务迅速发展。由于受金融法律制度、金融管理体制和金融市场发育程度等方面的制约，我国委托理财业务在快速发展和演进的同时，也出现了一些新问题，面临诸多瓶颈。

1. 委托理财的性质

委托理财是指委托人根据其与具有专业性、技术性的管理人签订的协议将其拥有所有权或处分权的资金交付给管理人（受托方）并由后者投资于证券、期货等交易市场或以其他金融形式进行管理，使资产增值，双方按照约定分配投资收益或者由前者支付后者一定报酬的资产管理活动。

2. 委托理财的分类

（1）以委托主体的不同进行分类

委托理财的主体包括上市公司、非上市公司等法人，非法人团体，自然人投资者，相应地，可以将委托理财为法人机构委托理财，非法人团体委托理财，自然人投资者委托理财。

（2）以受托主体不同进行分类

委托理财的受托主体通常包括信托投资公司、资产管理公司、投资公司、财务公司、保险公司和证券公司。

（3）以委托理财资金的集合方式不同进行分类

可以将委托理财分为分散式委托理财和集合式的委托理财。分散式委托理财是一个委托主体对应一个受托主体的委托理财，双方签订一个单独的合同，该合同与其他的主体间的委托理财合同无关联性也不互相影响。集合式的委托理财是多个委托主体对一个受托主体的委托理财，受托主体一般根据一个理财计划拟定一份标准合同，委托主体通过签署此标准合同加入到这个委托理财计划中。集合式的委托理财能更有效地募集到大量资金，为理财机构所青睐，同时也是监管重点。

【相关案例】

路某与金某系朋友关系。2012年下半年开始，金某多次向路某宣传从事外汇交易，称每月有50%的利润，且只要进行外汇交易，稳赚不赔，金某还称其开发了针对此外汇交易的一套系统，能够赚取至少8倍的利润，在金某的鼓动下，路某先后投入20万余元进入金某指定的"A市场"（该交易平台资金账户开立于国外，外汇交易有1：400的杠杆系数）。2012年9月在路某的交易账户出现较大亏空时，金某告知路某其已经和"A市场"达成数据共享协议，能够做到保本交易，可以做到永不爆仓，属于稳赚型的。2012年10月，路某交易账户资金全部亏空，故诉至法院。

评析：

该案系一起较为典型的以"稳赚"为噱头的委托理财合同纠纷，本案中，首先，从事外汇交易的场所及市场必须有相关部门许可，但是金某所宣称的"A市场"根本没有在国内进行外汇交易的资质，故双方的委托理财合同无效。其次，金某所宣称的"稳赚型"理财方式，实际上违反了金融理财的规律，也与实际的1：400的杠杆系数相违背，属于虚假宣传的"噱头"。最终法院认定金某虚假宣传、存在欺诈、存在主要过错，但路某从事高回报的投资行为，必然有相应风险，因此需要承担高回报率的投资回报带来的相应风险，又因交易平台账户和密码一直被路某控制，路某对此也应承担一定责任，最终双方按照"二八"比例承担相应责任。

【风险提示】

1. 行为无效的风险

虽然我国的证券、期货监管法律体系已初步建立，但是市场的快速发展，立法仍然跟不上金融创新的步伐。金融领域的监管制度，同一般法律一样具有滞后性，特别是在我国经济迅猛发展的这段时期，新事物层出不穷，金融领域更是日新月异，很多监管制度都显得滞后性有余、前瞻性不足。对于委托理财而言，这样一个法律关系难以用现行理论界定，业务范围跨越金融领域不同板块的金融新产品，目前尚没有统一、系统的法律法规对其加以规制，对于委托理财的法律规制，既存在交叉重叠、互相矛盾，又存在着监管灰色地带，容易产生行为无效的风险。

2. 受处罚或惩罚的风险

我国的委托理财除了会因法律法规、相关监管规定之间的冲突以及涉及有关法律的一些禁止性规定而导致某些约定无效外，其很多做法也极容易导致委托理财实质上变为或被认定为行政违法或刑事犯罪而受到处罚。在以下两种情况下，委托理财极易因涉及行政法或刑法的禁止性规定而受到行政处罚或刑事惩罚：①名为委托理财实为企业之间非法资金拆借。②名为委托理财实为非法吸收公众存款。

3. 违约风险

目前，委托理财合同往往存在条款不规范、合同双方权利义务不对等，且普遍订立保底条款、抵押仓条款等问题。然而，关于这些合同条款的效力问题在学界和审判实践中尚未达成一致意见，且迄今为止也没有一个标准的合同样本可供参考。因此，委托人在签订委托理财协议时往往无法识别合同中的陷阱，致使合同条款出现无效等情形，导致其在权利受到侵害时无法得到应有的法律保护。合同条款风险最为明显的就是全权委托条款、保底收益条款和抵押仓条款，这些条款所隐含的风险主要体现在这些条款在一定范围内与现行法律相违背，使得委托人的权利在发生纠纷时难以得到保障，这些合同条款风险也是委托理财的法律风险。

【化解对策】

1. 委托理财合同的规范化

（1）委托资金的归属

委托理财若按照信托模式，则其合同中对委托资金的归属应约定资金转移归受托方，但必须与受托方自有资金独立，受托方对资金进行占有、管理，尽最大的努力使资金增值，将收益按照约定交给受益人（这里的受益人一般是委托人自己）。这样的约定明确统一，不仅不会威胁到委托人的资金安全，而且在发生纠纷时，也较容易断定双方法律关系的性质。将资金完全转移给受托人，反而会加重受托人的审慎管理义务，增强受托人的责任意识，在经营上更加勤勉。

（2）风险分担、保底收益及抵押仓条款

信托因为具有以信任为前提、资产独立、受托人审慎管理义务较重、责任明确的优点，如果用信托模式来改造委托理财，则有利于规范委托理财当事人双方权利义务的分配。委托理财当事人在签订合同时，可以信托法的相关规定为参考确定合同条款，分配权利义务，进而分担风险。对于保底收益条款，在今后的委托理财中合同中应予禁止，一方面是为了确保公平地分担风险；另一方面也是为了限制受托人以此条款肆意引诱客户，保护委托人利益。对于抵押仓条款，可以保留，但必须加以改造，将其目的定位为用于担保受托人履约，如果受托人违约造成委托人损失，则委托人可以抵押仓的资金优先受偿。

（3）第三人监管责任

如果按照信托模式来规范委托理财，我国《信托法》并未禁止设立第三人对受托人管理信托资产的行为进行监管，那么委托理财双方在征得第三方同意的情况下设立监管人，目的主要是监督受托人以避免发生违约行为。监管条款可以并入委托理财合同中，也可以单独签订一个监管合同。监管合同应约定，第三人接受委托人的委托，提供委托监管服务，保证受托人不发生损害委托人利益的违约行为，以及过错责任。

2. 参与主体的规范化

（1）对上市公司的约束

上市公司的委托理财越来越普遍，也引发了一系列问题和矛盾，对其主营和长远的发展产生了较大的负面影响。对于上市公司而言，首先，应该优化公司内部治理结构，建立一套行之有效的内部制衡和约束机制，实现委托理财计划决策的民主化和科学化。其次，对委托资金的来源和额度进行限制，对于法律明文规定应予以限制的资金应该严格限制其进行委托理财。最后，建立完善的信息披露制度，将信息披露贯穿委托理财行为的全过程，不仅披露受托方的基本情况、收益的确定方式，上市公司的理财规模和风险情况，还要报告委托理财结束时资金的收回情况，以保障中小股东的知情权，保护投资者的利益。

（2）审慎审查受托方的资格问题

目前理财市场鱼龙混杂，除了专业理财机构和专业人士外，还有一些骗子打着"委托理财"的幌子骗人钱财。而委托人尤其是缺乏专业知识的个人在复杂的资本市场上缺乏辨别能力，难免受骗上当。因此应当审慎考察受托机构的相应资质以及是否符合准入要求，从而确保理财机构的专业素质和资本实力，有利于降低业务风险、保障委托人权益。

Chapter 4 第四章
知识产权

第一节　企业专利保护的法律风险

【要点提示】

专利权，是指国家专利主管机关依法授予专利所有人或者其继承人在一定期间内依法制造、使用或者销售其发明创造的独立权利。专利中的发明创造是指发明、实用新型、外观设计。发明，是指对产品、方法或者其改进所提出的新的技术方案。外观设计，是指对产品的形状、图案或者其结合以及色彩与形状、图案的结合所作出的富有美感并适用于工业应用的新设计。实用新型是指对产品的形状、构造或者其结合所提出的适用于实用的新的技术方案。专利权并非自动取得，需要发明创造人向专利行政部门提出申请，经审查合格后才被授予。

专利权存在期限限制，发明专利权的期限为 20 年，实用新型和外观专利权的期限为 10 年。在专利权的保护有效期限内，专利权可以赠予、转让、继承。转让专利申请权或者专利权的，当事人必须订立书面合同，并向国务院专利行政部门登记，由国务院专利行政部门予以公告。专利申请权或者专利权的转让自被登记之日起生效。

专利法规定，发明或实用新型专利权的保护范围，以其《权利要求书》的内容为准，说明书及其附图可以用于解释权利要求；外观设计专利权的保护范围，以表示在图片或照片中的该外观设计专利产品为准。

发明或实用新型的《权利要求书》应当说明发明或者实用新型的技术特征，清楚、简要地表述请求保护的范围。权利要求包括独立权利要求和从属权利要求。其中独立权利要求应当从整体上反映发明或实用新型的技术方案，记载解决其技术问题的必要技术特征；从属权利要求则应当用附加的技术特征，对引用的权利要求作进一步的限定。每一项权利要求均都确定一个保护范围，该范围由记载的权利要求中的所有必要的技术特征限定，该些技术特征的综合则构成了《权利要求书》所保护的技术方案。

外观设计专利权的保护范围则以表示在该图片或照片中的外观设计专利产品为准。

【相关案例】

A 集团为 B 国民企十强的企业，C 公司为 D 国著名的电力与控制跨国公司。均系本国低压电器行业的龙头企业。2006 年 7 月，A 集团以 C 公司生产的断路器产品侵犯其实用新型专利权为由，将其诉至人民法院，要求赔偿损失 50 万元。2007 年 2 月，A 集团变更诉讼请求，将索赔数额增加至 3.35 亿元。2007 年 9 月，

E 市中级人民法院一审判 C 公司败诉,须向原告 A 集团支付高达 3.3 亿余元的赔偿,并被勒令停产侵权产品。一审宣判后,C 公司向省高院提出上诉。4 月 15 日上午,省高级人民法院宣布,A 集团与 C 公司专利侵权纠纷案达成庭外和解,C 公司向 A 集团支付补偿金 1.5 亿余元。A 集团与 C 公司还达成一系列全球和解协议。A 集团公司专利全球范围受到保护,获得赔偿金数亿元①。

【风险提示】

在专利权领域的法律风险主要存在于专利申请不当以及专利侵权方面:

1. 专利申请策略风险

若申请专利的策略不当,将可能给企业造成严重的损失。例如,本应通过商业秘密保护的技术,却不当地进行了专利申请。对于发明创造的保护有两种途径:一种是申请专利;另一种是作为商业秘密进行保护。某项发明创造如果不符合专利法规定的专业要求,则专利申请将被驳回,此时该技术持有人只能依据商业秘密制度进行保护。但根据《专利法》的规定,申请专利需将有关材料公开并公布。这意味着竞争对手可通过公开合法的渠道获得公司的技术开发情况。因此,该技术不仅无法获得专利,还由于技术资料已经公开而无法获得作为商业秘密形式的保护。

有些发明创造虽然符合专利法的要求,申请后能获得专利权。但是由于专利保护具有期限性,一旦期限截止,专利权人也丧失专用权。所以,如果某项发明创造,权利人预计竞争对手无法在短期内研发获得,企业就不如采用商业秘密的方式进行保护。

2. 专利说明书及权利要求书撰写不当

《专利说明书》是指经过专利性审查、授予专利权的专利说明书。《专利说明书》确定了专利保护范围。《专利说明书》描述不同,法律确认的保护范围就不同。《权利要求书》是专利申请文件最重要的文件之一,是确定国家对某项发明创造划定保护范围的文件。由此可见,《专利说明书》及《权利要求书》对专利权人的权利保护至关重要。因上述文件的撰写不当带来的法律风险可能使企业的发明创造无法获得适当的法律保护,一般后果是导致法律对该项发明创造的保护范围变窄。

3. 专利侵权法律风险

权利人获得专利权后,最大的法律风险就是专利侵权。一方面,专利权人有遭到他人侵权的可能;另一方面,也有企业侵犯其他人的专利权利的可能。企业

---

① 正泰诉施耐德专利侵权案［EB/OL］. http://www.chinaipmagazine.com/journal-show.asp?id=134.

获得专利权之后，应在该专业领域内进行侵权产品或者侵权行为的跟踪，及时发现被侵权的事实，保留相关证据以便及时制止侵权、索赔；企业在实施某项产品生产、投放市场前，应检索有关专利文献，了解自己的产品是否侵犯了他人的专利。

【化解对策】

1. 专利研发阶段

首先，在雇用雇员时，必须和每一个雇员签订一份雇用合同。合同里应当规定雇员被企业雇用期间和雇用结束后一段时间内，必须把自己在上班期间，或在与企业项目相联系的技术领域的发明创造，对现有技术的改进等方面的知识产权归公司所有。雇员必须保证自己会对所有的技术机密和商业机密保密不会向任何人透露，包括不会把技术发明拿出发表。其次，为了便于企业申请专利，每一项技术的发明人必须签一份技术权益转让合同，把自己对该技术的所有权益转移给企业，并声明雇员有义务提供一切技术和法律文件以便在世界各地申请专利。有时，企业在收到雇员的技术发明文件说明之后，决定愿意放弃对该技术的所有权益，也必须用书面的方式进行。

当然，雇员在工作时，常常会有工作以外的意想不到的发现，有时也会在工作时，利用企业的技术和设备测试自己的技术创新。在这种情况下，企业对该项技术有什么权益呢？这就要看雇用合同中对职务发明如何定义了，如果定义为：①任何工作期间之外但与企业的职业技术相关的发明。②任何在工作期间所发明的技术成果。如果雇员的发明符合这个定义，那么雇员必须先将该发明呈报企业专门设立的评估相关性小组，该评估小组会将相关性的评比结果以书面形式通知雇员，并对评估结论作出解释，确定权利属性。③任何在工作期间之外，但在发明该技术的过程中使用过企业的场地、设备、材料或其他雇员在工作期间的无偿服务。可以认为，这个定义几乎把所能包揽都包揽在里面了。这类合同，应该会对雇员私自把自己认为的职务外发明透露出去，为寻求自立门户产生很好的阻吓作用。如果雇员真的做出了什么职务外的发明，雇员至少可以在合同中规定两套解决的方案，第一是规定雇主有职务外发明的免费使用权和实施权；第二是规定雇主可以以免费使用或实施权作为股权，参与到雇员新公司权益分配中。这样，雇主对雇员职务外发明就不会严加防范，对雇员和雇主双方都有好处①。

2. 专利申请阶段

①由专业法律人士为企业管理人员定期进行知识产权培训，提高管理人员的专利保护意识，避免决策错误。

---

① 李兆阳. 公司知识产权的管理和保护［M］. 北京：清华大学出版社，2002.

专业的知识产权培训可以针对专利申请、专利管理、专利交易几个方面存在的风险点进行剖析，提高管理人员的素质，使其对知识产权有意识也有能力重视起来，避免在企业经营中发生决策失误。知识产权培训还可以根据企业具体情况，指导企业如何制定适合企业发展的战略。

②利用一套全方位跟踪系统，管理人员能够时刻掌握专利工作的进展，及时作出调整。

利用一套管理系统，全程跟踪专利申请工作，全程监控专利的实时信息，管理人员能够第一时间发现专利申请工作中存在的异常状态，能够及时的指导专利工作的进行，或者聘请专业人员介入，对专利申请中不足的部分及时修改。利用第三方便捷实用的系统，提高工作效率。

③制定一套健全的专利管理制度，对专利的研发、归属、使用、管理、许可使用和转让有明确的规定。

健全专利管理规章制度，并且严格执行。对违反规章制度的行为明确规定奖惩办法。对专利权的归属也应当作出明确规定，与法律法规相结合，根据企业具体情况详细规定，避免出现职务发明被发明人个人抢先申请专利。对企业内部人员要签订保密协议，严格管理好知识产权信息。

④聘请专业的团队，对专利申请工作进行指导，撰写材料，制定符合企业发展的专利战略。

专业的专利申请团队，熟知专利材料的撰写方法，可以避免专利材料不当影响申请的进展。专业的专利申请团队可以联合技术工作人员，对专利项目拆分整合，形成外围技术包围核心技术的申请战略，可以最大限度地保护专利技术中的每一个环节。

3. 专利运营阶段

专利实施权许可是专利权人或专利权人授予的人作为一方（即许可人）许可另一方（即被许可人）在约定的范围内实施专利技术[①]。当然，专利权人也可以对被许可人的实施行为施加种种限制。按照被许可人取得的实施权的程度不同，可以将这种出让也就是专利实施许可分为以下几种类型：

①独占实施许可，指许可方授予被许可方在指定的时间和区域内，有权排斥包括专利权人在内的所有人使用出让方提供的专利技术。当然，专利权人也就不再有权在同一地域及时间内向第三方发放许可。但是这种许可是相对而言的：第一，被许可方获得的独占实施权只在许可合同规定的期限内存在，并且受到区域的限制。合同一旦到期，其实施权便不再存在。第二，专利权还在许可方手中，

---

① 刘春田. 知识产权法［M］. 北京：中国人民大学出版社，2000.

专利所用权关系并没有改变，在发生专利侵权行为时，许可方有权以自己的名义向法院起诉。

②普通实施许可。许可方在一定地域、一定时期内许可被许可方实施其专利，同时保留自己再授予第三方在上述同范围或不同范围内实施该项专利。

③排他许可，也称独家实施许可，这种许可方式基本与独占实施许可相同，但被许可人无权排斥专利权人（许可人）自己在合同约定的时期和地域内使用该专利。与独占实施许可不同之处在于许可方保留了实施权。

专利权人允许被许可人实施的专利技术就是在专利文件中描述的发明创造。这些专利文件已经由国家知识产权局公告，专利权人可以提供复印件。除此之外，专利权人没有义务提供其他的技术资料。在某些情况下，专利权人除了获得专利，还拥有一些相关的技术秘密，为了取得最佳技术效果和最好的市场效益，被许可人也许需要这些技术秘密。如果他要求专利权人提供技术秘密，则需要另行谈判，而且需要另行付费。如果专利权人要求被许可人接受与专利实施许可无关的附带条件，包括购买不需要的技术、技术服务、原材料、设备或者产品，被许可人有权拒绝。此外，被许可人可以要求在合同中规定"最惠被许可人条款"，即要求专利权人保证向被许可人提供以后向其他被许可人提供的最优惠条件。被许可人还可以要求专利权人在许可合同有效期内按规定缴纳年费，维持专利权有效。

企业在引进专利技术前应做好以下风险防范工作：①了解该专利的技术成熟程度：是仅限于设计阶段，是处于实验室中试阶段，还是已进入生产阶段，该专利以往的推广应用情况如何。②了解该专利的法律状态：是何种专利、是已申请但还未授权的，还是已被授权的，或是失效的专利。③检索一下专利文献，从中找出众多同类技术，然后货比三家，择优筛选。④国有国情，厂有厂情，该专利能否适合在本企业投产，还需要引进哪些技术、设备投入成本是否合理等。⑤对该专利进行经济分析：投产时需要投资多少，产品销售如何，利润有多少。

实际上，知识产权许可契约条款非常复杂，不同企业之间企业差别很大，许可模式根据不同的商业目的可以分很多类型，有的为了产品促销确定许可模式，有的为了知识产权收益确定许可模式，还有的为了控制产品市场确定许可模式。许可模式有多种多样，条款也会根据不同企业的需求发生很大变化，不能一概而论，应当根据企业的具体情况来确定许可模式和条款。

4. 专利维权阶段

（1）企业起诉时的法律风险防范

1）诉讼地点

按照《民事诉讼法》，一般是在被告的住所地起诉，但是专利侵权认定的难度非常大,如果选择被告的住所地起诉,往往会受到地方保护主义的干扰,对原告企业是很不利的。所以在专利侵权诉讼中,如何选择专利诉讼的管辖地是非常重要的。按照最高人民法院的司法解释,侵权行为发生地是改变管辖地的一个很好的选择。一般情况下,原告在侵权诉讼中,通过对侵权行为的调查和取证,大都选择了向非被告住所地的法院起诉。这一点不仅对于国内被告当事人,对国外被告当事人也同样重要。

例如,我国某企业在欧洲不同国家起诉其国内的侵权企业,那么根据《布鲁塞尔公约》第二十二条的规定,一旦首先行使管辖权的法院对于案件展开审理,其他行使管辖权的法院应当中止或驳回起诉或相关案件的进行,而所谓的相关案件,系指各案彼此之间的关联性强,以便法院有必要对其进行综合审理以避免不同的司法程序造成的"无法协调的审判结果",因此通过分析各个国家的不同法律,选择对自己有利的国家进行起诉最好不过了①。当然诉讼费用有时也是考虑的很重要一方面,因为地区不一样,专利起诉费用收取标准和来往交通费用也不一样。

2)起诉时机

选择起诉时机,首先要考虑的是起诉时间是否符合专利侵权诉讼时效的有关规定。选择什么样的时机起诉,起诉前是否要发警告信,以及是先谈判后诉讼,还是先诉讼后谈判等这些问题,也是企业诉讼开始前要考虑的。时机的选择,在不同的案件中是不一样的。如企业不考虑许可对方,起诉的目的只是打击对手,维护市场,在适当的时机起诉就可以了。如果考虑给予对方许可,企业应采取的方法则是先接触谈判、在谈判破裂时再起诉。侵权者往往态度各不相同:有在收到警告信后就停止侵权的;有在收到警告信后仍然侵权,但目的在起诉后希望和解的;有的坚持诉讼到底。何时诉讼,要根据案情、起诉的目的合理选择。

3)起诉对象

这也是一个关键的问题。如果企业遭受的侵权是群发性的,在有些情况下,诉讼不可能把所有的侵权者都告上法庭,这样在时间、金钱、精力上都无法承担。如果都起诉,对方可能会产生一个强大的联盟,这个联盟会对整个产业乃至国家机关都会产生影响力,在专利无效的认定过程中会受到官方的影响,从而导致专利无效。那么,企业就可以在这种情况下,以其中有影响力一两家为起诉对象,使之赔偿,"杀鸡给猴看"使其他企业或停止侵权,或主动讲和,或主动缴纳专利使用费。当然在有些情况下,比如证据都确凿充分地证明多个企业有侵权

---

① 张旗坤,等. 欧盟对贸易中的知识产权保护 [M]. 北京:知识产权出版社,2006.

行为，而自身实力又不足以对抗大企业时，可以以小企业为突破口，逐步完成诉讼行为。

4）保护主题

根据我国专利法律的规定，专利分为发明专利、实用新型专利和外观设计专利。因此企业专利被侵权的行为也有 3 种情况。在通常情况下，实用新型专利外观设计专利的侵权证据比较容易取得，诉讼周期相应的也就比较短。因此，在有些情况下，实用新型专利侵权和外观设计专利侵权这些小的专利侵权案件的成功会对一个企业的诉讼起到一些意想不到的效果。因为一旦被侵权企业的诉讼行为成功，不但让被侵权企业有利益得到补偿，而且会熟悉专利诉讼的程序，尤其是在对进行涉外诉讼的时候，虽然部分情况下有所不同。更重要的是企业获得了专利诉讼胜诉的信心，当企业的专利在受到侵权的时候，对专利侵权进行诉讼维权将不再犹豫。

（2）企业应诉时法律风险防范

1）弄清原告的专利法律状况

在专利侵权诉讼过程中，专利文献检索具有重要的意义。被告企业可以收集与该专利技术有关的资料和文献，查阅专利登记簿、专利申请文件、专利公告信息、公开日和授权日等信息。检索专利信息，目的在于查明以下事实：专利的主体、对方专利的现有状况、在申请日之前是否存在相同或类似的专利、是否技术在申请日前已经为公众所知。

2）原告主体是否合格

首先要看原告与诉讼标的是否具有法律上的利害关系，也就是说，被告企业首先要对原告的专利权限作一些详尽的审查。专利侵权行为所侵害的是权利人或被许可人的专利实施的市场垄断地位。合格的原告包括自己实施专利技术时的专利权人、独占许可中的被许可人、排他许可中的被许可人和专利权人、普通许可中的专利权人。如果能证明起诉方不是上述几种人中的一种或几种，诉讼事由当然不能成立[①]。

3）是否在其权利要求范围内

企业在专利检索的基础上，根据对方专利的权利要求书、说明书，将被指控的侵权产品与专利技术特征进行对比分析，即判断企业自己制造、销售的产品或使用的方法是否侵犯对方专利权。一般来讲，被指控企业应遵循这样的思路：第一步要依据《专利权利要求书》的内容确定专利权的保护范围，也就是对《专利权要求书》进行解释并划分为若干个相对独立的技术特征；第二步要查明涉嫌侵

---

① 刘玉国. 专利侵权的认定和抗辩［J］. 中外企业文化，2005（3）.

权的客体，即自己的产品或方法的相应技术特征；第三步对确定的专利权的保护范围与涉嫌侵权客体进行比较，作出是侵权还是不侵权的分析判断。进而判断自己的产品或方法是否落入原告的专利保护范围。如果能确定不在原告的专利保护范围之内，则不构成侵权。

4）专利是否有效

权利存在是侵权诉讼的前提。发明专利授予中的实质审查基于检索资料和审查员自身知识的局限性，也难以保证没有错漏，专利无效就成为专利侵权诉讼中最常见的抗辩事由。专利权无效是指被授予的专利权因不符合《专利法》的有关规定，而由有关单位或个人请求专利复审委员会宣告无效，从根本上否定对方的专利权。请求宣告对方专利无效是一种釜底抽薪的方法。企业采取这种方式时，一般应当平时注意追踪其他人的有关专利，一旦发现有影响本企业发展的他人专利时，就对其提出专利无效申请。因为待被告做侵权起诉时仓促应对，往往证据难以充分，不容易达到理想效果。

第二节　企业著作权保护的法律风险

【要点提示】

我国《著作权法》保护的著作权种类和范围具体为：文字作品；口述作品；音乐、戏剧、曲艺、舞蹈、杂技艺术作品；美术、建筑作品；摄影作品；电影作品和以类似摄制电影的方法创作的作品；工程设计图、产品设计图、地图、示意图等图形作品和模型作品；计算机软件。

创作作品的公民是作者。由法人或者其他组织主持，代表法人或者其他组织意志创作，并由法人或者其他组织承担责任的作品，法人或者其他组织视为作者。

著作权包括人身权和财产权。著作之所以成为财产权，就是因为我们可从中获取经济利益。将著作转化为现实经济利益，一般有以下渠道：表演、复制（其方式主要有印刷、复印、拓印、录音、录像、翻录、翻拍等）、播放、展览、改编、放映、发行（其方式有出售、出租等方式，其载体有图书、报刊、电影等）、注释、编辑、整理、翻译等。

【相关案例】

案例一：

原告A公司系生产喂料和物料输送设备的企业，开发了失重喂料系统控制软件，并取得了著作权登记证书。被告B厂未经许可，擅自使用上述软件并销售带有上述软件的产品。

法院经审理后认为，双方失重喂料控制软件的源程序经鉴定比对，可以证实两者多次出现整段源程序相同，在关键的变量、时间参数与数据寄存器基本相同，因而可以认定被告侵犯了涉案计算机软件的著作权。据此判决被告停止侵权、赔偿损失 10 万元、公开赔礼道歉等。

评析：

该案涉及计算机软件的著作权侵权纠纷，针对软件作品的特点，法院通过源程序比对鉴定的方式，准确认定了被告的侵权行为，并据此全部支持原告主张的包括赔礼道歉、赔偿损失在内的诉讼请求，体现了法院对于计算机软件类著作权的司法保护力度。

案例二：

原告 A 公司为 B 系列动画形象的著作权人。被告 C 超市有限公司系一家超市卖场。2010 年 6 月 A 公司发现 C 超市销售带有 B 系列动画片形象的书包，遂在对购买侵权产品过程进行公证后，诉至法院，请求法院判令 C 超市承担停止侵权、赔礼道歉、赔偿经济损失 8 万元及调查取证费用、律师费。庭审中，双方就涉案书包来源是否合法，侵权行为的持续时间、书包的销售数量及价格等均存在争议。

在审理过程中，经法院主持调解，双方当事人协商一致同意被告赔偿原告25000 元了结全部纠纷，本案遂以原告撤诉结案。

【风险提示】

企业应根据作品的特点及技术性质就著作权权利来源的合法性进行审查。从司法实践看，有关著作权方面的法律风险主要有以下几方面：

1. 著作权侵权风险

著作权侵权，是指权属清楚，只是受害人要求侵权人承担民事责任的诉讼。侵犯著作权的行为，主要是指《著作权法》第四十六条和第四十七条规定的行为。

2. 著作权权属认定风险

著作权是一种民事权利，它是基于作者对作品的智力创作活动而产生的。在一般情况下，谁是作者谁就是著作权人，权属是明确清晰的，不易发生纠纷。但由于在现实生活中，著作权主体的合并、变化，作品产生方式的不同，著作权客体的多样化，使著作权经常出现归属不清的现象。比较常出现的这类纠纷有：因合著作品著作权的归属，单位与其工作人员对职务、非职务等作品的归属，汇编作品的归属等多种情况。

3. 著作权合同纷争

根据《著作权法》的规定，使用他人作品主要通过双方当事人订立著作权使用合同和取得著作权使用许可进行。《著作权法》中规定了不少关于合同的条款。

对不履行或不适当履行著作权合同引起纠纷的，当事人可依法提起诉讼①。

4. 著作权给付报酬纷争

著作权是一种具有财产权和人身权双重性质的权利，使用者向著作权人给付使用报酬，是权利人实现财产权的重要方面之一。当使用者不按照法律规定给付权利人报酬时，著作权人有权向人民法院提起给付之诉，请求人民法院判令义务人给付报酬。

【化解对策】

规范管理各类作品原件，涉及诉讼时应就著作权权利来源的合法性进行举证。著作权权利人提供的涉及著作权的底稿、原件、合法出版物、著作权登记证书、认证机构出具的证明、取得权利的合同等，可以作为权利合法来源的有效证据；在作品或者制品上署名的自然人、法人或者其他组织视为著作权、与著作权有关权益的权利人，但有相反证明的除外。

有效防范著作权引发的法律风险，企业应做以下几方面的工作：

1. 依法确定著作权权属

创作作品的公民是作者。由单位主持，代表单位意志创作，并由单位承担责任的作品，单位视为作者。两人以上合作创作的作品，著作权由合作作者共同享有。受委托创作的作品，著作权的归属由委托人和受托人通过合同约定。合同未作明确约定或者没有订立合同的，著作权属于受托人。

汇编若干作品、作品的片段或者不构成作品的数据或者其他材料，对其内容的选择或者编排体现独创性的作品，为汇编作品，其著作权由汇编人享有，但行使著作权时，不得侵犯原作品的著作权。

电影作品和以类似摄制电影的方法创作的作品的著作权由制片者享有，但编剧、导演、摄影、作词、作曲等作者享有署名权，并有权按照与制片者签订的合同获得报酬。电影作品和以类似摄制电影的方法创作的作品中的剧本、音乐等可以单独使用的作品的作者有权单独行使其著作权。

有下列情形之一的职务作品，作者享有署名权，著作权的其他权利由单位享有，单位可以给予作者奖励：①主要是利用法人或非法人单位的物质技术条件创作，并由法人或非法人单位承担责任的工程设计、产品设计图纸及其说明、计算机软件、地图等职务作品；②法律、行政法规规定的或合同约定著作权由法人或非法人单位享有的职务作品。

应注意的是：美术、摄影等作品原件所有权的转移，不视为作品著作权的转

---

① 企业法律风险防范：著作权保护篇［EB/OL］. http://wenku.baidu.com/view/f867e18a652964 7d27285269.html.

移。作品原件的拥有者在行使作品著作权时，须征得原作者的同意，否则构成侵权。

2. 注意著作权行使的限制

著作权的保护不是完全没有限制的，根据法律规定，在下列情形下，使用别人的作品，可以不经著作权人许可，并不向其支付报酬：①个人学习。②适当引用。③传播新闻。④时事评论。⑤公开讲话。⑥教学研究。⑦执行公务。⑧资料保存。⑨免费表演或公开陈列。⑩汉语普及。⑪盲文普及。

准备合法利用他人作品前，我们应注意准确理解《著作权法》第二十二条的含义。如引用行为是指"为介绍、评论需要，在作品中适当引用他人已经发表的作品"，假如引用数量过多，引用行为不是为介绍、评论之需要，或者引用的是他人尚未发表的作品，都将构成侵权。

还应注意的是，每一部作品都有发表权保护期，我国对公民发表权保护期，为作者终生及其死亡后 50 年，截止于作者死亡后第 50 年的 12 月 31 日；如属合作作品，截止于最后死亡的作者死亡后第 50 年的 12 月 31 日。单位作品和影视作品发表权保护期为 50 年，截止于作品首次发表后第 50 年的 12 月 31 日，但作品自创作完成后 50 年内未发表的，法律不再保护。

3. 防止著作权的侵权行为

按《著作权法》规定，属于以下情形之一的，构成著作权侵权，应当根据情况，承担停止侵害、消除影响、公开赔礼道歉、赔偿损失等民事责任，性质严重的，可以由著作权行政管理部门给予没收非法所得、罚款等行政处罚：①未经著作权人或合作者许可发表作品的；或以非法形式表演、播放、展览、发行、摄制电影、电视、录像或者改编、翻译、注释、编辑等方式使用作品的。②在他人作品上署名的。③歪曲、篡改他人作品的。④剽窃、抄袭他人作品的。⑤使用他人作品，未按照规定支付报酬的。⑥未经表演者许可，从现场直播或公开传送其现场表演或录制其表演的。⑦未经著作权人许可，复制发行其制作的录音录像、广播、电视节目的。⑧制作、出售假冒他人署名的作品的行为。

第三节　企业名称的法律风险

【要点提示】

企业名称即厂商字号，或商号。企业名称作为企业特定化的标志，是企业具有法律人格的表现。企业名称经核准登记后，可以在牌匾，合同及商品包装等方面使用，其专有使用权不具有时间性的特点，只在所依附的厂商消亡时才随之终止。在一些生产厂家中，某种文字、图形，既是企业名称，又用来作为商标。但对于大多数生产厂家来说，企业名称与商标是各个不同的。一般而言，商标必须与其所依附的特定商品相联系而存在，而企业名称则必须与生产或经营该商品的特定厂商相联系而存在①。

企业名称权既是企业作为商业主体所固有的一项人格权，又是一项财产权。企业名称作为企业所固有的人格权利，具有区别性的标识作用，使企业在经营过程中能够保持自己独立法律人格和独立的商业主体地位；企业名称作为财产权利，表现为无形资产，具有潜在的价值性和不可估量性，极具升值潜力，在现代企业资产构成中占有重要比例。企业名称权无论是人格权还是财产权，对企业都是至关重要的，在激烈的市场竞争环境中，企业应当加强其名称权的保护，使其不受非法侵犯。企业在经营过程中要注重名称权的开发与有效保护，使其能够保值、升值，以使企业财富增加，促进企业的良性循环与发展。不管设立哪种形式的企业，第一步就是确定企业名称，根据法律规定，一个完整的企业名称由行政区划、字号、行业、组织形式依次组成，如：

山西	离柳	焦煤	集团有限公司
行政区划	字号	行业	组织形式

名称权的内容包括 4 项具体权利，即名称设定权、名称使用权、名称变更权和名称转让权。名称设定权，是指法人、非法人组织和特殊自然人组合为自己设定名称的权利，他人不得强制干预。名称使用权，是指权利主体对其名称享有独占使用的权利，排除他人非法干涉和非法使用。名称变更权，是指权利主体在使用其名称的过程中，可以依法变更自己登记使用名称的权利。名称转让权，是指权利主体依法拥有将自己名称部分或全部转让给他人的权利。

【相关案例】

案例一：

已经颇具知名度的四川海底捞火锅被侵权困扰，一家名为"海底海捞"的火锅店就迷惑了不少海底捞的粉丝。海底捞把经营海底海捞火锅的"北京海底捞商贸有限公司"告上法庭，要求他们停止侵权行为，同时索赔 250 万元。

2007 年 9 月，"海底捞"发现北京海底捞商贸有限公司擅自在其开设餐厅的牌匾、宣传单上使用"海底捞""海底海捞"商标。而且该餐厅在接受订餐时，也告知消费者他们与"海底捞"的西单、牡丹园等店同属一家，故意误导消费者。但事实上"海底捞"已经在 1997 年 4 月在工商局注册餐馆商标，有效期经过续展到 2017 年 4 月 13 日。北京海底捞商贸公司的行为已经侵犯了"海底捞"商

① 商号［EB/OL］. http: //wiki. mbalib. com/wiki/% E5%95%86% E5%8F% B7.

标专用权。

同时"海底捞"在河北廊坊也发现了一家"海里捞"餐馆。这家餐馆使用和海底捞相同的圆形注册标识，同样也经营火锅。而且筷子上印的是"海底捞"。这家餐馆虽然规模不大，但是位置很好，"海底捞"表示："我们也会适时追究其他侵权餐馆的责任。"而此前"海底捞"并没有在北京开放加盟业务。目前，所有省市的加盟业务也已经停止①。

案例二：

永和豆浆最早源于台湾，早在1995年2月，该品牌所有人台湾弘奇食品有限公司就将"永和YUNGHO＋图"在中国大陆注册于第30类（豆浆、茶、乌龙茶、豆花、冰淇淋）商品商标。2001年12月，该商标被许可予上海弘奇有限公司在中国大陆独占使用。

上海永和此后在全国收纳了众多加盟商。然而在进军宁波市场时，它却遇到了阻力：在它取得独占使用权前，宁波企业家已经将"永和豆浆"注册为企业字号，并开出了6家永和豆浆店。

为了争夺市场份额，上海永和将宁波永和告上法庭，目的是想让宁波永和退出市场。当时，上海永和的商标维权之战已在全国各地遍地开花，武汉、嘉兴、河南捷报频传，在河南它甚至获得了驰名商标的认定。上海永和原本打算乘胜追击，在宁波再打一场漂亮的争夺仗，然而结果大大出乎意料。宁波市中级人民法院认定宁波永和使用字号在先，不构成对上海永和的商标侵权。后宁波永和绝地反击，将上海永和在宁波的加盟店告上法庭，认为上海永和侵犯了宁波永和的字号权，拉开了豆浆官司的第二阶段战役。3个月后，上海永和败诉。它不服上诉，又被省高院驳回，上海永和宁波加盟店被责令道歉并摘牌。由于上海永和宁波加盟店拒不履行，以致遭遇被强制摘牌的尴尬局面②。

【风险提示】

名称权遭受侵犯多发于企业经营过程中，侵犯名称权也是企业侵权多发行为。企业名称权作为人格权利，企业应当合理的利用与维护，保持企业的良好形象；企业名称权作为财产权利，企业应当保证该项无形资产的保值、升值，要进行必要的资产运营，以实现企业的经济利益，因此，企业在经营与运作过程中对其名称权的开发利用与有效保护是非常重要的任务。企业对其名称权要保护意识，要视企业名称为生命，要勇于维护企业的形象，不允许任何人任意的对企业

---

① 海底捞深受侵权困扰 状告海底海捞索赔250万［EB/OL］．［2007－11－14］．http：//finance. sina. com. cn/consume/puguangtai/20071114/07074171266. shtml.

② 上海永和的宁波加盟店被强制摘牌［EB/OL］．http：//www. zj. xinhuanet. com/newscenter/2007－03/22/content_ 9578227. htm.

名称进行侵犯和践踏。正因为名称权关系到企业重大的人格利益与经济利益，实践中企业在经济交往和经营管理过程中经常会受到侵犯。侵犯企业名称权的行为多表现为以下几种：

1. 非法干涉企业名称设定、变更、使用和转让行为

企业对其依法登记并公示的名称具有专有使用权，其中包括企业名称的独立设定权、变更权、使用权和转让权，企业在行使上述权利时，他人不得非法干涉。非法干涉企业名称设定、变更、使用和转让的行为是对企业名称权的侵犯，应当承担相应的法律责任。非法干涉行为是指对企业名称设定、依法变更、专有使用和依法转让行为的干预，只要具备其中之一，即构成非法侵犯企业名称权行为。非法干涉企业名称行为大都是故意行为，如强制法人或其他组织使用或不使用某一名称，阻挠企业名称的合法转让或变更、非法宣布撤销他人的企业名称等。设定名称是法人、非法人组织和特殊自然人组合自己的权利，但在权利行使过程中应当遵守国家相关法律法规规定。

企业设定名称的限制性规定包括：企业名称不得含有有损于国家、社会公共利益的；可能对公众造成欺骗或者误解的；外国国家（地区）名称、国际组织名称；政党名称、党政军机关名称、群众组织名称、社会团体名称及部队番号；汉语拼音字母（外文名称中使用的除外）、数字；以及其他法律、行政法规规定禁止的内容和文字；企业可选择字号。字号应当由两个以上的字组成等。违反上述规定的文字、图片等，不能设定为企业名称。如某人为自己的公司取名为"资本家竞争力顾问有限公司"，工商局认为"资本家"一词有特定的含义，用其作为企业名称有损于国家、社会公众利益，易造成消极政治影响，并可能对公众造成误解，且"竞争力顾问"属于行业表述不当，因此不予注册。

2. 非法使用企业名称的行为

企业名称权是一种独占使用权，除企业自身外，其他企业未经权利人许可不得使用该名称，否则即构成侵权。非法使用他人企业名称的行为包括冒用他人企业名称与盗用他人企业名称两种。冒用他人企业名称是指冒充他人企业名称，而为自己企业谋取非法利益的行为，即冒名顶替。盗用他人企业名称是指未经权利人许可，擅自以他人企业名称进行营利活动，给权利人带来不利的行为。冒用和盗用他人企业名称，均是非法使用，是典型的侵权行为。另外《企业名称登记管理规定》第六条明确规定，"企业只准使用一个名称，在登记主管机关辖区内不得与已登记注册的同行业企业名称相同或者近似。"因此，如果违反上述规定，故意将自己的企业名称与他人的企业名称相混同，给企业名称权利人造成实际损失的行为也是非法使用他人企业名称的侵权行为。

3. 不使用他人企业名称的行为

企业名称经部分或整体转让后，受让方应当按照约定的方式、期限在企业对外宣传或约定的产品上使用该企业名称，应当使用而未使用的行为同样是侵犯他人企业名称权的行为。生产者或销售者在生产和经营中，对其使用的产品应当明确表明其生产企业的名称，如果故意将甲企业的产品标注为乙企业名称，同样是侵犯企业名称权行为。

在工商管理机关核准企业名称时，行政区划、行业、组织形式一般都已经确定，只有字号需要选择确定，并经核准。企业名称如同人的名字，一般人都希望通过好的名字引起相关公众的注意，在使用中形成自己的品牌，并且企业名称（字号部分）本身就是受法律保护的权利。但使用不当，则会给自己带来巨大的风险，特别是有些企业在设立过程中出于"搭他人便车"的动机，有意无意地让自己的企业字号与他人的企业字号、商标等相似甚至相同，这往往会给自己的企业带来意想不到的侵权风险。例如消费者会把字号是"富贵鸟"的专卖鞋店认为是"富贵鸟"牌鞋的专卖店；消费者会把字号为"夏利"的汽车修理站，认为是夏利牌汽车的专修点。

【化解对策】

1. 名称权民法保护

名称权的民法保护是通过责令侵害名称权的行为人承担民事责任来保护权利人合法权益的法律保护方式。我国《民法通则》是将企业名称权作为人格权来规定的，着重保护企业的人格利益，当企业名称权受到侵害时，被侵害企业可以名称权受到侵害为由提起诉讼，保护自己的合法权益。《民法通则》第一百二十条规定，"公民的姓名权、肖像权、名誉权、荣誉权受到侵害的，有权要求停止侵害，恢复名誉，消除影响，赔礼道歉，并可以要求赔偿损失。法人的名称权、名誉权、荣誉权受到侵害的，适用前款规定。"根据此规定，被侵权企业可以要求侵权人承担民事责任的主要方式，一是停止侵害，二是要求赔偿损失，其中赔偿的损失仅指实际物质损失。在保护途径上，被侵权人既可以采取自我救济方法，也可以采取司法救济方法，或者在自我救济无效、无力的情况下，再向法院请求保护等。

2. 企业名称权经济法保护

对企业名称权的保护主要表现在经济法领域，主要体现在《反不正当竞争法》和《产品质量法》之中。这两部法律对企业名称权的保护明显区别于民法保护，二者对企业名称权的保护目的是为了维护正常市场交易秩序，保持市场公平竞争环境，保护社会公共利益。如《反不正当竞争法》第五条规定，"经营者不得采用下列不正当手段从事市场交易，损害竞争对手。经营者违反上述规定，监

督检查部门应当责令停止违法行为，没收违法所得，可以根据情节处以违法所得
1倍以上3倍以下的罚款；情节严重的，可以吊销营业执照；销售伪劣商品，构
成犯罪的，依法追究刑事责任。"《产品质量法》第二十七条规定，"产品或者其
包装上的标识必须真实，并符合下列要求：有中文标明的产品名称、生产厂厂名
和厂址。"第三十条规定，"生产者不得伪造产地，不得伪造或冒用他人的厂名、
厂址。生产者或经营者违反上述规定，监督管理部门应当责令改正，没收违法生
产、销售的产品，并处违法生产、销售产品货值金额等值以下的罚款；有违法所
得的，并处没收违法所得；情节严重的，吊销营业执照。"因此，当企业知悉自
己的名称权受到不法侵害时，应及时向有关部门举报，由行政主管部门立案侦
查，对侵权者给予相应的处罚，维护自己的合法权益。

3. 企业名称权行政法保护

名称权的行政法保护主要反映在《企业法人登记管理条例》和《企业名称登
记管理规定》这两部行政法规之中。二者对企业名称权的保护体现在工商行政管
理机关作为企业名称登记主管机关，通过行政手段，对侵犯他人企业名称权行为
进行有效的处罚，以保护企业的合法权益。具体的行政处罚措施包括：责令停止
侵权行为、罚款、没收非法所得、扣缴营业执照等。当企业名称权受到非法侵害
时，企业应当及时向工商行政管理机关反映情况，工商行政管理机关经查证属实
后，对侵权行为人进行严格处罚，以达到对企业名称权的有效保护目的。

4. 企业名称权知识产权法保护

由于在企业名称的构成中包含有字号（商号）的内容，而字号（商号）一般
都会被企业注册为商标而受到《商标法》的保护，因此当企业的名称权受到非法
侵害时，权利人可以依据有关商标管理的法律法规，要求侵权人对其侵犯企业商
标权行为承担法律责任，从而间接地保护了企业名称权，维护企业合法权益。

第四节 企业商标保护的法律风险

商标是极为重要的无形资产，几乎承载了企业所创造的全部商誉。一位跨国
公司的CEO曾经说过，尽管公司拥有多项重大发明专利，但与公司拥有的一件驰
名商标相比，公司的任何一项发明专利都是微不足道的，并且全部发明专利的价
值之和也比不上该商标的价值。

商标俗称"牌子"，它在日常生活中起着非常重要的区别作用。现代科技的
发展，仅凭肉眼识别不同产品的好坏已经非常困难，消费者就借助于商标来判定
不同生产者或服务者提供的商品或服务质量的好坏。

一、商标注册法律风险

【要点提示】

商标注册，是指商标使用人将其使用的商标依照法律规定的条件和程序，向国家商标主管机关（国家工商局商标局）提出注册申请，经国家商标主管机关依法审查，准予注册登记的法律事实。在我国，商标注册是商标得到法律保护的前提，是确定商标专用权的法律依据。商标使用人一旦获准商标注册，就标志着它获得了该商标的专用权，并受到法律的保护。

【相关案例】

1999 年 9 月，王守义集团申请注册"十三香"并拥有了商标所有权。当时，同样是生产"十三香"调味品的山东定陶永兴调味品厂向国家商标局提出异议：根据我国商标法的相关规定，"商品（十三香）的通用名称和图形"不能用来注册商标。他们指出"十三香"是 13 种天然香料研磨而成，"十三香"表示原料和成分的组成和数量，"香"表示商品的性质和特点，同"五香粉"一样，"十三香"是调味品的通用名称，不能予以注册。国家商标局认为："十三香"不是调味品的通用名称，"王守义十三香"已有了一定的知名度，具备商标应有的显著性。永兴调味品厂再次提出复审后，国家商标评审委员会下发"十三香"商标异议复审裁定书（2003 年第 1264 号）："将'十三香'作为商品通用名称无明确依据"，"'王守义'和'十三香'之间存在密切联系，成为消费者识别调味品的标志，'十三香'商标理应予以注册。"后该案经过北京市第一中级人民法院一审和北京市高级人民法院二审，都认定该商标可以注册。2004 年 4 月 23 日作出终审判决。这意味着全国有几千家生产"十三香"的企业都不能在产品上使用"十三香"标识①。

【风险提示】

在市场竞争日益激烈的环境下，创立一个著名商标往往需要大量的资金与智力投入，因此有人就想走捷径，在商标的选择、使用、注册上，"游刃"于法律的规定之间，试图规避法律，达到非法获取利益之目的，这就使商标本身承受着巨大的法律风险：

1. 抢注商标，高价回购

多数情况下，抢注商标是不道德的商业行为，但在法律上未必总是受到谴责，因而有的人通过抢注取得了合法的利益。基于商标带来的巨大利益，许多公司商标被抢注后，又不得不花高价从别人手里回购，从而给公司的经营造成巨大

---

① "十三香"商标案［EB/OL］. http：//china. findlaw. cn/chanquan/shangbiao/sbfal/5814. html.

损失。

2. 申请在后，陷入被动

按照《商标法》第十八条的规定，"我国商标注册以申请在先为原则。"如果一家商标意识淡薄的企业，即便使用其商标多年，也可能被别人依据申请在先原则而抢先获得该商标的注册，自己反而还因此不能再使用。如联想商标"Legend"在多国已被抢注，不得已在国外市场启动另一个商标，这无疑需要付出再打造一个品牌的市场成本。

3. 域名抢注，滥用商标

互联网域名对商标曾一度引起强烈冲击。从注册手续上看，域名注册的程序简便但不够完善，留下许多可乘之机。于是不少人纷纷抢注著名的商标作为域名，或者为了向商标所有人出售，有的人还打起了"擦边球"，注册与他人商标近似的域名，或者为了引起混淆，以谋求不正当利益。

4. 未规避商标禁用条款

我国《商标法》第十条列举了9种不能作为商标注册的情形。但法律的含义相对而言仍然有其模糊性，为法律规避提供了可能。例如，"县级以上行政区划的地名或者公众知晓的外国地名，不得作为商标。但是，地名具有其他含义或者作为集标体商标、证明商标组成部分的除外。"一般说来，能成功将地名作为商标使用的，主要依靠其第二含义，但所谓的"其他含义"在实践中难以界定，因此最好慎用与地名相同的商标，尤其是在商标未去注册就先行使用的情况下，不然，最后若申请不到商标注册，品牌塑造的先期努力就前功尽弃了。与此相关的问题是，有人觉得把地名反过来注册，法律不会干预的。也确有这样成功的案例。但是，即使这类商标得到了注册，如果使用时故意与地名相混淆，最终可能会是这样一个结果，"以欺骗手段或者其他不正当手段取得注册的，由商标局撤销该注册商标"。还有的企业以原料或者商品的通用名称作为商标使用，最后可能也难逃被撤销的命运。

5. 未规避他人的在先权利

《商标法》第三十一条规定，"申请商标注册不得损害他人现有的在先权利。"在先权利一般包括商标权、姓名权、肖像权、专利权、版权、商号权和地理标志权。该行为主要包括：

（1）商标的退化使用

所谓商标的退化使用，是指以一定的方式使消费者将他人商标误认作有关商品的通用名称，从而减损其显著性，最终导致商标权的丧失。如将"敌杀死"商标用作农药名称，由于使用不当或者被竞争对手故意当做通用名称使用，从而使商标变成了产品的通用名称。有的商标未能正确适当的使用，也客观为他人的规避提供了条件。有的企业在推出新产品时，投入了大量广告宣传其产品的商标，但却没有说明新产品的通用名称，或虽有通用名称，但过于专业化或冗长，难以取得广告受众的认同感，其结果是消费者只好用该商标指代商品的通用名称，从而导致商标退化。

（2）商标的弱化宣传

商标的弱化，是指将别人的商标用于无竞争关系的商品的广告宣传上，从而使该商标与其商品的特定联系弱化的行为。《商标法》第十三条规定，"就不相同或者不相类似商品申请注册的商标是复制、模仿或者翻译他人已经在中国注册的驰名商标，误导公众的，致使该驰名商标注册人的利益可能受到损害的，不予注册并禁止使用。"

（3）商标的丑化使用

有的竞争对手采用丑化或者玷污商标的行为，来损害对手的商标及其商品、服务的信誉。例如，将别人饮料上的商标用在厕所洁具等产品上使用，则可能引起消费者不舒服的感觉，从而拒绝再购买该饮料……

（4）其他"搭便车"侵权行为

在商标注册中还有许多奇异现象：有的采取隐藏方式，注册别人的外文商标的中文翻译名称；有的以发明人或者创始人的肖像来作为商标以规避文字图案；把他人商标进行肢解注册，从而达到规避的目的，有的用有双重含义的名人姓名来注册商标；有的利用互联网，把企业著名的商标关键词设置为自己网站或网页的关键词，当用户在搜索引擎上搜索，本想搜索该企业时，结果搜索到其竞争对手，从而造成误认，使其增加了宣传自己和进行交易的机会。出现这种情况，从法律上可能会构成不正当竞争。

【化解对策】

1. 标新立异，独树一帜

尽管不具显著性的商标也可以使用甚至得到注册，但这种商标容易被别人用作商品通用名称，也容易被他人以合理使用为抗辩事由，然后合法使用在自己的商品上。设计商标时，企业在注意《商标法》中禁用条款的同时，注册申请前应考虑选择有显著性的商标，那种任意虚构的与商品或服务的特征联系越少的商标，越能得到法律的保护，也不易被别的企业利用。

2. 联合防御，建立体系

防御商标是指同一商标所有人把自己的商标同时注册在其他非同种或非类似的商品上的商标，以阻止别人为借用自己的商誉，而在其他商品上使用、注册与自己相同的商标。一般而言，只有驰名商标才有权作为防御商标取得注册。联合商标是指同一个企业在同一或类似商品上申请注册两个或两个以上的近似商标，其中一个指定为正商标，与其他近似的商标一起构成具有防卫性质的联合商标。联合商标中任一商标的使用视为其他商标也在使用。

3. 曲径通幽，借力打力

一个普通商标并不能阻止别人在其他类别的商品上使用，从而为别人的法律规避提供了可能。但如果使用已登记有著作权或者已申请外观设计专利权的标识作商标，如果有人再以商标形式注册或使用，企业即可以根据《著作权法》或《专利法》来阻止别人的使用。同样，竞争对手的商标抢注、商标淡化、商标暗化、商标退化和商标丑化等手段也再无施展机会，因为在这种情况下，任何其他人对其商品任何形式的利用，都将陷入著作权侵权和专利侵权的法律境地。

4. 及时申请，保护权利

如果先行使用商标，等到商标已经培养成熟以后才去申请注册，那就可能已被他人抢注了。而且不注册商标，就不能排斥别人在相同的商品上使用相同的商标，这等于给别的企业进行不正当竞争提供了机会。由于商标注册申请的提出与商标的注册获准有一个时间差，所以，应在产品投入市场前先申请商标，有的企业将商标申请与产品开发同时进行，这不失为一个英明的策略。

5. 国际注册，扩大范围

企业在国外注册可以逐国申请，但最好根据《商标注册马德里协定》，通过国家商标局向世界知识产权组织（WIPO）的国际局提交国际注册申请，这样就可以一次申请，而同时在该公约的成员国中获得注册。设计商标时，企业要考虑自己产品的出口国家或地区的法律要求和民族风俗，以避免在中国可以注册的商标在国外却不能得到注册，使得在国外要重新打造一个品牌。同时及时甚至抢先在自己未来的出口国家或地区申请注册商标，以使自己的品牌不因别人的抢注而不能进入。

6. 科学使用，塑造形象

企业在宣传产品尤其是新研制的产品时，应该注意在宣传商标的同时，还应注意宣传产品的通用名称，避免商标的退化。此外，商标使用时应当采用显著的字体、字形、字号及颜色，以区别商品包装上的其他文字和图形，并应按规定标注注册标志，或者表明这是注册商标。

二、商标使用中存在的侵权风险

【要点提示】

在同一种或者类似商品上，将他人注册商标或者相近的文字、图形作为商品名称或者装潢使用，并足以造成误认的，属于侵犯注册商标专用权行为。"使用"是构成商标侵权的要件，销售只是使用的形式之一，或者只是其使用的一个阶段。

有下列行为之一的，均属侵犯注册商标专用权：

①未经注册商标所有人的许可，在同一种商品或者类似商品上使用与其注册商标相同或者近似的商标。

②销售明知是假冒注册商标的商品；擅自制造他人注册商标标识或者销售伪造、擅自制造的注册商标标识及给他人的注册商标专用权造成其他损害的行为。

③经销明知或者应知是侵犯他人注册商标专用权商品，或在同一种或者类似商品上，将与他人注册商标相同或者近似的文字、图形作为商品名称或者商品装潢使用，并足以造成误认的行为。

④故意为侵犯他人注册商标专用权行为提供仓储、运输、邮寄、隐匿等便利条件的行为。

【相关案例】

北方某酱油厂有数百年酿制工艺，其酱油曾为宫廷膳用，在消费市场享有良好声誉。1986 年该厂申请了专用商标，核定用于该厂生产的酱油制品。1998 年春节，该厂发现河北省某县一调料厂的酱油赠品商标与自己本厂商标仅一字之差，图案与酱油厂的商标图案如出一辙。酱油厂遂以商标侵权为由向当地法院提起诉讼。调料厂辩称其商标印刷于商标局批准某市酱油厂申请之前，而且只是在发给本厂职工的产品和赠送礼品中，才使用了这些剩余的商标，未在市场流通中使用，因此并不认为自己侵犯了对方的商标专用权。

当地法院经审理后认为：赠品是宣传和使用产品的一种方式，调料厂未经许可不正当使用别人的商标，其行为构成侵权，属于一种不正当竞争行为，法院根据《反不正当竞争法》和《商标法》，最后判决调料厂赔偿酱油厂 20 余万元。

【风险提示】

除了明目张胆的商标直接侵权外，在商标许可、转让中也充满了法律风险，有人利用某些企业商标知识的匮乏和急于成功的心理，利用以下种种手段牟取不法利益：

1. 虚假许诺，强行回购

对被许可商标的使用，我国法律要求在商品上必须要标明产地。有的许可人则以标注原产地为诱饵，一旦被许可人在商标上标明其老厂厂址以后，许可人便以侵权相威胁，压低价格强行收购被许可方的产品，令其有口难辩。

2. 伪造商标，以假乱真

接受转让的商标，要注意许可人的资格。如果商标许可人进行有意伪造，可能会"赔了夫人又折兵"。

3. 排除异己，擅自注销

有的许可人为排除异己，在企业转型时，违约将商标注销，或故意放弃商标的续展注册，从而给被许可人带来经营上的困难和阻碍。

4. 天女散花，障眼有术

商标转让可以是独占性许可，也可是排他性许可，也可是一般性质的许可。如果被许可人所签合同为一般性质的许可，许可方则以无数量限制为由向其他人转让商标，被许可人将承受市场饱和的巨大经营风险。

5. 指鹿为马，混淆范围

每一种商标都有商品范围，如生产纺织品的商标就不能用于食品上。商标转让后其经营范围与原来相同，被许可人使用被许可商标的商品或服务不得超过被许可商品经商标局核准使用的商品或服务的范围。但有人却故意夸大或混淆商标所申请的范围，以此来提高自己的身价，从而使被许可人遭受经济损失。

6. 金蝉脱壳，转移风险

有的行业必须具有相应的经营资质，需要国家机关进行层层审批，如卫生行政部门的证明或者相关主管机关批准生产的证明文件等。有人以包办证照为条件，将对自己无用的商标转让给别人，一旦转让费到手，则以种种理由推诿，使商标成为一张无用的白纸。

【化解对策】

为防范商标侵权纠纷和商标转让、许可带来更多损失，企业应注意以下几个方面：

1. 仔细审核，认真调查

签订商标许可合同时的审查非常重要，首先要审查被许可商标是否为注册商标，然后再审查许可人是否为该注册商标的注册人，并要对商标的许可类型有详细而清楚的约定。被许可人可要求许可人出示有关资质证书，也可通过商标局和工商局进行查询。

2. 运用驰名商标的特殊保护权利

一旦认定为驰名商标，不用注册即受法律保护，其他企业或个人的恶意抢注等侵权行为将受到法律的惩罚。企业塑造商标形象时，不妨多从上述角度考虑商标的策划。当然，企业不能把希望全寄托在驰名商标身上，最保险的做法还是尽早注册。

我国目前认定驰名商标主要有两种方式：①通过行政机关，主要是由工商部门认定。②法院在商标纠纷的审理过程中进行认定。

《商标法》规定，认定驰名商标应当考虑下列因素：①相关公众对该商标的知晓程度。②该商标使用的持续时间。③该商标的任何宣传工作的持续时间、程度和地理范围。④该商标作为驰名商标受保护的记录等因素。

按《商标法》第四十一条的规定，自商标注册之日起 5 年内，商标所有人或者利害关系人可以请求商标评审委员会裁定撤销该注册商标。对恶意注册的，驰名商标所有人不受 5 年的时间限制。可见，对于侵害驰名商标的侥幸注册行为，驰名商标所有人也可以请求撤销。

3. 全方面收集商标侵权的证据

如果有人侵害了自己的商标，第一要紧的事情是搜集证据。只有证据才能证明案件的真实情况，无论别人的侵权行为有多么恶劣和严重，只有掌握充分的证据之后，才能在法律上对其侵权行为予以认定。在收集案件证据的时候，要尽量多收集，特别是以下几方面应作为收集的重点内容：①侵权产品样本及被侵权人的产品样本。②被侵权人的在先权利证明文件。包括商标注册证、专利证明、版权登记证明、与案件有关的获奖情况证明等。③购买侵权产品的证明。这里主要是指购买发票。在发票上一定要注明，侵权产品名称、购买侵权产品的地点、侵权产品的价格、销售人名称等事项。

4. 依法维权，遏制纠纷

对于因商标权而产生的纠纷，当事人处理时注意采取多种解决途径：

（1）请求行政查处商标侵权行为

行政查处力度大、行动快，能对制假者和售假者予以迅速有效的打击，并能制止侵权行为的蔓延。

（2）通过司法程序寻求赔偿

权利人关心的主要是损害赔偿问题。专利权人可依据有关法律规定，要求侵权人对其实施的侵权行为给被侵权人造成的损失予以赔偿。

（3）向商标局提起商标异议

凡认为初审并公告的商标与自己的商标或已初步审定在先的商标相同或近似，从而影响了自己的商标权益的人，都有权提出异议。所谓异议，就是指对商标局初审公告的商标依法提出反对意见。按《商标法》规定，商标局初审并公告的商标，自公告之日起 3 个月内，任何人均可提异议，要求商标局在规定的异议期满后不要将该商标核准注册。被异议商标是否能注册，以商标局裁定为准。如果异议人和被异议人不服，均可在收到异议裁定通知之日起 15 日内提出复审要求。对商标评审委员会的复审如果仍然不服的，可以向人民法院提起诉讼。

（4）运用反不正当竞争法遏制商标侵权

近年来国内外的立法、司法实践及世界知识产权组织（WIPO）的态度表明，抢注驰名商标（甚至著名商标）都可能构成侵犯他人的商标权或者被认定为不正当竞争行为。判例表明，以与驰名商标相似的名称注册，如果注册人没有合理的理由占有，都应予以禁止。世界上现已成立了 4 个域名争议解决中心，专门负责受理这方面的纠纷。

第五节　企业商业秘密保护的法律风险

【要点提示】

商业秘密，是指不为公众所知悉、能为权利人带来经济利益、具有实用性并经权利人采取保密措施的技术信息和经营信息。商业秘密的保护贯穿于企业发展的各阶段，尤其是在研究开发期、业务稳定发展期和风险融资阶段。因此，在商业秘密的保护中企业面临的最大风险就是商业秘密泄露的法律风险，侵犯商业秘密情节严重的，可以构成侵犯商业秘密罪，而商业秘密一旦遭到侵犯，即使获得赔偿，有关信息的秘密性也可能丧失。

【相关案例】

A 公司自 1997 年 5 月先后聘用王某、刘某、秦某三人参与光网络设备的研发工作，其接触并掌握了该技术的核心机密。在职时，他们分别与 A 公司签订了《员工保密合同书》，承诺未经公司书面同意，不以任何方式向第三方泄露公司技术秘密或其他商业秘密，也不得在履行职务之外使用这些秘密信息。2002 年 5 月，王某、刘某、秦某等人，违背其与 A 公司签订的相关保密协议，利用其在 A 公司工作期间掌握的以及秦某从 A 公司窃取的光网络设备的相关技术资料，完成了 OTS8501B 产品技术文档的制作，并发送给 B 公司。

本案中，王某、刘某、秦某违背其与 A 公司的保密合同，使用其掌握的技术秘密并制成技术文档向 A 公司竞争对手 B 公司披露的行为，构成侵犯商业秘密的行为；秦某从 A 公司窃取光网络设备的相关技术资料，构成用不正当手段获取权利人的商业秘密，也是侵犯商业秘密的行为；B 公司明知或者应知信息提供者并非信息所有者，仍接受并使用，同样构成侵犯商业秘密的行为。实践中，侵犯商业秘密行为的表现形式多种多样，在判断是否构成商业秘密侵权时，要注意分清侵权表现形式和实质的界限，不要被一些特殊的表现形式所迷惑。

【风险提示】

商业秘密泄露的途径主要是企业内部管理过程中和外部交往活动中的泄露。主要表现为以下几个方面：

1. 研发阶段商业秘密泄露的法律风险

在技术开发阶段，对技术情报、资料、试验数据，设计方案，技术程序、电子文档，开发计划和进度等信息缺少保护，尤其是对核心技术员工掌握的技术数据和成果缺少有效监控，有的技术开发人员甚至为了晋升高级职称擅自发表论文，把整个技术研制的过程、主要理论依据、主要的技术参数都通过论文不经意地公开了，致使技术成果价值流失。

企业商业秘密过于集中，使个别员工或几个员工就可以掌握企业整套能够投放市场的商业秘密，一旦员工离职则导致商业秘密泄露。研发系统过于集中，员工能够集中接触商业秘密，以致几个员工就可以带走公司的一个完整技术。

此外，广告、商贸展览等信息发布行为能降低秘密性。对新开发的技术进行说明和描述，就属于向公众披露，从法律上讲，就等于放弃或损害了企业获得商业秘密保护的权利。企业不慎重的对外发布或泄露研发信息，容易导致竞争对手的警觉和重视，由此可能在技术上率先取得突破，对市场先机的取得十分不利。

2. 申请专利权过程中商业秘密泄露的法律风险

对于获取专利权而言，其不利的代价就是在申请的过程中要公开技术秘密，容易被他人通过专利申请检索获取关键信息，进行模仿或利用，往往发生申请者尚未取得专利权，而市场上以出现同类产品，由此产生复杂的法律风险①。

如果一个企业缺少保护意识，就有可能将全部技术秘密或核心技术成果通过法定的公布程序公开（专利申请初步审查合格后，满18月后即行公布），其后果可想而知。因此，公开范围的大小、是否涉及核心技术秘密，是否容易被模仿等，都应是企业在申请专利的过程中必须考虑的问题。

3. 商业合作中商业秘密泄露的法律风险

企业在从事外部商业合作时，也是最容易泄露商业秘密的时候，关键在于保密意识不强，保密制度不健全的原因。往往只重视商业合作本身，而对相关的商业秘密缺少保护手段或措施，主要通过以下途径泄露：

（1）国内外合作伙伴考察、参观过程中商业秘密泄露的法律风险

企业自身经验介绍、接待来访时轻易将信息透露给别人，企业需要有完善的外事接待商业秘密保护制度。

一些国内企业为了获得国外订单或合作机会，主动邀请外商参观自己的生产线和工艺流程，殊不知在参观者中可能混杂着工业间谍。此后不久，外国厂商也生产出同样的产品，因此而造成不必要的经济损失，包括市场机会的丧失。如果企业能重视到商业秘密的保护，此种损失完全可以避免或降低。参观应避开敏感区域，勿做详细解释，勿对生产制造工艺进行演示，并要求来访者参观商业秘密设备时签订保密协议。

（2）缔约前商业秘密泄露的法律风险

以高新技术企业为例，高新技术企业在创业过程中往往需要风险投资，其必

---

① 周作斌，鲁璐. 高新技术企业中商业秘密保护的法律风险与防范［J］. 西安财经学院学报，2009（4）.

要前提是向对方提交一份商业计划书。商业计划书中无例外地包含有企业的商业秘密，但许多企业并未在商业计划书上注明其包含有本企业的商业秘密，并要求对方予以保密。

同理，企业掌握某项技术但需要有人合作并在与合作对象商谈合作时，为了证明自己技术的存在及价值，而必然向合作对象披露全部或部分技术信息或商业信息，许多企业忽视在商谈前签订保密协议，要求对方保守此类信息。

（3）缔约后商业秘密泄露的法律风险

许多企业认为只要签约就达到目的了，殊不知在业务合同中更多涉及的是企业的供销渠道及经营秘密等，而这些信息应纳入商业秘密的保护范畴。企业经常需要把产品、零部件、材料、生产设备或工艺的某些机密透露给供应商和客户，而这些人往往也要与该企业的竞争对手或潜在的竞争对手从事商贸往来。即使是最讲信用的供应商，也可能是泄露商业秘密的危险源，尤其是关键环节的供应商。

（4）员工流动中商业秘密泄露的法律风险

案例：中关村某高新技术企业，是目前国内唯一拥有某项高新技术的公司。当掌握其软件研发和硬件调试技术的技术人员离开公司后，与原公司的某客户合作，利用其掌握的技术从事与原公司相同的业务，造成原公司损失数百万元。

可见，核心员工跳槽带走技术秘密和客户资源将对高新技术企业带来难以估量的损失。核心技术员工是指承担研发任务，掌握关键技术秘密的专业技术人员，但许多企业对核心技术员工监管不力。主要表现为未针对其签订竞业限制条款，造成核心技术员工通过跳槽泄露原企业的商业秘密。

对于企业来说，证明商业秘密的存在本身就很困难，要证明企业员工是否利用了这种信息难度更大，尤其是难以区分一般信息与商业秘密信息的差别。所以，应通过竞业限制条款以尽可能地避免员工利用商业秘密。在员工流动过程中商业秘密泄露的主要表现是核心技术员工跳槽泄露商业秘密，此外，在职职工兼职、退休员工为他人提供服务等也是泄露的常见途径，同样需要竞业限制条款的约束。从风险的角度看，主要是人员管理的缺陷，对员工缺少有效的商业秘密教育和管理、监控手段[①]。

【化解对策】

企业在缔约前应防止或制约对方将知悉的商业秘密泄露或不正当的使用，否则可追究对方缔约过失责任。

企业认为是需要保密的，就有必要在合同中加入保密条款，要求合作对方不得将双方在合同中约定或履行的内容向任何第三方披露。否则，当对方对外泄露

---

① 邓才昌. 商业秘密的法律风险与防范［EB/OL］. http://china. findlaw. cn.

与本企业有关的合同内容，将不视为是侵犯本企业的商业秘密。

企业必须重视商业秘密的法律保护，而保护过程中的风险多来自企业自身。如果企业能够明确商业秘密容易泄露的环节，并采取有力的预防措施，就可以有效避免商业秘密泄露的法律风险，这需要企业制定完善的商业秘密保护制度，并得到完全的遵守和执行。

第六节　企业不正当竞争法律风险

【要点提示】

不正当竞争，是指经营者违反《反不正当竞争法》的规定，损害其他经营者的合法权益，扰乱社会经济秩序的行为。目前比较常见的不正当竞争行为主要有：

①假冒他人的注册商标。

②擅自使用知名商品特有的名称、包装、装潢，或者使用与知名商品近似的名称、包装、装潢，造成和他人的知名商品相混淆，使购买者误认为是该知名商品。

③擅自使用他人的企业名称或者姓名，引人误认为是他人的商品。

④在商品上伪造或者冒用认证标志、名优标志等质量标志，伪造产地，对商品质量作引人误解的虚假表示。

⑤利用广告或者其他方法，对商品的质量、制作成分、性能、用途、生产者、有效期限、产地等作引人误解的虚假宣传。

⑥在明知或者应知的情况下，代理、设计、制作、发布虚假广告。

⑦销售商品违背购买者的意愿搭售商品或者附加其他不合理的条件。

⑧捏造、散布虚伪事实，损害竞争对手的商业信誉、商品声誉。

⑨投标过程中串通投标，抬高标价或者压低标价①。

【相关案例】

案例一：

2005 年 10 月，资生堂丽源公司的代理人发现，在济宁世纪联华商场经销的由杭州珀莱雅公司生产的化妆品上大量突出使用与资生堂丽源公司"欧珀莱"商标非常近似的商业标识"珀莱""珀莱雅""泊莱美"等。同时发现，杭州珀莱雅公司还将与资生堂丽源公司"欧珀莱"商标完全相同的"欧珀莱"登记为企业

---

① 《中华人民共和国反不正当竞争法》，1993 年 9 月 2 日第八届全国人民代表大会常务委员会第三次会议通过，1993 年 9 月 2 日中华人民共和国主席令第十号公布，第二章《不正当竞争行为》。

字号，并在其生产、销售的化妆品商品及包装上大量使用"杭州欧珀莱化妆品有限公司""日本欧珀莱化妆品有限公司授权""日本欧珀莱研究所特别研制"等文字，构成不正当竞争。杭州珀莱雅公司生产的商品由济宁世纪联华销售，其行为共同侵犯了资生堂丽源公司的注册商标专用权并构成不正当竞争。

2006 年的最后一天，山东省济宁市中级人民法院对资生堂丽源化妆品有限公司诉杭州珀莱雅公司、济宁世纪联华商标侵权及不正当竞争纠纷一案，作出一审判决：被告杭州珀莱雅化妆品有限公司立即停止对原告的不正当竞争行为，今后不得在其产品的包装、店面的装潢以及产品的宣传上以任何形式使用含有"欧珀莱"的文字和标志；被告杭州珀莱雅化妆品有限公司于判决生效之日起 10 日内在《中国消费者报》上刊登声明，为原告消除影响；赔偿原告经济损失 25 万元。被告济宁世纪联华因出租柜台已撤销，法院认定不承担赔偿责任。

案例二：

A 公司和 B 公司均为房地产开发经营企业，在 C 市相邻地段各自开发建设别墅楼盘。D 别墅项目由 A 公司开发，E 别墅项目由 B 公司开发，与 D 别墅相邻。2009 年初，B 公司在向潜在客户大量散发的广告性刊物的文章中，对 D 别墅使用了"冰点""但最终由于品质较平庸，成交惨淡"等贬损性文字。

法院判决 B 公司在报纸上刊登声明向 A 公司赔礼道歉，赔偿损失 8 万元，赔偿公证费、工商查档费、特快专递邮寄费、调查代理费用共计 7122.5 元。

【风险提示】

不正当竞争的行为有很多，企业面临的最主要风险有：

①遭受商业欺诈。如疏于对假冒名牌商品、以次充好、虚假宣传、掺杂使假、从事虚假的有奖销售等非法营销的审查，从而使企业自身牵涉不正当竞争行为。

②搭售商品，将紧俏商品与滞销商品搭配销售，也将面临不正当竞争的风险。

③强买强卖，欺行霸市。如强迫交换对方接受不合理的交易条件，限制购买者的购买选择，用行政等手段限制商品流通等。

④编造和散布有损于竞争者的商业信誉和产品信誉的不实信息，损害竞争者形象和利益。

⑤为排挤竞争对手而以低于成本的价格倾销商品。

【化解对策】

在企业发展过程中，应注意建立反不正当竞争防范体系，这种体系必须是一种内外兼修的防范体系。

所谓对内的体系主要是指商业秘密保护方面，在商业秘密的保护方面实践中出现最多的是员工掌握商业秘密后自行"创业"或者将商业秘密直接转给企业的竞争对手的行为。这类案件中存在着大量和劳动法律关系竞合的情况，比如商业秘密保护协议和竞业限制协议适用。建立商业秘密的内部保护体系首先应当聘请律师建立保密制度，在这个保密制度中应该对企业认为需要保密的技术、信息等建立符合法律规定的保密特征。在笔者遇到的案件中存在一个典型案例，某企业为了建立一个客户数据库，花了大价钱购买数据库软件，建立了严格的保密措施，却唯独没有聘请律师对客户数据库的结构进行法律评估，结果在诉讼过程在由于数据库中缺少客户维护信息导致法院认为该数据库中的客户信息属于一种可以从公开场合获得的信息，不具备完全的商业秘密特征而败诉。其次，企业应当聘请律师建立一个包含商业秘密保护的劳动体系。在这个劳动法律体系中应当涉及技术员工、企业高管和销售人员等的保密制度、保密协议和竞业限制协议等。

所谓对外体系，是指企业对外的经济活动中相关的技术秘密和技术信息被商业伙伴或者竞争对手非法取得。在此种情况下，建议企业在商业行为发生以前就请律师介入其中，对商业合同中关于知识产权和商业秘密保护的条款作出完备的约定，同时需要律师结合商业交易的习惯对合同履行中的各项履行方式出具法律建议书。实践中笔者遇到过一个典型案例，通过律师的努力最终企业胜诉，其关键点就在于企业投标前，由律师介入给企业投标小组的订立了一个完备的商业秘密保护体系，并且对投标小组成员专门进行了相关的法律培训，导致虽然投标小组的核心基数人员出卖核心基数给竞争对手，但是企业还是成功取证并且在诉讼前避免了商业秘密的外泄[①]。

需要特别指出的是，商业秘密在建立保密过程中需要花费较大成本，维权过程也比较艰难，所以某些技术秘密能够申请专利的应当申请专利，相对商业秘密保护，专利保护的具有无须建立保密体系和维权成本较低的优势[②]。

第七节　知识产权投资法律风险

【要点提示】

知识产权投资是指知识产权人依法将专利权、商标权或著作权等知识产权资产评估作价，作为对公司（企业）的非货币、非实物出资，以获得所对应的公司（企业）股权的行为。知识产权投资属于非货币、非实物出资，因此，必须比照

---

① 潘雪源. 企业反不正当竞争法律风险防范：商业秘密保护体系的建立［EB/OL］. http: // www. lawtime. cn.

② 杨凤云，曹红丽. 专业保护与商业秘密保护［J］. 中国发明与专利，2009（7）.

实物投资，依法将知识产权资产评估作价后出资。知识产权投资的前提：应具有投资理念与思路、风险意识、依法评估、签订合同、交易登记等。

知识产权主体将知识产权出资换取公司股份是其应用知识产权的方式之一。根据知识产权法律制度的基本原理，知识产权权利主体实现其权利的方式不外乎两种：一是自己运用自己的知识产权；二是将自己的知识产权许可他人使用，或者两者兼有。社会分工的日益细化，知识产权主体（除商标外）可能无法实现知识产权的应用，如科研机构或高校实验室，必须将知识产权许可或转让给他人，才能实现其经济价值。或者在一些情况下，知识产权主体虽然自身具备应用知识产权客体的能力，但无法实现利益最大化。甚至承载公司商誉的商标，并非以转让为目的取得商标的所有人为了更好地实现其价值有时也会转让。以转让或者许可方式授权他人实施知识产权已经成为知识产权应用最主要的方式。非出资性的转让在理论中也称作知识产权的"贸易性转让"。贸易性转让发生在贸易活动中，知识产权主体为了转让费而转让知识产权的专有权。追求的是一种短期的利益，风险性较小，一次性获得补偿。通过贸易性转让，知识产权主体和受让人形成一种债权关系。转让以后，知识产权成为债权人。而知识产权的出资行为是一种知识产权应用更为高级形态。

版权以及有关权利、商标、专利、非专有技术、厂商名称权、集成电路布图设计、未披露信息等都是可以利用的出资方式，面临具体出资形式选择的法律风险。因为知识产权种类不同，市场应用价值也可能存在区别，必须选择相对成熟的并有广阔市场前景或商业价值的知识产权种类出资。

【相关案例】

某专利权人为了尽快实施专利，与一家公司签订投资协议，联合成立高科技公司。碍于当时公司法的规定，双方约定专利权占注册资本的20%，等待公司取得明显业绩之后，其他股东通过适当的方式给专利权人以补偿。专利权人根据出资协议，将专利技术悉数交出，但新组建的公司却迟迟无法取得效益。专利权人被逼无奈，通过签订协议的方式向其他投资人转让专利权。但是，由于新组建的公司未申请破产，该公司的其他股东向法院提起诉讼，要求追究专利权人的违约责任。专利权人向仲裁机关申请仲裁，希望仲裁委员会确认双方的出资协议无效，从而收回以出资的方式交出的专利权。

这是一起典型专利权人以专利权出资，而失去专利权的相关案例，教训可谓深刻。

【风险提示】

1. 知识产权出资范围认识不全面的法律风险

根据法律规定，广义范围内的知识产权均可以作为出资的形式。因此，版权以有关权利、商标、专利、非专有技术、厂商名称权、集成电路布图设计、未披露信息等都是可以利用的出资方式。

另外，即使可出资的知识产权种类众多，也面临具体出资形式选择的法律风险。因为知识产权种类不同，价值也可能不同，市场应用价值也可能存在区别，这些都是需要认真考虑的，必须选择相对成熟的并有广阔市场前景或商业价值的知识产权种类出资。

因此，对于高新技术企业来说，在创建初期以知识产权出资为主，但可出资的范围是比较大的，未获得专利保护的非专有技术同样可以出资，不应仅仅局限在专利或商标方面。否则，将不能充分发挥知识产权的广泛性和价值性，降低出资成功的机会①。

2. 知识产权权利瑕疵的法律风险

对于技术出资方而言，应避免其存在任何知识产权合法性、完整性的法律风险。如果职务技术成果、软件职务作品等存在权属争议，将从根本上影响出资的成立。

因此，可考虑在投资协议或合同中写明："投资方保证，所投入的高新技术投资前是其独家拥有的技术成果，与之相关的各项财产权利是完全的、充分的并且没有任何瑕疵"，并约定相应的缔约过失责任。

3. 知识产权出资比例的法律风险

根据法律规定，知识产权出资的最高比例可达70%，这说明法律鼓励以知识产权出资，但过高或过低的出资比例同样存在着法律风险。因此，必须根据实际情况选择合适的出资比例。

4. 知识产权出资价值评估中的法律风险

知识产权的评估价值关系到其市场应用及赢利价值，同时也关系到股权比例或控制权强度，所以依据客观、真实、全面的评估资料，选择科学合理的评估方法和专业评估机构是高新企业在技术出资过程中必须考虑的问题。

在评估过程中，忽视以下因素往往导致评估结果失误：

①审核高新技术前期开发费用不实。

②同类产品或技术的市场风险预测不准确，市场潜力和价值分析出现偏差。

③后续开发费用投入预测不当。

如果评估失实或不当，技术出资方将在知识产权价值保护上承受重大不利。

5. 知识产权有效期限制的法律风险

以工业产权中的《专利权》和《商标权》出资都必须在其有效期内，如果超

---

① 苗会．论知识产权出资法律风险和防范［J］．现代商贸工业，2010（18）．

过期限，就属于出资瑕疵了，而以非专利技术出资就无期限限制了，这也是需要引起重视的地方。

6. 出资后知识产权转移的法律风险

出资各方即使知识产权权属不存在争议，也同样面临着对技术拥有方转让知识产权的制约问题，因为这关系到资金出资方的风险利益，不当的流转或者交易，将可能不利于知识产权价值的维护和利用。

控股一家企业对控股方来讲，不仅具有可以并表核算的会计意义更具有能掌握经营管理主动权的控制意义。真正控股一家企业，除了控股方投资比例占绝对优势外，还必须由控股方担任董事长，另外还有委派总经理、财务总监的提名权。这样，就能更有效地贯彻实行企业董事会的决议和管理理念。对于投资控股一家高新技术企业，更深一层的意义还在于控股股东能真正掌握所投资的那项高新技术，防止高新技术被移花接木，偷梁换柱，给投资方造成巨大的投资损失。因此，在合作协议中，当事人如忽略或轻视技术成果的权属问题，或者约定含混、不明，容易导致争议发生，尤其是对技术开发方而言，造成知识产权保护的重大障碍。这种隐患将可能导致技术成果的组成部分被不正当的利用、泄露，或完整性缺失。

【化解对策】

1. 明确约定知识产权归公司所有

在组建高新技术企业的协议中列明高新技术投入前与投入后的所有权，并列入投资各方关于所投的高新技术的保证与承诺，以法律来约束投资各方处理高新技术成果的行为，而且只有知识产权出资在办理转让手续后，才真正能够属于企业所有和控制。

相应的可在公司章程中列入投资"各方声明条款"：与该项高新技术有关的专有技术（包括但不限于特定的生产流程、工艺及其他依据法律和惯例应当被合理地视为专有技术组成的技术秘密）的所有权属于组建的公司独家所有，各方承诺在任何时候、任何场合均不会提出相反意见"，并不得以个人名义转让。

2. 通过技术员工股权激励的方式保护知识产权

在股东利益的驱动下，科技人员带技术入股不仅有利于高新技术的运用，还有利于高新技术专利权的保护，同时使高新技术的后继发展也有了保障。如伊利集团就给予了核心技术骨干大量的股份期权，稳定了技术队伍和整个企业的核心竞争力。

3. 明确约定各方具有知识产权保密义务

限制各方对相关知识产权资料、技术秘密的使用和保密，如果不限定保密义务，不采取相应的保密措施，将会导致各方可能发生任意使用、转让或泄露的风险。

如果该高新技术被非法泄露，将严重影响到所设企业的商业存在价值和风险投资人的风险利益，因此，可考虑在高新技术企业的合同章程中列入有关高新技术的保密义务和泄密处罚条款，并通过制定完善的企业商业秘密制度防止商业秘密的泄露。

第八节　企业技术转让的法律风险

【要点提示】

专利权转让合同、专利申请权转让合同和专利实施许可合同都属于技术转让合同，因此，这些合同的订立和履行应当遵守和适用合同法关于技术合同和技术转让合同的相关规定。2001 年 7 月 1 日实施的《专利法实施许可合同》第十五条第二款规定，"所有的专利实施许可合同应当自合同生效之日起 3 个月内向国务院专利行政部门备案"，第八十八条又规定了合同备案应登记在"专利登记簿"上。因此在专利许可时必须记得要在指定的机关登记。专利转让是指专利权人作为转让方，将其发明创造专利的所有权或将持有权移转受让方，受让方支付约定价款所订立的合同。通过专利权转让合同取得专利权的当事人，即成为新的合法专利权人，同样也可以与他人订立专利转让合同，专利实施许可合同。

【相关案例】

张某原是某热电厂粉煤灰综合利用方案实施负责人，他从磁化粉煤灰和硝酸磷复合肥的工艺流程中得到启发，于 1997 年 9 月利用业余时间着手"高效磁化复合肥"的研究，经过初试和第二代产品的试验后，于 1998 年 8 月 28 日正式拿出在实验室试制的第三代产品的样品，经某农业大学土化系化验分析，各种有效营养成分的含量均达到或接近要求。但在鉴定时的研究报告中，对一些关键数据作了虚假说明，夸大其产品的作用。为了检验顺利过关，张某将进口复合肥加入磁化粉煤灰，作为小批量试制的第三代产品，送往相关单位化验，并将化验结果提交给鉴定委员会。鉴定委员会在听取和讨论了试验研究报告、工艺试验分析报告、农田试验及经济分析报告后，通过了对高效磁化复合肥技术的鉴定。

1999 年 2 月，山西某化肥厂获悉了这一技术的转让信息，1999 年 3 月，双方签订了技术转让合同，规定由张某把"高效磁化复合肥"第二代的技术转让给某复合肥厂，并到该厂指导生产高效磁化复合肥，复合肥厂向张某交付技术转让费 7 万元。双方签订了几个有关的协议。

复合肥厂得到磁化复合肥技术后，由生产磷肥转产复合肥，第一年生产形式出现转机，销路很好，但是到了第二年，磁化复合肥的销量急剧下降，复合肥产品大量积压，资金周转出现困难，再度陷于困顿。经调查，才发现第二代高效磁化复合肥的功效并没有像张某夸说的那样好，甚至不如其他厂家生产的复合肥功效好。因此，复合肥厂向法院提起诉讼，认为张某转让不合格技术，给复合肥厂带来了严重的经济损失，要求张赔偿其损失。

【风险提示】

技术转让合同中，通常存在以下风险：

1. 所转让的技术具有不可实施性

在一般的技术转让合同中，不能把销路不好归因于技术本身，影响销路的原因很多，如市场情况、销售环节等。但本案中，张某转让技术不成功是销路 F 降的主要原因，转让合同时含有欺诈故意，其应负主要责任。技术持有人所持有的实际是并不成熟的技术，不具有可实施性，这是转让合同中常见的一种风险。

我国法律并没有规定技术的成熟程度是交付的前提，所以经常出现将尚不成熟的技术当作成熟的技术，非专利产品当作专利产品进行转让。还有的是将尚处于试验阶段的技术成果作为已成为商品的技术成果进行转让，而使受让方承担更高的费用继续进行试制、提高、完善、成型，因此往往得不偿失。

2. 利用包销条款欺诈受让方

包销条款是指技术持有人，将技术转让或许可给受让方后，为增加技术转让的吸引力，减少受让方对投资风险的畏惧，承诺全部承销受让方根据该技术生产的产品。技术受让方一般认为合同实施后稳赚不赔，从而草率地签下合同。这种包销条款一般很难履行，并且很难追究欺诈人的法律责任。欺诈人往往利用包销条款虚夸产品的销售量，诱使对方支付较高的技术转让费，甚至提供市场可行性报告、技术实施计划等材料，而在实际履行中往往以种种借口拒绝包销产品，或以极低的价格回购，使生产方最终放弃包销而改为自销。

3. 变相高价出卖设备

技术转让过程中，持有方一般要向受让方提供相关条件和进行具体的实施指导。转让方往往要求受让方必须使用技术持有方提供的技术设备，否则便不保证产品的质量，而受让方由于受专业知识的影响未能对该设备的技术先进性进行考察，盲目地接受该设备而一旦发现该技术不具有先进性，生产出的产品没有市场时已无法退回该设备时，技术转让方实际已达成了销售该设备的目的并从中获得了利润。还有的欺诈人则明确要求代受让方定购市场上很普遍的设备，从中获取了高额利润。

4. 已转让技术进行再转让

在市场经济条件下，已转让的技术进行再转让时，其价值是无法与初次转让相比的。但有的转让者在转让技术时，隐瞒其技术已转让的事实，甚至将已约定不能转让的技术拿来再次转让，以此来谋取更高的利益，给对方造成一定经济损失或使对方无法实现其预期的经济利益。有的情况下，是技术的受让方将技术非法转让给第三方，以骗取钱财，这样不仅损害了第三方的经济利益，而且侵犯了技术转让方的利益，构成直接违约。

5. 利用不实报道进行欺诈

有些单位或个人，利用在报纸、杂志和专业刊物，以及广播、电视大做广告，或通过某些单位或个人所作的有偿"新闻"报道，发出要约引诱，以推销技术专利、提供技术服务等，骗取定金、技术服务费、技术转让费等费用。这种欺诈方式存在较大的隐蔽性。

欺诈一方往往利用了对方过于相信报纸、杂志等的心理特点，从而达到其欺诈目的。而作为被欺诈一方的当事人，往往轻信报纸、专业刊物等的权威性，在签订合同时，往往想当然地把这些报道作为合同的条款，而不再与对方进行协商、在合同中加以具体明确，从而使欺诈方的欺诈阴谋得逞①。

【化解对策】

1. 对合作对象进行必要审查

订立技术合同前，订约者有权选择订约对象，而要防止风险的发生，就要注意签约对象的选择，选择那些资信情况好的客户作为交易的伙伴。事实也证明，技术合同风险的产生，几乎都是由于对交易伙伴的资信情况没有进行很好的调查与了解，只是凭熟人介绍或为贪小便宜与欺诈者成交而造成的。要了解对方的资信情况，必要时可要求对方当事人提供有关证明文件如银行开具的资金证明等。一般情况下，资金多、信誉好的客户为促成交易，会积极主动地提供往来银行，以此来赢得交易对方的信任。如果对方不愿提供往来银行，则不宜与其进行贸易交往，即使进行，也要持小心谨慎态度。另外，也可通过当地的律师事务所、工商局及与其交往的客户进行调查，获得合作方的经济状况、商业信誉、主体资格、缔约能力等方面的广泛信息。

2. 了解技术的真实性、可靠性与市场价值

技术合同中的技术标的一般由于其具有先进性，当事人并不能凭自身的知识了解，但是技术成果不可能违反科学的常理和规律，可以在签订合同前向有关部门或技术人员鉴定该技术的可行性。考察技术标的时还应了解该技术实施后可能创造的经济效益、市场范围、是否已实施、实施范围，从而对付出的成本有所衡量。

3. 注意技术转让合同的法律限制

任何一项特定的、现有的、权利化的技术方案，包括产品、工艺、方法和材

---

① 丁海洋. 技术合同的法律风险防范 ［EB/OL］. http：//www. harnei. com.

料等，都具备转让的前提，不受技术水平高低和专业领域的限制。但是有些技术的转让受法律限制。

4. 进行可行性综合考察与研究

在技术转让合同中，作为转让方应考虑技术的成熟性、稳定性，转让的形式，作为受让方应了解技术的先进性、实用性，是否有可替代的其他技术，转让技术的合理价格应是多少，使用标的技术的经济利益如何，能否马上进行大规模的工业生产，现阶段的社会经济状况是否适用该技术等。在技术服务和技术咨询合同中，技术服务、技术咨询的关键问题是什么，有多大难度，服务方、顾问方应付出多大劳动，劳动的价款应怎样计算。一项技术能否控制最终决定着该项技术的能否实施，如果受让人对上述方面的考察中有一项或多项不能确定，那么签订合同时一定要慎重，否则很可能蒙受损失。

5. 技术合同设定担保时的注意事项

在签订技术合同时，一方当事人为保险起见，可要求对方当事人设立担保。设定担保时一定要注意，当事人切不可将财物轻易交付给对方而设定担保。因为许多技术合同的欺诈方专以骗取定金、抵押物为目的，骗得后往往逃之夭夭。

6. 明确违约责任，慎重付费

技术合同欺诈人一般都以技术使用费、技术转让费为目标。在技术合同签订中费用的支付，对受让人来说不先支付费用而在合同实施后，根据产品的销售按比例提成或赢利后给对方分配一定的利润，应当是风险最小的一种支付方式。合同欺诈人一般只接受一次性支付，如果对方宁可以极低价格转让也不接受其他方式的支付，受让方应当提高警惕以免上当。另外在技术合同中对违约责任应当制定得明确详细，为防止技术合同法律风险提供更多的法律保护。

第九节　贴牌生产的法律风险

【要点提示】

贴牌生产又称 OEM，是英文 Original Equipment Manufacturer 的缩写，俗称"代工生产"。在我国，人们因地域文化的差异，对 OEM 的理解不尽相同，也被称为"委托生产""委托加工""定牌制造""生产外包"等。虽称谓各异，其本质都是受委托方（OEM 加工方）根据委托方（OEM 需求方）的要求，为其加工生产产品并贴附委托方的商标，获取加工费用，自己没有该商品的销售权①。

---

① 马珂. 企业 OEM 业务中的法律问题［EB/OL］. http：// www. wxlanyer. com.

世界最早的 OEM 来源于服装行业。发达国家的许多著名服装企业为了降低成本，提高产品的竞争力，将其产品的生产基地逐渐向海外拓展，委托加工制造成本低廉的国家和地区进行生产，然后冠以自己的品牌在市场上销售。随着经济全球化发展趋势的进一步加快，OEM 需求商有可能在更大范围内挑选 OEM 供应商。比如，当今世界上最大的体育用品公司——耐克公司，其年销售收入高达 20 亿美元，自己却没有一家生产工厂。该公司只专注于研究、设计及行销，产品全部采用 OEM 方式，已成为目前世界上 OEM 经营的成功典范。

OEM 不同于商标使用许可：虽然 OEM 与商标使用许可都是品牌运营方式，并且具有几乎相同的经营优势，但是两者还是有本质的不同：①性质不同。贴牌生产的性质属于《合同法》规定的加工承揽，因此，受托方只负责加工而无权以任何形式销售其为委托方生产的产品。商标使用许可则可以在合同中约定被许可人在一定的区域内进行销售。②商标标识的标注不同。依据《产品标识标注规定》第九条第三款第四项规定，"受委托的企业为委托人加工产品，且不负责对外销售的，在该产品上应当标注委托人的名称和地址。"换言之，受委托人可以在产品上不标注自己的名称、地址。

【相关案例】

北京香村园食品有限公司与"稻香村"这一品牌是什么关系？受黑马大观园食品有限公司（下简称"黑马公司"）委托生产一批月饼，委托期为 3 个月。委托生产"稻香村"月饼的黑马公司并不是"稻香村"商标权人。"稻香村"商标的真正持有者为苏州稻香村食品工业有限公司（下简称"苏州稻香村"）。两家公司目前正就"稻香村"商标的使用权打官司。

2002 年，苏州稻香村公司授权黑马公司使用"稻香村"商标，使用期限为 12 年。但在双方合作过程中，黑马公司存在拖欠商标使用费、违规使用商标等问题。2007 年年初，苏州稻香村起诉黑马公司，要求其立刻停止使用"稻香村"这一品牌，并索赔 10 万元。就在苏州稻香村与黑马公司打官司期间，今年 7 月 9 日，黑马公司与北京香村园食品公司签订委托加工销售"稻香村"月饼的协议，后者开始贴牌生产"稻香村"牌月饼。

对于消费者所买到的问题"稻香村"月饼，苏州稻香村驻京负责人王芳称，这些问题月饼不是真正的"稻香村"月饼，"稻香村"是个大品牌，苏州、北京等多个城市都有合法使用"稻香村"品牌的企业，这起事件可能让所有"稻香村"品牌声誉受损。为此，稻香村公司已将问题反映到工商部门。为减少劣质月饼给"稻香村"品牌造成的负面影响，本着对消费者负责的态度，厂家已派人持律师函到北京的一些超市要求将香村园生产的标注"稻香村"品牌的月饼下架。目前，部分超市已经按苏州稻香村的要求进行处理①。

【风险提示】

1. 定做方不是合法的商标权利人，既不是商标所有权人，也不是商标使用权人

在这种情况下，贴牌生产企业如果缺乏自我保护意识，未做到合理审查义务，没有要求定做方提供商标所有权证书或商标使用权相关证明，势必存在侵犯商标权的极大风险，卷入假冒他人商标生产商品的侵权行为中。如果定做方的行为构成侵权，那么贴牌生产企业是要承担连带赔偿责任的。

2. 定做方允许贴牌生产企业生产和销售目标商标下的商品

有时候，定做方许可贴牌生产企业使用自己的商标，从中收取商标使用费，而不再支付加工费等费用。这种情况下，贴牌生产企业实际上是贴附目标商标产品的生产者和销售者，贴牌生产合同转化为商标使用许可合同，加工方实际成为商标使用被许可人。一旦双方的合作关系发生变化，贴牌生产企业则应按照商标许可的程序进行备案，否则易违反法律规定。有时候贴牌生产企业虽然经过了定作方的同意并订立了商标使用许可合同，但在市场上销售时，未在产品的包装上标明自己的厂名和厂址，也违反了相应的法律规定。

3. 贴牌生产企业没有经过定做方许可，擅自销售贴牌产品

有的时候，定做方一方面不但继续要求贴牌生产企业生产贴牌产品自行销售，同时又委托贴牌生产企业销售贴牌产品，双方另行签订委托销售合同。在定作方允许贴牌生产企业销售贴牌产品时，双方又形成了新的生产和销售的关系，贴牌生产企业应当在许可的范围和销售数量内进行，否则不但构成违约，还会构成商标侵权。如果没有经过许可擅自销售贴牌产品，则构成了商标侵权。

4. 贴牌生产企业未按照规定进行标注

《商标法》第二十六条第二款的规定，"经许可使用他人注册商标的必须在使用该注册商标的商品上标明被许可人的名称和商品产地。"这就要求贴牌生产企业按要求标注自己的名称和商品产地，否则也会违反相关法律规定②。

【化解对策】

加工厂商一旦与定作人签订加工合同，若其贴牌的商标定作人并未在我国国内取得注册商标权，而由其他人在国内相同或类似商品上取得相同或近似商标，则加工厂商面临履行合同则侵犯他人注册商标权、不履行合同则构成根本违约的

---

① 李秋萌，王鹏．"稻香村"月饼保质期内霉变：月饼系贴牌生产，所有"稻香村"品牌可能受损 [N]．京华时报，2007－09－20（17）．

② 董士慧．贴牌生产（OEM）中商标侵权及防范 [D]．南京：2009 中华全国律师协会知识产权专业委员会年会暨中国律师知识产权高层论坛论文集（上），2009.

两难困境。在我国现期的司法环境下，作为加工厂商要有效防范此类的法律风险，维护自身的合法权益，笔者认为应着重做好以下工作：

1. 建立全面审查机制

审查不一定能免除加工厂商的责任，但是审查能发现很多的问题，极大地避免加工厂商的风险。审查的内容主要分为两部分：

第一，通过审查身份证、营业执照、商标注册证、商标使用许可合同等确认定作方的主体资格和委托加工资格、资信状况。一则确定对方是否在我国取得拟使用商标的商标权；二则通过资信审查确保加工厂商遭遇商标侵权法律风险后向其追偿时，定做方有承担责任的能力。

第二，加大对拟使用商标的审查和国内检索力度。我国商标法对注册商标、未注册的驰名商标的保护及于相同及类似商品上的相同或近似商标，对已注册的驰名商标的保护更是及于不相同不类似的商品。因此，在确定定做方未取得在国内的注册商标权的基础上，对该商标的审查和国内检索，不应当局限于在相同或类似商品上有无与拟使用商标相同或近似的已注册商标，还应当审查在该领域有无未注册的驰名商标，及在不相同不类似的商品领域有无相同或近似的已注册驰名商标。

2. 加工生产中加大对相同或近似商标申请信息的监控

由于我国商标法仅保护注册商标的原则（未注册的驰名商标除外），常常有人以抢注未在我国注册但具有一定影响（在国内、他国、国际）的商标以此获得该商标在我国领域内的专用权，并凭借该专用权禁止他人使用或出售以谋利。因此，在定作人未取得贴牌商标在我国领域内的注册商标权时，作为加工厂商在加工生产过程中更应加大对与贴牌商标相同或近似的商标申请信息的监控，加强与定作人的沟通。因为此类商标一旦获准注册，注册人即可借注册商标权起诉加工厂商商标侵权，并要求禁止其使用以及承担侵权责任。

3. 加大对双方合同的法律审核，转嫁潜在的法律风险

如上分析，贴牌加工一旦被认定为侵犯他人商标权，加工厂商的法律责任不可避免。合同具有相对性，加大对双方合同的法律审核，以合同转嫁潜在的法律风险，虽然不能作为加工厂商在面临他人商标侵权诉讼时的有效抗辩，但对于承担法律责任后的追偿具有极为重要的作用。因此，加工厂商在严格验证委托加工商标的法律现状和定做方的资信情况的基础上，应当与定做人签订规范的书面加工合同，明确定牌加工法律关系的性质，对履约期限和方式、违约责任和解决争议的方法、贴牌加工遭遇的法律风险承担及追偿方式等内容作出明确约定①。

---

① 徐建明. 涉外贴牌生产中商标侵权法律风险的防范［J］. 法治研究，2008（5）.

第十节　特许经营的法律风险

【要点提示】

特许经营是指特许人将自己拥有的商标（包括服务商标）、商号、产品、专利和专有技术、经营模式等以合同的形式授予受许人使用，受许人按合同规定，在特许人统一的业务模式下从事经营活动，并向特许人支付相应的费用。

特许经营原则上几乎适用于所有行业。在美国，特许经营在75个不同的行业得到了广泛的应用。排名前10位的行业分别是：快餐、零售、服务、汽车、饭店、维护、建筑装修、食品零售、商业服务、出租。

在中国，商业特许经营具有如下特征：

第一，特许人与被特许人之间是一种独立法人主体之间的持续性合同关系，二者是相互独立的经营实体，双方通过订立特许经营合同，确定各自的权利和义务内容。在实际经营中，被特许人虽然借助特许人的知名品牌和成熟的经营模式发展自己，但被特许人和特许人往往各自独立、自负盈亏、各担风险，被特许人对特许加盟店享有所有权。被特许人的人格不能被特许人的人格所涵盖①。

第二，特许人承认被特许人在合意条件下的特定权利，条件之一是被特许人按照特许人的指导，在统一经营模式下按照合同约定进行经营；条件之二是被特许人向特许人支付特许权对价，即特许经营费用。统一化、规范化、标准化是商业特许经营的主要特征，也是商业特许经营体系维护品牌形象、提供规范性、一致性服务的保证。因此，被特许人按照特许人的要求在统一的经营模式下开展经营，既是维护、发展商业特许经营体系的需要，也是实现效率化、规模化经营的基础。

另外，被特许人为获得特许经营权应当向特许人支付相应的费用，支付费用的种类、数额以及支付方式，由双方当事人在合同中约定。特许人拥有的经营资源是其在长期经营中的经验积累和对市场经营要素的整合，具有较高的商业价值；被特许人获得许可使用这些经营资源，将减少自己开发相关技术的时间、成本，因而被特许人应当为获得他人的成功经营经验而取得商业利益支付相应的报偿。

第三，特许人向被特许人提供专利，经营专有技术等经营资源，并为被特

---

① 尹雪英. 论商业特许经营主体对消费者责任的承担［J］. 中国集体经济，2007（7）.

许人掌握、使用技术提供培训、营业指导和技术援助。特许人必须拥有注册商标、企业标志、专利、专有技术等经营资源，并通过合同形式许可被特许人使用上述经营资源。如果特许人不具备这些条件，商业特许经营也就无从谈起。

【相关案例】

李女士于2003年10月加入某知名餐饮企业的特许经营体系，主营欧式特色小吃，特许方和受许方约定，李女士经营的小吃原来必须向特许方采购，不得向其他第三方采购，李女士加盟该品牌后经营的头两个月效益还不错，根据这两个月的经营状况，眼看2004年3月基本可以收回投资成本，但是2004年2月，李女士发现有不少客户提出食品中有异味，口感没有原来的好。很多常客因此也不来光顾了。李女士立即组织员工对产品做了初步检查，发现是从特许方采购的原料有问题，2003年的原料配方和2004年的原料配方明显存在不同，2004年的原料明显存在配方不足及质量问题导致食品异味，而从特许方进货价格却没有变化。

为此，李女士多次打电话和总部沟通，希望就原料问题取得总部的支持，对于已经造成的损失希望得到一定的补偿，但特许方对此置若罔闻。最后导致双方因原料问题产生分歧，一直无法得到解决，加盟店的经营也每况愈下。

【风险提示】

1. 被特许人可能遭受特许经营欺诈

特许经营活动中，即使是以非法占有他人财物为目的的诈骗犯罪行为人，多数也要利用特许经营合同实施诈骗行为，在与投资人签订特许经营合同后才可能获取投资人交纳的加盟费、保证金、货款等金钱。因此，特许经营欺诈大多是一种合同诈骗。具体体现为以下3种方式：

第一种是合同主体欺诈。《中华人民共和国合同法》规定，"合同主体应当具有相应的民事权利能力和民事行为能力。"特许经营合同作为一种特殊的合同类型，其主体还应当符合《条例》的要求。根据《条例》，特许人从事特许经营活动应当拥有成熟的经营模式，并具备为被特许人持续提供经营指导、技术支持和业务培训等服务的能力。特许人从事特许经营活动应当拥有至少2个直营店，并且经营时间超过1年。不符合上述规定条件的，即构成合同主体欺诈。

第二种是知识产权欺诈。作为一种复合型交易，特许经营的核心是知识产权。被特许人购买的是以知识产权为代表的经营模式。因此，特许人往往虚构其知识产权，以达到欺骗被特许人与之签订特许经营合同的目的。如：仿冒知名品牌、假冒专利或夸大专利的作用，谎称拥有秘方等商业秘密。

第三种是经营模式欺诈。特许经营是成功的经营模式的复制，经营模式的完善与否对特许经营的成败具有决定性意义。因此，特许人往往片面的宣传其经营模式的优势，而回避其不足，从而误导投资者与之签订特许经营合同。如：将未经实践的经营模式进行特许经营；以市场分析代替实际经营情况，夸大市场需求等①。

2. 被特许人不能得到充分的信息披露

被特许人遭遇特许经营欺诈，往往是因为在加盟前不能充分了解特许人的相关信息。目前我国商业特许经营领域对信息披露的相关规定，集中在《条例》和《信息披露管理办法》中。但是，与证券市场完善的信息披露制度相比，被特许人的信息披露义务简单得多，同时被特许人能够得到的信息也不够全面、深入，由此而带来的投资风险是非常大的。

3. 特许人的知识产权得不到有效保护

在商业特许经营中，如果被特许人或者其雇用的员工保密意识不强，不能建立完善的知识产权保护体系，将可能导致特许人的知识产权得不到有效保护。特别是商业秘密的流失，既可能使加盟商演变为自己的竞争对手，危害了企业的长远利益，也有可能使企业的商业秘密流入社会，从而使企业失去市场竞争力，面临亏损甚至倒闭。

4. 特许人可能承担产品质量责任

特许人在向被特许人提供产品时，还可能对被特许人或产品购买者承担产品质量责任。这种产品质量责任与一般民事主体的产品质量责任，在法律依据、构成要件和责任承担上没有区别。特许人的产品质量责任既可能是作为生产者的责任，也可能是作为销售者的责任；特许人承担责任的对象既可能是被特许人，也可能是被特许人的客户，即产品的购买者。具体分析，特许人的产品质量责任主要有两种：瑕疵担保责任和侵权损害赔偿责任。无论是作为生产者，还是作为销售者，当特许人提供的产品在使用性能、产品标准或质量状况等方面存在瑕疵时，特许人应当承担瑕疵担保责任。由于特许人生产或销售的产品发生质量事故造成被特许人或其客户发生人身或财产损害的，特许人应当承担侵权损害赔偿责任。

5. 特许人可能因存在限制竞争行为而受处罚

特许经营是一种通过合同实现知识产权经济价值的方式，而知识产权是一种合法的垄断权，有着滥用的可能。因此，商业特许经营模式可能会产生限制竞争的效果。目前世界上对于特许经营模式限制竞争行为的合理性尚没有统一的规定。因此，特许人就有可能会被相关管理部门认定为存在不合理的限制竞

争行为，从而受到处罚。

【化解对策】

1. 明确特许的产品种类等基本内容

加盟者必须清楚加盟店售卖的货品种类及系列，对货品的描述应尽可能详细准确，知道自己加盟了什么产品，是首要前提。

2. 关于加盟期限

加盟店应要求条文订明有权选择续约，如可考虑是否在合约中表明加盟店可以提前 3 个月通知终止合约，以便在经营不理想的情况下提早退出，减少进一步亏损。

3. 营业地址

为了防止竞争冲突，总店则应承诺在一定的范围，例如加盟店所在的商业区域，不应允许另一家加盟店的开设，加盟店应要求总店承诺在一定范围内开设另一家新店，则该加盟店应有优先权。

4. 有关费用问题

加盟费是必备的条款，一般约定在加盟时一次支付，加盟费一般由特许方根据自身的品牌与加盟商商定。关于商标等使用费，也是一项主要费用，加盟店使用总店的商标、商号、知识产权及接受管理训练及服务等。一般情况下，按销售额的一定的百分比计算。虽然根据《企业连锁经营有关财务管理问题的暂行规定》第十六条规定，"加盟店按销售额（营业额）不超过 3% 的比例支付特许权使用费。"但是，该规定没有明文禁止总店征收其他费用。并且，总店一般也会收取一定的其他费用，如广告费用、保证金等。

5. 有关总部的支持

总部的支持对于加盟商的运作至关重要，总部一般应在加盟店的员工培训、广告宣传活动的组织、原材料的配送等方面提供优质的服务，对于此部分，加盟者一定要仔细阅读加盟条款，防止只卖概念没有实际产品经营的加盟模式。

第五章
企业用工

第一节 企业规章制度订立、实施的法律风险

【要点提示】

我国《宪法》第五十三条规定，"公民必须遵守宪法和法律、保守国家秘密、爱护公共财产、遵守劳动纪律、遵守公共秩序、尊重社会公德。"可见，用人单位的制定规章制度管理劳动者是宪法赋予的基本权利。《劳动法》《劳动合同法》《劳动合同法实施条例》等法律法规也以相应法条对用人单位制定劳动规章制度的权利进行了保障。具体说，国家法律法规为用人单位制定规章制度提供了充分法律依据和保障。但是，任何权利的享有都是以承担相应义务为前提的。用人单位在制定规章制度进行管理的同时也必须承担法律法规对其设定的义务。主要体现在：

1. 用人单位制定规章制度必须符合相应的法定程序。

用人单位制定规章制度实际上就是一种内部"立法"行为，这是法律赋予企业的一项重大权利，用以体现和贯彻企业的管理意志。但是，企业规章制度必须按照法律规定的程序来制定。《劳动合同法》第四条第二款规定，"用人单位应当将直接涉及劳动者基本利益的规章制度和其他重大事项公示和告知劳动者。"总体上法定程序可以归结为3个方面：

第一，制定主体合法。制定规章制度必须由具有法定用人主体资格的用人单位来制定，是依法享有独立民事权利、独立承担民事义务的企业法人组织。用人单位的内设部门或者下属非法人单位均不具有独立制定规章制度的权利。规章制度的起草、修改无论是由哪个部门或机构完成，均应以用人单位的名义发布。否则将会失去相应的法律效力。

第二，内容商定合法。用人单位应当将起草的规章制度或其他重大管理事项提交职工代表大会或者全体职工讨论，由职工代表大会或者全体职工讨论并提出意见。经过讨论后，由用人单位与工会或职工代表协商确定最终内容。需要提醒说明的是，该步骤中用人单位履行民主协商程序必须要保存相应的文字、视频资料，以确保证明能力。

第三，告知手段合法。无论是通过张贴布告，还是通过专门学习，对于企业任何一项涉及劳动利益的规章制度都需要通过合法有效的途径向劳动者进行告知。同时对于告知的内容、形式以及对象也应制作相应的记录，以确保争议发生时能够履行相应的举证责任。

2. 用人单位制定规章制度不得违反法律法规及政策规定。

用人单位制定规章制度的权利源自法律法规及有关政策规定。从规范的效力位阶上来说，用人单位的规章制度是最低的。因此，用人单位经过法定程序制定的规章制度只能是对法律法规的细化和具体落实，而不能有所偏差，更不可违背，如规定员工不得恋爱、结婚、生育，约定员工不享受工伤待遇、加班工资、单位不承担任何经济补偿等违法而无效的情形。对于用人单位制定的规章制度违反法律法规规定的，应当承担行政法律责任，劳动行政部门有权给予警告，责令其改正。对劳动者造成了损害的，用人单位还要承担民事法律责任，赔偿劳动者的损失。

同时，需要进一步说明的是：用人单位制定规章制度还应把握合理原则。《劳动法》和《劳动合同法》有涉及劳动者"严重"违反规章制度的条文，但对于"严重"未作进一步的说明和界定。法院在审理此类劳动争议案件时，对于用人单位规章制度的公平合理性有审查的义务。

【相关案例】

周某自1994年起在无锡某机电厂工作。双方于2008年起签订了无固定期限劳动合同。2012年3月6日，该厂老板李某要求周某参加由政府管理部门组织的安全生产会议，周某以不是安全生产管理员为由拒绝参加该会议。第二天该厂便以周某不服从公司管理对其作出了开除的处分，并办理了相应退工手续。周某不服公司的处罚，经仲裁未处理后起诉至法院。要求该厂支付其违法解除劳动合同的赔偿金。

评析：

本案争议的焦点是单位的单方面解除行为是否合法。裁判要点：用人单位依照规章制度是可以解除严重违反用人单位的规章制度的劳动者，但前提是必须已经建立了合法性的规章制度，否则用人单位对劳动者的单方面解除将面临给付赔偿金的法律后果。本案中，单位仅提供了一张《企业员工守则》（以下简称《守则》），共计10条。该《守则》既未对哪些行为属于违纪行为进行说明，也未对不同程度的违纪行为的相应后果进行表述，只是泛泛地强调了员工的一些基本义务。同时，该《守则》未经过相应的民主程序和告知劳动者。因此，该单位的单方面解除行为被法院认定为违法解除。

【风险提示】

如果用人单位制定规章制度未按照法律规定的程序进行，例如制定主体不合法、内容商定不合法、告知手段不合法，又或者用人单位制定的规章制度违反法律法规及政策的规定，都会影响规章制度的效力。依据《劳动合同法》第三十八条第四款的规定，"用人单位的规章制度违反法律、法规的规定，损害劳动者权益的，劳动者可以解除劳动合同。"该法第八十条规定，"用人单位直接涉及劳动者切身利益的规章制度违反法律、法规规定的，由劳动行政部门责令改正，给予警告；给劳动者造成损害的，应当承担赔偿责任。"

【化解对策】

用人单位如何制定规章制度，才能最大限度地起到维护经营秩序的作用？根据《劳动合同法》的规定，在建立和执行规章制度时需要从以下几个方面加以完善：

1. 企业职工民主参与

制定企业规章制度应通过以下程序：①召开职工大会或者职工代表大会通过。②由企业工会参与制定。③如果既未召开职工大会或者职工代表大会，也未设立工会，则应通过适当方式，在制定规章制度的过程中使员工有提出意见、建议的权利，并且员工的建议和意见应充分反映在规章制度的制定过程中。企业在采取上述方式制定规章制度的过程中，应注意保留职工大会、工会或者员工参与制定规章制度的证据。

2. 规章制度的公示

通常以下方法可以达到合法有效告知的效果：①将规章制度交由每个员工阅读，并且在阅读后签字确认。阅读规章制度的签字确认，可以通过制作表格进行登记，也可以制作单页的声明由员工签字，内容包括员工确认"已经阅读"并且承诺"遵守"。②在厂区将规章制度内容公告，并且将公告的现场进行拍照、录像等方式的记录备案，并可由厂区的治安、物业管理等人员见证。③召开职工大会公示，并以适当方式保留证据。④委托工会公示，并保留证据。

3. 规章向劳动行政部门报送备案

用人单位劳动规章制度的内容体现了国家法律、法规、劳动政策的执行，因此各国立法都将劳动规章制度的制定置于国家的监督之下。在我国，因为不能将职工代表大会的通过作为用人单位劳动规章制度的生效要件，所以，报送备案就显得更为重要。报送备案的环节能够及时发现和解决用人单位在制定劳动规章制度的过程中可能存在的问题，预防违法行为的发生，以此保障劳动规章制度内容的合法性，保护全体职工的利益。

第二节　企业招聘的法律风险

【要点提示】

《劳动合同法》第八条规定，"用人单位招用劳动者时，应当如实告知劳动者工作内容、工作条件、工作地点、职业危害、安全生产状况、劳动报酬，以及劳动者要求了解的其他情况；用人单位有权了解劳动者与劳动合同直接相关的基本情况，劳动者应当如实说明。"根据上述规定，企业在招聘阶段，其招聘信中不可带有诱导性、虚假言辞，应如实告知劳动者的义务。对于这上述几项内容，即使劳动者没有主动询问，企业也有义务主动告知，劳动者除对上述内容有知情权外，还有权了解其他相关的情况，企业也应如实告知，但需要劳动者主动提出了解的要求。同时也规定了劳动者的告知义务，但劳动者无义务主动告知，只有企业主动提出要求，他才有义务如实说明，说明的范围限于和劳动合同直接相关的基本情况。如果企业违反了如实告知义务，就有可能被认定为违反了诚实信用原则，构成欺诈劳动者，其后果是所订立的劳动合同无效，员工有权解除合同，企业要支付如下 3 项违法成本：劳动报酬、经济补偿和损失赔偿。

【相关案例】

某公司招聘业务经理，要求学历大专以上，王某简历上写明毕业于某名牌大学，结果被录用，月薪 3000 元。半年后，公司发现王某的学历造假将其解雇，最后一个月按普通员工工资 600 元结算。王某认为公司非法解雇并克扣工资。

评析：

本案争议的焦点有：①公司是否属违法解除劳动合同；②王某最后一个月应按何种标准结算。

根据《劳动合同法》第二十六条第一款一项规定，"以欺诈手段使对方在违背真实意思情况下订立的劳动合同无效或部分无效。"案例中王某凭虚假的学历与公司建立劳动关系即属此种情形，双方的劳动关系是无效的。根据《劳动合同法》第三十九条的规定，公司在此种情况下有权单方面解雇王某，所以王某主张公司违法解雇无法据。

根据《劳动合同法》第二十八条的规定，即使劳动者是通过欺诈的手段与企业订立劳动合同，只要劳动者付出了劳动，企业仍有义务向其支付劳动报酬。该劳动报酬的标准既不是按双方原订立劳动合同约定的工资标准执行，也不能一概按普通员工的工资标准支付，而是应参照本企业相同或相近岗位职工的劳动报酬确定。据此，案例中公司按普通员工工资标准结算王某的工资是不符合法律的规定的。

企业应当以书面形式向员工履行如实告知的义务，并将员工的签收凭证归档保管。这就要求企业事先要设计好有关的"企业用工基本情况告知书"，在逐项告知员工后，让员工签字确认。

企业应避免向拟聘用者直接发出书面的录用通知书，而应以电话通知为主，或者如确有必要，也应只向拟聘用者发出"订立劳动合同通知书"，并应注明通知书的失效时间。因为录用通知书一旦发给应聘者，企业就要受录用通知书的约束，企业如在正式用工前发现被通知的应聘者不符合录用条件或不需要此工作职位时，想解除录用就比较麻烦。

【风险提示】

1. 企业虚假陈述的风险

当前，"用工荒"已成为困扰企业发展的一个重大因素。一些企业往往处于求贤若渴的状态，尤其是在招聘高学历的人员吸引高素质人才的时候，会采用诱导性陈述月收入达多少的、或限期内升职、深造机会等条件；有时企业出于广告宣传的目的，虚构公司规模、公司阵容、注册资本等，甚至虚构外资、合资背景；有的企业招聘不固定销售人员时，招聘广告中出现类似"部门经理""月薪上万""无需工作经验"等乍一看颇具吸引力且人人都可一试的条件，或其他条件一概没有，只要求具有"一定社会关系"，当企业无法兑现上述条件时，就容易出现纠纷，很可能被劳动者告上法庭，或成为日后劳动者提出解除劳动合同并向企业索赔的依据。

2. 企业未对劳动者信息核实的风险

主要对劳动者身份信息进行仔细审查（实践中，一些不法分子故意提供伪造的身份证件，实施有预谋、有计划地窃取公司财物的行为而给公司带来损失），对真实年龄的核实（我国法律明确禁止使用童工，除文艺、体育和特种工艺单位招用之外，一般不得雇用 16 周岁以下未成年人，如有违反将受到行政处罚），对劳动者身体健康状况的了解（如劳动者本身身体状况存在问题，不适合招聘岗位条件的则不能录用），对限制行为能力人或无行为能力人的判断（与他们签订劳动合同可能导致合同无效而给企业造成前期招聘、培训的损失），了解劳动者是否与其他企业仍存在劳动合同尚未解除、仍在履行期限内，劳动者是否与其他企业签订过服务期承诺、竞业禁止或保密协议等（如与其他企业仍存劳动合同关系或与其他企业约定过竞业禁止、保守商业秘密等义务，因劳动者违反了其与前一企业之间的约定而需要承担违约责任，可能会被连带而受到牵连）。

【化解对策】

1. 注意设计招聘广告

首先，招聘广告不应列入含有歧视的内容，我国法律规定劳动者就业，不因民族、种族、性别、宗教信仰等不同而受歧视，特别是不得歧视妇女、残疾者和传染病病原携带者。如果企业的招聘广告含有以上内容，就会被视为就业歧视，自毁声誉，甚至被告上法庭，面临败诉的风险。

其次，招聘广告的内容应当实事求是，不应夸大其词，甚至弄虚作假，否则容易被劳动者抓住把柄，构成欺诈，企业将承担造成合同无效的法律风险。

最后，设定尽可能详尽的录用条件。尤其是在试用期内被证明不符合录用条件的，企业可以加强解除劳动合同的自主权。如果设定录用条件过于笼统则相当于放弃了企业的权利，即使想在试用期内辞退员工也会因缺乏有力依据而受到限制。可以根据企业规模和行业、岗位的不同作不同规定，例如，可以明确具体录用条件，有特殊要求的（相应资格水平、特殊技术要求、语言要求等）可以列明；可以要求劳动者在录用条件上签字或将录用条件作为劳动合同附件，起到确认和公示录用条件的作用。企业也可将具体指标量化考核，如试用期内完成销售业绩、操作技能符合培训考核要求、限定期限内完成特定任务，甚至可以约定客户满意度等，明确如不能达成上述要求，则企业可以解除劳动合同，同时也尽显用人单位与劳动者之间约定为真实意思表示和其后果承担的公平自愿的属性。

2. 仔细核实应聘者信息

企业除了仔细询问、了解情况外，建议企业制作员工基本情况登记表，可要求来应聘的劳动者如实填写；要求其提供身份证复印件，经与原件核对后签名确认；并要求劳动者提供与前单位的解除劳动关系证明，如尚未解除劳动合同的，要求其原单位出具同意该员工入职的书面证明，失业人员则要求其提供《失业证》，招用境外人员还应查看其是否有《就业证》，对于高级管理人员或技术类员工有必要向其原单位调查核实是否签署保密协议或竞业禁止协议等，对于劳动者要求其签署真实性保证书，降低或避免法律风险。

第三节　劳动合同订立、变更的法律风险

【要点提示】

依据《劳动合同法》的规定，用人单位自用工之日起即与劳动者建立劳动关系。用人单位应当建立职工名册备查。建立劳动关系，应当订立书面劳动合同。已建立劳动关系，未同时订立书面劳动合同的，应当自用工之日起 1 个月内订立书面劳动合同。

无固定期限劳动合同，是指用人单位与劳动者约定无确定终止时间的劳动合同。这里所说的无确定终止时间，是指劳动合同没有一个确切的终止时间，劳动合同的期限长短不能确定，但并不是没有终止时间。只要没有出现法律规定的条件或者双方约定的条件，双方当事人就要继续履行劳动合同规定的义务。一旦出现了法律规定的情形，无固定期限劳动合同也同样能够解除。

集体合同，是企业工会或经过法定程序推选的职工代表与企业就劳动报酬、工作时间、休息休假、劳动安全卫生、保险福利等事项进行协商并经过法定程序

通过而订立的书面协议。集体合同有利于增强劳动者的话语权、提高劳动者地位，有利于劳动关系双方的利益平衡以及权益保障。依法订立的集体合同对用人单位和劳动者具有约束力，侵犯对方利益的应当依法承担相应的法律责任。

集体合同的签订应建立在集体协商的基础上。由企业工会（未建立工会的由职工民主推举的代表或上级工会组织委派代表）代表职工一方与用人单位指派的代表，就劳动条件、劳动报酬、福利待遇等进行协商，达成一致后形成集体合同草案，提交职工代表大会或全体职工讨论，经讨论通过，由协商双方首席代表签字。并在签字后 10 日内将集体合同文本报劳动保障行政部门审查。集体协商的内容、时间、地点应由双方共同商定。在不违反有关保密规定和不涉及用人单位商业秘密的前提下，协商双方有义务向对方提供与集体协商有关的情况或资料。集体合同的期限一般为 1～3 年，在集体合同规定的期限内，双方代表可对集体合同履行情况进行检查。双方协商代表协商一致或由于签订集体合同的环境和条件发生变化，致使集体合同难以履行时，可以变更或解除集体合同。

无效劳动合同是指订立劳动合同不符合法定条件，不能发生当事人预期法律后果的劳动合同。一般情况下，用人单位与劳动者订立劳动合同时，劳动合同可以由用人单位拟定，也可以由双方当事人共同拟定，但劳动合同必须经双方当事人协商一致后才能签订，否则，订立的劳动合同为无效劳动合同。劳动合同是否无效，主要的认定依据是看其是否违反法律法规的规定。

劳动合同的变更，是指在劳动合同履行过程中，当事人双方或单方依据情况变化，按照法律规定或劳动合同的约定，对原劳动合同的条款进行修改、补充。它发生于劳动合同生效后尚未履行或者尚未完全履行期间，是对劳动合同约定的权利与义务的完善和发展，是确保劳动合同有效和劳动过程顺利实现的重要法律手段。《劳动合同法》第三十五条规定，"用人单位与劳动者协商一致，可以变更劳动合同约定的内容。变更劳动合同，应当采用书面形式。变更后的劳动合同文本由用人单位和劳动者各执一份。"

【相关案例】

孙某于 2011 年年初入职某酒店，任大堂主管，月薪 8000 元。2012 年 8 月，孙某向当地劳动仲裁部门申请劳动仲裁，要求单位支付未签订劳动合同的双倍工资 9 万余元。该酒店辩称酒店行业不签订劳动合同是普遍现象，而且孙某在外面已经挂靠社保，入职时也曾要求不签订劳动合同、不缴纳社保。仲裁委员会支持了孙某的仲裁申请后，该酒店不服诉至法院。

评析：

该酒店不与孙某签订劳动合同的行为是否违法？

从用工之日起要与劳动者签订劳动合同是用人单位的一项法定义务，用人单位不得以任何理由推脱。即使劳动者本人不愿意签订劳动合同也应当及时终止劳动关系，防止违法用工。本案中，酒店行业普遍不签订劳动合同的现象不能成为该酒店不与孙某签订劳动合同的正当理由。同时，孙某社保在外面挂靠也并不影响其劳动合同的签订。故根据《劳动合同法》第八十二条，法院判令该酒店支付孙某 11 个月的双倍工资。

【风险提示】

1. 不签订劳动合同的风险

（1）支付双倍工资

《劳动合同法》第八十二条规定，"用人单位自用工之日起超过 1 个月不满一年未与劳动者订立书面劳动合同的，应当向劳动者每月支付 2 倍的工资。"

（2）无法约定试用期

用人单位不签订劳动合同，对新招员工就难以约定试用期，直接招用，不仅需要增加试用期期间的支出，而且容易带来用人风险。

（3）难以稳定员工

如果用人单位不签劳动合同，职工可以说走就走，无须提前 1 个月打离职报告，法律不追究其责任。技术人员也同样。如果用人单位与技术人员不签订劳动合同，不仅可以说走就走，而且无须承担培训费用。

（4）难以保护商业秘密

每个用人单位或多或少有商业秘密，不签劳动合同，无法通过劳动合同增加条款，很难保护用人单位的商业秘密。

（5）难以进行竞业限制

用人单位要对劳动者进行竞业限制，主要针对高技能人才，不签订劳动合同，无法通过劳动合同作出竞业限制，采用其他办法很难收效。

（6）被迫签订无固定期限劳动合同

《劳动合同法》第十四条第三款规定，"用人单位自用工之日起满一年不与劳动者订立书面劳动合同的，视为用人单位与劳动者已订立无固定期限劳动合同。"如果用人单位被迫与劳动者签订立无固定期限的劳动合同，对用人单位利益将造成较大影响。

（7）在劳动争议中处于被动

不签劳动合同，责任主要在是用人单位。即使当初未签订劳动合同存在诸多合理因素，但也无法证明其不签订劳动合同的合法性。一旦产生劳资纠纷，企业拿不出重要依据——劳动合同，必然要承担法定的赔偿责任。

2. 用人单位拒签无固定期限劳动合同的法律风险

用人单位违反劳动合同法规定不与劳动者订立无固定期限劳动合同的，自应当订立无固定期限劳动合同之日起向劳动者每月支付 2 倍的工资。

3. 劳动合同无效的风险

无效的劳动合同，从订立的时候起，就没有法律约束力。法律之所以不规定无效劳动合同的起算时间从履行的时候起，主要是因为无效劳动合同的订立从一开始就是错误的，而对建立在错误基础之上的劳动合同是不应予以承认的。

4. 劳动合同变更的风险

用人单位违法调整劳动者岗位和薪资等劳动合同内容的，除应当赔偿造成的损失之外，如果造成劳动者辞职的，视为推定解雇，应当支付劳动者经济补偿金。

【化解对策】

1. 签订规范的劳动合同

（1）审查入职信息

1）资格审查

用人单位有权了解劳动者与劳动合同直接相关的基本情况，劳动者应当如实说明。这是劳动合同法赋予用人单位的权利。

2）经历审查

主要是了解劳动者与其他用人单位是否存在"尚未解除或者终止劳动合同"的情形。除了非全日制的劳动者外，一般的全日制用工的劳动者不得和两个或者两个以上的用人单位签订劳动合同。《劳动合同法》第九十一条规定，"用人单位招用与其他用人单位尚未解除或者终止劳动合同的劳动者，给其他用人单位造成损失的，应当承担连带赔偿责任。"

可以要求劳动者提供"解除或者终止劳动合同的证明"，同时让劳动者出具书面承诺——保证与其他单位没有劳动合同关系，如出现因此带来的连带赔偿责任和单位无关。

（2）拟定规范的劳动合同

1）内容全面

《劳动合同法》第十七条明确规定了劳动合同的主要内容，这些内容必须要有，一般情况下，在劳动部门发放的标准文本合同中都会有这些内容。

劳动合同的内容和条款：用人单位名称、住所和法定代表人或主要负责人；劳动者姓名、住址和居民身份证或其他有效身份证件号；劳动合同期限；工作内容和工作地点；工作时间和休息休假；劳动报酬；社会保险；劳动保护、劳动条件和职业危害防护；法律法规规定应当纳入劳动合同的其他事项。

劳动合同除前款规定的必备条款外，用人单位与劳动者可以约定试用期、培训、保守秘密、补充保险和福利待遇等其他事项。

用人单位也不得要求劳动者提供担保或者以其他名义向劳动者收取财物，不得扣押劳动者的居民身份证或者其他证件。如违反则劳动行政部门责令退还，并以每人 500~2000 元的标准罚款；给劳动者造成损失的，应当承担赔偿责任。

（3）合同期限类型正确

正式劳动合同的类型：固定期限劳动合同、无固定期限劳动合同和以完成一定工作任务为期限的劳动合同（不得约定试用期）。

固定期限的劳动合同可以是较短时间的，如半年、1 年、2 年，也可以是较长时间的，如 5 年、10 年，甚至更长时间。不管时间长短，劳动合同的起始和终止日期都是固定的。具体期限由当事人双方根据工作需要和实际情况确定。

应当签订无固定期限劳动合同的情形：劳动者在该用人单位连续工作满 10 年的；用人单位初次实行劳动合同制度或者国有企业改制重新订立劳动合同时，劳动者在该用人单位连续工作满 10 年且距法定退休年龄不足 10 年的；连续订立 2 次固定期限劳动合同，且劳动者没有违法和违反公司规章制度情形，续订劳动合同的。

2. 依法变更劳动合同

（1）用人单位可以单方变更劳动合同的法定情形

劳动者因患病或非因工负伤，在医疗期满后不能从事原工作的情形：

根据《劳动合同法》第四十条第（一）项规定，"劳动者患病或者非因工负伤，在规定的医疗期满后不能从事原工作，也不能从事由用人单位另行安排的工作的，用人单位可以解除劳动合同。"据此，用人单位在符合如下要件时，可以单方变更劳动者的工作岗位：

①劳动者患病或非因工负伤，这里的"患病"应属于非职业病。

②法定医疗期满后，劳动者不能从事原工作。依据劳动部《企业职工患病或非因工负伤医疗期的规定》，医疗期是指企业职工因患病或非因工负伤停止工作治病休息不得解除劳动合同的时限。企业职工因患病或者非因工负伤，需要停止工作医疗时，根据本人实际参加工作年限和在本单位工作年限，给予 3~24 个月的医疗期。实际工作年限 10 年以下的，在本单位工作年限 5 年以下的为 3 个月，5 年以上的为 6 个月；实际工作年限 10 年以上的，在本单位工作年限 5 年以下的为 6 个月，5 年以上 10 年以下的为 9 个月，10 年以上 15 年以下的为 12 个月，15 年以上 20 年以下的为 18 个月，20 年以上的为 24 个月。

用人单位适用前述情形变更劳动者工作岗位的，应注意两个问题：一是劳动者患病或非因工负伤而停止工作的，用人单位不能立即变更劳动者的工作岗位，必须在法定医疗期届满后；二是变更工作岗位时应具有合理性，即新岗位与原岗位相比，对劳动者的要求更低、更为轻松（如劳动强度减轻）。

（2）劳动者不能胜任工作的情形

根据《劳动合同法》第四十条第（二）项规定，"在劳动者不能胜任工作，经过培训或者调整工作岗位，仍不能胜任工作的，用人单位可以解除劳动合同。"据此，如果劳动者被证明不能胜任工作的，用人单位可以调整劳动者的工作岗位。

用人单位以劳动者不能胜任工作为由调整工作岗位的，须对"劳动者不能胜任工作"承担举证责任，相关证据包括：①劳动者本人知晓原工作岗位的具体职责内容。②考核劳动者是否胜任工作的标准。③对劳动者不能胜任工作的具体考核过程，如劳动者的哪些行为与岗位要求不符。若用人单位没有充分的证据对其调整劳动者工作岗位这一举动予以支撑，将会在后续的纠纷中处于不利地位。

（3）劳动者因工负伤，构成五级、六级伤残的情形

根据《工伤保险条例》第三十四条之规定，"职工因工致残被鉴定为五级、六级伤残的，除享受一次性伤残补助金外，还应保留其与用人单位之间的劳动关系，由用人单位安排适当工作。难以安排工作的，由用人单位按月发给伤残津贴。"据此，职工工伤经鉴定构成五级、六级伤残的，用人单位可以将劳动者发生工伤前的工作岗位调整为劳动者能够胜任的新工作岗位。

（4）地方法规、规章规定的变更情形

如《大连市劳动合同规定》第二十二条规定，"因劳动合同订立时所依据的法律法规、规章已经修改或劳动合同订立时所依据的客观情况发生变化，可以变更劳动合同。"

除了法定的用人单位可以单方变更劳动合同的情形之外，用人单位想要规避变更劳动合同的风险，应在双方协商一致的原则下进行。

（1）约定变更

所谓约定变更，是指用人单位与劳动者在劳动合同中约定可以变更劳动合同的事由，当约定的变更事由出现时，用人单位可以如约变更劳动合同。此种做法只适用于变更事由可以预见的情形，例如，用人单位预计在不久后将搬入 A 地办公，此时在招聘员工时，即可在劳动合同中对合同期内工作地点的变更作出明确约定，当然，约定变更后的工作地点必须是确定的，不能笼统地约定不论工作地点如何变化，用人单位均可变更劳动合同。

（2）即时协商变更

用人单位作为经营者，其面临的市场环境瞬息万变，其可能会顺应市场要求即时变更劳动合同，此时一定要与劳动者充分沟通，取得劳动者的理解和认可，双方协商一致变更劳动合同。协商的过程要做到书面化，包括向劳动者送达变更意见书，意见书的内容主要包括：变更理由、答复期限、要求劳动者予以书面答复及逾期未答复的后果等。

（3）妥善处理合同变更纠纷

用人单位应积极做好证据搜集和举证工作，需要对企业进行合同变更的"合理性"和"必要性"进行充分说明。例如企业客观经济情况的变化、调整岗位和降低薪水的客观迫切性以及员工身体健康状况、生理因素的变化、工作表现和业绩考核等。如果企业能充分举证，即便劳资双方不能就劳动合同变更达成一致的，企业仍然可以依据法律规定单方面提出解除劳动合同，避免相关法律规定。

第四节　试用期的法律风险

【要点提示】

劳动合同的试用期是指劳动关系双方当事人在建立劳动关系时，依照法律规定，在自愿平等、协商一致的基础上在劳动合同期限内特别约定的一个供双方当事人互相考察的期限。试用期的长短与劳动合同期限的长短挂钩，不能超过法定的期限。试用期只能书面约定，不能口头约定。口头约定的试用期无效。

法律规定一般情况下，在试用期中用人单位不得解除劳动合同，但劳动者有下列情形之一的，用人单位可以解除劳动合同：

①在试用期间被证明不符合录用条件的。

②严重违反用人单位的规章制度的。

③严重失职，徇私舞弊，给用人单位造成重大损害的。

④同时与其他用人单位建立劳动关系，对完成本单位的工作任务造成严重影响，或者经用人单位提出，拒不改正的。

⑤因以欺诈、胁迫的手段或者乘人之危，使用人单位在违背真实意思的情况下订立劳动合同的。

⑥被依法追究刑事责任的。

⑦因患病或者非因工负伤，在规定的医疗期满后不能从事原工作，也不能从事由用人单位另行安排的工作的。

⑧不能胜任工作，经过培训或者调整工作岗位，仍不能胜任工作的。用人单位在试用期解除劳动合同证明的，应当向劳动者说明理由。

劳动者在试用期内提前3日通知用人单位，可以解除劳动合同证明，也就是说只要提前3天通知即可，无须说明任何理由。

《劳动合同法》对试用期劳动者工资水平也作出了保障：劳动者在试用期的工资不得低于本单位同岗位最低档工资或者劳动合同约定工资的80%，并重申试用期工资不得低于用人单位所在地的最低工资标准。

法律规定试用期是劳动合同的一部分，试用期中的劳动者同样享受其他普通劳动者的其他权利：

①劳动者有权利要求用人单位为自己上社会保险。用人单位与劳动者建立劳动关系后，即使在试用期也应当按月为劳动者缴纳养老、医疗、失业、工伤等社会保险费。

②劳动者在试用期内患病或者非因工负伤，可以享受医疗期待遇。

③劳动者在试用期内发生工伤事故，同样可以享受工伤保险待遇；用人单位未缴纳工伤保险费的，由用人单位按照法律规定的工伤保险待遇的项目和标准支付费用。

④享受休息、休假的权利。劳动者在试用期内，有权享受国家规定的假期和休息日，如公休日、节日以及婚丧假期。同时，用人单位不得以试用期为由，延长劳动者工作时间。若因工作需要，经与劳动者协商后延长工作时间的，应依法支付加班加点工资。

⑤提请劳动争议处理的权利。在试用期内，劳动者与用人单位发生劳动争议，有权向本单位的劳动争议调解委员会或当地的劳动争议仲裁委员会、人民法院，申请调解、仲裁或提起诉讼。

【相关案例】

顾某于 2011 年 1 月就职于某科技公司，双方签订了一份试用期合同，双方约定试用期 3 个月。试用期满后，双方再次签订了一份正式劳动合同，合同期限 1 年。顾某于 2011 年 6 月主动离职后向当地劳动仲裁部门申请劳动仲裁，要求单位支付违法约定试用期的赔偿金。仲裁支持了顾某的申请请求后，单位不服诉至法院。

评析：

单位约定 3 个月的试用期是否违法？

对于试用期期限的约定，法律有明确的规定。用人单位并不能擅自设定试用期的长短。本案中，用人单位与劳动者签订了为期 1 年的劳动合同却设定了 3 个月的试用期，而且还把试用期排除在整体劳动合同之外，明显违背了法律法规对试用期的规定。因此，法院判令该科技公司支付顾某违法约定试用期的赔偿金。

【风险提示】

1. 约定试用期合同的法律风险

用人单位不能将试用期从劳动合同的期限中剥离出来，否则，会陷入认识的误区，带来相应的法律风险。在实践中，有些用人单位与新招用的劳动者签订劳动合同时会拿出两份合同来签：一份是《试用期合同》，另一份是《劳动合同》，并且告知劳动者只有通过了试用期考核，才可以签订正式的《劳动合同》。其实，企业的这种做法是错误的。《劳动合同法》规定，试用期包含在劳动合同期限内。劳动合同仅约定试用期或者劳动合同期限与试用期相同的，该期限为劳动合同期限。这意味着，所有单独的试用期合同都被视作正式合同期限。

2. 解除试用期员工的法律风险

有3种情况，用人单位不得解除处于适用期内的劳动合同：一是劳动者在试用期因工负伤被鉴定为伤残1~10级的，用人单位无权以劳动者不能工作或不能胜任为由提出解除劳动合同。二是试用期内发现女职工怀孕的，不得解除劳动合同。如果孕期、产期、哺乳期间的女职工在合同规定的试用期内发现不符合录用条件的，可以辞退。但不得以女职工怀孕、休产假、哺乳为由辞退。三是对不符合录用条件的劳动者，用人单位在试用期并未解除劳动合同，超过试用期后，则不能再以试用期内不符合录用条件为由解除劳动合同证明。

此外，根据《劳动合同法》第八十三条的规定，"用人单位违反本法规定与劳动者约定试用期的，由劳动行政部门责令改正；违法约定的试用期已经履行的，由用人单位以劳动者试用期满月工资为标准，按已经履行的超过法定试用期的期间向劳动者支付赔偿金。"由此可以看出，只有在法律规定的范围内约定试用期才能避免风险。

【化解对策】

试用期的长短与劳动合同期限的长短挂钩，不能超过法定的期限。试用期长短与劳动合同期限长短的对照见下表：

试用期长短与劳动合同期限长短的对照

劳动合同种类及期限	可以约定的试用期期限
不满3个月	不得约定试用期
以完成一定任务为期限的	不得约定试用期
3个月以上（含3个月）不满1年	不得超过1个月
1年以上（含1年）不满3年	不得超过2个月
3年以上（含3年）	不得超过6个月
无固定期限	不得超过6个月

同一个劳动者与同一个用人单位只能约定一次试用期。这一条实际上将下列情形都按违法处理：①劳动者与用人单位原已约定试用期，到期后续签劳动合同是再次约定试用期。②劳动者调整岗位，与用人单位重新约定试用期。③劳动者从用人单位离职若干年后又回到本单位上班，再次约定试用期。④用人单位改换

法定代表人、股东，改换名称等不影响用人单位主体资格的情况下，与劳动者再次约定试用期。原已约定试用期，后来双方协商将试用期延长，但并未超过法定最长试用期限。

第五节　培训、薪酬相关法律风险

【要点提示】

1. 员工培训

根据《劳动合同法》第十七条第二款规定，"劳动合同除必备条款外，用人单位与劳动者可以约定试用期、培训、保守秘密、补充保险和福利待遇等其他事项。"

用人单位进行员工培训的目标在于使得员工的知识、技能、工作方法、工作态度以及工作的价值观得到改善和提高，从而发挥出最大的潜力提高个人和组织的业绩，推动组织和个人的不断进步，实现组织和个人的双重发展。在这样一个企业自主行为中主要涉及一个"服务期"的法律规定。

服务期是劳动者与用人单位约定在用人单位专门出资，为劳动者提供专项培训费用，对其进行专业技术培训的情况下，劳动者必须为用人单位提供服务的期限。服务期的约定是有条件的，即用人单位提供了专业技术培训并支付了专项费用，除此之外，服务期约定无效。服务期可以长于劳动合同期限，只要是双方的真实意思表示并通过合同固定下来，则对双方就具有约束力。

作为对用人单位提供专项培训费用、对劳动者进行专业技术培训的代价，服务期是劳动者应履行的一项义务，同时是用人单位的权利，因此，如果用人单位要求本单位劳动者继续履行服务期的，劳动者应当履行，否则即为违约。

当然，法律也赋予了劳动者享有辞职的权利，因此，即使在劳动合同到期、服务期未满，用人单位要求继续履行劳动合同，劳动者也可以辞职，单位必须同意，但是辞职的劳动者必须按服务期协议的规定给予用人单位赔偿。

2. 支付报酬

《劳动合同法》第三十条第一款规定，"用人单位应当按照劳动合同约定和国家规定，向劳动者及时足额支付劳动报酬。"

工资支付，就是工资的具体发放办法。包括如何计发在制度工作时间内职工完成一定的工作量后应获得的报酬，或者在特殊情况下的工资如何支付等问题。主要包括：工资支付项目、工资支付水平、工资支付形式、工资支付对象、工资支付时间以及特殊情况下的工资支付等。

工资支付项目：一般包括计时工资、计件工资、奖金、津贴和补贴、延长工作时间的工资报酬以及特殊情况下支付的工资。业务提成也属于工资总额的组成部分。但社会保险福利、生活困难补助金、计划生育独生子女补贴、劳保用品的支出（工作服等）、稿费、课件费、出差伙食补助、职工股分红和利息、发明创造或获得奖项的奖金等不属于工资范畴。

工资支付时间：我国工资支付的法律规章明确规定，工资应当以货币形式按月支付给劳动者本人，不得克扣或者无故拖欠劳动者工资。劳动者在法定休假日和婚丧假期间以及依法参加社会活动期间，用人单位应当依法支付工资。工资应当按月支付，是指按照用人单位与劳动者约定的日期支付工资。如遇节假日或休息日，则应提前在最近的工作日支付。工资至少每月支付一次，对于实行小时工资制和周工资制的人员，工资也可以按日或周发放。对完成一次性临时劳动或某项具体工作的劳动者，用人单位应按有关协议或合同规定在其完成劳动任务后即支付工资。

工资支付程序：应将工资支付给劳动者本人，且必须书面记录支付劳动者工资的数额、时间、领取者的姓名及要求签字，并保存2年以上备查。用人单位在支付工资时还须向劳动者提供一份其个人的工资清单与留存记录相印证。劳动者因故不能领取工资时，可由其家属或委托他人代领，但建议企业仔细审核代领书面授权及代领原因，并将代领授权书及相关情况留存备案。

此外，法律规定用人单位可以通过银行转账支付劳动者工资。但需要注意的是，银行的付款记录只能反应实际发放数，不能反映工资的构成和相应扣减情况。向用人单位支付的加班费、奖金、补贴或社保代扣等事项无法体现在银行支付凭证中。一旦发生劳动纠纷，工资的标准以及工资是否足额发放便会因支付项目不清而对用人单位产生很大的法律风险。用人单位应当制作与银行发放记录一致的工资清单，将支付给劳动者的工资数额、项目、支付周期、依法代扣代缴内容等明确载明，并要求劳动者签名予以确认。这样既有利于劳动者及时了解、核对工资，也有利于避免纠纷的产生。

【相关案例】

案例一：

张某自2009年入职某机械公司，担任操作工。双方签订了劳动合同，约定工资为最低工资标准。但是实际工资发放是按每天120元，按实际考勤天数结算的。2011年4月，张某以公司未足额支付加班工资为由向单位提出解除劳动合同，并要求公司支付未付的加班工资以及经济补偿金。

评析：

该公司是否未足额支付加班工资？

用人单位与劳动者以口头约定的方式变更工资计算方法以及标准并实际执行的，只要劳动者没有异议应当予以认可。本案中，双方通过按照出勤天数计算工资的方法并不违反法律规定。结合标准工时和张某的实际每月收入后不难发现，张某的收入比最低工资标准以及同岗位正常工作量的收入要高很多，多出的分足以充抵张某的加班工资。故综合各方面的情况进行对照、比较及分析后，确认张某每月按天计算的工资中已经包含基本工资和加班费用。故法院驳回了顾某的所有诉讼请求。

案例二：

2008 年 9 月，万某被某物业公司录用为保安。某物业公司支付给万某的工资是按月打在其工资卡上。2011 年 5 月 4 日，万某向物业公司提出辞职。2012 年 4 月 27 日，万某提起仲裁，要求某物业公司支付加班工资、双倍工资等。万某因对仲裁委作出的仲裁决定不服，遂诉至法院。某物业公司应诉时提出其发放的工资单中支付了万某部分加班工资，并提供了工资单，但该工资单既无加班公司的计算方法，也没有万某的签字。

关于万某要求某物业公司支付加班工资 11652 元的诉请，法院经审理后认为，根据双方提供和确认的考勤表，万某的工作时间为每周 6 天，共计加班 101 天。计算加班工资计发基数为最低工资标准，按 200% 计算万某休息日加班工资为 9471 元，遂判决物业公司支付上述加班工资。

评析：

在实践中，虽然很多企业的工资发放单中列明发放加班工资，但是只有每月加班工资总额，因没有加班工资的计算基数和具体加班时间，故无法从中看出加班工资总额是如何计算的，企业容易和劳动者发生争议。实践中的工资发放单的这种瑕疵使劳动者与企业之间就加班工资发生了大量纠纷。为此，企业在制作工资发放表时，应对加班工资项目进行细化，将考勤表中记录的延时间加班、休息日加班、法定节假日加班的加班时间（精确到小时）都列入工资发放表，逐项计算出劳动者每种加班类型的加班工资及每月累计的加班工资。且工资发放单中列明的各项加班时间应与考勤记录吻合。如果加班时间与考勤记录不吻合，可以证明企业没有足额发放加班工资的，劳动者可以要求企业补足差额。

【风险提示】

1. 员工培训的法律风险

（1）因服务期约定无效而引发的风险

如果服务期约定被认定为无效，其附带的违约金赔偿责任或培训费用返还责任将失去依据，劳动者的择业也将不受任何限制。

（2）因培训成本控制而引发的风险

扣发培训期工资会可能触及到"最低工资"发放标准的法律底线，增加企业违法成本；将培训期设定在试用期内有利有弊，因为试用期赋予了劳动者解除劳动合同的权利，实践中存在由于企业对新员工秉性并不十分熟悉，在培训完毕获得技能的提升后员工直接走人的情形，因此将培训期与试用期重叠的做法也存有一定风险；收取押金作为培训担保，甚至扣留员工毕业证、人事档案，实际已违反法律，可能面临被劳动行政部门处罚的法律风险。

2. 劳动报酬支付的法律风险

（1）拖欠劳动报酬的风险

《劳动合同法》第三十八规定，"用人单位未及时足额支付劳动报酬的劳动者可以单方解除劳动合同。"同时，用人单位应当依照该法第四十七条向劳动者支付经济补偿金。因此，在单位无故拖欠劳动报酬的情况下，劳动者随时可以解除劳动合同，并要求单位支付经济补偿金。

（2）阴阳工资单引发的法律风险

很多中小企业为了逃避或降低税费支出，采用阴阳工资单的形式，即多列支出项，在账目上显示企业有较多成本支出以降低税费。例如，实际上劳动者的工资只发放了 2000 元，但留存的工资单上则显示了 3000 元；又如，劳动者的餐饮补贴实际只有 100 元，却在工资单上记载着 300 元，等等，但往往这些已入账册的凭证日后会成为劳动者要求按照记载的数额如实发放的依据，结合劳动案件举证责任的原则，提供工资证明时更多的举证义务是在企业一方，企业如向法庭提供账册中的高开的工资单则会被认定为克扣工资，如提供真实工资单则是逃税，亦属违法行为。因此，企业制作阴阳工资单存在较大法律风险，还可能会因此承担相应行政处罚责任和赔偿责任。

（3）发放加班工资引发的法律风险

由加班工资发放引起的劳动争议是近年来比较频发的劳动纠纷类型，很多企业不按规定支付加班工资，有的企业虽支付了加班工资，但与基本工资一同发放，这样的做法其实具有较大法律风险。鉴于法律规定加班加点工资不列入最低工资构成，属于另行发放的范畴，如一同列入工资项目，企业较难证明已向劳动者发放过加班费，若劳动者所提供的工资单上未列明的，则视为用人单位未足额支付加班费，劳动者就可以以用人单位未及时足额支付劳动报酬为由，随时通知解除劳动合同，并要求支付经济补偿金。建议企业将加班费另行发放，单独立项，便于统筹。

【化解对策】

1. 注重服务期条款的法律限制

（1）把握好前提条件

用人单位与劳动者约定服务期条款的前提必须是：①培训的性质必须是专项的，即专门为提高劳动者技能而设置的专业技术培训。②培训费用必须是专项的，即为劳动者进行专业技术培训而支付的有凭证的培训费用、差旅费用以及因培训产生的用于劳动者的其他费用。

（2）协调好服务期限与劳动合同期限

劳动者与用人单位可以自由约定服务期，如服务期限与劳动合同期限出现不一致，则双方应当对不一致进行约定。没有约定的，劳动合同期限应当顺延至服务期满。

2. 完善工资支付手续

法律规定用人单位可以通过银行转账支付劳动者工资。但需要注意的是，银行的付款记录只能反映实际发放数，不能反映工资的构成和相应扣减情况。像用人单位支付的加班费、奖金、补贴或社保代扣等事项无法体现在银行支付凭证中。一旦发生劳动纠纷，工资的标准以及工资是否足额发放便会因支付项目不清而对用人单位产生很大的法律风险。用人单位应当制作与银行发放记录一致的工资清单，将支付给劳动者的工资数额、项目、支付周期、依法代扣代缴内容等明确载明，并要求劳动者签名予以确认。这样既有利于劳动者及时了解、核对工资，也有利于避免纠纷的产生。

3. 准确支付加班工资

支付加班费的具体标准是：在标准工作日内安排劳动者延长工作时间的，支付不低于工资的150%的工资报酬；休息日安排劳动者工作又不能安排补休的，支付不低于工资的200%的工资报酬；法定休假日安排劳动者工作的，支付不低于300%的工资报酬。

在确定加班工资的计算基数时，劳动合同对工资有明确约定的，按不低于劳动者所在岗位相对应的工资标准确定。劳动合同对工资没有明确约定的，按集体合同约定执行。用人单位与劳动者无任何约定的，按劳动者本人所在岗位正常出勤的月工资确定。如按上述规定计算出的基数低于本市最低工资标准的，按本市最低工资标准计算。

折算加班工资的具体方式为：日工资为月工资收入除以月计薪天数，月计薪天数为（365天－104天）÷12月＝21.75天（104天是52个双休日），日工资＝月薪÷21.75天，小时工资＝日工资÷8小时。

公司高级管理人员不存在加班的情形。虽然没有出台明确的规定，但是从审判实践中来看，对于企业高管主张加班工资的主张一般很难得到法院的支持。其理由在于高管的薪酬已远超正常的薪资标准，同时公司高管能自主安排工作时间，与接受公司管理指挥的普通劳动者不同，因此不存在加班问题。

综合计算工时工作制度下加班工资计算方法。根据原劳动部《关于企业实行不定时工作制和综合计算工时工作制的审批办法》和《江苏省工资支付条例》的规定，实行综合计算工时制的，在综合计算周期内，某一具体日（或周）的实际工作时间可以超过8小时（或40小时），超过部分不作为延长工作时间。但劳动者在综合计算周期内总的工作时间超过总法定工作时间的部分，仍应视为延长工作时间，劳动者在工作日和休息日劳动的，用人单位应当支付150%延长工作时间加班工资；法定节假日加班的，支付300%法定节假日加班工资。

第六节　保密与竞业限制的法律风险

【要点提示】

1. 保密义务的内涵

商业秘密是指不为公众所知悉、能为权利人带来经济利益、具有实用性并经权利人采取保密措施的技术信息和经营信息。商业秘密首先必须是企业的技术信息和经营信息，通常包括企业的技术图纸、技术资料、研发信息、报价单、客户名录等，可以作为商业秘密的信息应当具有经济价值和实用性。

从法律层面讲，负有保密义务的员工即单位高级管理人员及涉及技术类的员工恪守该秘密是法定义务，是不需要约定即须严格履行的、无期限的道德义务，且不需要单位支付相应的费用。

2. 竞业禁止的适用

用人单位保护商业秘密的种种手段中，最有效的举措便是竞业限制。竞业限制是指企业事业单位员工在任职期间及离职后不得从事与本企业相互竞争业务，它实际是在一般的保密协议基础上加重双方权利义务的一种法律制度。

（1）竞业禁止的有效人员范围

从《劳动合同法》第二十四条规定来看，竞业禁止的有效人员范围是有限制的，即用人单位的高级管理人员、高级技术人员和其他负有保密义务的人员，并不适合将竞业禁止义务普遍施加于一般的员工。但凡是掌握企业商业秘密的劳动者，用人单位均可以与之签订竞业禁止协议，应注意不得随意扩大范围，如负责清洁、门卫工作的普通员工、负责一般文字处理的文员等，就不适用该条款。

（2）竞业禁止有偿性

根据《劳动合同法》规定，用人单位需要支付给劳动者经济补偿，并非无偿。当企业仅仅与劳动者约定了竞业禁止的条款，并未支付给劳动者相应的经济补偿金时，该约定可能会被确认无效，也可能会被法院确认有约束力而要求企业继续按标准补足应支付的经济补偿，在这点上各地法院在操作中有一定差异。

（3）支付经济补偿的时间

按照法律规定，企业须在与劳动者解除或终止劳动合同后即劳动者离职后支付经济补偿才有效，在离职之前支付的补偿，不符合法定时间要求。并且，劳动者在职期间，企业发放的包含在工资内的任何形式的奖励均不能计入竞业禁止经济补偿的范围。

（4）签订竞业禁止条款的时间不限

企业可以在劳动者刚进入企业时，与其签订劳动合同时在劳动合同中约定，也可以在解除或终止劳动合同情形出现时另行签订，但往往因为劳动者离职后主动权就不在企业，所以建议企业在订立劳动合同时就签订或者在出现劳动者掌握大量商业秘密的情况时签订该条款。

（5）竞业禁止有效期限

在解除或终止劳动合同后，前款规定的人员到与本单位生产或经营同类产品、从事同类业务的有竞争关系的其他用人单位从业，或者自己开业生产或者经营同类产品、从事同类业务的竞业限制期限，一般不得超过 2 年，超出部分的约定是无效的。

（6）竞业禁止补偿的标准

《劳动合同法》对于竞业禁止经济补偿的标准没有明确规定具体金额，由各地根据当地经济发展水平的不同情况来确定。《江苏省劳动合同条例》第十七条规定，"年经济补偿额不得低于该劳动者离开用人单位前 12 个月从该用人单位获得的报酬的 1/3。"笔者认为，企业在与员工协商竞业禁止补偿金额时，应及时关注当地的限制性支付标准，另外也应考虑员工所接触公司商业秘密的重要性、员工在职时的收入情况、离职后可能的收入来源，以及两者间的差额等各种因素综合确定。

3. 保密义务与竞业限制的区别

（1）义务的基础不同

保密义务是法定义务，一般是基于法律的规定或是劳动合同的附随义务，不管用人单位与劳动者是否签订保密协议，劳动者均有义务保守企业的商业秘密；竞业限制是约定义务，只有企业与劳动者签订了竞业限制协议，劳动者才有义务遵守相关约定。

（2）义务的主体范围不同

企业可与所有员工签订保密协议，但根据劳动合同法的规定，竞业限制的人员限于企业的高级管理人员、高级技术人员和其他负有保密义务的人员。对于不可能接触到企业商业秘密的普通股劳动者，企业可以不必签订竞业限制协议。

（3）义务的内容不同

保密义务强调的是劳动者不得泄露企业的商业秘密；而竞业限制强调的是劳动者在竞业限制期限内，不得到同行业单位任职或自营竞争业务。

（4）义务的期限不同

保密义务的期限较长，一般从劳动者知悉企业的商业秘密开始到商业秘密解除为止；竞业限制期限基于竞业限制协议的约定，最长不得超过 2 年，超出部分无效。

（5）违约责任不同

企业不能在保密协议中直接约定劳动者违反保密协议的违约金。劳动者违反保密协议给企业造成损失的，企业只能根据实际损失要求其承担赔偿责任。而企业可以在竞业限制协议中约定劳动者违反竞业限制的违约金，劳动者违反竞业限制义务的，企业可直接要求其按照约定支付违约金。

（6）履行的条件不同

保密义务是劳动者的一项法定义务，不以企业支付保密费为前提。不支付保密费的，劳动者也应保守企业的商业秘密。而竞业限制协议履行的前提是企业根据公平原则支付了竞业限制补偿金。企业未支付竞业限制补偿金的，竞业限制协议对劳动者就失去了法律约束力，劳动者可不按照竞业限制协议的约定履行，无须支付违约金；若劳动者已按照竞业限制协议的约定履行了竞业限制的义务，则可向企业主张竞业限制补偿金。

【相关案例】

2008 年，夏某入职某电机公司担任销售经理。双方在劳动合同约定工资中包含竞业禁止补偿金。夏某于 2011 年 4 月离职，5 月即成立某设备公司，与之前供职的机电公司经营同类业务。电机公司发现后，认为夏某的行为违反了保密协议，其进行不当竞争的行为已经损害到公司的利益。故向夏某及其成立的设备公司主张赔偿。

评析：

夏某的行为是否构成违约？

劳动者与用人单位签订保密协议合法有效，应当予以保护。本案中，电机公司已经按照保密协议的约定支付了夏某竞业禁止补偿金。夏某在离职后就立即成立与电机公司经营同类业务的设备公司已经违反了竞业禁止的约定，应当承担相应的违约责任。

【风险提示】

商业秘密是能为企业带来经济利益的重要的技术信息和经营信息。一旦泄露将会给企业带来不可估量的损失。大部分中小企业尚未形成商业秘密保护意识，更未及时建立有效保护机制，目前主要存在以下问题：①缺乏对商业秘密概念的认识，以为只有高新技术产业类的企业才有商业秘密，而中小企业没有商业秘密。②无专人负责，对于内部员工缺乏有效防御和监督方案，事后无从查证泄密原因。③对已发生的泄密行为不能及时控制，未严加惩处。④对保密期限的理解存在误区，以为员工离开公司、跳槽后就已解除与公司的保密义务，对这部分离职员工利用商业秘密、经营信息获利或转让给第三人使用的行为未进行有效控制。

如何保护企业的商业秘密，不仅要防止外部人员的窃取，还必须对企业内部员工施加一定的义务。

【化解对策】

1. 合理设置保密措施

（1）合理确定保密期限和脱密期

虽然法律没有明确规定保密期限，但是用人单位应当与劳动者约定合理的期限。从可操作性的角度考虑，保密期限宜于劳动合同一致。在实践中一些企业还采取了"脱密期"的措施。脱密期最主要的手段就是调整劳动者工作岗位，因此涉及劳动合同的变更，非常的敏感。用人单位需要注意 4 点：一是范围适当，二是时间合法，三是形式明确，四是措置适度。

（2）分类管理和分级管理并行

前者按不同涉密等级将各类文件分类，分高级、中级、初级 3 类，进行归类存档处理；后者将各类信息、客户资料分别归属不同部门负责人专人保管，切莫将所有资料集中于个别人保管，避免资料遗失、保管人泄密或跳槽等各类风险，更可以避免个别人利用其知悉企业秘密作为与企业讨价还价的谈判筹码。

（3）切实做到层层监督，责任到人

考虑到企业商业秘密信息量巨大，而且不同时间段会有不同的新商业秘密产生，这样必然要求企业及时更新商业秘密保密库，因此必须定期由各经办人签名确认其经手的最近更新的资料，对于部分允许借用、复制的重要资料还必须经过批准，并进行登记，另外，对于内部网络访问设置权限级别，实施网管系统监控，防止利用电子设备进行的文件拷贝外流。

（4）企业规章、员工手册中列入商业秘密保护规定

在企业规章或员工手册中应加入有关商业秘密保护的具体条款，内容应当包

括保密事项、员工义务、违约时的责任等方面。日后如发生类似泄密情况，则可以作为企业向劳动者提出解聘并要求劳动者进行赔偿的有力法律依据。

（5）签订保密协议，明确保密范围

企业商业秘密的保密义务有法定义务和约定义务。

2. 合理约定竞业限制义务

竞业限制的实施客观上限制了劳动者的就业权，进而影响了劳动者的生存权，故其存在仅能以协议的方式确立。比如，竞业限制的范围、地域、期限由用人单位与劳动者约定。尽管用人单位因此支付一定的代价，但一般而言，该代价不能完全弥补劳动者因就业限制而遭受的损失。因此，为了保护劳动者的合法权益，在强调约定的同时对竞业限制进行了必要的限制：

①竞业限制的人员限于用人单位的高级管理人员、高级技术人员和其他知悉用人单位商业秘密的人员。实际上限于知悉用人单位商业秘密和核心技术的人员，不可能面对每个劳动者，企业每人给一份经济补偿金也无力承受。

②竞业限制的范围要界定清楚。由于竞业限制限制了劳动者的劳动权利，竞业限制一旦生效，劳动者要么改行要么赋闲在家，因此不能任意扩大竞业限制的范围。

③约定竞业限制必须是保护合法权益所必需。竞业限制的实施必须以正当利益的存在为前提。首先是存在竞争关系，最重要的是不能夸大商业秘密的范围，劳动者承担义务的范围被无限制的扩张，损害劳动者的合法权益。

④在解除或者终止劳动合同后，受竞业限制约束的期限不得超过两年。

第七节　劳动者权益保障的法律风险

【要点提示】

1. 员工休息、休假的合法权益

劳动者在国家规定的法定工作时间外自行支配的休息、休假时间包括工作间隙休息时间、日休息、周末休息日、法定节假日、年休假、探亲假、婚丧假等。

依据目前企业主要的用工形式，形成了 3 种工作时间制度：标准工时制、综合计算工时制、不定时工时制。在标准工时制下，工人每天工作的最长工时为 8 小时，周最长工时为 40 小时。标准工时制还有以下要求：用人单位应保证劳动者每周至少休息 1 日；因生产经营需要，经与工会和劳动者协商，一般每天延长工作时间不得超过 1 小时；特殊原因每天延长工作时间不得超过 3 小时；每月延长工作时间不得超过 36 小时。不定时工时制主要针对因生产特点、工作特殊需要或职责范围的关系，无法按标准工作时间衡量或需要机动作业的职工所采用。如企业中从事高级管理、推销、货运、装卸、长途运输驾驶、押运、非生产性值班和特殊工作形式的个体工作岗位的职工、出租车驾驶员等。但需按有关规定审批。综合计算工时制是针对因工作性质特殊，需要连续作业或受季节及自然条件限制的企业的部分职工，采用的以周、月、季、年等为周期综合计算工作时间的一种工时制度，主要是指交通、铁路、邮电、水运、航空、渔业等行业中因工作性质特殊，需要连续作业的职工；地质、石油及资源勘探、建筑、制盐、制糖、旅游等受季节和自然条件限制的行业的部分职工；亦工亦农或由于受能源、原材料供应等条件限制难以均衡生产的乡镇企业的职工等。另外，对于那些在市场竞争中，由于外界因素影响，生产任务不均衡的企业的部分职工也可以参照综合计算工时制的办法实施。

2. 女职工及未成年人的特殊权益保护

对女职工的劳动保护主要体现在：①确保劳动权利。法律规定凡适合妇女从事劳动的单位，不得拒绝招收女职工，女职工与男职工实现同工同酬。②明确劳动禁忌。不得安排女职工在怀孕期间从事国家规定的第三级体力劳动强度的劳动和孕期禁忌从事的劳动。对怀孕 7 个月以上的女职工，不得安排其延长工作时间和夜班劳动。③特殊期内的劳动保护，主要指在孕期、产期、哺乳期的不能被用人单位以无过失性辞退和经济性裁员这两项理由解除劳动合同，但有下列情形的，用人单位仍可以解除劳动合同：a. 在试用期间被证明不符合录用条件的。b. 严重违反用人单位的规章制度的。c. 严重失职，营私舞弊，给用人单位造成重大损害的。d. 劳动者同时与其他用人单位建立劳动关系，对完成本单位的工作任务造成严重影响，或者经用人单位提出，拒不改正的。e. 因《劳动合同法》第二十六条第一款第一项规定的情形致使劳动合同无效的。f. 被依法追究刑事责任的。④产后休息休养。为保证妇女在生育后得到良好的休息和休养，《劳动法》第六十二条规定，"女职工生育享受不少于 90 天的产假。"

对未成年工的特殊保护体现在：①定期进行健康检查。②有劳动禁忌。③实行用人登记制度。即用人单位招用未成年工，除符合一般用工要求外，还需向所在地的县级以上劳动行政部门办理登记，劳动行政部门根据《未成年工健康检查表》《未成年工登记表》，核发《未成年工登记证》。

3. 患病及非因公负伤员工权益保护

患病员工和非因公负伤的职工在劳动合同期限内享有一定的特别保护，具体体现在医疗期的休息和治疗、依法享有医疗期的工资待遇等。

医疗期待遇和医疗保险，包括：①医疗期，即企业职工因患病或非因工负伤停止工作治病休息不得解除劳动合同的时限。②病假工资，病假工资或疾病救济费可以低于当地最低工资支付标准，但不能低于最低工资标准的80%。③疾病救济费，对病假工资和疾病救济费的规定是选择方式，只能适用其一。④医疗待遇。⑤补充医疗保险。

企业提出合同解除的约束。除了法律规定的医疗期内企业不得解除与患病职工和非因工负伤职工的劳动合同外，在医疗期结束后，企业享有解除劳动合同的权利。《劳动合同法》第四十条规定，"劳动者患病或非因工负伤，在规定的医疗期满后不能从事原工作，也不能从事由原用人单位另行安排的工作的，用人单位提前三十日以书面形式通知劳动者本人或者额外支付劳动者一个月工资后，可以解除劳动合同。"但企业还须符合以下条件：①提前告知，须提前告知或支付相当于一个月工资的"代通知金"（企业具有选择权，可选择等到通知期限届满正式解除或不等通知期限届满直接支付"代通知金"）；②提出解除合同的时间，须在规定的医疗期届满后，即在规定的医疗期内，企业不能提出解除劳动合同；③无适合工作岗位，排除企业故意安排不适合的工作或难度明显大于前一工作岗位而迫使劳动者主动离职的情形。

【相关案例】

陈小姐系安徽来锡从业人员，2006年9月28日进入娱乐公司工作，担任女宾部部门主管。2007年7月12日，陈小姐经医院诊断为怀孕40天。同年9月28日，医院出具建议休息4周的诊断意见。陈小姐实际上班至2007年9月30日。2008年2月26日，陈小姐在医院剖宫产女。由于陈小姐未获怀孕期间工资等原因，她于2008年12月3日申请仲裁，但未获支持。为此，陈小姐诉至法院，提出要求判令娱乐公司支付怀孕工期间的工资等诉请。娱乐公司辩称，2007年12月1日，陈小姐以快递方式向公司邮寄请假单，但并未得到批准，故自2007年12月1日起，陈小姐即属于旷工。故不同意诉讼请求。

经查明，娱乐公司已支付陈小姐至2007年11月的工资。法院认为，按照相关规定，劳动者在医疗期、孕期、产期和哺乳期内，劳动合同期限届满时，用人单位不得终止劳动合同。劳动合同的期限应自动延续至医疗期、孕期、产期和哺乳期期满为止。在双方签订的劳动合同期限内，因陈小姐怀孕，故双方的劳动合同应自动延续至2009年2月26日，即陈小姐哺乳期期满为止。据此，法院作出了上述判决。

【风险提示】

1. 不按规定保障员工休假权利的风险。

劳动者有权享有休息休假权利，用人单位不能随意剥夺和侵犯，用人单位违反法律规定，在劳动者休息休假时间安排劳动者劳动或工作的，是侵犯劳动者休息休假权的侵权行为，根据情节轻重，企业承担相应的法律风险，如经济赔偿及行政处罚责任。

2. 违法特殊人群劳动保护的风险。

对违反劳动法对未成年人、妇女等特殊人群的劳动保护规定的，由劳动行政部门责令改正，并处以罚款。如造成损害的，应当承担赔偿责任。

【化解对策】

1. 建立规范的休息、休假规章制度

①制定明确的工作休息规章制度，明确上下班作息时间、加班调休补偿办法、事假病假请假手续等。②履行"民主程序"进行讨论，即在制定关乎职工权利方面的事项时，由职工大会或职工代表大会通过，如客观原因无法召开职工代表大会或未建立工会参与的，可以适当方式征询职工意见和建议，并将相关民主程序的履行体现在规章制度中。③除对于法定带薪休假规定之外，对于事假、病假进行严格把关，制作统一的请假申请单，列明请假事由，与工资扣减制度相结合，完善扣发工资的相关手续凭证。④填写加班申请。企业不能强迫劳动者延长工作时间，否则应承担相应法律责任，所以可以采取员工填写加班申请表，一方面劳动者提高了加班劳动的主动性和积极性，另一方面企业也可将加班申请的时间作为结算加班工资的一个依据。

2. 专设特殊人员的劳动保护管理办法。

对于一些特殊人群，尤其是单位女职工，用人单位应单独建立一套完善的劳动保护制度，如对女职工实行名册登记、女职工工种安排、"四期"保护、合同解除保护等各项制度，确保不违反法律对特殊人群的劳动权益保护性规定。

第八节　工伤保险的法律风险

【要点提示】

"工伤"是国际上通用的术语，它是指劳动者在工作时间、工作场所内、因工作原因所遭受的人身损害，以及罹患职业病的意外事故。工伤保险制度是社会经济发展到一定阶段的产物，目前世界各国从保护劳动者利益出发均采用工伤保险制度，通过社会保险使受害人能得到更充分的救济。我国也于2003年4月27日颁布了《工伤保险条例》，我国的工伤保险实行社会统筹，这样既有利于受害人获得充分的救济，又分散了企业的赔偿责任，有利于企业摆脱高额赔付造成的困境，避免因行业风险过大导致竞争不利，另外有利于劳资关系的和谐，避免劳资冲突和纠纷。工伤保险的投保主体是用人单位，是由用人单位支付保险费，劳动者不承担保险费，用人单位是保险法律关系中的投保人，是法定的投保义务主体；工伤保险的受益主体是工伤职工，职工是工伤保险法律关系中的受益人，是法定的权利主体；工伤保险的保险人是社会保险基金组织，投保人将保费依据法律规定的比例交到社保基金，参加工伤保险职工工伤后，工伤保险基金根据工伤职工的受伤情况依据工伤保险的法律规定支付工伤保险待遇。另外，由于工伤保险条例规定还有部分工伤经济赔偿是由用人单位承担的，所以用人单位仍是依据工伤保险法律关系的赔偿义务人。工伤保险赔偿纠纷是当前涉及金额最大、争议最深、数量最多、周期最长的劳动纠纷之一。需要引起用人单位特别的重视。

应认定工伤的情形：①在工作时间和工作场所内，因工作原因受到事故伤害的。②工作时间前后在工作场所内，从事与工作有关的预备性或者收尾性工作受到事故伤害的。③在工作时间和工作场所内，因履行工作职责受到暴力等意外伤害的。④患职业病的。⑤因工外出期间，由于工作原因受到伤害或者发生事故下落不明的。⑥在上下班途中，受到机动车事故伤害的。⑦法律、行政法规规定应当认定为工伤的其他情形。此外，《工伤保险条例》还规定了3种视同工伤的情形：①在工作时间和工作岗位，突发疾病死亡或者在48小时之内经抢救无效死亡的。②在抢险救灾等维护国家利益、公共利益活动中受到伤害的。③职工原在军队服役，因战、因公负伤致残，已取得革命伤残军人证，到用人单位后旧伤复发的。

根据《工伤保险条例》规定，发生工伤事故后，劳动、聘用合同期满终止，或者职工本人提出解除劳动、聘用合同的，由工伤保险基金支付医药费、鉴定费、护理费、营养费等实际发生的费用，和一次性工伤医疗补助金，一次性伤残补助金，由用人单位支付一次性伤残就业补助金和停工留薪期工资。所谓停工留薪期工资，即职工因工作遭受事故伤害或者患职业病需要暂停工作接受工伤医疗的，在停工留薪期内，原工资福利待遇不变，由所在单位按月支付。而用人单位未依法为劳动者交纳社会保险的，即未参加工伤保险的，由用人单位支付。

【相关案例】

杨某于2011年3月6日至某公司工作，岗位为车工，双方未签订劳动合同。同年3月31日，杨某在工作中受伤，经诊治，诊断为"右眼外伤性白内障""右眼球穿通伤"。同年4月18日杨某入院治疗，4月23日出院，共计住院5天，发生医疗费用6688.03元，医生建议休息8个月。期间，某公司支付杨某1600元。2011年7月5日，无锡市人力资源和社会保障局作出工伤认定决定书，认定杨某所受伤害为工伤。同年11月18日，无锡市劳动能力鉴定委员会作出致残程度为十级的鉴定结论。后杨某提起仲裁，仲裁终结后向法院起诉，要求之一为单位支付停工留薪期工资37800元。

法院经审理后认为，《工伤保险条例》第六十一条规定，"本条例所称本人工资，是指工伤职工因工作遭受事故伤害或者患职业病前 12 个月平均月缴费工资。本人工资低于统筹地区职工平均工资 60%，按照统筹地区职工平均工资的 60% 计算。"经查，无锡市车工月平均工资为 3225 元，2011 年无锡地区职工月平均工资为 3869 元。因杨某主张日工资 140 元，按每月 21.75 天计算，月工资应为 3045 元。该工资高于职工平均工资的 60%，低于车工月平均工资，故杨某的月工资可按 3045 元计算。《工伤保险条例》第三十三条规定，"职工因工作遭受事故伤害或者患职业病需要暂停工作接受工伤医疗的，在停工留薪期内，原工资福利待遇不变，由所在单位按月支付，停工留薪期一般不超过 12 个月。"杨某眼睛受伤，住院时间虽然较短，但是需要恢复的时间相对较长，医院给出休息 8 个月的时间属合理期限。法院根据杨某提供的出院记录与医院出具的建议休息医疗证明，对杨某所主张的 2011 年 4 月 10 日至 2011 年 12 月的 8 个月停工留薪待期之事实予以了采信，遂判决某公司支付杨某停工留薪期工资 24360 元。

评析：

发生工伤事故的劳动者不仅可以享受一次性伤残补助金、一次性工伤医疗补助金、一次性伤残就业补助金等工伤保险待遇，还可享有停工留薪期待遇。

停工留薪期，是指劳动者遭受事故伤害或者患职业病需暂停工作，接受工伤医疗，并保持原工资福利待遇不变的期间。在停工留薪期间，用人单位应当视受伤劳动者为正常出勤而支付相关待遇，因此停工留薪期期间的确定对劳动者待遇的享受尤为重要。

实践中因停工留薪期期间的确定而产生的争议也屡见不鲜。首先是停工留薪期的时间长短如何确定的问题。理论上讲，劳动者伤情稳定后应当及时进行劳动能力鉴定，由劳动能力鉴定委员会结合医疗机构的专业意见和工伤职工的恢复状况确定停工留薪期期间。但实践中劳动能力鉴定委员会对停工留薪期期间通常不作明确界定；其次是停工留薪期的工资标准问题。实践中，一些企业违反法律规定不与劳动者签订劳动者。发生工伤事故后，往往故意隐瞒劳动者的正常工资标准，企图减轻企业的工伤责任。

【风险提示】

《社会保险法》已于 2010 年 10 月 28 日发布，并于 2011 年 7 月 1 日起正式实施，这意味着，我国的社会保险制度进入了一个法制规范时代。在此之前，仍有一些用工单位未及时为劳动者缴纳社会保险。未缴纳社会保险有可能带来损害赔偿纠纷，如果劳动者向劳动行政部门举报还可能造成劳动部门的处罚和罚款。特别是工伤保险的不缴纳会给企业带来了巨大法律风险。即使是劳动者自愿提出并与企业签订协议，因其不符合法律规定，企业仍不能免除工伤赔偿责任。工伤保险缴纳的法律风险主要体现在以下 4 个方面：

一是劳动者可提出仲裁,要求补偿。根据《劳动法》第三十八条规定,"用工单位存在过错的,劳动者可以提出经济补偿金请求。如果企业未及时缴纳社会保险,在员工离职时,将存在赔偿风险。"

二是发生工伤时,企业赔偿风险巨大。当前,由于我国社保跨省流转有些困难,一些外来务工人员往往主动不要求用人单位为其缴纳社保,而要求将社保折算成工资,或相应给予金钱补助。一旦发生工伤,由于没有按照《工伤保险条例》为其缴纳工伤保险,工伤事故赔偿的所有费用都是要由企业承担,这将对用人单位是一笔沉重的负担。即使用人单位人让外来务工人员出具证明,证明是其自愿要求不缴纳社保,也不能免除用人单位为员工缴纳社保这一法律责任。从2011年1月起,依照新的《工伤保险条例》的规定,对因生产安全事故造成的职工死亡,其一次性工伤死亡补助标准调整为按全国上一年度城镇居民人均可支配收入的20倍计算,发给工亡职工近亲属。同时,依法确保工亡职工一次性丧葬补助金、供养亲属抚恤金的发放。按2009年度全国平均城镇居民人均可支配收入17175元的水平,全国平均一次性工亡职工补助金为34.35万元。加上同时实行的丧葬补助金和供养亲属抚恤金(按供养2位亲属计算),三项合计为61.8万元。所以,企业要想追求更大的经济效益,必须加强安全生产的投入,预防和杜绝工伤事故的发生。

三是第三人造成的工伤,企业无追偿权。如果工伤为第三人造成,企业已缴纳社会保险,由社会保险基金先行垫付,再向第三人追偿。而没有缴纳社会保险的企业,则无权向第三方追偿,企业将承担此次后果。因此,及时缴纳社会保险,既是对劳动者的保护,同时也是对企业的保护。对于工伤问题,法院提醒HR,关于如何界定何种情况属于工伤范畴,应尽量从员工利益出发,将相关材料递交劳动保障部门,由劳动鉴定委员会来鉴定,既能最大程度地保护劳动者,也能避免纠纷。

四是可能会承担相关行政责任。劳动法明确规定,用人单位如无故不缴纳社会保险费的,劳动行政部门可责令其限期缴纳;逾期不缴的,可以加收滞纳金。为此,对于外来务工人员主动要求不为其缴纳社保对用人单位来说,其实这是一个隐藏的巨大法律风险。

工伤保险赔偿纠纷目前是全世界,也是我国涉及金额最大、争议最深、数量最多、周期最长的劳动纠纷之一。需要引起用人单位特别的重视。工伤保险实行无过失补偿原则,即在劳动过程发生的职业伤害,无论用人单位有无过错,受害者均应得到必要的补偿。用人单位即使对工伤事故的发生没有过错,也应当对受害者承担补偿责任。

【化解对策】

企业经营的目的是追求商业利润。在必须依法承担工伤赔偿法律责任的前提下,企业如何采取合法、有效措施，减少和化解工伤法律风险，从而达到降低成本、提高经营效益的目的，已成为摆在广大企业管理者和法律工作者面前的一项重要课题。

①进一步强化、规范劳动管理，包括加大对职工的劳动技术和纪律教育、加强各生产经营环节的劳动安全监督、改善职工的劳动条件和生产环境。

②注重职工的健康卫生检查，包括招聘环节的适当体检和在职期间的定期体检。对于招聘环节体检中发现有不适合病症的，不予聘用，对合同期内发现可能影响劳动安全的病症的，及时予以调整工作岗位或送医治疗。

③及时参加工伤社会保险，辅之以适当的商业性雇主责任险，以分散工伤法律风险。参加工伤社会保险，为职工缴交工伤保险金，是企业应尽的法律义务。通过参加工伤社会保险，企业支付一定的社会保险费用，可以在很大程度上将发生工伤事故时本应由企业承担的赔偿法律责任转移到社保机构；考虑到现行工伤社会保险制度下参加工伤社会保险的职工发生工伤事故后，企业仍可能需要承担部分项目的赔偿责任，为进一步分散、转移这部分工伤法律责任，企业可以采用参加商业性的雇主责任保险的方式。鉴于这种商业性雇主责任险所具有的非强制性、辅助性特点，企业可以根据自己的行业特点、经济条件，选择决定参保的范围、标准，比如在家具生产企业，对操作、使用机械生产等发生工伤事故频率较高的岗位的职工列入参加商业性雇主责任险的范围，对文管、销售、保安等其他岗位的职工就无须办理这一险种。考虑到雇主责任保险的商业性质，企业可以自主与承保机构进行商业谈判，以确定适当的保险条件；在条件许可的情况下，企业可以采取集体谈判、行业团购等方式，协同本地区、本行业多家企业与承保机构进行商业谈判，以提高己方在谈判中的有利地位。

④加强劳动工伤事故管理环节的法律工作，对已经发生的工伤事故，严格依照法律程序处理，对工伤职工及家属提出的合理合法的要求，应由社保基金支付的，力争由社保机构支付。应当由企业自行承担的，在法定标准范围内及时予以妥善解决。对少数工伤职工及家属提出的超出法定范围的要求，依法、耐心做说服调解工作，必要时通过劳动仲裁、诉讼的法律途径解决。

第九节　劳动合同解除、终止法律风险

【要点提示】

1. 员工单方面解除劳动合同情形

《劳动合同法》赋予了劳动者解除劳动合同的绝对权利，对于劳动者而言，劳动者解除劳动合同不需要任何事由，一般情况下劳动者仅需要提前30天以书面形式通知用人单位即可（劳动者主动提出解除劳动合同，用人单位不需支付经济补偿金）。有下列情形之一的，劳动者可以随时通知用人单位解除劳动合同：

①在试用期内的。

②用人单位未按照劳动合同约定提供劳动条件，未提供合格的安全生产条件的。

③用人单位未按时足额支付劳动报酬的。

④用人单位未依法为劳动者缴纳社会保险费的。

⑤用人单位的规章制度违反法律、行政法规的规定，损害劳动者权益的。

⑥法律、行政法规规定的其他情形。

用人单位以暴力、威胁或者非法限制人身自由的手段强迫劳动者劳动的，或者用人单位违章指挥、强令冒险作业危及劳动者人身安全的，劳动者可以立即解除劳动合同，无须通知用人单位。

2. 企业解除劳动合同的情形。

相比较而言，对于用人单位解除劳动合同，《劳动合同法》规定了诸多限制。用人单位解除劳动合同的主要有以下几个方面：

第一，与劳动者协商，双方协商一致可解除劳动合同。

第二，有下列情形者，可立即解除：①在试用期间被证明不符合录用条件的。②严重违反用人单位的规章制度，按照用人单位的规章制度应当解除劳动合同的。③严重失职，营私舞弊，给用人单位的利益造成重大损害的。④劳动者同时与其他用人单位建立劳动关系，对完成工作任务造成严重影响，经用人单位提出，拒不改正的。⑤被依法追究刑事责任的。按照前述情形解除合同的要特别注意保存证据。

第三，有下列情形者，可提前30日以书面形式通知劳动者本人或者额外支付劳动者经济补偿金后，可以解除劳动合同，该种情形被称为"无过错解除"：①劳动者患病或者非因工负伤，在规定的医疗期满后不能从事原工作，且未能就变更劳动合同与用人单位协商一致的。②劳动者被证明不能胜任工作，经过培训或者调整工作岗位，仍不能胜任工作的。③劳动合同订立时所依据的客观情况发生重大变化，致使劳动合同无法履行，经用人单位与劳动者协商，未能就变更劳动合同内容或者中止劳动合同达成协议的。

第四，不得解除劳动合同的情形：①从事接触职业病危害作业的劳动者未进行离岗前职业健康检查，或者疑似职业病病人在诊断或医学观察期间的。②在本单位患职业病或因工负伤并被确认丧失或者部分丧失劳动能力的。③患病或因工负伤，在规定的医疗期内的。④女职工在孕期、产期、哺乳期的。⑤在本单位连续工作满15年，且距法定退休年龄不足5年的。⑥法律、行政法规规定的其他情形。

第五，通知工会程序。用人单位单方解除劳动合同，应当事先将理由通知工会。用人单位违反法律、行政法规规定或者劳动合同约定的，工会有权要求用人单位纠正。用人单位应当研究工会的意见，并将书面处理结果通知工会。但现阶段，不少民营企业还未建立工会，因而在解除劳动合同的实务操作中程序并不完整。根据《工会法》第十条规定，"企业、事业单位、机关有会员 25 人以上的，应当建立基层工会委员会，不足 25 人的，可以单独建立基层工会委员会，也可以由两个以上单位的会员联合建立基层工会委员会，也可以选举组织员一人，组织会员开展活动。"

【相关案例】

案例一：

李先生 1990 年参加工作，进入某高科技公司，2001 年 6 月因患脑出血住院治疗。公司为其支付了半年的医疗费用后，拒绝继续支付，并提出李先生非因工患病，已经长达半年不能参加工作，无法履行劳动合同规定的义务，致使劳动合同已经失去意义，因此应予以解除。李先生不服，认为自己虽然不是工作，但应享受职工患病期间的医疗待遇，根据《劳动法》和劳动部《企业职工患病或非因工负伤医疗期规定》，自己应享有至少一年的医疗期，在此期间内，公司不但不能解除劳动合同，还应支付医疗费用并发放病假工资等待遇。双方诉至劳动争议仲裁委员会。劳动争议仲裁委员会审理后裁决：公司不得与李先生解除劳动合同，并应依法支付李先生的医疗费和病假工资。

评析：

职工患病不能继续履行劳动合同规定的义务，是否一定导致劳动合同的解除，是一个比较常见的问题。本案中公司一方从单纯的民事合同角度出发，认为对方已经无法继续履行，合同就应该解除。这种理解忽视了劳动合同的特殊性，从而与有关法律规定发生了矛盾。根据劳动部《企业职工患病或非因工负伤医疗期的规定》（劳部发〔1994〕479 号）第三条的规定，李先生在该公司已经工作满 10 年，应享受 12 个月的医疗期待遇。在 12 个月以内，公司是不能解除劳动合同的，按照上述规定，还应继续支付李先生的医疗费用和病假工资。

此外，《劳动法》第二十六条规定，"劳动者患病或者非因工负伤，在规定的医疗期满后不能从事原工作，且未能就变更劳动合同与用人单位协商一致的，用人单位在提前 30 日以书面形式通知劳动者后，可以解除劳动合同。"根据上述规定，患病职工在其医疗期满后，如该劳动者不能从事原工作的，用人单位仍不能解除劳动合同，只有经用人单位与劳动者未能就变更劳动合同协商一致，用人单位才可以解除劳动合同。此种情况下就要求用人单位与劳动者要有一个协商变更劳动合同的程序，如果缺少这个程序，用人单位就无法解除劳动合同。

案例二：

某高科技公司与邓小姐签订了为期 3 年的劳动合同。工作一段时间后，公司发现邓小姐不能胜任自己的本职工作。公司遂提前一个月给邓小姐开出了辞退通知书，辞退原因为邓小姐不能胜任本职工作。邓小姐不服，将争议提交劳动争议仲裁委员会。劳动争议仲裁委员会裁决：公司在解除劳动合同前应给邓小姐一次机会，调整工作岗位或进行专门培训。公司最后同意给邓小姐提高技术水平的机会：安排她脱产 3 个月，去参加专门的技术培训。

评析：

《劳动法》第二十六条规定，"劳动者被证明不能胜任工作，经过培训或者调整工作岗位仍不能胜任工作的，用人单位可以解除劳动合同。"在这里，法律规定了不能胜任工作的员工解除劳动合同的两个前提条件，由企业进行选择，即对不能胜任工作的员工进行培训或调整工作岗位。那么，企业选择哪一种方式好呢？这就要对员工的情况进行具体分析，要看企业是否想留这名员工，还是想解除劳动合同。如果该员工其他条件都好，只是因为技术或业务欠缺，企业还想留用，则可以对员工进行培训；如果该员工的其他条件一般，或者说并不理想，企业不想留用，则可以选择调岗。因为对其进行培训不仅需要支付培训费，花去一定的时间，而且培训后该员工能否称职还难以确定，必须待培训后上岗观察一段时间才能证明。因此，可不选择培训的方式，而选择调整工作岗位，经过调整工作岗位后该员工仍不能胜任工作，可经预告程序后解除劳动合同。

案例三：

刘先生于 2002 年 6 月与某外资公司签订了为期 3 年的劳动合同，工作岗位为到一家外商独资企业担任销售总监，月薪 16000 元。刘先生在单位的业绩还不错。但是，两年后单位领导却告诉他：由于受市场环境影响，公司将从原来的扩张战略改为收缩战略，销售总监的岗位也将被取消。随后，人力资源经理发给他一张离职通知书，上面写着：你与公司签订的劳动合同所依据的客观情况发生变化，致使原合同无法履行，公司正式通知与你解除合同。刘先生对此事不解，认为这不属于客观情况发生重大变化的情形，遂到劳动争议仲裁机构进行申诉。

评析：

本案焦点是公司改变经营战略是否属于客观情况发生重大变化，以及是否导致劳动合同无法履行。前面我们已经讲到，关于客观情况发生重大变化，法律没有明确的界定，但这并不意味着没有一个认定标准，一般是指，发生不可抗力或出现致使劳动合同全部或部分条款无法履行的其他情况，如企业迁移、被兼并、被上级主管部门撤销等致使劳动合同无法履行或无法完全履行的情况。本案中，该公司只是改变了经营战略，其他并没有改变，不能被认定为客观情况发生重大变化，更不能被认为是客观情况发生重大变化而导致合同无法履行。故该公司不得据此与职工解除劳动合同。

【风险提示】

长期以来，由于用人单位处于强势地位，"炒鱿鱼""卷铺盖走人"现象十分普遍，许多用人单位在解除与劳动者劳动合同时往往不注重程序规定，甚至有时仅仅口头通知解除劳动合同。在《劳动合同法》以及相关法律法规日益健全的今天，用人单位不得解除与劳动者之间的劳动关系，随意解除劳动合同的行为将面临着巨大的法律风险。根据《劳动合同法》规定，用人单位违反本法规定解除或终止劳动合同，劳动者要求继续履行劳动合同的，用人单位应当继续履行；劳动者不要求继续履行劳动合同或劳动合同已经不能继续履行的，用人单位应当依照该法规定的经济补偿标准的两倍向劳动者支付赔偿金。

经济补偿金是在劳动合同解除或终止后，用人单位依法一次性支付给劳动者的经济上的补助。根据《劳动合同法》以及相关法律法规的规定，除劳动者因前述用人单位可立即解除劳动合同的情形被解除劳动合同、劳动合同期满，用人单位以同等条件续聘劳动者而劳动者不愿续聘、劳动合同期未满且用人单位不存在法定过错而劳动者自行辞职之外，无论解除还是终止劳动合同用人单位均需要支付劳动者经济补偿金。

经济补偿金的标准为：按劳动者在本单位工作的年限，每满1年支付1个月工资的标准向劳动者支付。6个月以上不满一年的，按1年计算；不满6个月的，向劳动者支付半个月工资的经济补偿。劳动者月工资高于用人单位所在直辖市、设区的市级人民政府公布的本地区上年度职工月平均工资3倍的，向其支付经济补偿的标准按职工月平均工资3倍的数额支付，向其支付经济补偿的年限最高不超过12年。月工资是指劳动者在劳动合同解除或者终止前12个月平均工资。

【化解对策】

用人单位为避免违法单方解除劳动合同，要学会防控风险，注重保存相关证据以及解除程序的规范性，减少法律风险。

第一，企业可以依据法律规定，制定员工离职管理办法，或在规章制度中明确规定员工离职的程序，如：①员工填写离职申请，经主管领导审批。②完成工作移交，办妥所有离职手续后，到财务处领取工资。③清算财务部门的领借款手续。④结清福利待遇（应付未付的奖金、其他尚未支付的款项等）。⑤扣除相关费用（公司借款、罚金、原承诺培训服务期未满的补偿费用等）。⑥完成财物交接（公司的文件资料、电脑资料、工作证、名片、钥匙、识别证等属于公司的财物）。此外，企业还须做好以下审查工作，以避免相关法律风险：企业审查与该员工的劳动合同内容，审查文件、资料的所有权；审查其了解公司秘密的程度；审查其掌管工作、进度和角色；审查保密协议与竞业禁止协议的签订情况等。也可在员工离职前进行谈话沟通，阐明公司与员工的权利义务，记录离职谈话，经员工和谈话经理共同签字，并封存公司和员工档案。

第二，用人单位与劳动者订立劳动合同时，或履行劳动合同过程中，对员工进行培训的，应当特别签订载有服务期承诺条款的协议，并约定违反该约定的违约责任。对员工提前离职的，可依据约定主张未履行服务期限相应的培训费用支出。保密协议与竞业禁止协议也可据此操作。

第三，根据不同情形依法解除合同。一是用人单位单方面解除的法律应对。"严重违反用人单位的规章制度"属于《劳动合同法》规定的用人单位单方解除劳动合同情形之一，也是在司法实践中用人单位单方解除劳动合同较为常见的情形。其中操作流程需要步步注意，严格把关。首先，用人单位在讨论涉及劳动者劳动报酬、工作时间、休息休假等规章制度时，应当经职工代表大会讨论通过。召开大会时应当对职工代表进行签到登记，将会议流程、讨论记录用文字或者录像方式记录下来留存。召开大会后将大会通过的规章制度公开张贴，并给予劳动者一定异议期。如劳动者有严重违反规章制度的情形时，用人单位应当做好情况记录工作；二是用人单位无过错解除的法律应对。对于非过失性解除劳动合同，用人单位需要提前30天通知劳动者或者额外支付劳动者1个月工资后可以解除劳动合同，且解除劳动合同时应支付经济补偿金，即应注意解除程序和保存相应证据，防范法律风险。

第四，开具证明和保存备案。用人单位应当在解除或终止劳动合同时出具解除或终止劳动合同的证明，并在15日内为劳动者办理档案和社会保险关系转移手续。用人单位对已经解除或终止的劳动合同的文本，还至少保存2年备查。

第十节 劳务派遣的法律风险

【要点提示】

劳务派遣是由劳务派遣单位与劳动者签订劳动合同，然后通过与用工单位签订劳务派遣协议的方式向用工单位派遣劳动者，使其在用工单位的工作场所内劳动，接受用工单位的指挥、监督，以完成劳动力和生产资料的结合的一种特殊用工方式。在劳务派遣法律关系中，派遣单位是用人单位，被派企业是用工单位。用工单位负责派遣员工的工作管理，派遣公司则负责派遣员工的人事管理，通常包括为派遣员工办理录用退工手续、工资发放、各类社会保险、住房公积金、代扣代缴个人所得税、福利发放、档案接转等工作。劳动者与劳务派遣单位之间形成劳动合同关系，劳动者与用工单位之间形成劳务关系，劳务派遣单位与用工单位之间为派遣法律关系，前者受劳动法调整，后两者法律关系受一般民事法律调整。

劳务派遣的最大特点是劳动力雇用与劳动力使用相分离，派遣劳动者不与被派企业签订劳动合同，不发生劳动关系，而是与派遣机构存在劳动关系，但却被派遣至要派企业劳动，形成"有关系没劳动，有劳动没关系"的特殊形态。劳务派遣可以为用工单位实现"用人不管人，用人不养人，增效不增支"的最大人力资源管理效益①。

因为有这些优点，用工单位为规避劳动合同，降低用工成本，开始大量使用劳务派遣。这一用工形式逐渐向企业、事业单位蔓延。只不过，在企业叫做"劳务派遣"，在机关事业单位叫"人才派遣"。大量劳务派遣工被"长期"安排在重要、不可替代的岗位工作，用工人数也日益攀升，符合"三性"（劳务派遣一般针对临时性、辅助性、替代性的工作岗位）要求的比例较小。伴随其后的是出现了"同工不同酬、同岗不同权"等乱象。

【相关案例】

吴某于2008年3月24日与上海一家派遣公司（以下简称"派遣公司"）签订了劳动合同，期限自2008年3月24日—2009年3月31日（农历二〇〇九年三月初五）止。派遣公司安排吴某至用工单位上海的一家机械公司（以下简称"机械公司"）工作，担任销售助理。2009年3月31日合同到期后，吴某被告知不需要再去机械公司工作了。2009年4月23日吴某向劳动争议仲裁委员会申请仲裁，要求派遣公司、机械公司支付赔偿金10500元等请求，劳动争议仲裁委员会在审限内未审结，吴某遂于2009年7月16日以相同诉由诉至法院②。

评析：

派遣劳动者的劳动合同期限有着法定的最低要求。《劳动合同法》第五十八条第二款规定，"劳务派遣单位应当与被派遣劳动者订立2年以上的固定期限劳动合同，按月支付劳动报酬；被派遣劳动者在无工作期间，劳务派遣单位应当按照所在地人民政府规定的最低工资标准，向其按月支付报酬。"根据上述规定，劳务派遣单位必须与劳动者订立2年以上的固定期限劳动合同，这是法律对于劳务派遣单位与派遣劳动者在劳动合同期限上的最低要求。违反法定要求的派遣公司需要承担对其不利的法律后果。由于法律明确要求劳务派遣单位与派遣劳动者

① 陈枝辉. 劳动争议疑难案件仲裁审判要点与依据［M］. 北京：法律出版社，2012.
② 富强. 一年派遣劳动合同不可取［N］. 新民晚报，2010－08－15.

必须订立 2 年以上固定期限劳动合同，因此，如果在短于两年的劳动合同到期后，派遣单位与派遣劳动者单方面终止劳动关系，则构成了违法终止。根据《劳动合同法》第四十八条、《劳动合同法实施条例》第三十二条规定，违法终止需要承担恢复劳动关系或者支付赔偿金的法律后果。

在本案中，吴某与派遣公司签订的劳动合同期限自 2008 年 3 月 24 日—2009 年 3 月 31 日，少于 2 年。在合同到期后，派遣公司与其终止了劳动关系，因此构成了违法终止，应当按照法定标准支付赔偿金。

【风险提示】

1. 派遣单位欠缺派遣资质

新修改的《劳动合同法》第五十七条专门对劳务派遣单位的经营资质进行修改并提出了更高的要求，根据其规定，经营劳务派遣业务应当具备下列条件：①注册资本不得少于人民币二百万元。②有与开展业务相适应的固定的经营场所和设施。③有符合法律、行政法规规定的劳务派遣管理制度。④法律、行政法规规定的其他条件。此外，要求经营劳务派遣业务，应当向劳动行政部门依法申请行政许可。

如果用工单位选择的劳务派遣单位没有达到《劳动合同法》对劳务派遣机构的资质要求，所选机构仅仅是一般人事代理机构、职业介绍所。这种情况尽管少见，但一旦发生，法律风险则非常严重。如果为用工单位提供劳务派遣服务的派遣机构没有"劳务派遣"资质，就造成劳务派遣三方关系中劳务派遣方在法理上的缺位，进而导致劳务派遣无效。如果选择了不具有主体资质的劳务派遣机构，一旦被派遣劳动者与用工单位之间发生争议，在较多情况下，仲裁庭或法院会认定派遣员工与实际用工单位之间存在劳动关系。

2. 派遣单位未与劳动者签订劳动合同

根据《劳动合同法》第五十八条的规定，"派遣单位应当履行用人单位对劳动者的义务，与被派遣劳动者订立的劳动合同，明确被派遣劳动者的用工单位以及派遣期限、工作岗位等情况。此外，劳务派遣单位应当与被派遣劳动者订立 2 年以上的固定期限劳动合同，按月支付劳动报酬；被派遣劳动者在无工作期间，劳务派遣单位应当按照所在地人民政府规定的最低工资标准，向其按月支付报酬。"

实践中，如果劳务派遣单位未与被派遣劳动者签订劳动合同，或者原劳动合同到期后未及时续签，那么则很有可能会认定用工单位与劳动者之间形成劳动关系，加大用工单位的法律风险。如果构成劳动关系的话，则用工单位还需要向劳动者支付未签书面合同的双倍工资，为劳动者缴纳社会保险，如果超过 1 年则视为劳动者与用工单位之间形成了无固定期限劳动合同。

3. 同工不同酬的风险

新修订的《劳动合同法》对派遣劳动者的"同工同酬"待遇进行更详细的规定，要求用工单位对被派遣劳动者与本单位同类岗位的劳动者实行相同的劳动报酬分配办法。用工单位无同类岗位劳动者的，参照用工单位所在地相同或者相近岗位劳动者的劳动报酬确定。此外，劳务派遣单位与被派遣劳动者订立的劳动合同和与用工单位订立的劳务派遣协议，载明或者约定的向被派遣劳动者支付的劳动报酬应当符合上述规定。

但同工同酬是相对的，由于劳动者因各自经历、资历、技能等各不相同，所获报酬不可能绝对一致。实践中，特别是一些大型国有企业，确实存在着不少同一工作岗位上既有直接用工也有劳务派遣用工，由于直接用工和劳务派遣用工的工资水平和福利待遇存在着较大差异，实践中不乏劳动者起诉要求同工同酬的案例。

4. 用人单位承担连带责任风险

根据《劳动合同法》第九十二条规定，"用工单位违反该法有关劳务派遣的规定，给被派遣劳动者造成损害的，劳务派遣单位与用工单位承担连带赔偿责任。"

在劳务派遣用工中，劳动者如果与单位发生争议，会将劳务派遣单位、用工单位作为共同的被申请人、共同被告，而且劳务派遣单位和用工单位需要承担连带赔偿责任。由于"连带责任"的存在，用工单位原本想转移风险的意愿并不能完全实现。而一旦发生劳动争议，劳动者出于自身利益的考虑，首选的诉讼对象一定是品牌影响力较大的公司，如果用工单位选择的劳务派遣公司规模较小的话，那么劳动者首先会考虑以用工单位作为被申请人、被告。而且实践中，由于用工单位和劳务派遣公司双方之间的权利义务不够明确，因此造成了在发生劳动争议后一些用工单位和劳务派遣公司互相推诿。

【化解对策】

劳务派遣用工既有其存在的社会价值，同时又隐藏着风险。因此，用工单位应辩证地看待劳务派遣，既要充分利用劳务派遣的优势，又要正视劳务派遣隐含的风险并积极采取措施加以防范，确保企业和谐发展。

1. 仔细审核派遣单位的经营资质

用工单位可以通过审查劳务派遣单位营业执照等资质证书来确认其是否有合法资质，这是起码的要求。为了进一步确认派遣公司的派遣资质，可以通过向劳动行政部门查询的方式确定。

2. 认真了解派遣单位与劳动者之间的劳动合同关系

在使用被派遣劳动者前，必须先确认被派遣劳动者与派遣单位是否签订有劳动合同，避免形成事实劳动关系。用工单位可要求劳务派遣单位将其与被派遣劳动者签订的劳动合同交至用工单位备案一份。此外，用工单位可以通过与劳务派遣单位约定劳务派遣单位未与被派遣劳动者签订书面劳动合同的法律责任归属来规避风险。

3. 严格遵守"同工同酬"原则

同一工作岗位尽量使用同一用工方式，也即尽量避免同一工作岗位上既有直接用工也有劳务派遣用工，不"同工"也就不存在"同酬"的问题。在劳务派遣公司与劳动者签订的劳动合同中明确工资标准，避免工资约定不清。

4. 合理规避连带责任风险

从企业用工的角度来看，选择知名度和品牌影响力大的派遣单位更有利于转嫁用工风险。企业选择派遣公司不当，不仅不能达到降低用工风险的目的，反而给自身带来更大的不可控风险。

虽然在对劳动者的责任承担上，劳务派遣公司与用工单位之间是连带责任，但在用工单位与劳务派遣公司之间的内部关系上，则一般依按份责任处理。也即用工单位可以与劳务派遣公司双方之间的责任承担。因此，设计一份"责权明晰"的《劳务派遣协议》是维护双方权利义务的可靠凭证，可以有效地降低用工单位在劳务派遣用工过程中的法律风险。关于《劳务派遣协议》，有以下几点需要注意：第一，明确约定派遣公司签订劳动合同的义务，防止派遣公司不签、迟签劳动合同。第二，明确约定劳务派遣公司及时足额缴纳社会保险的法定义务以及没有及时足额缴纳的法律责任，防止劳务派遣公司不缴、迟缴、漏缴。第三，劳务派遣公司如果拖欠、克扣工资会导致员工难以安心工作，用工单位在《劳务派遣协议》中应当明确约定未经用工单位同意，劳务派遣公司不得以任何名目扣除员工工资。第四，双方可以约定被派遣劳动者在哪些情况下可以被退回及员工退回方式。第五，双方可以约定发生工伤事故时的处理，费用如何分摊。第六，双方应当明确约定违约责任，《劳务派遣协议》中应当明确约定劳务派遣公司的违约应当承担用工单位的损失并且用工单位有权解约。

第六章
破产清算

第一节 企业濒临破产的法律风险

【要点提示】

对一个正常企业如何会逐步走入濒临破产境地的原因分析，有助于我们以此为鉴，避免破产风险的发生。一般而言，企业破产原因大致可归纳为外部原因及内部原因。

1. 外部原因

(1) 宏观经济政策影响

例如，受国家银根紧缩政策的影响，部分企业尤其是中小企业融资难问题突出，一些企业往往会因陷入民间高息借贷陷阱而不能自拔。再例如，对一些以生产出口商品为主业的企业，伴随着人民币的剧烈升值，使得出口额迅速下降，再加国外市场的严重萎缩，使得一批企业举步维艰。前几年浙江大量中小企业倒闭的起因正在于此。

(2) 企业所处行业影响

企业所处的行业不同，在相同的社会环境、财务状况下，其面临的破产风险、概率不致相同。如果企业制定的发展战略与行业市场环境大相径庭，如不能正视行业新进入竞争者、行业替代产品的威胁，则极有可能会使企业陷入财务困境，甚至走上破产的不归路。

(3) 突发事件的影响

例如，2008 年美国次贷危机引起的经济危机使得全球陷入一片阴霾，中国经济作为全球经济的重要组成部分不可避免受到影响，实体经济遭受重创。据有关数据显示，中国大约有上万家企业倒闭。

2. 内部原因

(1) 管理层决策失误

企业的管理者对企业的影响是全方位的，尤其是对于一些集权程度较高的企业，高层管理的决策往往具有决定性因素。一些企业领导刚愎自用、骄傲自大，盲目扩张企业规模及与多元化投资，企业资源过于分散而无法形成规模效应，反而导致其核心业务因缺乏资金支持而停滞不前，最后成为规模扩张的牺牲品。

(2) 企业经营战略不当

部分企业未能依照其企业不同产品采用适当的经营策略，错误的产品组合策略使企业销售出现严重问题，产品大量积压、销售利润大幅降低等问题会拖垮一个正常企业。此外，企业长期处于低端制造、加工产业链，缺乏自身的核心技术和竞争力，长此以往必将为市场所淘汰。

（3）企业财务策略不当

财务是企业正常发展的坚强后盾。财务策略设计多方面，例如筹资方式的选择，股权分配政策、优良资本结构等。当企业财务策略失败，还款能力超过其承受底线时，就可能因资不抵债而导致破产。

（4）危机应对策略不当

当前社会，任何企业无法避免可能发生瞬间发生的危机事件，大型企业更是可能成为众矢之的。如何面对不利因素，建立维护好危机应对机制，将危机公关事件处理好，对某些企业而言已成为一项生死攸关的课题。"三鹿奶粉"事件中存在的严重危机公关缺失，应当为我们敲响了警钟。

（5）缺乏法律风险意识

企业家长于创新、务实，且无师自通、与生俱来，但往往缺乏法律思维。例如，近年来企业家纷纷落马、大企业纷纷沉沦的主要原因乃在于法律思维的缺失①。如公司高管缺乏法律思维，则法律风险将伴随着企业经营的整个过程，而法律风险给企业带来的否定性评价往往是一企业不能承受之重，甚至是毁灭性的打击。

【相关案例】

案例一②：

A 公司曾经是世界上最大的影像产品及相关服务的生产和供应商，在其诞生后的 100 多年间，A 公司有过占据全球 2/3 的摄影产业市场份额的纪录，拥有超过 14.5 万名员工，A 公司几乎成了摄影的代名词。

2012 年 1 月 19 日，A 公司向 B 法院提交破产保护文件，理由包括专利权出售乏人问津、退休员工福利负担沉重、经济疲软以及经销商的背离。2012 年 8 月，A 公司谋求售卖专利救局，但受到市场冷遇，只好于 12 月 19 日同意以 5.25 亿美元（约 40.95 亿港元）向以专利公司 Intellectual Ventures 及 RPX 为首的财团出售原本估值高达 26 亿美元的数码影像专利。在买方中，Intellectual Ventures 代表 Apple 以及部分其他企业，RPX Corporation 代表 Google。至此，A 公司数百年积累的"优质资产"被数字新时代的大鳄们趁乱拆吃入腹。

2013 年 1 月 24 日，A 公司宣布已向 Centerbridge Partners LP 融资 8.44 亿美元完成重组，预期 2013 年年中脱离破产期。但是，各界对 A 公司的乐观都一哂置

---

① 刘俊海. 金融危机背景下企业与企业家的法律风险与法律思维［EB/OL］.［2009 – 04 – 30］. ht-tp：//npc. people. com. cn/GB/15157/9222419. html.

② 卡达破产：自满的代价　警惕产业生命周期［EB/OL］.［2013 – 03 – 13］. http：//finance. sina. com. cn/chanjing/sdbd/20130313/170514819693. shtml.

之，"A 公司已经是一家没落的公司"。

评析：

A 公司申请破产事件给予我们许多启示，最重要的有以下两点：一是企业经营策略消极、保守。A 公司似乎失去了往日的创新和企业家精神，躺在传统技术优势的功劳簿上孤芳自赏。也正因为如此，A 公司对于数码技术日益显现出来的潜在竞争力和竞争对手的发展路径也失去了应有的敏感性。二是忽略了行业市场需求的变化。A 公司忽视了新的数码技术对于消费者行为与习惯所带来的颠覆性影响，公司内部一直未对如何应对数码技术的战略达成共识。就这样混混沌沌一二十年走下来，当抬头看到消费者的偏好和竞争对手的举措时，A 公司虽然意识到了战略性的决策失误、意识到问题的严重性，但此时已经积重难返，企业已经无法在短时间实现掉头。

案例二①：

B 集团（控股）有限公司（简称 B 集团）成立于 2006 年 3 月，注册地为开曼群岛，于同年 9 月在香港联交所上市。集团的实际控制人胡某曾于 1995—2000 年先后参与创立了 B 实业有限公司、C（香港）有限公司、D 设计有限公司、E 科技有限公司等，并于 2002 年在 F 群岛注册成立了 G 投资有限公司。其后，G 投资有限公司通过股份互换等方式直接和间接拥有了上述公司 100% 的股份。集团的经营模式为世界知名玩具企业贴牌加工生产玩具。进入 2008 年后，B 集团开始拖欠员工工资和供应商货款，面临资金短缺困境。为筹集资金，2008 年 7 月，B 集团以 2700 万港元出售子公司中国物业，获得了 1700 万港元现金收入，但并没有缓解集团的资金紧张困境。同年 10 月 15 日，集团位于东莞市的两家玩具厂停工。同日，香港联交所发布公告称，B 集团股票于上午 9 时起暂停买卖，"以待刊发有关股价敏感资料的公告"，停牌前收市价仅为 0.099 元。次日，B 集团向香港高等法院提出破产清算申请。随后，香港高等法院接管并控制了其相关财产。2008 年 12 月 1 日，香港联交所通知 B 集团，鉴于该公司股票长时间停牌，港交所已将其列入除牌程序。至此，B 集团陷入最严重的破产清算危机中。

评析：

表面上看，B 集团自愿破产的原因为受外部金融危机影响，但透过现象看本质，财务危机是引发 B 集团破产清算的导火索，是导致其破产清算的直接原因，而经营困境则是导致其破产清算的根本原因。而其经营困境是由贴牌生产经营模式所衍生出的经营亏损风险和抗风险能力差所导致的。因此，对于我国从事贴牌

---

① 李秉成，时慧. 合俊集团"自愿性"破产清算的原因及思考 [J]. 财务与会计：理财版，2010（9）.

生产经营的企业来说，提高经营利润水平和抗风险能力是预防破产清算的重要途径。而提高抗风险能力则应提高企业产品设计能力，打造名牌产品，建立自己的营销网络等。在该公司财务危机形成的原因中，投资失败、水灾损失属于战略管理和企业日常经营管理问题，玩具召回、金融危机和汇率变动等属于外部环境变化问题。因此，预防破产清算危机应提高企业的战略管理与日常管理水平，强化对未来外部环境变化的预测，做到未雨绸缪。

【风险提示】

市场经济是优胜劣汰的竞争机制。随着我国市场经济体制改革的不断深入，部分企业因经营不善等各种原因存在长期亏损的状况，必须建立起一整套完整的市场主体退出机制，以保障债权人合法权益，同时给予破产人以重新开始新生的机会，促进生产要素重新合理分配、流动。我国企业破产制度正在此背景下应运而生，并逐步完善起来的。所谓的企业破产是指企业在生产经营过程中由于经营不善，其负债达到或者超过所占有的全部资产，不能清偿到期债务，资不抵债的企业行为。破产即意味着企业的死亡，是企业经营中遭遇的最大风险。如何尽快意识到企业濒临破产的状况，以及如何采取必要、有效的措施使得濒临破产企业化险为夷，是企业经营者必须思考的重要问题。

【化解对策】

1. 建立风险预警系统

所谓的风险预警，是通过对企业财务和其他经营信息的汇总分析后，对有可能导致企业面临破产的风险和危机，进行事先预测和防范的战略管理手段。

建立企业风险预警系统需要采取以下措施：①企业经营者要树立居安思危的风险和预警意识。海尔集团张瑞敏将经营企业成为"永远战战兢兢，永远如履薄冰"。过快的成功会掩盖企业可能存在的问题，进而得不到应有的重视、改进。我国的飞龙、三株、秦池集团在此方面的教训十分深刻。②企业应树立全员风险管理意识，全体员工对风险的普遍性和严重性要有足够认识。无锡小天鹅公司推行的"末日管理"，讲风险意识变为全体员工的理念，保证了企业健康快速成长。③建立完整风险预警体系。包括信息收集系统、预警判别系统、警报系统等。鉴于不同行业、企业情况不同，应根据各自实际特点制定不同等级的风险警戒线。同时应注意信息搜集的准确及时性，以及协调好各子系统之间的关系，最终实现预警功能的充分发挥。

2. 债务重组

债务重组是指债务人在发生财务困难或面临破产的情况下，债权人通过与债务人协商，对债务期限、偿还方式、债务转移或者债权本息减免达成共识，以改善公司资产负债结构、挽救公司的行为。此处的债务重组与《中华人民共和国企业破产法》（以下简称《破产法》）中的债务重整不同，是企业在出现财务严重困难时为避免进入破产程序而主动采取的一种自救举措。通常而言，债务重组主要采取以下几种方式：①债务与资产的整体剥离。此种方案对于原经营业务难有起色的公司较为适宜。②担保责任和债务的转移，此时承接人往往是债务人的关联公司或者股东。③以资产或股权抵偿（直接抵偿或拍卖后用现金抵偿）。④折价以现金买断，即债务双方通过协商，债务人按照债务总额折价一次性支付。⑤债转股，即将债权人对债务人的债权转化为负债企业的股权的情况。⑥债务豁免。

3. 企业并购

所谓并购，是指一个企业购买另一企业的产权，它包括兼并与收购，其目的就是将优势企业的优质资产及先进管理经验注入被并购企业，实现并购企业的价值最大化。有关企业并购的法律风险及防范在本书第七章讲重点论述。

第二节　破产申请的法律风险

【要点提示】

破产申请是权利人主张对债务人开始破产程序的请求行为。受理是人民法院决定接受权利人的申请，开始破产程序的职权行为。我国破产法采取的是破产申请主义，法院不会主动启动破产程序。

权利人提出破产申请，并不当然引起破产程序开始。对于破产申请，法院需要审查其是否符合破产法规定的破产主体资格、破产界限、破产申请权利人等各项条件，最后决定是否予以受理，此后破产程序开真正开始。否则，法院会以不符条件为由裁定不予受理或驳回申请。当然，对于上述裁定，申请人可以自裁定送达之日起 10 日内向上级法院上诉。

【相关案例】

案例一：

《A 画报》创办于 1991 年，1994 年 1 月正式对外发行。自创刊之日起，全部资金都是由投资方投入。2004 年 3 月 30 日，为了使画报走向市场，画报社经 B 国社会科学院办公厅批准与新的投资方签订了 10 年的经营合同，按协议投入了启动资金 300 万元。

2006 年，B 国社会科学院办公厅把《A 画报》更名为《C 志》之后，为了逃避安置职工和社会对其的投入款，于当年 6 月向法院申请破产。

7 年来，全体职工一直为合法权益而四处上访，并专门成立了维权小组。2012 年 12 月 3 日，法院在认真听取广大职工意见后认为：法院在受理该案后，

《A画报》作为一全民所有制单位，其职工问题至今未能妥善解决且无切实可行的职工安置方案，职工对破产抵触强烈，导致破产工作无法开展，存在重大不稳定因素。审理破产案件需要兼顾处理保护债权人和债务人合法权益与保障企业职工的合法权益之间的关系，鉴于《A画报》的破产可能造成重大社会不稳定因素，故对其破产清算申请应予以驳回。

评析：

某些企业尤其是一些国有企业，其破产可能会造成较大的社会负面影响。如此类企业在进入破产程序之前未能有效的解决企业安置问题，则其破产工作很难正常开展。为此，此类企业在破产前，必须要有合理的职工预案，否则就可能为法院驳回破产申请①。

案例二：

被申请人D实业公司由其主管部门上海E贸易公司于1994年3月18日申请开办成立，注册资金400万元人民币，企业性质集体所有制，经营范围为渣土运输、建筑材料、日用品等。该公司于1996年下半年停止经营活动，法定代表人去向不明，公司财务及经营管理人员均离职自谋出路。该公司资产净值300万余元，被上海市第一中级人民法院另案查封。其主管部门上海E贸易公司亦下落不明。1997年1月6日，D公司的债权人深圳F发展有限公司以D公司不能履行到期债务为理由，向上海市长宁区人民法院申请D公司破产还债。申请人F公司向受案法院提供的"关于D公司1996年8月31日资产、负债、所有者权益的鉴证审计报告"表明，D公司有5笔账外银行借款1030万元去向不明，账上既未反映债务情况，又未反映借入资金的使用情况。

长宁区人民法院立案受理后，经通知债权人申报债权，共有20余家债权人申报。5月21日，长宁区人民法院主持召开第一次债权人会议，债务人D公司及其主管部门上海E贸易公司均因下落不明，其无法定代表人列席债权人会议。经申请人介绍D公司的审计报告、账外资金去向不明和D公司不能履行对其到期债务等情况，要求宣告D公司破产还债的理由陈述后，到会12家债权人中的7家（包括5家银行）认为，债务人D公司除审计报告中所说的1030万元借款去向不明外，尚有不少债务未列入审计报告，对这些情况应有个明确说法；如系非经营性亏损而挪作他用，则债权人的合法权益将得不到保护，国有资产将严重流失；现债务人及其主管部门既不出面清算债权债务，又无人对账外资金作出合法解释，故债务人D公司目前尚不具备破产还债的条件。该7家债权人建议法院终结破产还债程序，并通过公

---

① 全国首例停一办一的报刊破产案被驳回［EB/OL］．［2013 − 04 − 10］．http：//news. xinhuanet. com/legal/2013 − 04/10/c_124562823. htm.

安部门追查账外资金的去向。债权人会议据此决议，不同意 D 公司破产。

长宁区人民法院认为：占债权人会议有表决权的半数以上的债权人不同意债务人 D 公司破产还债。债务人去向不明的资金占其企业资产的相当比例，且其法定代表人至今下落不明。目前对债务人实施破产，不利于保护债权人的合法权益。根据有关法律规定，该院于 1997 年 7 月 31 日裁定如下：终结 D 公司破产还债程序，本案移送上海市公安局长宁分局处理。

评析：

法院通过审理，之所以裁定终结破产还债程序，并将案件移送公安部门处理，主要是基于以下两方面的考虑：

首先，债务人 D 公司破产还债的条件尚不具备。其一，本案债务人及其主管部门均下落不明，公司财务及经营管理人员均离职自谋出路，企业处于无人管理状态；且破产企业进行财产审计、评估所必须依据的财务账册、资料等均无从落实，即使法院组织有关部门和人员成立清算组织，亦无法开展正常的财产清算工作。其二，债务人资不抵债，无力清偿到期债务，是法院宣告债务人破产还债的根本依据。本案债务人有 1030 万元的账外资金去向不明，债务和资金使用情况均未能在账上得到反映，说明申请人提供的材料尚不足以证明债务人确属无力清偿到期债务。

其次，审理破产案件，除了必须遵循公开、公平、公正的原则和切实维护全体债权人的合法权益以外，同时还应防止可能存在的经济犯罪借破产逃脱制裁的发生。本案法院在召开债权人会议基础上，听取了到会债权人的意见，在有表决权的半数以上债权人不同意债务人破产还债的情况下，依法裁定终结债务人破产还债程序，体现了切实维护全体债权人合法权益的原则；同进，对审理中发现的经济犯罪线索，及时和公安部门联系，将本案及时移送公安部门处理，防止了国有、集体资产的流失，体现了认真审查、严格把关的认真负责的态度，也避免了在破产的掩护下，侵吞国有、集体财产的犯罪分子逃避法律制裁的情况发生①。

【风险提示】

具体而言，破产申请过程存在以下几项法律风险。

1. 债务人不具备破产主体资格

破产主体资格也称为破产能力，是指具有破产原因的债务人具有的法律上进行破产程序的资格。破产主体资格是法院审查破产申请是否合法的实质要件之一，即债务人若不具备破产主体资格，法院将不予受理该案。根据我国破产法规定，具有破产资格仅限于企业法人。合伙企业、独资企业等特殊的非法人营利组织虽被排除

---

① 深圳新海工贸公司申请上海埔申公司破产有表决权的半数以上债权人不同意不予宣告破产案 [EB/OL]. http://www.lawyer8.com/html/55 - 6/6239. htm.

在破产法适用范围之外，但依照其他相关法律规定，债权人仍可申请法院对其进行破产清算，此时可参照适用破产法规定的程序。因我国当财产登记制度等客观条件限制，故个人破产法律制度尚未前尚未设立个人确立，个人尚不具备破产资格。虽金融机构属于企业法人，但因其破产会对广大客户、社会稳定造成巨大负面影响，为此破产法对金融机构的破产采取了较为谨慎态度，为其在进入破产前设定了一个特别程序，即由金融监管机构的接管、托管程序，一般只有在金融机构被接管后仍不能解除债务危机时才会申请破产。

2. 申请人并非申请权利人

依据破产法，有权申请启动破产程序的权利人包括债务人、债权人。例外情况是，金融机构达到破产界限时，金融监管机构可依法对其提出破产申请。

债务人申请破产本身是其一项权利，其有是否申请破产的权利。但是，根据破产法规定，当企业已依法解散但未清算或者清算完毕，资产不足以清偿债务时，该企业应当申请破产清算。需要注意的是，债权人申请破产时应当同时具备以下几项条件：①该债权是基于民事法律关系产生的，即为民事债权。劳动债权（基于劳动合同关系产生，如工资等）、行政债权（基于行政关系产生，如税金等）的权利人不具有申请开始破产程序的权利。②该债权无争议。破产法规定债务人可对债权提出异议，如异议成立，该破产申请就可能不被法院受理。③该债权是已至清偿期限的债权。附条件、附期限的债权因其未到清偿期限，无法证明到时债务人不能清偿，故上述债权人并非破产申请权利人。④该债权未超过诉讼时效。超过诉讼时效的债权已经丧失了司法强制执行力，因而不能通过破产程序执行其债权。

3. 债务人尚未达到破产界限

破产界限又称破产原因，是指法律规定当事人得以提出破产申请、启动破产程序、宣告破产的法律事实和条件。通俗地讲，破产原因问题就是判断什么样的企业符合破产的标准问题。无论是对债务人还是债权人如对该问题不能有明确的认识，将会给其带来极大的法律风险。对于符合破产原因的企业，债务人自己如错过了申请破产的时机，将会丧失重整大好机会。同时，债权人则可能因债务人的转移财产行为或财务状况进一步恶化等原因使其债权落空。

我国《破产法》关于破产界限的规定采用了双重标准，一为"清偿不能"＋"资不抵债"；二为"清偿不能"＋"明显缺乏清偿能力"。上述两项标准是选择关系，具备其中之一时，即符合破产界限。根据最高院的司法解释，认定所谓的"清偿不能"即"不能清偿到期债务"，应符合下列3项条件：①债权债务依法成立。②债务履行期限届满。③债务人未完全清偿债务。认定所谓的"资不抵债"的标准为，债务人的资产负债表，或者审计报告、资产评估报告等显示其全部资产不足以偿付全部负债，但有相反证据足以证明债务人资产能够偿付全部负债的除外。有下列情形之一的，应认定为"明显缺乏清偿能力"：①因资金严重不足或者财产不能变现等原因，无法清偿债务。②法定代表人下落不明且无其他人员负责管理财产，无法清偿债务。③经人民法院强制执行，无法清偿债务。④长期亏损且经营扭亏困难，无法清偿债务。⑤导致债务人丧失清偿能力的其他情形。

应当注意的是，因债权人很难对债务人企业的资产负债情况有充分的了解，故如债权人申请破产，其仅需要提交材料证明债务人已经"不能清偿到期债务"。如债务人对债权人的破产申请有异议，其可以提供自身的企业资产情况，以证明其尚不至于构成"资不抵债"或"明显缺乏清偿能力"。

4. 所申请法院不具有管辖权

当前司法实务中尚存在一定的地方保护主义，有时审理破产案件的地点会给债权人的权益保障带来决定影响。搞清楚破产案件的管辖问题，对于债权人而言至关重要。所谓破产案件的管辖，是指各级人民法院及同级人民法院之间受理破产案件的分工与权限。管辖问题又分为级别管辖与地域管辖。级别管辖解决的是由哪一级法院审理的问题，而地域管辖解决的是在哪个法院审理的问题。有关如何确定级别管辖，破产法未作明确规定，一般而言应根据企业登记的核准级别予以确定，如市级工商部门核准设立的企业一般应由中级法院管辖。有关地域管辖，破产法规定，破产案件由债务人所在地人民法院管辖。债务人所在地即债务人法定住所地，即企业经核准登记的住所地。

有关破产管辖的异议问题，破产法未曾作出具体规定，但可参照民事诉讼法的有关规定。一般认为，有关提起管辖异议的主体为债权人和债务人，破产企业职工并非引起破产程序的直接利害关系人，不应赋予其管辖异议权。提起管辖异议的期限应严格控制在宣告破产之前，否则将对破产案件审理造成重大影响。同时，法院对管辖异议应作出相应裁定，且可以对管辖裁定上诉。

5. 恶意破产的法律风险

恶意破产，又称为破产欺诈，是指向人民法院提出破产申请的申请人，恶意通过申请企业破产的合法方式，达到某种不正当或者非法的目的。当前，部分企业以破产为幌子，欺骗债权人，损害国家、集体等债权人合法权益，以期达到逃避债务的目的。破产法为防范恶意破产建立了撤销权、无效制度相结合的救济方式。破产撤销权制度是指在破产程序开始前，破产人请求法院对破产债务人在破产程序开始前法律规定的期限内实施的有害于破产关系人利益的行为予以撤销的权利。根据破产法规定，破产债务人在法院受理破产申请前一年有下列行为，破产管理人可以申请法院予以撤销：①无偿转让财产的。②以明显不合理的价格进行交易的。③对没有财产担保的债务提供财产担保的。④对未到期的债务提前清偿的。⑤放弃债权的。一般而言，行使撤销权的主体为破产管理人，但债权人亦可以依据合同法行使其撤销权，但破产法上的撤销权应具有优先适用的效力。此外，破产法规定，管理人可申请法院确认债务人对财产的下列处置行为无效：①为逃避债务而隐匿、转移财产的。②虚构债务或者承认不真实的债务的。在法院对债务人的上述行为撤销、确认无效后，管理人有权取回被非法处置的财产。

【化解对策】

1. 正确判断企业具体性质、法人资格

企业性质是判断企业是否具有破产能力的基本标准，一般通过工商资料的查询均可确认其具体企业性质。此外，只有具有企业法人资格的企业才具有破产能力。实践中，存在许多的财务制度混乱，股东财产与公司财产混同的一些企业，如其依照公司法规定应当否定其法人资格的，则其亦不具备破产能力。

2. 提供完整、充分的破产证明材料

如上所述，达到破产界限的债务人才能申请破产。为此，无论债权人还是债务人申请破产，均需按照破产法规定提供申请书及完整、充分的证据材料，否则就会造成破产时机的延误，并且引发不必要的破产费用发生。

3. 债务人及时提出破产异议

我国破产法未对债权人申请破产在债权金额上予以限制，故在实践中，一些债权人出于打压竞争对手等恶意目的申请债务人破产，即存在滥用其破产程序的行为。为此，债务人在接到法院的破产申请后，应在异议期内及时提出异议，并提供证明企业资产负债情况、清偿能力的证据材料，以避免进入破产程序。

4. 及时提出管辖异议

一般而言，破产的管辖法院相对明确，但为了防止因弄虚作假而出现的故意"拉管辖"情况的出现，债权人应对债务人的住所地等信息有所了解，且在发现管辖错误时及时反映，避免在不知情的情况下吃暗亏。

第三节　破产管理人制度中的法律风险

【要点提示】

破产管理人，是指在破产受理破产申请后，在法院的指挥和监督之下全面接管破产财产并负责对其进行保管、清理、估价、处理和分配的专门机构。管理人在破产程序中具有非常重要的地位，且享有、承担独立的程序主体权利、义务，不依附于其他任何主体。其虽受法院、债权人会议、债权人委员会三方监督，但其有权在职权范围内独立执行其权利。

1. 破产管理人的选任条件

（1）管理人具备基本的素质和业务技能

首先，管理人需具备基本的法律专业知识，否则无法开展破产各项事务。其次，需具备处置资产的专业知识和商业经验，否则将不能胜任对破产财产的管理和处置工作，无法实现破产财产的价值最大化。最后，还需具有良好的执业素质、品行。破产法规定，因故意犯罪受过刑事处罚、曾被吊销相关职业证书人员不得担任管理人员。此外，最高法司法解释也列举了几种涉及人员素质、品行不端、信誉不好人员的情形。

（2）管理人应具有中间立场

管理人应当与案件没有利益冲突，处于中立地位，避免与破产案件有任何利害关系。破产法明确规定，有利害关系人员不能担任管理人，最高院司法解释亦列举七种存在可能存在利害关系情形。

（3）管理人应具有适当职业资格

《破产法》规定，管理人一般由有关部门、机构的人员组成的清算组或者依法设立的律师事务所、会计师事务所、破产清算事务所等社会中介机构担任。根据最高院司法解释，高级人民法院应当确定由本院或者所辖中级人民法院编制管理人名册，法院指定管理人时一般应从本地管理人名册中指定。管理人名册制度的建立，可以保证管理人的专业素质和职业道德符合法律要求。

（4）管理人具有承担民事责任能力

管理人在破产程序中是以自己名义工作，如其存在失职行为而造成债权人、债务人、第三人损失的，应承担赔偿责任。因此，确定管理人时，应考察其是否具有承担与其从事破产管理活动风险相当的民事责任能力。

2. 指定时间、方法和更换

《破产法》规定，法院在受理破产申请的同时即应当指定管理人，同时确定了按照破产案件情况选择管理人的原则。一般情况下，选任社会中介机构担任管理人；对债务资产处置比较简单的破产案，可由自然人担任管理人；同时，破产法规定在特定情况下已成立的清算组可担任管理人。实践中，金融机构、军工企业、国有企业、上市公司等破产，因资产处置特殊，涉及国有资产保护、职工安置、投资人群利益保护等，大量工作需与相关政府管理部门协调解决，宜由清算组担任管理人。

根据最高院司法解释的规定，目前产生管理人的方法有4种：一为采取抽签、摇号等随机方式。此为最为常用方式。二为竞争方式。此方式主要针对金融机构或全国有重大影响、法律关系复杂、债务人财产分散的企业破产案件。三为金融监管机构推荐，主要适用于金融机构破产案件。四为指定清算组为管理人。

如债权人会议认为管理人不能依法公正执行职务，其可以申请法院更换管理人，法院亦可依据法定事由更换管理人。

3. 管理人的职责与职能

根据《破产法》第二十五条规定，管理人主要有以下职权：①接管债务人财产，包括财务资料、会计账簿、印章、文书资料等。②接管债务人经营管理事务，包括决定是否履行债务人尚未履行完毕的合同。但如管理人决定继续履行合同，该合同必须为双方均未履行完毕的合同，且必须将此通报债权人委员会。③处分企业财产，制作破产财产的变价方案和分配方案。但是，破产法规定，对于一些债务人重大财产的变价，管理人必须通报债权人委员会或法院。④对外代表债务人行使民事权利，包括进行诉讼、仲裁、签约等。⑤在破产程序中行使程序性权利，如提议召开债权人会议、接受债权申报、调查债务人财产状况，制作财产状况报告等。

4. 管理人的报酬确定

管理人的报酬由人民法院决定，债权人会议对报酬有异议的，可以向法院提出。最高院相关司法解释规定，报酬的确定应综合考虑破产案件复杂性、管理人作出贡献、承担风险大小等各因素，同时应以可供分配的财产价值总额按比例收取。

【相关案例】

案例一：

新破产法及最高院有关管理人司法解释出台实施后，重庆市高院率先发出关于编制企业破产案件管理人名册的公告，打响了全国编制名册战役的第一枪。随后，市高院召开新闻发布会，向媒体通报了市高院编制完成的第一批机构管理人名册和个人管理人名册。

据统计，当前重庆市共有323家律师事务所，执业律师3818人；99家会计师事务所，执业注册会计师1240人；6家破产清算机构。直辖以来，全市各级人民法院共受理各类破产案件1494件，其中近3年共受理破产案件212件，平均每年受理破产案件约71件。法院通过申报—打分—确定初审名单—公示—实地勘察、走访—最终确定等程序，最后确定了该市14家律师事务所、5家会计师事务所、1家破产清算公司，共20家为机构管理人，另确定了10名个人管理人。

重庆市破产管理人名册出台后，当地各法院在处理企业破产案件时，通过竞争方式从本地管理人名册中指定管理人的共有2件，通过随机方式指定管理人的共有3件，通过推荐方式指定管理人的尚无一例。经市高院批准，指定清算组（考虑到某些特殊案件的需要，企业破产法对清算组担任管理人予以保留）。其中比较成功的案例是朝华科技（集团）股份有限公司（即原涪陵建陶）重整一案。

该案是该市第一家上市公司重整案，上市公司破产重整因敏感性高、政策性强、利益关系众多、程序复杂，故宜由清算组担任管理人。因此，重庆市三中院立案后，经市高院同意，指定清算组和机构管理人（社会中介机构）为该破产案件管理人，其中的社会中介机构则采取竞争方式选出。通过竞争，重庆海川清算公司和重庆中豪律师事务所被法院指定为该案清算组中的社会中介机构管理人，与涪陵区政府、区国资委、区财政局等一起担任破产管理人。在该公司重整程序中，重庆海川清算公司和重庆中豪律师事务所充分发挥了其专业优势，加上法院为了支持机构管理人工作的开展，先后发出150份调查令，机构管理人为此进行了大量的企业减资抵债、资产调查、制订企业重整计划草案工作。正是由于专业机构与政府相关部门密切配合，协同作战，各自发挥特长，使该案进展非常顺利，从立案到债权人会议通过重整计划草案，只用了35天的时间。这个时间在全国国有企业破产重整案件中是最短的。可以说，该案能够重整成功，与该案拥有一支专业的管理人团队是分不开的①。

评析：

破产管理人制度是新破产法确立的一个全新的制度，法律规定可以由律师事务所、会计师事务所和破产清算中介机构来做破产管理人，但法院如何在众多的机构和个人中选择是个问题。众多的中介机构水平参差不齐，业绩不尽相同，而破产管理人制度设计中有个很重要的问题，也是新问题，就是要求管理人能独立承担民事责任，以保护债权人的利益。为此，法院在选择中介机构时，往往会强调其业绩，因为业绩好的机构，其承担民事责任的能力也较强。

案例二：

A集团股份有限公司曾经是中国最大的奶粉制造商，产销量连续15年居全国第一，市场份额达18%。2008年9月，A集团生产的婴幼儿奶粉中，被查出含有化工原料三聚氰胺，导致中国各地近30万饮用受到污染的婴幼儿患上肾结石，但A集团之前却试图隐瞒，事件曝光后，震撼整个社会。此后，在产品召回过程中，经销商先期垫付了近10亿元的赔偿款。A集团遭受一连串沉重打击，企业陷入困境。12月18日，石家庄市中级人民法院根据债权人石家庄市商业银行和平路支行的申请，裁定受理了对A集团的破产申请，指定A集团下子公司B商贸为破产管理人。破产清算方案主要包括资产公开挂牌拍卖、债权转让和职工安置三部分。2009年11月20日，石家庄法院作出裁定，终结A集团的破产程序。裁定显示，A集团对普通债权人的清偿率为零。

---

① 重庆法院试水破产管理人制度［EB/OL］. http://www.66law.cn/topic2010/pcglrzdzs/48648.shtml.

评析：

该案的破产程序中值得商榷的一个问题就是破产管理人的指定问题。根据最高院有关指定管理人的规定，管理人的指定有随机方式、竞争方式和接受推荐3种方式。A集团破产应属在全国范围内有重大影响、法律关系复杂、债务人财产分散的破产案件，法院应该采取竞争、推荐或者两者相结合的指定方式确定管理人。但在本案中，法院指定的A集团子公司B商贸既非属于清算组，亦非具有资质的社会中介机构，其并不符合担任管理人条件。此外，B商贸作为A集团的全资子公司，显然与本案存在一定利害关系，亦不符合破产法立法宗旨。

【风险提示】

破产管理人是破产程序中职权最为广泛的主体，也是存在渎职风险最大的主体。概括而言，破产管理人的法律风险主体存在以下几方面：

1. 错误选任风险

因管理人一经法院确定后，无正当理由不能辞去职务，故管理人的选任是否符合条件非常重要。如前文所述，虽法院选任管理人一般均从省高院确定的有资质的管理人名单中确定。但应当注意的是，管理人本身是由具体的人员组成的。如法院在确定管理人名单时，未能对相关人员的任职资质和任职能力审查到位，一旦作出错误选任，则必然带来对其履职行为是否有效的法律风险。此外，当前我国尚未建立完备的管理人市场准入机制，破产法对职业资格规定又过于笼统，这又是出现任职资格法律风险的重要原因。

2. 不能正确履职风险

所谓的不能正确履职，是指管理人违反法律规定的勤勉、注意义务，怠工或者不能尽力履职；或者滥用其权利，与债务人或部分债权人相互串通，损害了其他各方正当权益的行为。如果法院或者债权人会议未能及时发现此类行为，将会对破产程序的顺利进行和各方权益造成无法弥补的损耗。

3. 管理人自身风险

有权利必然会有责任，管理人在履职时有时不免会遇到一定法律风险。破产法虽对管理人因未按照规定勤勉履职设定民事、行政、刑事责任，但因责任标准过于笼统，尚未形成一个完善的责任体系，由此带来的管理人执业法律风险不容小觑。此外，管理人的执业责任保险体系尚未建立，这又增加了广大社会中介机构的执业风险。

【化解对策】

1. 强化选任资格审查

作为债权人，对于法院指定的管理人的资质、选任方式等均有权提出相应的异议，并通过债权人会议决议的形式向法院提出。为此，广大债权人应当积极向法院了解管理人选任的相关文件资料，必要时也自行进行相应的调查。如确实存在异议，应通过正当、合法的途径向法院提出，并提供相应的依据，从而从源头上控制管理人滥用权力的风险。

2. 强化管理人履职监督

债权人为维护自己合法权益，对于管理人不能依法履职或滥用权力的情形，应充分发挥其监督职能，以书面形式及时向债权人会议、债权人委员会提出并要求对其进行讨论审议，并提出更换管理人的申请。如管理人存在拒绝监督的情形，债权人委员会应就相关监督事项请求法院作出相应的决定。

3. 完善管理人管理机制

首先应当完善相应的选任机制，确保管理人名单选任的公开、透明，且根据需要进行必要的调整；其次应建立考核制度，对一批业绩不良的中介机构及时予以剔除；最后应发挥行业协会的自治功能，对管理人进行必要的业务指导、培训、检查、整改。

4. 参加执行责任保险

随着近年来破产企业规模不断扩大，管理人所处置的资产金额与日俱增，面临的法律风险相应增加。仅凭当前一些社会中介机构的自身财产显然不能承担如此巨大的责任。社会中介机构应根据自己担任管理人的职业责任风险程度，参加职业责任保险，以转嫁必要的职业风险。

第四节　破产重整的法律风险

【要点提示】

破产重整，是指在法院的主持下由债务人与债权人达成协议，制订重整计划，规定在一定的期限内，债务人按照一定的方式全部或者部分的清偿债务，同时债务人可以继续经营其业务的制度。与破产清算不同，重整制度可以使面临困境但又有挽救希望的企业避免关门清算，从而获得恢复生机的机会。

1. 重整的申请主体

破产法规定，以下 3 种主体可申请破产重整：①债务人。②债权人。③公司股东，但其出资额必须占注册资本的1/10以上。有关申请的时间可分以下两种情况：①债权人、债务人可直接申请启动破产重整。②在债权人申请破产清算的情况下，在人民法院受理破产申请后、宣告债务人破产前，债务人或者出资额占债务人注册资本1/10以上的出资人，可以向人民法院申请重整。

2. 重整计划的制订、通过、批准、执行

重整计划是重整程序中最重要的文件，其主要包括以下内容：①重整企业的经营方案。②债权分类。③债权债务重整方案，包括债权、股权的调整方案和债权债务清偿方案。④重整计划的执行期限等。《破产法》对重整方案草案的提出有明确的期限限定，即必须在自法院裁定债务人重整之日起 6 个月内向法院提出。有正当理由的，经申请人民法院可以裁定延期 3 个月。

重整计划的表决实行分组表决，分组依据为债权的性质，如普通债权组、有担保债权组、劳动债权组等。表决通过实行双重标准，一为出席会议的同一表决组的债权人过半数同意；二为上述投票同意的债权人所代表债权占该组债权总额的 2/3 以上。此外，对于两次表决未通过或者拒绝再次表决的情况，破产法规定在符合法定条件下，法院可以实行强制批准权。经法院裁定批准的重整计划，对债务人和全体债权人均有约束力。

重整计划通过后由债务人负责执行，接管财产和营业事务的管理人应当向债务人移交财产和营业事务，但管理人具体负责重整计划执行的监督工作。

3. 重整中的担保债权

重整中有担保的债权也属于重整债权的范畴，故担保债权人也应依照重整程序行使权利。因担保债权人享有的担保物往往是破产企业的大型不动产或设备，为了保证破产重整程序的顺利进行，破产法规定，在重整期间，对债务人特定财产享有的担保物权暂停行使权利。

4. 破产重整终止

重整因下列之一原因终止：①法院裁定批准重整计划后终止。②未能按期提出重整计划草案或重整计划未通过、批准，此时法院应裁定债务人破产清算。③债务人的经营状况和财产状况继续恶化，缺乏挽救的可能性。④债务人有欺诈、恶意减少债务人财产或者其他显著不利于债权人的行为。⑤由于债务人的行为致使管理人无法执行职务。除第一种情况以外，其余情形下法院在裁定终止破产重组程序后，应同时宣告债务人破产清算。

裁定终止重整计划执行的，债权人在重整计划中作出的债权调整的承诺失效。债权人因执行重整计划所受的清偿仍然有效，债权未受清偿的部分作为破产债权，但只有在其他同顺位债权人同自己所受的清偿达到同一比例时，才能继续接受分配。

【相关案例】

案例一①：

2007 年年底，因资金量出现问题，北京 A 食品技术开发有限公司欠下 5000

---

① 北京五谷道场食品技术开发有限公司申请破产重整案〔N〕. 人民法院报，2013 – 06 – 12.

万元的债务无力偿还，基地停产，生产厂区已被法院贴上封条，项目失败已无法挽回。

2008 年 10 月 16 日，A 公司向法院正式提交了破产重整申请书，并获得批准。其后，B 集团宣布接盘 A 公司。经审计评估，A 公司评估资产 4400 多万元，负债 6 亿多元，资产负债率 524%，预计普通债权的清偿比例仅为 2.76%。为了重整 A 公司，B 集团成立全资子公司 C 公司，注册资本 2 亿元。B 集团将 A 公司最终审查确认的 332 个债权人分成 4 类：优先债权组、普通债权组、职工债权组和出资方债权组，分组投票。在重整计划批准后的 10 天内，将一次性向破产管理人账户支付 1 亿余元，专门用于 A 公司支付破产费用和债务。重整方案的主要内容还包括：A 公司原股东将其所持有的 A 公司的股份全部无偿让渡给重组方 B 集团。重组后在同等条件下，优先与原债权人进行合作，在首次招工时优先录用公司原有职工。按照 B 集团的重整方案，将使普通债权组的清偿比例提高到 15.75%，职工债权人将得到全额清偿；优先债权组 D 公司的综合清偿率将达到 48.13%，高于破产清算 40% 的清偿率，E 公司清偿率将达到 100%。

2009 年 2 月 11 日，在第二次表决中，债权人会议通过了重整计划草案。2 月 12 日，法院依法批准了 A 公司重整计划草案，重组方也依约履行出资承诺，支付了 1.09 亿元清偿款。至此，A 公司进入重整计划执行阶段。

2009 年 2 月 26 日，B 集团正式接管 A 公司，并重新任命新的高管团队。

2009 年 9 月 19 日，A 公司重整计划规定的相关事宜全部办理完毕，企业正式恢复生产，清偿款顺利发放。A 公司破产重整案画上了圆满的句号①。

评析：

A 公司重整成功，盘活了该企业近 5000 万元的存量资产，2000 多人获得了新的就业机会，600 多位债权人的利益得到保护，并使全部债权人拿到了高于破产清算五倍的清偿款，维系了 A 公司与 300 多家企业的合作关系，实现了债权人、债务人及重整投资人的共赢。

A 公司破产重整案，是北京市法院在我国企业破产法实施后功审理的第一起破产重整案件。A 公司重整成功，是多方共赢的结果。申请人 A 公司存量资产被盘活，解决数千人就业，数百家供应商和销售商可以继续与之合作，公司获得新生；所有债权人实现了清偿比例高、实际清偿率大、清偿期限短的目标，维护了区域经济发展和辖区社会稳定；重整投资人 B 集团也实现了集团从田园到餐桌"全产业链"战略的跨越。

---

① 绝地逢生 企业破产重整的"五谷道场"样本［EB/OL］. http：//finance. qq. com/a/20100706/005382. htm.

案例二：

A 药业有限公司系 2001 年 3 月 27 日由原 A 集团有限公司制药厂整体改制后重新登记成立的私营有限责任公司，拥有 51 个药准字批文，18 种药品进入国家基本用药目录，11 种药品被《中华人民共和国药典》所收藏，3 种药品经国务院卫生行政部门认定为受保护的中药品种。"C"品牌至今已有 342 年的悠久历史，品牌文化底蕴深厚。B 医药有限公司系 2001 年 2 月 2 日由 D 供销社医药经营部和 F 供销社经营部兼并联合改制后重新登记成立的私营有限责任公司。受 2008 年国际金融危机和 2011 年民间借贷风波的影响，资金链断裂，财务危机全面爆发。2012 年 6 月 8 日，两公司分别向 G 市中级人民法院申请破产重整。2012 年 6 月 21 日 G 中院依法裁定受理，并指定管理人。

法院受理后，采取了以下几项重整举措：①确定合并重整方案。A 公司与 B 公司系关联企业，两企业实际控制人一致，资产、人员高度混同。经两企业第一次债权人会议分别审议，形成了"两企业合并重整"的决议。②形成"在两企业应付账款债权优先于其他普通债权（社会借款）受偿的情况下，股东个人债务纳入企业重整范围，与合并后的企业债务一并清理"的决议。经审查发现，两重整企业及股东个人对各自所负的主要债务即民间借贷债务，大多数互相提供担保，借款混同使用，主要均用于收购两重整企业股权资产、厂房建设、生产经营、对外投资以及支付该借款的高额利息等。基于此，结合该市民营企业的特点，在本案受理前法院要求两重整企业及全体股东个人均出具书面意见（确认书），同意股东个人债务与企业债务合并处理；社会借款的绝大多数债权人也应出具书面意见，同意其债权作为对企业的债权进行处理，并召开了听证会。2012 年 8 月 14 日两重整企业第一次债权人会议分别通过了"同意企业资产、债务和股东个人资产、债务合并处理"的决议。③审慎确定与两重整企业合并处理的"股东个人债务、资产"。针对债权申报过程中出现有一批股东个人债权人申报的债权可能与两重整企业无关联的情况，确定哪些"股东个人债务、资产"与两重整企业合并处理就成为关键问题。在充分了解掌握相关债务、资产，对股东、法定代表人进行询问调查的基础上，管理人根据本案实际情况确定"以资金流向和用途的客观事实作为实质要件，确认与两债务人是否有关联"作为界定与重整企业合并处理的"股东个人债务、资产"的认定标准，与企业无关联的股东个人债务和资产排除在与两重整企业合并处理的债务和资产范围之外。④积极做好重整投资人引进工作。拟订《重整投资人引入方案》，向五百多家大型药企发出要约邀请函，战略投资人引入方案逐步成型。⑤为避免因暂时未引入战略投资者而造成两重整企业进入破产清算程序，经多方协商与沟通，管理人提出债转股及部分资产变现两种方式清偿所有债务的重整思路。通过股权转让，即原注册资本不变，债权人以零对价向出资人购买股权，将债权转化为相应比例的出资。在该重整思路指导下制订的重整计划经第四次债权人会议各组分别表决均决议通过，并于2013年3月18日经G中院批准。

重整效果：职工劳动债权、税收债权等优先债权及企业应付账款债权等按债权人会议决议设定优先权的普通债权均得到100%的清偿。普通债权（社会借款）在破产清算情况下清偿率为3.67%，重整条件下普通债权清偿率为7.64%，且尚未计算无形资产、表外资产。若重整计划顺利执行，普通债权清偿率还将大大提高。重整期间保持正常支付职工工资，做到了"人员、岗位、职责、报酬"四个不变。两重整企业生产秩序正常，A公司已经扭亏为盈，B公司已经持续减亏。通过司法重整，企业资产和营业实现重组，资源得以优化配置，对重整企业防止债务链蔓延起到了积极作用，为促进企业转型升级提供了有利条件。

【风险提示】

破产重整作为一项拯救制度，所彰显的通过拯救债务人以维护社会利益的价值目标，与债权人利益的保护之间必然存在冲突。从债务人利益出发，当然希望延缓及减少重整债权的支出，以减轻其财务上的负担，尽快达到重整的目的；从债务人的职工、出资人固定客户等相关人的利益出发，也希望债务人能够稳定、持续经营；而从债权人的利益出发，则希望债权早日获得足额清偿，以免因迟延或部分免除清偿而受损害。重整程序启动后，作为债权人存在以下法律风险：

1. 债权人需要作出债权减免、延期清偿、分期付款等债权承诺、让步

如重整计划失败，债务人此时的财产状况可能还差于重整前，这意味着在重整后所能获得的回报要低于直接进行破产清算而获得的清偿。此外，重整程序启动后的自动冻结制度，将极大限制债权人的行为，即使是已经设定财产担保的债权，也不可主张优先受偿，面临着担保财产损毁或财产价值的降低。

2. 债务人可能利用重整恶意逃废债务

重整计划由债务人具体执行，但债务人与债权人之间的利益冲突因素，极有可能导致债务人利用重整程序阻碍债权的公平清偿。而且重整程序甚为复杂，耗时较长，这就为债务人逃废债务提供了时间和机会。比如在企业优良资产的处置上，债务人可能会以获得重整资金的名义低价转让给关联企业，或者通过一系列眼花缭乱的运作进行资产剥离。

3. 债权人可能成为企业重整成本和风险的主要承担者

重整制度中强制程序的中止、别除权的限制、重整债权清算的限制，虽然有助于保全债务人资产的完整性，但已对债权人的权益造成了不利影响；加之，重整程序的分组表决方式和股东利益的引人，在增加重整计划通过的概率，同时也削弱了债权人对债务清理的自治能力，尤其是法院出于社会整体利益的考虑强制通过重整计划时，甚至可能排斥债权人的意志，使债权人缺乏债务清偿的心理预期，给债权人的经济生活带来了极大的不安定性，如果重整失败，将对债权人的利益造成巨大损失，债权人实际上承担了重整企业逃废债务或者重整失败的风险负担。

【化解对策】

1. 严格审查重整条件

重整条件是重整程序开始阶段保护债权人利益的重要措施，实际也是整个重整程序保护债权人的基础，是保护债权人的第一道关口，因此必须对重整对象应具备的条件从严把握。破产法虽规定，债务人在达到破产界限时，债权人及债务人可申请破产重整，但符合破产重整条件的债务人还应当符合"有重建或重生"可能，否则启动重整程序毫无意义。为此，债权人必须根据企业的资产负债、企业性质等综合因素判定该企业是否有再生可能，否则应不同意启动重整程序。

2. 加强重整计划执行情况的信息关注

在重整程序中，当事人所掌握的信息是不对称的，债权人可能对执行重整计划的情况知之甚少。为此，债权人应对债务人实施重整计划的行为进行密切关注，可依据破产法确立的信息披露原则议定具体的信息披露操作机制，比如请求阅览的制度、信息公开的内容与方式等，以防止重整程序成为损害债权人的工具，同时确保债权人能够得到充分的信息以作出科学的决策。

3. 督促管理人履行监督职责

债务人出于自身利益考虑，极可能利用重整程序以实现逃废债务的目的，因此《破产法》特别安排管理人对债务人重整期间的行为实施监督。但是，管理人也有可能违背忠实注意义务而懈怠履行监督职能，这就需要债权人尤其是主要债权人对管理人进行必要的监督，积极参加债权人会议，稳重行使债权人会议的各项职权。如果发现管理人不能依法、公正执行职务或者有其他不能胜任职务情形的，应当及时申请法院予以更换。

第五节　破产债权申报的法律风险

【要点提示】

破产债权的申报对债权人而言是非常重要的程序，其中既涉及程序问题，也涉及实体问题，债权人只有申报债权并经核实后，才能参与破产程序及破产分配。破产债权，是指破产程序启动前对破产企业所成立的，并且只有通过破产程序才可以从破产财产中获得公平受偿的财产请求权。债权人申报债权时，应当书面说明债权的数额和有无财产担保，并提交相关证据。如系连带债权或连带债务，亦应当予以说明。申报的对象为破产管理人。

根据我国破产法规定，破产债权主要分为以下几种：

1. 普通破产债权

①破产宣告前无财产担保的债权。未到期的债权，在破产申请受理时视为到期。

②破产宣告前发生的虽有财产担保但是债权人放弃优先受偿的债权。

③破产宣告前发生的虽有财产担保但是债权数额超过担保物价值部分的债权。

④债务人的保证人代替债务人清偿债务后依法可以向债务人追偿的债权。

⑤票据出票人被宣告破产，付款人或者承兑人不知其事实而向持票人付款或者承兑所产生的债权。

⑥因破产管理人解除合同而产生的债权。

⑦因受债务人委托而产生的债权。

2. 有财产担保的债权

修改后的破产法将原先不作为破产债权的有财产担保的债权列入了破产债权，同时要求该部分债权人也应及时申报债权。

3. 或然债权

最典型的或然债权是保证债权，当第三人为债务人在破产程序启动前提供保证，如债权人未申报债权，则保证人可基于代为清偿部分或将来对债务人的求偿权向管理人申报债权。如债权人已申报债权，则表明其首先向债务人请求清偿，此时保证人不能再申报债权。

或然债权还包括附条件的债权，所附条件分为延缓条件与解除条件两种。附解除条件的债权，当条件未成就时，其效力与普通债权相同，理应予以清偿。附延缓条件的债权，虽然在破产宣告时尚未生效，但其设立是在破产宣告之前，而且在破产宣告之后条件仍有可能成就，所以也应当属于破产债权。

4. 其他破产债权

债务人所欠的劳动者补偿金、职工工资和劳动报酬、非正式职工的劳动报酬、职工集资款均为破产债权，该部分债权无须申报，而且均应优先受偿。这体现了保护劳动者的一般原则。应当注意的是，职工集资款虽然适用有关破产债权的规定，但对违反法律规定的高额利息部分则不予保护。另外，职工向企业的投资，属股权性质的权利，不属于破产债权。

下列债权不属于破产债权范围：①行政、司法机关对破产企业的罚款、罚金以及其他有关费用。②人民法院受理破产案件后债务人未支付应付款项的滞纳金，包括债务人未执行生效法律文书应当加倍支付的迟延利息和劳动保险金的滞纳金。③破产受理后的债务利息。④债权人参加破产程序所支出的费用。⑤破产企业的股权、股票持有人在股权、股票上的权利。⑥超过诉讼时效的债权。⑦债务人开办单位对债务人未收取的管理费、承包费。

【相关案例】

案例一：

2005年12月16日，马某、苏某、李某分别与某银行签订最高额保证合同，约定保证人对某制革公司在2005年12月16日至2007年12月31日期间向某银行的最高额为700万元借款提供保证。此后，某制革公司与某银行分别签订了借款额为200万元的三份借款合同。此后，制革公司拖欠某银行本金及相应利息共计300万元。

制革公司因经营不善，不能清偿到期债务，符合破产法规定的条件，被甲法院宣告破产还债。2007年6月19日，某银行对制革公司2153474.49元的借款本金申报了债权。随后，某银行又向乙法院提起诉讼，起诉时将对某制革公司已申报的债权数额在诉讼请求中扣除，要求马某、苏某、李某对承担相应的保证责任。

乙法院审理后认为，判决支持了某银行的诉讼请求。

评析：

当债务人进入破产程序后，债权人可以对债务人的债权进行申报，同时债权人也享有对保证人的担保债权，故债权人也可以通过诉讼要求保证人承担保证责任。应当注意的是，此时保证人承担保证责任的范围或金额应当扣除债权人已申报的金额。

案例二：

某服装公司原为市重点企业，拥有固定资产原值900万元。近年来，公司由于经营不善，销售渠道萎缩，连年亏损，亏损额达700万元，累计负债1500万元，公司被迫停产，职工回家待业。之后，公司向当地市中级法院申请破产。

法院受理后，按照当时《民事诉讼法》的规定，在规定的期限内通知债权人申报债权。经核实，服装公司实际有23个债权人，申报债权1300万元，其中有抵押的债权95万元，劳动保险费9万元。此前，服装公司从当地建行办理了125万元的贷款，某机械公司为其提供了担保。现公司对该笔贷款未能偿还，建行和某机械公司均申报了债权。随后，清算组对破产企业资产整体进行了招标出售，以800万元成功招标。

最后，该法院根据法律规定，作出如下裁定：①宣告申请人服装公司破产还债。②某机械公司可以作为债权人申报债权。③破产财产总额为804万元，债务总额为1241万元，清偿率为63%。

评析：

《破产法》第五十一条规定，"债务人的保证人或其他连带债务人尚未代替债务人清偿债务的，以其对债务人的将来求偿权申报债权。但是，债权人已向管理人申报全部债权的除外。"但是，如果债权人并未申报全部债权而仅是部分债权，将来债权人仍可就其余债权向保证人要求承担责任，依照法理，此时保证人应可就债权人未申报部分债权金额相对应的将来求偿权申报债权。在本案中，作为占全人的建行已申报全部债权，而法院并没有接受清算组对保证人申报的异议，仍裁定债权人与保证人都可进行申报，并不符合法律规定，在法理上也是不成立的。

【风险提示】

在债权人申报破产债权时，存在以下各项风险：

1. 逾期申报的法律风险

《破产法》规定，法院受理破产案件后应确定债权申报期限。债权人应在法院确定的申报期限内申报。债权人未申报的，虽然可以再破产财产分配前补充申报，但此前已进行的分配，不再对其补充分配。此外，为审查和确定补充申报债权的费用，由补充申报人承担。

2. 未申报的法律风险

《破产法》规定，债权人如未按照规定申报债权的，不得依照法律规定的程序行使权力，因而根本得不到任何清偿，债权利益将化为泡影。

3. 不适当申报债权

对于连带债务，债权人可能因未能充分了解各连带债务人的偿还能力而作出错误或不适当的申报，导致债权实现困难。

4. 不及时提出债权确认异议

债权申报后，经破产管理人审查后会召开债权人会议审核。如债权人对管理人审查结果未能在债权人会议上提出异议，则其债权有可能将不列入破产债权予以清偿。

【化解对策】

1. 关注债务人企业状况，保持信息畅通

在债务人企业进入破产程序后，实践中，某些债务人企业账目混乱，会出现管理人接管后因无法知晓某笔债权存在而无法直接联系、通知债权人的情况。此时，如债权人对法院破产公告不知情，则极可能错过债权申报的时机。为此，债权人应及时关注交易对象的经营状况，保持信息渠道的畅通和获取信息的及时。一旦获悉债务人破产，应主动与管理人或法院联系债权申报事宜。

2. 准确甄别债权情况，合理进行申报

首先，应对自身债权的金额、有无财产担保等情况进行清理、甄别，并积极搜集相关的凭证，充分准备好申报材料并及时申报。其次，应针对自身债权的性质，合理选择申报方式。如对存在连带保证人的债权而言，债权人在实际操作过程中是否进行申报，应针对不同情况作出合理选择。如保证人具有很强的清偿能力，则首先应考虑向保证人请求承担保证责任，而非首先债权申报。再如，对存在一般保证人的债权而言，因债权人只有在债务人不能清偿全部债务的情况下才能向保证人主张权利，故此时债权人在申报债权的同时应当注意对保证人的诉讼时效问题，如忽视此问题，将可能导致在债务人破产分配后无法从保证人处获得未收清偿部分。

3. 积极参与债权人会议，充分保护自身债权

如债权人对管理人审查认定的债权金额、性质等有异议，应在债权人会议之前或开会时主动提出，并提供相应的证据。另外，如对管理人作出的不予认定债权的决定不服，债权人可在破产过程中可向处理破产案件的法院提起诉讼，以确定该笔债权的真实性、合法性。

第六节　破产和解中的法律风险

【要点提示】

破产和解制度，是指破产程序开始后，或者未进入破产程序之前，由债务人向法院申请，债务人和债权人之间在互谅互让的基础上就债务人延期清偿债务，减少债务数额，进行整顿等事项达成协议以终止破产程序，防止企业破产的制度[①]。

破产和解与破产重整虽均是预防企业被破产清算的程序，但在目地上仍然存在差异。破产和解是通过债权债务关系的在调整来维持债务企业存在，从而实现预防破产清算的目的，具有消极性和外在性的特点；破产重整的目的则更深入一层，不仅在于消极地维持债务企业的法人人格，而且深入企业内部，寻找其深层"病因"，采取有效对策，从而使债务企业重获健全的生产经营能力，收取治标与治本的双重功效，因而具有积极性和内在性的特点。与此同时，两种程序在法院的介入程度上存在区别：重整程序是一种正式的、完全在法院控制之下的破产程序，而和解程序更加借助于债务人与部分债权人的谈判、协商，形成一种新的再去清偿安排，其具有程序简化、成本低廉的特点。

---

① 唐晓春. 企业破产的法律风险及防范［M］. 北京：中国法制出版社，2007.

1. 提出和解申请的主体、条件

《破产法》规定，"债务人可以依照本法规定，直接向人民法院申请和解；也可以在人民法院受理破产申请后、宣告债务人破产前，向人民法院申请和解。"债务人提出和解的基本条件是应当具有法定情形，即"不能清偿到期债务，并且资产不足以清偿全部债务或者明显缺乏清偿能的"情形。

债务人向人民法院提出和解申请，应当提交和解申请书，并提供有关证据。申请书应当载明申请人的基本情况、申请的事实和理由等事项。有关证据主要包括财产状况说明、债务清册、债权清册、有关财务会计报告等。此外债务人还应当提交和解协议草案。

2. 和解协议的制定、通过、批准、执行

和解协议，是指由债务人提出草案，债权人会议表决通过，法院认可的关于清偿债务的协议。破产法未明确规定和解应包含的内容，但一般应包括以下几个方面的内容：①债务人、债权人的基本情况。②普通债权的总额和可供分配的财产情况。③清偿债务的具体办法及期限。④提供担保的情况等。被申请整顿的企业如果要求减少债务的还应当写明请求减少数额。

和解协议应由债权人会议讨论通过，是否通过采用双重标准原则：一是人数标准，即到场的有表决权的债权人的人数过半；二是债权标准，即到场的有表决权的债权人所代表债权占无财产担保债权总额的 2/3 以上。通过的和解协议对申请破产时全体无担保债权人均有法律约束力，而不问该债权人是否申报了债权或者参加债权人会议①。

《破产法》债权人会议通过和解协议的，应由人民法院进行审查，审查标准为：①债务人主体资格合法。②债务人具有破产能力，即对债务人是否达到破产界限进行审查。③和解申请提出时间是否符合法律规定。

和解协议通过后，债务人应严格按照协议规定的时间、数额、方式等履行自己的义务，向和解债权人清偿债务。

3. 破产和解程序的终止

破产和解程序因下列之一的原因而终止：①债权人会议通过和解协议，且法院审查认可；②债权人会议未通过和解协议；③债务人不能执行或者不执行和解协议。在后两种情况下，法院应在裁定终止和解协议的同时宣告债务人破产清算。此外，对于债务人通过欺诈或其他违法行为而通过的和解协议，法院应裁定该协议无效，并直接宣告债务人破产。

对于因"中途夭折"的破产和解协议的债权人而言，在和解程序被法院裁定

---

① 陈晓峰. 企业破产清算法律风险管理与防范策略［M］. 北京：法律出版社，2009.

终止后，其因执行和解协议而所受的债务清偿仍然有效，未受清偿部分作为破产债权，但只有在其他债权人与其所受的清偿比例一致时才可继续受偿。

【相关案例】

案例一：

A织造厂有限公司成立于1993年，是B市具有最大规模集织造和漂染一体化的中外合资企业。经营高峰期时，该厂有600多名员工。近年，该公司因经营不善，负债累计数千万元。2011年6月10日，该公司因资不抵债，向B市第二人民法院申请破产清算。根据会计师事务所出具的清产核资报告及现场勘察的情况，该公司负债高达7800多万元。在优先偿付300多名工人的工资债权、税款债权，并支付破产费用后，该公司的普通破产债权的受偿率预计不足10%。如果通过破产清算终结企业，不仅该公司多年苦心积累的商业基础付之东流，债权人的利益也无法得到最大限度的保护。

在本案处理过程中，有一家大型境外企业表示愿意收购A公司外方股权，并代A公司清偿一定比例的对外债务。在法院的协助与监督下，相关各方进行了一系列协商，包括境外企业与A公司的协商、A公司债权人与A公司的协商，还包括争取让企业保持正常开工，保障机器设备正常运转，保障员工正常工作、如期发放工资等。终于，A公司的和解方案获得债权人会议的通过，境外债权人按债权额的20%获得清偿，其他债权人按债权额的40%获得清偿。经过几个月的处理程序，2011年12月15日，法院裁定确认D化工有限公司等49位A织造厂有限公司债权人的债权及受偿款。目前，A织造厂有限公司基本恢复了经营。

评析：

一个负债数千万元濒临破产的企业，在法院主持的破产和解的帮助下，得以重生。该案的和解，减轻了债权人的损失，盘活了新兴公司的资产，为绝大部分员工保留了就业岗位，实现了多方共赢。

同时值得关注的是，法院在该案和解程序中的协调、监督作用的发挥是取得和解成功的一大重要因素。据介绍，在审理A公司破产案的过程中，许多问题的处理没有先例可以遵循。但办案法官多方协调，取得债权人的理解和支持，并对破产管理人的事务进行紧密跟进和严格监督，终于成功促成A公司破产案的和解。本案的成功处理，充分体现了破产和解拯救濒危企业、保障债权公平有序受偿等方面的积极作用。

案例二：

A股份有限公司是1993年5月经B省体改委批准，由中国C经济技术合作公司改组设立的定向募集股份有限公司，原始发起人股东是B省国有资产管理局。

A公司于1996年11月12日—16日公开发行A股1500万股并随后上市交易，成为一家在深圳交易所上市交易的上市公司。后因A公司在2001—2003年连续3年亏损，被深圳证券交易所于2004年4月29日起暂停上市，存在重大的退市风险，且从A公司的年报看，早已经严重的资不抵债。

2007年2月，由于A公司不能偿还到期债务，债权人D公司向法院提出了对A公司实施破产还债的申请。按照我国《破产法》的规定，上市公司由于其特殊性，申请破产必须由债务人所在地的法院层报最高人民法院批准，此前必须经中国证券监督管理委员会同意。法院在依法履行完审批程序后，于2007年10月11日受理了D公司申请A公司破产一案。

在法院受理破产申请并公告后，2007年11月5日，A公司向法院申请和解，并提交了详细的破产清算方案和重组减债的和解方案。

合议庭经审查、评议，认为A公司提出的减债后以现金方式偿还债权人的和解方案与破产清算方案相比，更有利于保护债权人的合法权益，符合和解制度的宗旨，同时和解资金有重组方担保，履行和解协议有保障。2007年11月5日，法院裁定准予申请人A公司的和解请求。

2007年11月16日召开债权人大会。经记名投票，债权人大会在确认债权登记情况后，代表82.7%债权额的债权人同意通过按5%的比例以现金方式给付债权人的A公司和解减债方案。

2007年11月20日，法院裁定认可和解方案，终结和解程序并予以公告。这标志着我国新《破产法》实施后第一例上市公司破产和解案件成功。

评析：

A公司当初之所以选择申请破产和解程序，主要是考虑可以下因素：①该企业规模不算大，且已严重资不抵债。如破产清算，破产财产还不足以支付破产费用。该企业已停牌四年，如果在2007年年底还不能完成重组，将彻底退市。如此一来，广大债权人及股民的权益将遭受巨大损失。②战略投资人的成功引进和战略投资人成功整合债权，也是选择和解的重要原因。战略投资人F公司通过与A公司多次沟通，拟借A公司债权人申请破产的机会，通过债权整合的方式成为A公司的大股东后，将其所有经营房地产开发的项目公司股权、资产、土地储备等资产评估作价，赠送注入上市公司。为此，F公司收购了原大股东G拥有的A公司42.86%的股权，还买断了A公司超过了2/3的债权。

A公司破产和解从法院受理到和解程序终结仅用39天，成功拯救了A公司，使该企业避免了退市、破产，同时最大限度地保障了广大债权人及股民的权益，实现了企业、股民和经济发展实现了"三赢"。

【风险提示】

1. 启动和解程序的风险

破产和解程序启动的首要条件是由债权人与债务人之间达成债务处理协议，而债务企业究竟是否适用"破产和解"，《破产法》在实体上并没有作出相应的判断标准的规定。即使将来有关司法解释在上述判断标准上有所规范，但别设想会规定的面面俱到，这种"判据缺乏症"，是由市场的复杂性决定的。这就需要我们的企业家、债权人要凭自己的商业经验、对市场的了解、对债务人的了解，包括对债务人经营者的人品、人格的了解，对市场未来的预见，去作出决策。这个判据，是理性加经验，不是法律条文。所以，一旦判断失误，债权人的损失，就难以避免，甚至是比直接破产受到的损失还要大。

2. 执行和解协议风险

如和解协议被通过，管理人应当向债务人移交财产和营业事务，亦即债务人有权处理企业财产及经营性事务。如此时管理人监管不善，则极有可能发生债务人恶意隐匿资产、变卖财产等损害债权的行为。此外，《破产法》规定，未申报债权的债权人在和解协议执行期间不得行使权利，对该部分债权人而言，这又会对其维护合法权益造成法律障碍。

3. 和解程序终止风险

在执行和解协议的过程中，可能会因债务人不执行或不能执行而被终止，也有可能因债务人的欺诈及其他违法行为而使得和解协议被法院确认无效，如债权人对债务人的上述情况不知晓并及时提出申请，往往会造成破产清算时机的延误，进而造成其损失的扩大。此外，如和解协议被终止，和解协议涉及的债务处理方案即终止，此时即涉及财产的返还、股权转让的回转等一系列复杂法律问题，《破产法》对此均未作出规定，又为债权人增加了现实的风险。

【化解对策】

1. 严格审核债务人的和解条件

破产和解与重整存在一个重要的区别就是，债权人在该程序的启动上具有更大的主动权和审核权，如债权人不同意和解方案，该项程序绝对不可能启动。为此，债权人应对债务人的基本资产负债、经营状况、负债原因、行业前景等进行充分的了解和评估，在全面考虑和解的商业、法律风险的基础之上，谨慎审核债务人提出的和解方案草案的可行性。具体方法上，可通过咨询相关专业人士、创设债权人交流机制等方式予以促成。

2. 督促债务人严格履行协议

在和解协议的履行过程中，债权人更应及时掌握债务人的重大资产处置、业务经营、还款能力等情况的变化，对债务人是否能否履行协议作出科学、准确的评估。在协议履行无望或债务人恶意不履行协议的情况，及时提请法院召开债权人会议讨论，以决定是否继续该程序。

3. 预定和解程序终止方案

在和解协议制定、审核过程中，因预先考虑和解程序终止方案，对因履行之前和解协议而产生的财产返还、违约责任承担、股权回转等一系列具体事务进行合理的安排。唯有此，才能对债务人恶意和解产生法律上的约束作用，且能对一旦终止程序后的后续事务有一个完善的解决方案，以保障债权人合法利益及避免损失的进一步扩大。

第七节　破产宣告中的法律风险

【要点提示】

破产宣告是法院依法定程序对已经具备破产条件的债务人所作出的宣告其为破产人的司法裁定。破产宣告在整个破产程序中具有无可比拟的重要地位。法院受理破产案件后，审查认定债务人具备破产宣告的条件，方才依法宣告其破产。因此实质性的破产清算程序，要到法院依法宣告债务人破产时，才算真正开始①。

1. 破产宣告的条件

债务人事实上的破产状态并不是法律上的破产。只有当破产申请被法院受理后，法院进行审理认为符合破产条件，进行破产宣告后，债务人才是真正的破产。法院作出破产裁定，必须具备以下条件：

（1）债务人具有破产能力

所谓破产能力即法律授予债务人具有进行破产程序的资格，也就是债务人可以被法院作出破产宣告裁定的一种资格。我国《破产法》规定，只有企业法人才能适用该法，而非企业法人组织的破产清算只能参照适用破产法规定的程序。如果债务人不具备破产资格，那么将不能被宣告破产，如果债务人采取欺诈手段不正当谋取了破产，那么将会因为破产欺诈涉及刑事犯罪，而被追究刑事责任。

（2）存在破产的原因

依照《破产法》的规定，破产原因为"企业法人不能清偿到期债务，并且资产不足以清偿全部债务或者明显缺乏清偿能力"。满足这一条件，债务人才能被宣告破产。

① 陈晓峰. 企业破产清算法律风险管理与防范策略［M］. 北京：法律出版社，2009.

（3）不存在破产障碍

破产障碍是存在破产原因或者已经达到破产界限，但根据法律规定，可使不进行破产宣告的法律上的限制和事实上的事由。法律上的限制破产障碍包括：申请人没缴纳申请费用，债务人申请破产重整等。事实上的障碍包括：债务人清偿了债务等。我国破产法规定，破产宣告前，第三人为债务人提供足额担保或者为债务人清偿全部到债务的或债务人已清偿全部到期债务的，人民法院应当裁定终结破产程序。

2. 破产宣告的效力

一般来说，如果人民法院依法宣告债务人企业破产的，都采用作出破产宣告裁定的形式。人民法院作出破产宣告的裁定，应当公开进行。对于人民法院做出的破产宣告裁定，当事人不得上诉。破产宣告后，对债务人和债权人以及其他参与人都产生法律效力。如果债务人、债权人及相关人员不注意依法行使权利、履行义务，那么将会给自身带来巨大的法律风险。

（1）对债务人的效力

1）债务人成为破产人

依据《破产法》的规定，在破产宣告前，被申请破产的企业成为债务人，在破产宣告后，成为破产人，其私法上的和公法上的资格都受到了一定程度的限制。破产宣告后，进入破产清算阶段，破产企业的财产管理权归入破产管理人手中，破产人有义务应法院、管理人的请求，就有关财产的一切询问进行如实陈述；破产人有关人员违反破产规定，擅自离开住所地的，人民法院可予以训诫、拘留，甚至并处罚款。

2）债务人财产成为破产财产

宣告破产后，债务人财产成为破产财产。此时，破产人的财产成为一个完全为了实现破产清算目的的财产集合体，除了管理人或者债权人会议认为确有必要继续生产经营外，破产企业应停止所有的经营活动。

（2）对破产企业相关人员的效力

1）破产企业高级管理人员

我国《破产法》规定，企业董事、监事或者高级管理人员违反忠实义务、勤勉义务，致使所在的企业破产的，自破产程序终结之日起3年内不得担任任何企业的董事、监事或高级管理人员。此外，《破产法》还规定，企业董事、监事或者高级管理人员违反忠实义务、勤勉义务，致使所在企业破产的，依法承担民事责任。这也警示广大的企业高级管理人员，要勤勉忠诚，否则所面临的法律风险将是自身难以承受的。

2）破产企业职工

破产宣告后，企业的一般职工就成为失业人员，与破产企业的原有劳动关系将会彻底地解除。依照《破产法》的规定，职工有权获得破产人所欠职工的工资、医疗、伤残补助和抚恤费用，所欠的应当划入职工个人账户的基本养老保险、医疗保险费用，以及法律、行政法规规定应当支付给职工的补偿金，然后重新就业。当然，国有企业的政策性破产应该按照破产安置预案对企业职工进行安置。

（3）对债权人的效力

根据《破产法》的规定，债务人被宣告破产后，人民法院受理破产申请时债权人对债务人享有的债权称为破产债权。破产宣告使得有财产担保或者其他优先受偿权的债权人可以对其有担保的债权行使优先受偿权，通过担保物或者特定财产获得优先清偿；而对于其他的不享有优先受偿权利的债权人来说，只能依照法律规定的清偿顺序，通过法定程序来集体确定分配方案，从破产财产中获得清偿。

（4）对第三人的效力

破产宣告裁定的作出，不仅对债务人和债权人发生法律效力，而且可能对相关的第三人也发生相应的效力，影响他们权利义务关系的实现。例如，尚未终结的有关破产人的民事诉讼或仲裁，其另一方当事人以及相应案件中的第三人，其权利均会受影响；与破产人共有财产的共有人，不得分割财产，不能直接分割、变卖或拍卖，以分离其中破产人所享有的份额用于满足破产分配，即使破产人在之前有过不能分割财产的约定也不行。

（5）域外效力

破产程序的域外效力，是指当债务人在一国被宣告破产后，能否将其位于别国的破产财产纳入该国破产程序，别国的债权人能否基于该国的破产宣告申报债权，从而对债务人境内外财产及境内外债权人进行集中管理、统一分配的问题。

【相关案例】

1992年8月，由A公司发起，改组成立了B公司。1993年11月B公司股份在深圳证券交易所挂牌上市，公司第一大股东为C市国资局。1994年6月，B公司股份等19家企业组建B集团；1995年B集团经政府批准成为国有资产授权投资主体，C市国资局将B股份国家股授权给B集团经营和管理。

B集团成立后不久，就开始盲目扩张，所属企业遍布全国，横跨机械、房地产、水路运输、酒店旅游等多个行业，集团投资扩张的资金大多来自B股份的担保贷款。另外，从1994年开始，B集团就开始涉足炒股，在宜昌、深圳、武汉等地开设一百多个账户，动用10亿元巨款炒股，亏损加透支共损失5个多亿。盲目扩张、炒股、投资失误等，导致B集团背上了沉重的包袱，也拖累了B股份。1996—1997年，B股份与B集团进行了资产重组。1997年，B集团取得B股份国家股股权，成为猴王股份的第一大股东。

2000年6月，B股份发布公告说明，总资产只有9.34亿元的B股份向B集团提供了超过11亿元的借款和借款担保。同月，深交所对B股份的借款行为予以公开谴责，并将该公司的违规行为报中国证监会查处。

2000年7月，由C市委、市政府牵头的市经贸委等多家机构组成的B集团公司"解困工作组"进驻B集团，对B集团资产及负债进行清理。2000年8月B股份发布中期报告称公司业绩亏损，并披露对B集团公司的担保高达4.6亿。同时，公司决定请求C市政府支持债务处理和重组工作。此后公司主营业务收入持续下降，控股股东B集团的主营业务收入则已经为零。2001年1月18日，无法继续经营的B集团在职工代表大会通过和C市经贸委批准后正式向C市中级人民法院提出了破产申请。2001年2月27日，C市中级人民法院宣布B集团公司进入破产程序。由于B股份是B集团的第一大债权人，B集团的破产使得B股份有大约10亿元的债权化为乌有。2001年3月，B股份发布公告，因B集团破产，公司股票停牌。2001年3月由于B集团破产逃债，拥有B股份1.08亿元债权的D公司联合E公司及F银行，正式向湖北省高院申请B集团破产还债。2004年4月，B集团被实施退市风险警示处理，股票简称变更为"＊STB"。2005年9月，B股票终止上市①。

评析：

B集团破产案是一个因母公司破产导致子公司陷入破产境地的经典连环案例。这个案子反映了众多的法律问题，涉及公司治理、证券监管、破产程序等多个方面，下面重点从《破产法》方面进行分析：

①按当时的《破产法》的规定，人民法院受理破产案件后，应当在10日内通知债务人并且发布公告。人民法院在收到债务人提交的债务清册后10日内，应当通知已知的债权人，公告和通知中应当规定第一次债权人会议召开的日期。B集团于2001年1月18日提交债务清册，而C市中院并未在收到债务清册10日内通知所有债权人，直到2月27日，该院作出破产宣告后，债权人才知道，这明显不符合司法程序。

②按当时的《破产法》规定，"债权人应但在收到通知一个月内，未收到通知的债权人应当自公告之日起三个月内，向人民法院申报债权，说明债权数额和有无担保，并且提交相关证明材料，逾期未申报债权的，视为自动放弃。"而在破产案中，法院却在短短10天内，便作出了终局裁决，也是不符合司法程序的。

③B集团破产时，政府干预的作用再一次体现出来。B集团作为B股份的控股股东，自1999年起一年内特别是最后一个月时间内，集团资产大幅度缩水，而

---

① 陈晓峰．企业破产清算法律风险管理与防范策略［M］．北京：法律出版社，2009.

负债未减反增。在政府的干预下，C 市先后从 B 集团"剥离"出数亿资产，导致 B 集团的资产负债率一路走高，甚至高达 645.8%。这种剥离对 B 集团现在的债权人明显有失公平，对于最大的债权人 B 股份尤其不公。在这样的干预下，B 集团也就有恃无恐，对上市公司 B 股份进行控制，利用上市公司来提供资金，也导致了法律风险的最终爆发。

④该破产案中，还有其他一些明显违法的地方。比如，破产过程缺乏透明度，债权人和投资者无法了解审判过程等，因而在社会上掀起了轩然大波，说明破产法律法规还有许多亟待完善的地方。

新《破产法》颁布后，企业破产程序有所变动，破产宣告仅仅是破产清算的开始，而不是破产程序的启动，而破产受理后破产程序才开始启动。债权人应该参与到破产程序中，这样有利于维护债权人的利益。

【风险提示】

1. 债务人风险

破产宣告后，债务人成为破产人，债务人财产成为破产财产，债务人真正成为事实上的破产人。在破产宣告后，债务人已经成为破产人，完全丧失了支配财产的权利，尽管破产人还没注销登记，此时债务人已处于有名无实的状态。

2. 债权人风险

破产宣告后，债权人的债权成为破产债权，债权人获得了以参加分配破产为核心的一系列破产权利，债权人需进行债权申报。实践中，一是要关注债权申报中的风险，如债权申报延迟、债权申报不明；二是要关注债权人会议风险，如在职工安置上的风险、在具体程序执行上的风险。

3. 管理人风险

法院在裁定受理破产申请的同时，应当同时指定管理人，此时，债务人已无独立的支配财产与企业经营管理权。在管理人风险层面，需注意管理人人员组成与义务履行方面的风险，避免管理人组成人员之间因缺乏牵制而出现舞弊行为以及管理人与破产债权人及债务人存在利害关系而影响到破产程序的公平性、公正性。管理人作为破产清算程序中的重要部分，必须对其行为和活动进行有效的监管。

4. 破产财产风险

破产宣告后，破产财产是债权人债权得到清偿的基本保障，实践中破产财产存在评估风险，如评估机构的选任、财产变价风险，如获取变现资金的风险、财产安全风险，如破产财产中知识产权丢失的风险、财产分配风险，如分配方式不清导致出现多分、少分、漏分现象的风险。

【化解对策】

第一，对债务人而言，破产宣告后，对于债务人风险而言，一要防止破产债务人的破产财产出现不合法的私分、转移、转让等现象，二要防止捏造虚假事实，构建虚假债务关系或者在合同履行中不正当清除债务。此时破产人的财产的所有权已经介于债权人与债务人之间，必须经过债权人会议的表决、人民法院的认可、管理人的具体执行进行处置。

第二，对债权人而言，要区分优先债权与普通债权之间的关系，优先债权人优先受偿，而在职工安置风险上要高度重视，以防出现因职工安置方案不佳而引起职工上访事件发生。

第三，对破产管理人而言，对中介机构及其从业人员有严格的准入规定，必须具备破产清算相关的法律、会计、内控等专业知识，同时能够独立承担民事责任。其次，落实管理人的责任制度。管理人在处理破产事务中没有正确行使其权利和义务，会严重损害债权人的利益，除采取事前、事中监督和撤换管理人外，还要针对管理人的严重失职行为给予处罚。

第四，对破产财产而言，一方面，规范评估机构和拍卖机构的选任制度。评估、拍卖企业作为社会中介机构，必须遵守"公平、公正、公开、诚实信用"的原则，依法行使权力，履行自身职责，对委托人负责，保障破产财产评估和拍卖质量。管理人要对候选的拍卖和评估机构进行严格的审查，包括其从业人员的执业资格、参与破产企业财产拍卖或评估的经验等。另一方面，加强对破产财产拍卖和评估机构的监管。选中的拍卖或评估机构在破产财产拍卖或评估期间，必须严格遵守《拍卖法》等相关法律法规，发挥债权人会议的监督职能，防止管理人与评估拍卖机构之间出现徇私舞弊行为，以保证破产财产的合理变卖，防范相应的法律风险。

第八节　破产财产变现、分配中的法律风险

【要点提示】

破产宣告以后，就进入了清算程序。清算程序有两个环节存在风险，一是债务人财产的变现环节。对债权人而言，往往需要通过拍卖程序完成破产财产转化为现实的金钱利益，破产财产的缩水，将会损害债权人的利益。而是变现后的债务人财产如何分配的环节，这就涉及破产债权的清偿顺序。一般而言破产人的财产不足以清偿全部债权，清偿顺序和方法对于债权人利益的影响至为关键，必须防止因为清偿顺序违法而造成债权人利益的损失。

1. 破产财产变现

为了达到最高价格出售破产财产的目的，应当对破产财产做好预先估价工作。管理人应当指定具有法定资格的评估机构和评估师。破产财产价值的高低同

破产债权人的利益密切相关，如果高值低估，将会导致国有资产流失；如果低值高估，不仅无法变价，更会损害债权人的利益。破产财产的评估结果也应同破产财产处理方案一样，经债权人会议同意即可。

根据《破产法》的规定，可以变现的破产财产采取以下几种方式：①拍卖。拍卖是变现破产财产的通常和主要方式。破产拍卖由破产管理人确定，性质上属于强制拍卖。破产管理人需委托有拍卖资格的拍卖机构进行拍卖，按照法定的拍卖程序通过公开竞价来变卖破产财产。②变价出售。即对破产财产采用标价零售的方式寻找买主，在破产财产所在地或者管理人确定的其他地点，表明破产财产的售价进行销售。

2. 破产财产分配

破产分配是指破产管理人将变价后的破产财产或者无须变价的破产财产，依照法定的清偿顺序公平地分配给各债权人的过程或程序。

（1）破产财产分配方案。破产分配方案又称破产分配表，是用于记载破产财产如何分配给债权人的书面文件，构成破产管理人执行破产分配的依据。破产分配方案应包含以下内容：①可供破产分配的财产总额。②可受破产分配的财产请求权。③破产分配的方式、时间和地点。破产管理人制定破产财产分配方案，并不产生执行的当然效力，而应由债权人会议讨论通过。债权人讨论通过破产分配方案，破产管理人应提交法院裁定。

（2）财产分配。破产财产分配由破产管理人执行，在法院裁定分配方案后，管理人应立即通知请求债权人受领分配的时间、地点以及受领分配的手续，并发布分配公告。破产分配可分为初次分配、中间分配和最终分配，但并非必须实施数次分配。另外，《破产法》还规定了追加分配的情形。

【相关案例】

襄樊市中级人民法院于 2000 年 12 月裁定宣告襄樊糖酒总公司破产还债，并指定成立清算组接管破产企业。2004 年 3 月，清算组与某拍卖公司订立拍卖合同，将该公司整体资产委托该拍卖机构进行公开拍卖。3 月 15 日，襄樊 A 公司按照拍卖公司要求支付 50 万元拍卖保证金，办理了竞买登记手续。3 月 16 日，襄樊 B 公司在账户上仅有 24906 元的情况下，向拍卖公司提交了一张面额为 50 万元的现金支票，拍卖公司没有依据《拍卖法》进行严格审查，违法为其办理了登记手续。至此，只有 A、B 两家公司参与竞拍。3 月 16 日，B 公司以保底价 1540 万元竞得糖酒公司整体资产，拍卖公司给 B 公司出具了拍卖成交确认书①。

襄樊糖酒总公司破产职工认为拍卖公司违法，没有实现资产利益最大化，遂不断上访。今年 6 月破产清算组向襄樊中院起诉状告拍卖公司和 B 公司，请求确

---

① 唐晓春．企业破产的法律风险及防范［M］．北京：中国法制出版社，2007：286－287．

认拍卖行为无效。法院对此高度重视，明确要求承办法官严格把关，防止在国企改革中出现国有资产流失，损害破产企业职工利益。承办法官经过深入的调查，迅速查明事实真相，依法裁定拍卖无效。

评析：

①案例中破产企业拍卖过程中存在明显违法。本案中拍卖的竞买人只有两家，而且其中一家的保证金出资虚假，最后结果是按照保底价竞得破产企业财产，这使得法院有理由相信两公司之间存在恶意串通，共同以最低价来拍得糖酒公司的整体资产。②法院有权认定拍卖行为无效。虽然拍卖是由清算组织委托，并由拍卖机构施行，但并不意味着在财产变现环节就不需要法院的监督。人民法院应当对拍卖进行监督，确保拍卖的透明度、公平性，防止非法拍卖[①]。本案中清算组向法院起诉请求确认拍卖无效，法院依法调查审理并作出裁定，是符合法律规定的。

【风险提示】

破产财产的变价及分配既是破产清算过程中的关键步骤，也是最复杂最易产生纠纷的阶段，企业或者管理人、债权人需防控各种法律风险。根据变价和分配的不同阶段，可分为财产变价的法律风险和财产分配的法律风险。

破产财产变价的法律风险又包含如下几种典型情形：①机构选任之法律风险。破产财产变价涉及专业的评估、拍卖等机构，如果选任机构的资质不合格或者经验不足，将导致变价不合理或程序无法进行，重新选任又会增加清算的成本。②变价方案之法律风险。管理人制定变价的方案过程中选择的变价方式存在问题将直接影响财产是否能够合理变价或分配，比如不考虑财产是否存在抵押的整体出售后，如何区分抵押权人和普通债权人的清偿权益问题。此外，变价方案需根据我国现行《破产法》第六十四条："债权人会议的决议，由出席会议的有表决权的债权人过半数通过，并且其所代表的债权额占无财产担保债权总额的二分之一以上。"由债权人会议决议通过，不符合此项规定通过的变价方案无法产生效力。③财产评估及拍卖行为之法律风险。破产财产的分配根据财产的实际变现价值进行，在暂时无法变现前提下，依据具有法律效力的资产评估结果进行分配。所以财产评估作为财产分配的基础之一与财产变价都十分关键。财产评估的方法不尽相同，并需考虑破产企业财产的专属或通用属性、使用年限、市场价格等因素，如果考虑因素不周全使用方法不当，将直接影响评估结果，对破产财产变价或分配产生不利影响。财产变价过程中，可能因为拍卖的形式或者在这一过程中存在非法串通阻挠拍卖的情形，致使财产无法流拍或者不合理价格转让。④应收账款及无形资产的变价风险。破产债务人的财产包含应收账款，但应收账款

---

① 唐晓春. 企业破产的法律风险及防范［M］. 北京：中国法制出版社，2007：289.

的变价很难直接操作。对应收账款，既可能存在账龄已过诉讼时效的法律风险，还可能存在无法追回之风险。关于无形资产的变价，一方面存在资产价值评估的问题，另一方面还可能存在无形资产权利的丧失或者价值减损，比如商标被淡化或者权利已过使用期等。

破产财产分配的法律风险包含以下几个典型方面：①可分配财产界定之法律风险。破产分配首先需明确可分配财产之范围，如果在界定的过程中出现疏忽，遗漏了应分配之财产或者非法纳入了不属于破产财产的财产，将导致破产程序无法终结，财产重新分配。比如未穷尽债务人的投资权益，致使企业无法注销；或者未追回股东拖欠的注册资金；又或者将有优先或担保权益的财产纳入了破产财产。②破产债权种类、数额、清偿顺序、比例确定之法律风险。确定破产债权无疑是破产财产分配的重要前提，如果错误的认定债权数额、种类及分配破产债权的清偿顺序、比例将关乎财产分配是否有效成立。比如将过诉讼时效的债权列入破产债权或将伪造的或无证据证明的债权列入破产债权；将普通债权纳入优先清偿范围等。③不当增加破产费用之风险。破产费用优先随时清偿，如果不当增加破产费用，企业破产财产将减少甚至因为无法清偿破产费用而提前终止破产程序。④职工工资清偿之风险。职工的工资和基本养老、医疗保险优先与企业所欠税金及普通债权而受偿，职工工资及其他社保福利等的清偿若不能处理得当，很可能导致企业破产程序无法稳定持续进行。比如已退休职工的福利待遇问题仍需按照国家或地方规定执行补偿、职工的各项补偿金的起算及其标准需区分各地标准而区别计算。⑤违法清偿之法律风险。在分配过程中，可能存在企业或管理人进行个别清偿或者违法抵消、不按照规定提存的情形，损害其他债权人之利益。⑥分配过程中的非法转移财产之法律风险。企业或管理人可能通过制作虚假的债权或隐匿、变卖等方式非法转移可分配的破产财产，严重损害合法债权人的利益。⑦追加分配之风险。对于企业或管理人、债权人能够在破产程序当中一次分配结束是最顺利的，追加分配不仅增加成本也可能在这一过程中造成财产价值的贬损。但因企业财产管理或者管理人的失误等原因，很可能出现未分配的财产，不得不进行追加分配。

【化解对策】

针对破产财产变价和分配过程中的风险，需区分破产企业、管理人及债权人及法院或政府的不同角色来设定防控对策。

破产企业作为债务人在破产管理人接管企业前及之后需将企业的各项财务报表、资料及员工资料、合同、签章等按需分离、保存完整，并配合管理人做好财产清点、评估、变价、分配等过程中的资料整合、保存。通过这样，在评估、变价和分配过程中减少因资料缺失或者杂乱而造成的判断和决策失误的情形。同时，破产企业的相关负责人或工作人员需严格遵守法律及相关规章制度，不能私自动用或转移公司财产、签章，不得自行与债权人和解或清偿，不得伪造虚假的债权债务，不得自行对外变卖公司财产。

对于破产管理人的风险防控包含如下几个方面：第一，破产管理人在接管破产企业后应当把握以下几个环节：①全面接收破产企业财产清册、职工清册等，并根据财产结构确定管理重点、方式及方法。②立即组织企业相关人员及中介机构对破产企业财产进行全面清查，并对材料物资仓库采取必要的安全保卫措施，制定相应的物资出入制度。③全面收集不动产、无形资产等权属证明，详细了解破产财产的抵押、质押及信用担保情况，以便破产财产的变现处置。通过这样的方式全面了解公司资产情况，确保不会出现对破产财产范围界定、破产债权、债务的基本情况认定出现差错，确保财产安全。第二，在变价和分配过程中，应当慎重选择相关实施评估、拍卖机构。选任在本地或全国范围内具有丰富工作经验和完整职业资格的机构，避免曾经有违法职业情形的机构参与破产程序。第三，应当妥善设定变价及分配方案，合理考虑企业的综合情况、财产的特殊属性及行业的发展、设备的使用年限用途等多种因素，协调企业、职工、债权人、政府等各方面的关系，综合采纳专业评估、拍卖等机构和专家的意见，避免经验主义、教条主义。第四，严格遵守并实际监督破产财产变价和分配规定。管理人需按照法定程序将破产财产变价和分配方案提交债权人会议并按规定程序通过，同时按规定提交法院裁定。不得绕过债权人会议与债务人或者单独债权人达成清偿协议或私自转移变卖财产。规范自身行为，每一笔差旅及工作等费用需记入在册，做好每日工作记录，不得不合理增加破产财产费用。

债权人须行使好自身拥有的监督和异议权利。债权人对于侵犯其权益或者违反程序通过的变价方案或分配方案有权提起异议之诉，对于管理人失责有权提起赔偿诉讼。

法院和政府需加强监督管理，充分了解并根据需要参与破产财产变价和分配过程。可主动与管理人及企业、债权人沟通，对此过程中的问题进行指导并监督实施，对违法问题实施处罚。

第九节　破产终结中的法律风险

【要点提示】

破产程序终结是指人民法院审理企业破产申请后，破产企业进入破产程序，在破产清算后顺利实施破产分配或者在破产程序中出现法定终止的情形后，人民法院裁定终结破产程序①。

1. 破产程序终止的情形

我国《破产法》规定破产程序终结主要有以下几点原因：①公司重整成功；②和解成功；③债务人与全体债权人就债权债务的处理自行达成协议；④清偿或者提供足额担保；⑤债务人财产不足以支付破产费用；⑥破产人无财产可供分配；⑦破产财产分配完毕②。

2. 破产终结的程序

《破产法》第一百二十一条规定，"管理人应自破产程序终结之日起十日内，持人民法院终结破产程序的裁定，向破产人的原登记机关办理注销登记。"破产程序终结后，由管理人向破产企业原登记机关办理企业注销登记，并将办理情况告知人民法院。破产企业注销登记后，人民法院应宣布撤销管理人。破产程序终结后仍有可以追收的破产财产、可能进行追加分配等善后事宜需要处理的，经人民法院同意，可以保留管理人或者保留部分管理人员。破产程序终结后，破产企业法的账册、文书等卷宗材料由管理人移交破产企业上级主管机关保存；无上级主管机关的，由破产企业的开办人或者股东保存③。

3. 破产程序终结的效力

（1）对破产人的效力

依照《民法通则》第四十五条的规定，企业法人依法被宣告破产终止。因此，在破产程序终结后，管理人应向法人登记机关办理企业法人注销登记，该企业法人归于消灭。对于破产债权在破产程序中未得到清偿的部分，因为企业法人终止而使得债务人消灭，债也只能是随之消灭，不再有继续清偿的问题。对破产分配完毕剩余财产的，应归企业投资者收回，依法在各投资者间进行分配。

（2）对破产债权人的效力

破产程序终结后，破产债权人对其债权依破产程序未得清偿的部分消灭。但破产债权人对其在破产程序中未得清偿的债权，得请求破产人的保证人或其他连带债务人予以清偿。

（3）对管理人的效力

破产程序终结后，管理人的任务即告结束，无继续存在必要。但依《破产法》的规定，管理人应在破产程序终结后的 10 日内，负责向破产企业的原登记机关办理注销登记手续，自办完注销登记的次日起终止执行职务。因此管理人最

---

① 陈晓峰. 企业破产清算法律风险管理与防范策略［M］. 北京：法律出版社，2009：181.

② 陈晓峰. 企业破产清算法律风险管理与防范策略［M］. 北京：法律出版社，2009：181–182.

③ 唐晓春. 企业破产的法律风险及防范［M］，北京：中国法制出版社，2007：291.

迟应在破产程序终结裁定公告之日起第 11 天，终止执行职务。但存在诉讼或仲裁未决情况的除外。

【相关案例】

A 市 B 公司成立于 1991 年 5 月 31 日，注册资本为 108 万元，企业性质为全民所有制。企业主要经营建筑材料、制冷空调设备兼百货、五金等。B 公司因经营机制不合理，不能适应复杂的市场环境，企业连年亏损，在巨额的银行债务的拖累下，最终无法实现扭亏为盈。

A 市中级人民法院于 2005 年 3 月 23 日受理该案件，于同日做出民事裁定书，裁定宣告 B 公司进入破产程序。同年 3 月 28 日，指定成立清算组及指定留守人员。7 月 15 日，A 市中院主持召开第一次债权人会议。9 月 5 日，清算组以破产财产不足以支付破产费用为由向 A 市中院申请提前终结破产程序。

A 市中院经审查认为，经 B 公司清算组对破产企业进行清算，该破产企业的财产主要为银行存款 123.5 元，企业对外债权因超过诉讼时效经依法追收无法实现，现有破产财产已不足以支付破产费用，符合终结破产清算的法定条件。A 市中院根据清算组的申请于 2005 年 12 月 13 日裁定终结 B 公司破产程序，有关未得到清偿的债权依法不再清偿，同时发布了公告。

评析：

在符合条件的基础上，提前终结破产程序一方面节约破产成本、减少破产费用支出，另一方面可以缩短案件审理周期，提高破产案件的结案效率①。破产程序终结还是要落实到清偿债务，而破产程序的前提就是企业无法清偿到期债权，因此，债权人在破产程序中无法得到全部清偿是一个再正常不过的现象，这种风险是破产制度中固有的。

【风险提示】

破产程序终结以后债权人对破产企业享有的请求权即归于消灭，破产企业的主体资格即归于消灭，在该程序进行过程中和程序结束后主要会存在以下风险：

因债权人未及时申报债权，从而影响债权实现

因为根据《破产法》的规定，未申报债权和并未参加破产清算程序的债权人，其债权于破产程序终结后，请求权也归于消灭，债权人不能以此为由再主张债权从而影响其债权的实现。

破产管理人未及时办理注销登记手续，引发后续纠纷

无论什么原因，破产程序终结后，管理人应自破产程序终结之日起 10 日内办理注销登记。管理人应于办理完注销登记完毕的次日终止执行职务，但存在诉讼

---

① 唐晓春. 企业破产的法律风险及防范［M］. 北京：中国法制出版社，2007：295.

或者仲裁未决情况的除外。如果破产管理人，没有处理这些事务，就自行终止执行职务，就会引发一系列新的纠纷，使得破产程序终而不终。

企业法人利用破产程序终结程序恶意逃债，损害债权人利益

虽然法律规定，债权人自企业破产终结之日起 2 年内发现破产人有应当供分配的财产的，债权人可以请求人民法院按照破产分配方案进行追加分配，但是不排除针对某些破产企业恶意逃债，但破产管理人清算中没有发现或破产终结后，没有固定相关文件资料证据难以提起追加分配。

【化解对策】

债权人应充分关注自己对破产企业的破产清算的相关信息和自身到期债权，及时申报债权防止因未及时申报债权或没有参与破产清算而影响了自身的债权的实现。

由专业机构和人员负责破产清算的善后事宜，并加强对这些机构和人员工作的监督，以便其顺利、完整地完成破产程序终结相关工作，防止因其工作漏洞导致破产程序终结后发生新的法律纠纷。

选任能力强的破产管理人，以便其针对恶意逃债而流失的资产的追回，维护债权人合法权益；债权人需在一定期限内保管好自己的各种资料、文件，以备发现破产企业恶意逃债的资产后申请追加分配。

第十节　非破产清算中的法律风险

【要点提示】

破产清算是指当债务人不能清偿到期债务时，法院根据当事人的申请或依职权，以债权人的所有财产公平清偿给所有债权人的一种执行程序，该程序始终在法院的监督下进行；非破产清算是指在公司资产足以清偿全部债务的情况下进行的清算。非破产清算中由于其财产足够清偿全部债务，所以清偿债务后的剩余的财产还可以由公司的股东分配。

1. 非破产清算适用法律的特殊性

（1）法律依据特殊

普通的破产清算一般适用《破产法》的相关规定，而非破产清算大多由《公司法》进行规制。

（2）发生清算的原因特殊

破产清算发生的原因是债务人不能清偿到期债务，而非破产清算发生的原因则是除公司分立、合并、破产等情形以外的解散事由。

（3）是否进入司法程序具有不确定性

破产清算自始至终都是在法院的监督下进行；而非破产清算除了特殊情形外，大多是由公司内部组织进行的，其具有自主性和灵活性。但非破产清算可以因法定事实原因转化为破产清算，如在非破产清算过程中，当清算人发现公司资不抵债时，就可以向法院申请破产清算。

2. 非破产清算的情形

（1）自愿解散

企业经营期限届满，或者公司章程规定解散的事由出现，或者股东会决定解散时，企业就会解散。这时如果不进行清算，所欠债权未偿付，就会给债权人带来危害，甚至会存在股东恶意解散以逃避债务的情况。而债权人自己提出清算要求，会因为企业已经解散，甚至已经注销掉，而没有起诉对象。如直接起诉股东则可能不会被法院支持，或者根本无法找到原企业的股东而无法起诉。

（2）强制解散

企业因违反法律、行政法规被有关机关吊销执照、被撤销、责令关闭或被法院判决解散后，也可能出现未清算的情形。如果不清算的话，股东的投资就会无法收回，将使股东遭受重大损失①；而企业的职工利益也无法得到保障，还会引起追讨工作的纠纷；对债权人而言，债权人不能得到清偿，会遭受巨大的经济损失。

【相关案例】

2000 年 3 月，某塑料管厂与某电子公司共同投资成立了某建材有限公司（以下简称"某建材公司"）。

2001 年 2 月和 6 月，某塑料管厂与某电子公司陆续将所持股份转让给某新型建材有限公司（以下简称"某新型公司"）及李氏兄弟俩。转让后，某建材公司各股东的持股情况为：某新型公司占 50%，李氏兄弟俩各占 25%。

2002 年 2 月，三方股东决定终止合作，签订了某建材公司终止清算协议书，内容为："①各股东一致同意终止某建材公司，并按照法律规定对全部资产进行清算。②某建材公司的全部剩余资产，包括厂房、设备、产成品、原材料等，已经各股东初步确认约 200 万元。"该协议未涉及对外债权债务，签订后各方就剩余财产的分配未达成最终的一致意见，出现较大冲突。某建材公司一直由李氏兄弟俩经营，全部剩余财产当时在李氏兄弟俩另外投资的一个公司的厂房内，由他们共同控制并继续使用。

某新型公司完全失去了对某建材公司的控制。作为某建材公司和某新型公司

---

① 陈晓峰. 企业破产清算法律风险管理与防范策略 ［M］. 北京：法律出版社，2009：193.

的法定代表人，张某在某建材公司的法定代表人职位形同虚设，想召集股东会议都非常困难，即使能召集起来，由于公司决策和管理的多数表决制度在这种失控方股东占 50% 的股份，控制方股东占 50% 股份的公司中无法实行，新的决议无法作出，公司无法继续运作而陷入僵局。各方股东虽然都同意对某建材公司剩余财产进行分配，但因控制方股东提出的分配方案明显不公平，一致的分配意见无法形成。

2002 年 9 月，因股东各方的不配合，某建材公司因未参加工商年检被吊销企业法人营业执照。无奈，某新型公司诉至法院，申请对某建材公司进行非破产清算。

某市人民法院作出裁定，认为某新型公司提起的诉讼不属于人民法院的主管范围，驳回某新型公司的起诉。

评析：

人民法院组织清算包括两种情形：一种是公司因不能清偿到期债务，被依法宣告破产；另一种是公司因公司章程规定的营业期限届满或者公司章程规定的其他解散事由出现或股东会议解散的，应当在 15 日内成立清算组，逾期不成立清算组进行清算的，债权人可以申请人民法院组成清算组，进行清算。

在第二种情形中，多数情况为非破产清算，启动该非破产清算的主体为公司的债权人，股东是否有权申请法院对公司财产进行非破产清算缺乏相应的规定，造成立法空白。

从上述案例来看，申请人作为与公司利益关系最为密切的失控股东，占有公司 50% 的股份，向法院提出清算请求，法院应当受理，只有这样，股东的剩余财产分配权才能在程序上得到保障。实体上的剩余财产分配权仅仅是实现剩余财产分配的前提条件，实体上的权利依赖于程序上的权利，没有相应诉权的保障，实体权利便形同虚设[①]。

【风险提示】

1. 清算人制度体系不明确

（1）法律规定指代不明

根据法律规定——"有限责任公司的清算组由股东组成"，此处股东指代不明，指全体股东还是指个别股东？"股份有限公司的清算人由董事或股东大会确定的人员组成"，这一规定，将董事与股东大会确定的人员并列作为股份公司的清算人，容易造成双方推诿，致使清算人难以及时产生，从而致使清算工作难以准时开展，导致公司财产减损或被股东转走，债权人利益难以保障。

---

① 陈晓峰. 企业破产清算法律风险管理与防范策略［M］. 北京；法律出版社，2009：196.

（2）法定清算人制度的缺乏

尽管《公司法》第一百八十四条规定自解散事由出现之日起 15 日内，有限公司股东不组成清算组，或股份公司董事或者股东大会确定的人员不组成清算组时，债权人享有向人民法院申请指定"有关人员"组成清算组的权利。由于没有规定明确的法定清算人制度，假如公司没有主动成立清算组，那么就会致使公司解散和清算人之间产生了一定的时间空档。股东逾期未组成清算组的情况下，债权人通常也不可能在短期内得知该情况并向法院申请指定清算组成员；即便启动清算程序后，也会由于股东早有预谋事先采取了抽逃资产、转移财产等措施。因此，即便债权人申请清算，也因时间拖延，财产流失，或因难于举证证明债务人存在抽逃资产、转移财产等欺诈行为而难以获得债权清偿。

（3）清算期限的缺失

《公司法》未规定非破产清算的期限，以及超过清算期限清算主体应承担的法律责任。在实践中，如果清算工作无限期进行下去，一方面大大增加了各种清算费用，削弱了公司民事责任的承担能力；另一方面，被清算公司与其他法律主体之间已经发生的各种社会关系，特别是经济关系长期处于不确定状态，势必影响社会秩序的稳定。

2.《公司法》规定的清算人损害赔偿责任的不足

清算人承担损害赔偿责任的条件过于苛刻。我国《公司法》第一百九十条规定了清算人的损害赔偿责任："清算组成员因故意或重大过失给公司或债权人造成损失的，应当承担赔偿责任。"比较该条与其他国家或地区相似规定，我国《公司法》只规定了清算组成员因"故意或重大过失"给公司造成损失时，其承担损害赔偿责任。但清算人怠于履行清算义务给公司造成财产损失的，是否应向公司承担相应的损害赔偿责任，我国公司法则没有作出明确规定，按照我国《公司法》规定，清算人怠于履行清算义务，不必向公司承担相应的损害赔偿责任。而大部分国家和地区《公司法》均规定了清算人因懈怠而对公司造成损害时应承担相应的损害赔偿责任。此外，《公司法》仅规定了"清算组成员"的"赔偿责任"，却并未明确该责任的性质究竟是按份责任抑或为连带责任，这无疑不利于清算人损害赔偿责任的最终落实。

主张损害赔偿的权利人范围过于狭窄。《公司法》及其解释只规定清算人对公司和债权人造成损害时，其应当承担损害赔偿责任，却忽视了公司清算涉及多方利益主体这一事实。公司清算不但涉及公司、债权人的利益，还涉及公司股东、职工及其他利害关系人的利益，清算人的故意或重大过失行为并不仅仅会造成债权人的损失，还有可能造成其他人的损失。《公司法》在此处将权利人范围限制得过于狭窄，不利于对其他第三人利益的保护，也与清算制度的初衷相悖。

【化解对策】

1. 完善清算人的选任制度

以下 3 种方式产生清算人：①由法律直接规定清算人，如可规定公司董事是法定的清算人。②由公司章程规定或股东会议选任。③由法院确定清算人。法定清算人的优点在于清算人明确，避免了股东因选任清算人而产生分歧延误清算。最后，法定清算是由法律直接选定，在清算过程中出现损害债权人或股东利益的行为，责任主体易于确定和惩治。

2. 完善清算人的解任制度

虽然《公司法解释（二）》第九条规定，"人民法院指定的清算组成员有下列情形之一的，人民法院可以根据债权人、股东的申请，或者依职权更换清算组成员：有违反法律或者行政法规的行为；丧失执业能力或者民事行为能力；有严重损害公司或者债权人利益的行为。"该解释弥补了《公司法》对清算人资格限定的缺陷，但是在公司自行清算的情况下，就难以启动。但是在确定法定清算人时，到底有一个什么样的标准？怎样的人担当才合理？笔者认为董事是比较合理的人选。一方面公司清算业务要求对公司的财产经营状况有足够的了解，掌控力达到一定的水平，公司董事在这方面是最有资历的；另一方面，公司董事对公司有忠实的义务要求，但公司如果不合理清算时，公司不仅财产流失，还会使公司遭受到债权人以及其他关系人的损害赔偿。

3. 完善清算法律责任制度

（1）怠于履行清算义务须承担责任

清算人怠于履行清算义务造成公司财产损失的情形作为其对公司承担损害赔偿责任的条件之一。在实务中只要清算人懈怠履行其清算义务，即应赔偿因此对公司造成的相应损失。这可以督促清算人及时、认真地履行其清算义务，并使公司财产受到的损害得到最大限度的弥补，体现了对股东和其他第三人利益的保护。

（2）明确清算人之间承担连带责任

基于保护公司及其他第三人利益的目的，各清算人之间赔偿责任的性质可明确规定为"连带赔偿责任"，这样有利于清算人损害赔偿责任的最终落实，从而维护公司的合法权益。

（3）扩大损害赔偿请求权主体的范围

对权利人的主体资格的规定不应过于狭窄，而应把其他利害关系人概括进来，使其他与公司清算有利害关系的因违法清算行为而受损的人都有权提起赔偿请求。

（4）明确公司清算制度中的民事责任承担

依据现行《公司法》第一百八十四条规定，"当公司逾期不成立清算组进行清算的，债权人可向法院提起申请，由法院组织清算组进行清算。"应废除由债权人向法院提出申请来解决公司清算的问题，公司清算应是公司自觉履行的义务，只有履行了该义务，公司才能承担有限责任，否则，则由公司与清算责任主体对债权人承担侵权赔偿责任。

第七章
电子商务

第一节　电子商务信用体系的法律风险

【要点提示】

电子商务，即在网上开展的以信息技术为基础的商务活动，是指利用计算机技术、网络技术和远程通信技术，实现整个商务过程中的电子化、数字化和网络化，包括生产、流通、交换、分配和消费各环节所有活动的电子信息化处理。它的核心是使现代计算机通信技术，尤其是网络技术服务于企业的生产经营活动，提高企业生产效益、降低经营成本、优化资源配置，从而大幅度地提升传统商务水平，实现社会财富的最大化。

信用，是整个商务体系的命脉，一切商业活动都是在信用的基础上展开的。因此，在电子商务发展中，信用体系的建立健全是必不可少的条件之一。

电子商务本质上是信用经济。信用交易已成为企业争取客户，扩大销售额和经营规模的最有效手段，而电子商务作为网络经济的一种，信用问题也必将成为关系其成败的关键问题。

【相关案例】

石家庄市民陈某酷爱网购，从2010年开始，她发现参加团购更能省钱，于是便积极参与团购，近一年下来，她成了团购达人。并且，因为团购的省钱效应，让陈某对团购上了瘾，然而，让她没有想到的是，一次团购使她陷入团购骗局，货财两空。

2010年12月6日，陈某在"310团"团购网站看上了一款苹果高仿手机，当时就以756元敲定手机价格，当天通过"支付宝"打款购买，并要求12月7日发货。第2天，她上网查询，发现自己的订单依然显示：请耐心等待发货。这让她感觉异样，"以往我在其他团购网上购物都是定好时间后，商家准时发货。"于是，7日晚她再次联络网站客服，网站说将尽快发货。第4天，网站表示已发货，陈敏要求提供订单号，网站称系统更新，无法提供。这样的回答让陈敏更感不安。11日，当她准备再次询问货品时，却发现"310团"网页已经无法显示了。

与陈某一样，还有许多一同受骗的人，他们这些上当受骗的人曾经向"315消费电子投诉网"进行了投诉，但当地"12315"投诉举报热线但都答复说，"因为涉及人员多，且分散在全国各地，无法受理，建议他们集中起来向公安部门报案"①。

---

① 团购达人遭遇骗局货财两空，律师提醒团购应谨慎选择［EB/OL］. http：//lh. lawyerwq. com/Item/24389. aspx.

评析：

这是一起典型的网络交易团购欺诈案件，在此类案件中，有一个共同点，就是团购价格都较低。一般来说，为了保证团购成功，规避消费者恶意团购，团购网都采取消费者团购成功后立即付费或交少量定金。与淘宝网等网站不同，虽然团购网也支持支付宝等第三方付款平台，但大多实行的是即时到账业务。所以，消费者打款后，支付宝将马上支付给卖家，这就被一些不法卖家所利用，反而变相为他们提供了行骗的"便利"。再加上涉及金额小，大多数受骗的人都因嫌麻烦而很少去追究。

【风险提示】

当前，在我国商业领域信用缺失现象十分普遍，处于新兴地位的电子商务也不例外。而且，由于电子商务本身的特点，信用问题显得尤为突出。电子商务本质上是一种虚拟经济、非接触经济，它以网络信息平台作为交易媒介，由于网络信息本身具有虚拟性和流动性，其格式和媒体可以分离，一旦出现诚信问题，电子商务信息的真实性与安全性难以保障。从电子商务的流程看，信息、交易、支付、物流等每个环节都存在信用风险，每个交易对象也有信用风险存在。因此，如果没有完善的信用体系作保证，其生存和发展都将十分困难，个人和企业的交易风险都将大大提高。

然而，从我国目前电子商务市场的发展现状来看，许多电子商务企业只看到了国外发达国家从电子商务经营获得超额利润，便盲目照搬国外电子商务经营模式，却未考虑到本国的实际国情，未考虑到我国信用体系的现状，以至于面临巨大的信用风险。

1. 思想和社会层面

我国经济是由计划经济脱胎而来的，市场信用交易不发达也并不完善，信用经济发育较晚，并不成熟，现代市场经济条件下的信用意识和信用道德规范并未完全树立。现实社会中，虚假广告泛滥、假冒伪劣商品肆虐、食品安全等诚信问题每天屡见不鲜，几乎成了普遍现象；"无商不奸"的观念在人们的思想中根深蒂固，电子商务作为不见面的交易模式，更难得到消费者的认同，企业与企业、企业与消费者之间防范多于信任，都是电子商务发展的心理障碍。

2. 制度层面

首先，我国社会信用体系建设还处在起步阶段，并未形成一整套规范的信用评价体系。并且，我国信用系统严重滞后于电子商务的发展步伐，短期内还难以建立起健全的诚信管理体系。其次，电子商务市场化运作模式虽已初露端倪，但运作存在不规范现象，再加之缺乏有效的失信、违规行为监督惩罚机制，行业自律也尚未形成，因此严重影响了电子商务的正常发展。最后，到目前为止，我国制定的与电子商务有关的法律法规很少，并不足以应对电子商务的快速发展。缺乏足够的明确的法律法规的约束和规范，失信成本大大降低，从而在无形中加大了电子商务活动的风险。

3. 技术层面

电子商务是基于网络平台建立和运行的，考虑到网络本身的特点，电子商务过程中的交易风险也远远大于传统商业活动。电子商务过程中，网络技术层面被不诚信者所利用，例如通过违规操作、技术漏洞、网络病毒等技术手段，修改交易内容、交易方式等，最终实现其不诚信交易的目的，而此类风险也是区别于传统交易的特点之一。

【化解对策】

对于企业而言，信用既是企业发展壮大的基石，也是企业最为脆弱的"阿喀琉斯之踵"。现实中有太多这样的例子，一个如日中天的企业，因为某种原因，失去了消费者的信用，结果在很短时间内分崩离析，最后轰然坍塌，因此，作为电子商务企业，应该着重关注以下几个方面，以提高警惕，保卫信用：

1. 着力营造良好的社会信用环境

电子商务是在虚拟空间中进行的一种商务活动，在这一虚拟世界中，人际交往出现了与现实世界完全不同的情况，人们往往无法完全判断交易的真实性、有效性。所以，成功的电子商务需要信用的支持，即交易双方互相信任，信守承诺。因此，只有在全社会形成一种自己守信用、人人必须守信用，也相信别人守信用的氛围，电子商务信用风险才有了防范的基础。

2. 积极参与社会信用体系的构建

在国外，无论交易主体是企业还是个人，都有相关的信用机构来对交易双方的信用进行评价，并定期给予相应的评级。企业既可以随时从评级制度得知交易对方的信用期望，又必须时刻考虑失信行为带来的评级惩罚，因此这种评级制度可以有效减少或避免企业的各种失信行为。从我国经济发展来看，信用评价体系的建立是必然趋势。信用体系的构建有利于电子商务行业的发展，因此企业应该以积极的心态加以面对，并积极参与其中。

3. 企业应加强自身诚信建设

首先，企业应将诚信落实到企业的实际行动中去，慎重对待企业的每个订单，每个客户，细微之处见真情，"勿因善小而不为，勿因恶小而为之"。特别要重视搞好消费者关注的售后服务、付款方式，不能交易一完成，服务就终结，甚至翻脸不认人。要做到不仅让客户满意，还应该让客户持续满意，以不断提高客户的忠诚度。其次，信用是企业发展的根本，企业不仅要在服务商做到诚信，还应在思想上树立诚信为本的传统，上到领导下到基层员工，必须做到牢记诚信，做到待人以诚，交易为信，这才是企业内部规避信用风险的根本所在①。

第二节　电子商务技术的法律风险

【要点提示】

电子商务计算机网络技术自身具有高度的复杂性，这种复杂性不仅仅体现在信息传输网络的复杂上，更体现在虚拟空间的复杂性以及网络技术的控制力上。由于网络空间各种因素的相互关系极为复杂，这就为电子交易安全埋下了隐患。技术风险虽然并不直观，但其实实在在地存在着，并且还在随着各种新技术的发展变得更加难以估计，并且很容易给企业带来难以估量的损失。目前来看，电子交易技术风险主要有以下特征：

1. 开放性

电子交易依托于网络，而所有的交易信息也通过互联网连接于网络世界中。网络世界中储存了海量的信息，这些信息可以方便的被每个人获取。然而，被连接在网络的每一个节点都既可以接受外来的信息，同时也可以对外传播信息，并且传播速度非常迅速。这样由点及面的信息交互方式就大大地增加了信息传播的风险性。以病毒为例，随着网络的普及，病毒可以通过互联网在无限广阔的空间中传播，生存空间被大大的拓展，危害性也大大地增强了。

2. 复杂性

随着网络技术的日新月异，电子商务也已经广泛发展，因此我们就必须寻求各种手段对技术风险进行规避，然而这种规避却显得异常的困难。科技的发展带来的便是网络技术的日益复杂，那些成百上千万运行的程序，没有谁能够保证这其中不存在任何漏洞。即使发现了漏洞，要想及时地进行更新和修复也并不是一件容易的事。因此，对于目前的电子商务交易来说，时时刻刻伴随着技术风险。

3. 隐蔽性

网络技术非常复杂，只有专业的网络技术人员才能对其内部操作进行修改和控制，这也就使得病毒在传播的过程当中很难被一般的网络用户所察觉，更无法对其进行有效的拦截和控制。面对网络病毒和黑客的入侵，电子商务企业必须借助专业的安全软件才能保证自己的计算机安全。而电子商务交易中企业将大量的商业信息转移到网络当中，一旦网络系统发生故障，一切工作都将处于瘫痪停滞的状态，甚至面临着数据泄露的巨大危险。

---

① 蔡慧. 论传统企业电子商务的风险及防控［J］. 湘潮，2009（3）.

【相关案例】

2006 年 12 月初，我国互联网上大规模爆发"熊猫烧香"病毒及其变种。一只憨态可掬、领首敬香的"熊猫"在互联网上疯狂作案。在病毒卡通化的外表下，隐藏着巨大的传染潜力，短短三四个月，"烧香"潮波及上千万个人用户、网吧及企业局域网用户，造成直接和间接损失超过 1 亿元。

2007 年 2 月 3 日，"熊猫烧香"病毒的制造者李某落网。李某向警方交代，他曾将"熊猫烧香"病毒出售给 120 余人，而被抓获的主要嫌疑人仅有 6 人，所以不断会有"熊猫烧香"病毒的新变种出现。

随着这起中国首例利用网络病毒窃取数据、账号，进而牟利的"熊猫烧香"案情被揭露，一个制"毒"、卖"毒"、传"毒"、盗账号的全新地下产业链浮出了水面。中了"熊猫烧香"病毒的电脑内部会生成带有熊猫图案的文件，盗号者追寻这些图案，利用木马等软件，盗取电脑里的账号密码和信息资料。李某位于链条的上端，其在被抓捕之前，不到一个月的时间至少获利 15 万元。而在链条下端的涉案人员张某一个月内获利数十万，一名涉案人员说，该产业的利润率高于国内房地产业。

有关法律专家称，"熊猫"烧香病毒的制造者是典型的故意制作、传播计算机病毒等破坏性程序、影响计算机系统正常运行的行为。根据刑法规定，犯此罪后果严重的，处五年以下有期徒刑或者拘役；后果特别严重的，处五年以上有期徒刑。

【风险提示】

通过上述案例可以看出，随着互联网和电子商务的快速发展，利用网络犯罪的行为会大量出现，为了保证电子商务的顺利发展，网络安全保障是必不可少的。然而，目前我国的网络交易立法明显滞后，如何保障网络交易安全还是个空白。除了下载补丁、升级杀毒软件外，目前还没有一部完善的法律来约束电子商务交易的技术安全。因此，企业应当在如下几个方面提防交易技术风险：

1. 电子商务数据风险

电子商务是以互联网络为平台的贸易新模式，其最大特点之一是强调参加交易的各方和所合作的伙伴都要通过互联网密切结合起来，共同从事在网络环境下的商业电子化应用，所有的商业交易数据信息都是通过互联网来传输和保存。而互联网体系使用的是开放式的 TCP/IP 协议，它以广播的形式进行传播，因此其固有的开放性带来许多数据风险，例如易于拦截侦听、口令试探、身份假冒等等，给网络安全带来极大威胁。同时，电子商务活动的进行需要借助网络这种特殊的交易环境，这就为网络攻击和数据破坏提供了平台。例如，网络"黑客"可以直接通过网络植入病毒，以破坏计算机功能，或者直接盗取计算机数据，影响计算机使用。而电子商务系统一旦受到病毒攻击，电子交易就有巨大的安全隐患，特别是企业的财务数据属重大商业机密，如遭破坏或泄密，将造成不可估量的损失。

2. 电子商务域名风险

作为互联网的基础地址资源，域名系统的重要性已成为全球共识，绝大多数互联网应用都基于域名系统开展，因此域名事故极易"一发牵全身"，一旦域名出现故障，互联网将面临局部或全面的坍塌。从现实情况来看，影响较大的域名攻击事件时有发生，并且涵盖渗透到了域名体系的各个层级。规模最大的一次域名故障发生在 2011 年 2 月 21 日，全国各地网络同时出现网页突然无法打开的问题，后来被证实是由网络运营商域名故障所致。对于电子商务企业来说，网络域名就是电子商务企业在互联网的"名片"与"商场"。因此，域名系统作为电子商务市场的支撑基础，如果存在安全隐患，相当于在沙地上建立摩天大楼。

3. 系统软件漏洞带来的风险

由于我国广泛应用的主流操作系统和数据库管理系统都是从国外引进的产品，有些国产软件的核心技术也还是使用的引进版本，因此系统安全存在系统漏洞等不少危机信息安全问题。例如上文所提到的肆虐网络的"熊猫烧香"病毒，就是利用系统漏洞在网络系统上广泛传播。而一旦有人利用系统漏洞对电子商务企业进行侵害，将会给企业运作带来严重影响，经济上也遭受巨大损失。

4. 内部监管漏洞带来的风险

由于网络环境对传统商务活动环境的取代，造成了商业的无纸化运作，使得信息的提供、传送、储存等完全通过网络进行。如果电子商务企业本身缺乏相应的监督约束机制，出现责权不明，管理混乱，安全制度不健全等情况，那将会是引起电子商务系统安全风险的头号风险根源。再加上网络信息的可追踪性不强，出现合同操作、贸易运作、虚假身份等方面的问题，事后往往也很难追究相关人员的责任[1]。

【化解对策】

电子商务技术风险伴随着计算机网络技术的安全隐患而存在，虽然说技术风险具有复杂性及不确定性的显著特征，但是企业仍然应当规范自身管理，着重从以下几个方面进行规避防范：

1. 加强技术保证，确保电子商务信息的安全

电子商务依靠互联网络平台来开展，特别是要互联网体系使用的是开放式的 TCP/IP 协议，给企业信息和数据安全带来极大的安全隐患。因此，如何保障企业

---

[1]　电子商务中的风险监管［EB/OL］. http：//www.gwyoo.com/lunwen/jjgl/dianzi/201110/473639.html.

的信息数据和重大商业机密，是企业开展电子商务的重要技术保障和前提条件，只有高度重视电子商务的信息安全，才能保证其运行安全。这就要求电子商务企业不但要制定完善的技术保障措施，更要严格执行制度，才能确保电子商务信息的安全。例如：在企业内部网和互联网之间要加设防火墙，防止黑客或计算机病毒的袭击，保护企业内部网中的机密商业信息数据。另外，利用现有的信息新技术，将数字签名应用于电子商务的身份认证，可以防止非法用户假冒身份，从而保证电子支付的安全。

2. 健全内部管理控制制度

实行电子商务的商户，在内部管理制度上应健全相应的规章制度，例如：制定严格的管理制度制度来规范和约束员工的行为，根据工作重要程度，确定系统的安全等级；制定相应的机房出入管理制度，对于安全等级要求较高的系统，要实行分区控制，限制工作人员出入与己无关的区域；对操作规程要根据职责分离和多人负责的原则，各负其责，不能超越自己的管辖范围；制订完备的系统维护制度，对系统进行维护时，应采取数据保护措施，如数据备份等；另外，制定人员管理机制也很重要，应建立人员雇用和解聘制度，及时对工作人员进行评价，制定奖惩制度，调动工作人员的工作责任感和积极性。

3. 注重域名管理保护

首先，企业必须提高自己的域名保护意识，通过合法程序注册域名，并做好防范工作，依据相关法律保护自己的域名。其次，要考虑可能被抢注域名的各种情况以及自身的现在及将来可能的业务，全面的注册自己的域名，如".cn/.net"的注册等。同时，可以考虑将域名管理保护交给专业的公司。最后，企业要根据社会以及相关政策的变化，不断地完善自己的域名保护措施，注重网络更新。

第三节　电子商务不正当竞争的法律风险

【要点提示】

我国《反不正当竞争法》第二条规定，不正当竞争是指经营者违反该法规定，损害其他经营者的合法权益，扰乱社会经济秩序的行为。电子商务中的不正当竞争，泛指经营者在电子商务中采用各种虚假、欺诈、损人利己等违法手段，损害其他经营者的合法权益，扰乱电子商务秩序的行为。依据《反不正当竞争法》的规定，在电子商务中构成不正当竞争应当具备以下要件：

首先，电子商务中不正当竞争行为的主体应当是参与电子商务的经营者。《反不正当竞争法》规制的不正当竞争行为，必须是经营者实施的竞争行为，不包括市场上处于消费地位的民事主体；电子商务中不正当竞争的主体，必须是参与电子商务的经营者，否则难以在电子商务中实施不正当竞争行为；竞争者应当为两个或者以上，且往往行业相同或相近，在经济利益上有利害关系。

其次，电子商务中不正当竞争所侵害的对象主要是同业经营者的利益。只有同业经营者才对市场存在争夺，任何一个经营者对市场的占领或扩大，就意味着其他同业经营者的市场相应被占领或缩小。竞争的目标在于争夺市场，争取交易机会。

再次，电子商务中不正当竞争行为具有违法性。指电子商务中不正当竞争行为违反了《反不正当竞争法》的规定，既包括违反该法的原则规定，也包括违反该法列举的禁止不正当竞争行为的各种具体规定，还包括违反上述市场交易应当遵循原则的规定。

最后，电子商务中不正当竞争行为具有危害性。这种危害性包括损害其他参与电子商务的经营者的合法权益，损害消费者的合法权益，扰乱正常的电子商务秩序和社会经济秩序等①。

【相关案例】

2011年，一起网络不正当竞争案件引发了各界关注。当事人双方分别为原告A传播有限公司与被告B公司。原告A公司在起诉中称，其是2010年世界旅游小姐年度冠军总决赛的承办方，已成功举办16届相关赛事，并投入了大量人力、财力、物力进行组织和宣传，使"世界旅游小姐年度冠军总决赛"项目家喻户晓，在国内已经成为一流的赛事。而B公司在没有经过原告同意和授权下，在其注册的网站上擅自使用"世界旅游小姐年度总决赛"这个名称组织招商并进行比赛。B文化公司的行为使公众误认该公司所组织的赛事是原告的行为，亦使其赞助机构、推广合作伙伴以及大赛参赛者均误认被告组织的赛事是原告的行为。同时，B公司在其网站上恶意诋毁原告公司的商业信誉。综上，被告的行为违反了《反不正当竞争法》的规定，擅自使用知名商品特有的名称、包装、装潢，使购买者误认为是该知名商品，并对原告造成了诋毁。为了维护自身合法权益，其诉至法院，要求被告停止使用"世界旅游小姐年度冠军总决赛"名称并道歉。

本案中，法院经过审理认定，首先，B公司在没有经过A公司同意和授权的情况下，擅自使用"世界旅游小姐年度冠军总决赛"的名称组织、承办选美赛事，还大量使用A公司组织赛事的照片及赛事活动等相关信息，并对外宣称其获得了A公司和世界旅游小姐中国年度冠军总决赛组委会的授权，上述行为具有明显的虚假性。同时，被告的行为容易使相关公众对该赛事的组织者身份产生误

① 电子商务中不正当竞争的认定 [EB/OL]. http：//www. tech－food. com.

解，与 A 公司组织的世界旅游小姐年度冠军总决赛赛事活动相混淆，故属于虚假宣传行为，构成了对 A 公司的不正当竞争。

其次，虽然 2010 年世界旅游小姐年度冠军总决赛相关赛事在中国举办过程中经多个报纸和网站报道、宣传，但从 A 公司参与承办的时间来看，该赛事在中国仅成功举办了一届，其所形成的影响和知名度尚不足以达到为中国境内相关公众所知悉的程度。另外，A 公司所主张的"世界旅游小姐年度冠军总决赛"亦不构成反不正当竞争意义上的"特有名称"。因此，A 公司的现有证据不足以证明"世界旅游小姐中国年度冠军总决赛"这一名称经过其使用已经具有了显著的特征，从而足以使该名称与其形成稳定的联系。综上，此案被告没有构成了仿冒知名服务特有名称的不正当竞争行为，因此，法院驳回 A 公司的此项诉讼主张。

最后，B 公司在进行宣传的同时，还在其网站上刊登声明，指出其他使用"世界旅游小姐"名称举办的赛事均为仿冒。但该声明中并未指明 A 公司的名称，且 B 公司登载上述声明的目的旨在表明其为"39 届世界旅游小姐大赛"举办者的身份，并不存在诋毁 A 公司的意图，上述行为不足以达到诋毁 A 公司商誉的后果。故 B 公司的上述行为不应认定为商业诋毁行为①。

【风险提示】

随着电子商务的广泛开展，电子商务公司之间的竞争变得日益尖锐，利益的驱动、法律的空缺，使众多电子商务主体采取非正当手段从事经营活动，不正当竞争行为大量涌现，总体来说可以归类为以下几点：

1. 虚假广告宣传

虚假广告宣传，主要是指利用广告，对商品的质量、制作成分、性能、用途、生产者、有效期限、产地等作引人误解的虚假宣传。由于网络的开放性，因此大量电子商务信息通过网站广告、弹出窗口的形式在网络中快速传播。这些广告信息的传播并不需要经过审核，这也就导致了许多广告信息夸大其词，甚至完全脱离实际。例如，有些网站广告为了吸引人们的注意力夸大其词，使用网络第一家、最好的最全面的等用语；有些电子商务企业通过对自己提供产品的内容和质量做夸大其词不真实的宣传，来引诱更多的消费者来访问企业网站，获取知名度和经济上的利益；有些电子商务企业搞虚假宣传，声称上网者可购买到低于市场价的商品，误导消费者，但网民实际购买时却声称无货或者需要通过极低概率的抽奖。

2. 混淆行为

混淆行为指在经营活动中采取一些旨在消费者对该经营者与其竞争对手的营

---

① 电子商务案例分析：网上不正当竞争问题［EB/OL］. http：//blog. sina. com. cn/s/blog_815b7e2c0100v7f0. html.

业所、商品或工商业活动提供的服务产生混淆的行为。在电子商务中，一些企业通过良好的服务、广泛的宣传形成驰名品牌，其域名也广为人知。有些企业就注册和其相像的域名作为自己经营的电子商务域名，从而与原域名权人的商品或服务造成混淆；或者将具有一定的知名度的商业标志作为链接，表示与其存在一定的关联，这也可能在消费者中产生混淆。可见，混淆行为可以通过网站域名包括网站标识和内容等进行，这不仅侵害了电子商务的一个品牌，更多的是对网络服务的质量和网络交易市场秩序的破坏，也使整个电子商务界的交易面临困境和信任危机。

3. 贬损行为

贬损行为主要是指通过网络捏造、散布虚假事实，损害竞争对手的商业信誉或商品信誉等行为。随着互联网的普及，一些电子商务企业利用网络的方便、快捷、廉价和不受地域限制的特点进行虚假宣传来抬高自己，贬低其他同类经营者。有的企业在自己的网站上发布竞争对手不实信息，收集竞争对手不利信息进行链接或者专门让网友发泄对该公司商品、服务的不满；利用电子邮件软件转输的便利发送不实邮件；在 BBS 上以讨论问题的形式造谣诽谤、捏造散布虚假事实。网络传输的快速，可能在一夕之间摧毁企业好不容易树立起来的形象。

4. 域名纠纷

域名是与网络上的数字型 IP 地址相对应的字符型地址。域名已不仅仅是一种网络地址，而是一种在因特网上代表企业形象与商业商誉的商业标识符号。由于域名具有标识性、唯一性和排他性的特点，将知名企业的企业名称、商号或者企业的商标作为域名进行抢先注册或进行使用，或者是待价而沽，进行转让、出租等行为越来越多；有的企业把知名人物名字注册为域名，作为招徕消费者的手段等。

5. 侵犯商业秘密

商业秘密是指不为公众所知悉、能为权利人带来经济利益、具有实用性并经权利人采取保密措施的技术信息和经营信息。在电子商务中，由于网络技术的应用使得商业秘密的保护更为困难。电子邮件的普及，国际信息网的运用，以及难以捉摸的虚拟商场，使得商业秘密在网络中岌岌可危。例如，通过更改企业主页上的邮箱链接盗窃商业秘密；电子交易网站利用管理网站的优势，随意窃取、泄露或使用上网企业与个人的具有商业价值的保密性资料信息；员工利用电子邮件有意或无意地传送企业商业秘密信息，以远程登录等方式窃取商业秘密，在现实中这些技术都可以被企业间所利用。而黑客入侵行为更是严重威胁商业秘密的安全，甚至窃取方可以利用网络技术反向对被窃取企业商业秘密信息进行完全的破坏。

6. 用技术措施实施不正当竞争行为

通过不正当的技术手段阻止用户使用对方软件。如"百度 IE 搜索伴侣"软件和"3721 网络实名"软件均采取了用自己的软件注册表信息替代对方软件注册表信息的措施，可以认定双方均通过不正当的技术手段阻止了用户使用对方软件，导致双方原本平等地接受用户的选择，变为只有一方能被用户选择，另一方丧失了被选择的机会①。

【化解对策】

不正当竞争行为在侵害竞争对手利益的同时，也对电子商务交易市场安全秩序带来了强烈的冲击，最终波及影响企业自身形象与行业利益。因此，企业在日常电子商务交易中，既需要加强自律，树立正当竞争理念，又要对电子交易行业中的不正当竞争行为加强防范，保护交易安全与交易秩序

1. 正确理解反不正当竞争法律法规

我国对不正当竞争行为已颁布了《中华人民共和国反不正当竞争法》及配套法规进行规制，对于传统不正当竞争行为在电子商务中的新表现可以归入法律规定范围之内直接扩展适用。然而《中华人民共和国反不正当竞争法》于 1993 年 9 月 2 日通过，同年 12 月 1 日开始施行。那时中国还没有出现电子商务，因此《不正当竞争法》中未对电子商务中的不正当竞争行为加以直接、特别规定。目前，在援引《反不正当竞争法》以及其他相关法律法规制止电子商务中不正当竞争行为的过程中，已产生了现实法律不能满足网络发展需要的矛盾。但是，这并非意味着电子商务中的不正当竞争行为无法得到监管，电子商务中独有的新型不正当竞争行为，依然可以根据《反不正当竞争法》的自愿、平等、公平、诚实信用、遵守公认的商业道德等一系列基本原则予以规范。

2. 积极通过司法途径制裁不正当竞争行为

随着电子商务的发展，涉及电子商务不正当竞争的案件大量涌现。随着一些重大案例的裁判，一些基本原则也得到了各级法院的普遍认可，有的则上升为司法解释。例如，2001 年最高人民法院颁布了关于网络域名纠纷司法解释，而这个解释直接针对网络域名纠纷，创造性地解释了法律，为各级法院裁判相关案例提供了有力的武器。目前来看，通过一系列司法解释的发布，可以最大限度地缩小法律与实际需要的差距，弥补立法必然滞后的缺陷。因此，企业在防范不正当竞争行为的过程中，可以积极通过司法途径制裁非法行为，既及时保障了自身的合法权益，又维护了电子商务交易秩序。

---

① 周宇杰，唐菲. 电子商务中的不正当竞争行为及治理对策 [J]. 特区经济，2011 (1).

3. 借助行政平台规范不正当竞争行为

面对电子商务的行政管理上，我国行政管理机关也在积极探索新类型管理模式。例如，我国工商部门已开设了网络监管窗口，受理网民对网络虚假广告的举报，并对已经查实的网络虚假广告通过互联网予以公示。加强电子商务行为的监管在一定程度上说是传统法律的延伸，在传统法律没有做出具体规范时，行政规范对于约束不正当竞争行为也能起到良好的作用。

4. 不正当竞争行为的企业自身防范

一个成功的电子商务企业必须通过自身品牌管理在电子商务竞争中占据优势。例如，把自己的商标进行注册，并进行大量的宣传，提高产品和服务质量，使之成为驰名商标，而法律对驰名商标才有有效的保护；尽可能多地把同企业产品和服务有关的派生域名在因特网址分配公司上注册，以防给恶意竞争对手留下混淆空间；与掌握商业秘密的人员签订竞业禁止合同；时刻保持警惕，定期在搜索引擎中搜索，防止竞争者采用不正当竞争手段损害企业的利益，维护好企业辛苦赢得的声誉。

第四节　电子商务税收的法律风险

【要点提示】

电子商务以一种无形的方式，在一个虚拟的市场中进行交易活动，相较于传统交易模式，电子商务使得远程交易变得更为便利，市场拓展更为快捷，交易主体也更为广泛。然而，电子商务无纸化操作的快捷性、交易参与者的流动性，却给传统税收制度带来了挑战，不仅是纳税主体、客体、纳税环节、地点等基本概念难以进行界定。还有，在电子交易的无纸化操作导致传统的凭证追踪审计失去基础。总体来说，电子交易税收显示出了与传统税收截然不同的特性，主要有以下几个方面：

1. 税收管辖权的不确定性

传统税收中的税收管辖权，一般遵循属地原则和属人原则，而其中又以属地原则为主。对于属地原则，多以收入来源地或经济活动地为标准，实践中可以通过对"常设机构"的判定来进行。而在电子商务交易中，营业场所被虚拟化，一般体现在网站或网页上，交易主体可以在任何地点和时间登录，进行相应的活动，不具有营业场所具有的"固定性"特征，因此也并没有通常意义上的"常设机构"，也就无法准确确定其收入来源，进而很难依据传统税收管辖原则来确定管辖权。

2. 纳税主体的匿名性

对纳税主体的确认是进行有效税收征管活动的前提，而电子商务由于其具有网络匿名性以及身份资料的非强制验证性，因此很难确定真正的纳税主体。

3. 产品固有形式的改变

电子商务中离线实体交易的性质认定是相对较为容易的，这和传统的商品销售性质是相同的，而随着网络技术的发展，如音乐的下载、电子图书的购买、计算机软件的销售等，产品并没有实物形态，往往通过在线数据交换即可完成交易，可是这种销售行为属于销售商品，提供劳务还是使用权让渡，并没有一个较为明确的认定。

4. 业务台账的无纸化

传统的税制要求纳税人以书面形式保留完整准确的真实会计记录，以备税务部门检查。在电子交易中，这些交易记录只是一种电子形式，并且可以轻易地被更改，不留痕迹，使交易无法被准确的记录，传统的书面账目审计失去依据。

【相关案例】

2006年6月，上海人张某开始在网上购买婴儿用品，她发现婴儿用品在网上卖得很红火。于是她也开始在网上销售奶粉和尿片，并用其为法人代表的某市场策划公司的名义在淘宝网上开了家商铺。在累积了一定的客户群后，张某又用公司的名义自建了一个销售婴儿用品的网站——"彤彤屋"。不到半年，"彤彤屋"就销售了价值280多万元的商品。

由于之前有网上购物经验，张某了解到网上交易几乎都不开发票。在和其他卖家交流之中，她也掌握了一套逃税方法，比如不开具发票，不记账等。"网上所有的人都是这样交易。"张某在庭审时如是说。

后来，张某逃税的事实最终东窗事发。经上海市普陀区国家税务局税务核定：张某的市场策划有限公司于2006年6月至12月销售货物，含税金额人民币289.5万余元，不含税销售金额人民币278.4万余元，应缴增值税人民币11万余元。经过法院审理，上海市普陀区法院对张某的公司偷税罪判处罚金10万元；同时以偷税罪判处张某有期徒刑两年，缓刑两年，罚金6万元。

本案审判长分析，事实上，该公司日常交易过程并不是纯粹的网上电子交易，在有了一定的固定客户基础后，它就采取电话联系、上门送货等形式，进行长期交易，这是一种逃避税收的方法。由于个人和企业适用不同的法律规定，该公司事实上是B2C（企业对个人），却用C2C（个人对个人）的形式来交易，企图掩盖B2C的实质。而在网络B2C交易中，这样的情况确实是一个很常见的现象。

据有关专家介绍，在我国现有的电子商务管理中，对网上交易的规范及管理条款极少。然而，目前工商登记法规中虽然没有对"网上交易"这一领域进行规定，但原则上网上交易是需要办理营业执照的，因为按照规定，个人以赢利为目的，销售全新的商品，也需要缴税。因此，只要是以营利为目的，即使是网上小店和网站，也应该在工商注册登记后，才是合法的，并且需要依法纳税①。

【风险提示】

从我国目前的电子商务运营发展情况来看，大部分电商企业对于电子商务纳税仍然存在一定的认识误区，导致企业难以准确理解我国电子商务纳税法规政策，从而在自身发展过程中带来隐患，因此有两点观念需要在此强调。

1. 电子商务是需要纳税的

从电子商务交易市场来看，经营量首当其冲的便是大型电商卖家，如京东、苏宁、卓越、亚马逊以及天猫平台及其他规范平台上的绝大多数卖家。实际上，上述这些中国电子商务或网购的主体在电子商务交易中，都是规范经营并依法纳税的。到目前为止，我国电子商务税收并没有任何专门的明确规定，但并非意味着无须纳税，而是默认电子商务纳税按照传统商务纳税处理，即线下怎么交线上就怎么交。关于电子商务、网上购物可以不交税一说，完全是一种误解。如果说部分卖家长期没有交税，只是网上交易纳税稽查执法不严或者监管难度较大的原因，这与许多餐厅通过不开具发票等形式逃避税收一样，但并不意味着不交税是理所当然的。

2. 电子商务行业并非存在普遍的逃税漏税情况

在大部分人看来，绝大多数电子商务企业存在逃税漏税情况，非常普遍，其实不然。电子商务的网络纳税其实与线下相同，是否严格纳税归根到底在于税收监管力度。而从淘宝网的有关数据来看，淘宝网的卖家中，除去少部分的出于乐趣开店并不打算持续经营的个人卖家，大约有640万家持续经营的店铺，也就是典型的小微企业。这640万家店铺中，绝大部分还处于创业阶段。以2011年12月份这个当年成交最活跃的月份为例，640万家店铺中，95%（也即606万家）的月度总成交额在2万元人民币以下。而根据国家有关规定，从2011年11月开始，个体工商户的增值税起征点提高到月销售额2万元，所以，淘宝网的这些数百万小微企业，从现行的线下商户的征税新政来看，其实基本上都符合免征范围②。综上，电子商务领域偷税漏税现象普遍这一误解，更多的是出于对于电子商务交易的陌生和不理解，而非事实情况。

【化解对策】

对于电子商务纳税制度、要不要征税、应该征收哪些税种，一直以来存在两

---

① 尹志洪. 从"彤彤屋"看我国的电子商务税收 [J]. 商场现代化，2008 (34).
② 电子商务慎税收 [EB/OL]. http://finance.ifeng.com/opinion/mssd/20130615/8133850.shtml.

种派别，即免税派和主税派。美国作为电子商务发展的主导者、先行者及全球最大受益者，主张政府应尽量减少管制措施，这确实极大地促进了其电子商务的发展。不过，2013 年 5 月，美国通过的《市场公平法案》规定，当企业通过互联网、邮购、电话和电视等渠道出售产品时，必须缴纳销售税。以欧盟为代表的征税派认为，税收系统应具备法律确定性，电子商务不应承担额外税收，但也不希望免除现有的税收。对于中国电子商务企业来说，面对纳税问题，有必要做好以下几点准备：

1. 把握政府纳税立法监管导向

我国作为发展中国家，虽然电子商务还处于发展初级阶段，但却是未来贸易方式的发展方向，对经济增长和企业竞争有较大影响。因此，目前我国政府对电子商务税收政策比较谨慎，倾向于"让电子商务自由发展，只有当其必要性非常清楚时才采取准确的行动"。从学理上来说，税收公平原则是税法一大基本原则，主要是指税收制度的设计与税收规则的制定应为纳税人提供均等的竞争机会、提供相同的外部条件和环境，而不能仅仅因为主体的经营方式不同而采取税收歧视。电子商务这种数字化交易，虽然其交易方式是无形的、可隐匿的，但是从交易实质上来看，它并没有改变商品交易的本质，仍然具有传统商品交易的基本特征。因此，笔者预见，我国电子商务立法基本框架应当与目前的税收政策保持一致，既不会采取歧视性税收，对电子商务开征新税种，因为这样可能会影响到电子商务的正常发展；也不会对电子商务采取免税政策，因为免税必然使传统交易主体处于不利位置，进而对传统市场经营产生不利影响。因此，电子商务税收应当会逐步趋同于传统交易税收，并步入规范化轨道。

2. 清晰认识自身电子商务模式，把握企业纳税定位

我国电子商务模式包括 B2B、B2C、C2C 三类，而上述三类电子商务模式的纳税适用标准是不同的。例如，通常情况下，在 C2C 模式交易中，卖方是不向买方提供发票的。而现行税法对于 B2C 模式电子商务是征税的，这是因为 B2C 模式电子商务的性质与现实中的个体工商户没有什么区别，因此，从税收的公平性角度出发，电子商务企业还是要按照国家税收的有关规定依法纳税。

3. 避免电子商务与线下交易相混淆

部分电子商务企业在实际交易中并未遵守严格意义上的电子商务标准履行交易，而是通过电子商务的形式在网上联络客户、约定订单、商定交易价格，再回到现实中的线下，履行双方各自的交付义务。在上述交易形式中，卖方实际上并未给买方开具发票，因此也无须纳税。实际上，从税法监管角度来看，这是规避税法、偷税漏税的典型行为，一旦被税收监管机构查处，则将面临严厉的行政处罚乃至刑事处罚。

第五节　电子商务诉讼管辖的法律风险

【要点提示】

按照我国《民事诉讼法》的相关规定，民事诉讼由被告住所地、经常居住地或法人的营业地法院管辖；对于合同纠纷，由被告住所地或合同履行地法院管辖，合同的双方当事人也可以在书面合同中协议选择被告住所地、合同履行地、合同签订地、原告住所地、标的物所在地、与争议有实际联系的地点中的一个地点的法院管辖。这种以地域因素为要件来确定管辖权的方式要求地域的稳定和可知。但是，电子商务载体的网络所具有的"开放、多元、快捷"的特征使得一切的确定因素都变得不确定。

第一，网络的开放性使任何人几乎不经任何审查就可以获得交易资格，进入交易之中，交易双方如果不经过事先的声明，几乎不知道对方是谁：住在哪里，更不用说进一步获知对方的公司组织、信誉度等信息了。

第二，现代的高技术带来的网络的方便性使人在任何时间任何地点都可以快速地接入网络从事交易活动，用几台笔记本电脑就可以建立一个移动的电子交易场，并不需要一个传统规则常用以确定管辖权的固定稳定的营业场所。

第三，网络为人们提供了一个快捷的交流平台，交易双方无须旅途劳顿就可以与相距万里之遥的人进行交易，使那种传统的谈判、缔约方式成为了历史，也使缔约地这一概念难以在电子商务中适用。

第四，网络的虚拟性甚至在一些交易中（如不涉及现实物交付的电子商务中）体现为交易物品的虚拟性，使得所谓的购买的物品存放在何处、在何处交付了物品等根本无从谈起。

举个极端而又很平常的例子：两个仅仅是在网络上有联系的人要进行软件交易，一方是软件开发者，他在火车上使用笔记本电脑无线上网的方式与对方订立了软件买卖合同，并通过网络将软件传送给对方完成了交付。在这种情况下，一旦产生纠纷，我们通过何种方式确定管辖的法院呢？

【相关案例】

我国目前关于网络争议纠纷的司法案例数量还比较少，因此本文就一起典型的 A 集团诉 B 公司的网页著作权纠纷谈谈网络诉讼案件的审理，本案中司法管辖权争议的提出使得本案颇具代表性。

原告 A 集团指出：被告 B 公司的主页侵犯了原告主页的著作权，诉请北京市海淀区人民法院判决被告承担侵权责任。B 公司就本案的司法管辖权提出了管辖权异议：由于其"住所地在四川省宜宾市，非北京市海淀区，而A集团也未能向B公司提供可证明其诉称的'侵权行为地（包括侵权行为发生地和侵权结果发生地）'位于北京市海淀区内的证据"，因此认为北京市海淀区人民法院对本案没有司法管辖权，请求裁定将本案移送四川省宜宾市中级人民法院审理。尤其是被告进一步指出，"本案是因互联网网页著作权侵权而提起的诉讼，而互联网不同于传统的传播媒体并具有其本身的特点，我国以往有关侵权诉讼案件司法管辖权的法律规定是否适用于此类案件，目前尚无明确的法律规定。"被告的这一质疑显然使法院不得不面对网络诉讼纠纷管辖权这个问题。

北京市海淀区人民法院驳回了被告的管辖权异议，理由主要有三点：

第一，任何人在任何时间任何地点通过主机接触（包括浏览、复制）该主页内容，必须经过设置在A集团住所地的服务器及硬盘。鉴于A集团基于其主页被复制侵权这一理由提起诉讼，因此本区应视为侵权行为实施地。

第二，A集团不但诉称B公司复制其主页这一特定的行为，而且还诉称该行为的直接后果是B公司的主页为访问者所接触。鉴于我国目前的联网主机和用户集中分布于本区等一些特定的地区，本区应视为侵权结果发生地。

第三，B公司在提出管辖权异议的同时，并未举证证明A集团的主页内容是瞬间存在的或处于不稳定状态。

评析：

从法院的这个裁定中，我们可以发现：首先，法院将传统的法律规则直接适用于网络空间，并没有试图去探讨在网络空间中直接适用传统法律是否适当，也就是说并没有对于被告的质疑作出回答。其次，法官对于侵权行为实施地和侵权结果发生地的解释体现了法官对网络特点的认识，以及使本法院享有司法管辖权、扩大司法管辖权的努力，是一种法律解释的技巧①。

【风险提示】

目前，在电子商务环境中，传统的管辖权确定规则正受到冲击。当事人住所地、营业地或户籍地的不确定及其与电子商务活动的联系弱化，合同缔结地的缥缈，虚拟物的出现挑战物之所在地规则，合同履行地的难以确定——这些都使电子商务法律行为与那些传统的管辖基础失去了联系，管辖权的确定也属于难以捉摸的情况，在司法实践中，有以下几个问题需要值得引起电子商务企业的注意：

1. 司法实践中并没有严格区分传统商务合同与电子商务合同

我国法院在处理电子商务合同纠纷时，并没有特别地将其与传统商务合同纠

---

① 电子商务案件司法管辖权问题研究［EB/OL］. http：//china. findlaw. cn/falvchangshi/dianzis-hangwu/dzjf/jfgx/22495_47. html.

纷的处理区分开来，对于管辖权的确定还是由被告住所地或者合同履行地的法院管辖。首先，这种做法是非常落后的，但也是一种无奈之选，它抹杀了电子商务领域下消费合同纠纷的特殊性，不利于电子商务的发展；其次，在地域较远的电子商务交易合同纠纷中，虽然电子商务带来了交易的便利性，但是依据传统的管辖规则，一旦发生纠纷，电子商务企业可能会在繁重的诉讼负担面前望而却步，而放弃跨地诉讼，其合法权利也得不到应有的保护。

2. 目前大多数电子商务管辖权通过格式合同确定，带来了一定的倾向性

电子商务合同中一般都含有管辖权条款，而这些条款甚至整个合同往往都没有通过协商，通过一方当事人单独起草，属于格式合同。而由于电子商务纠纷管辖权可以多元确定，管辖地选择范围非常广，因此合同起草方制定的管辖协议往往对其自身绝对有利。这也就导致了一旦发生纠纷，另一方当事人不得不负担巨额的诉累。

3. 缺乏相关的电子商务合同纠纷管辖权的立法规定

我国《消费者权益保护法》和《合同法》并未对网络交易合同的管辖问题做出明确规定。为顺应网络的飞速发展，我国相继出台了《互联网 IP 地址备案管理办法》《电子签名法》《网络交易平台服务规范》《互联网安全保护技术措施规定》等多部有关电子商务和互联网服务的法律法规。遗憾的是，这些法律法规对于网络合同管辖问题都还是默示推定适用《民事诉讼法》和《民法通则》的相关规定。

【化解对策】

虽然目前来看法律法规对于电子上诉诉讼管辖权规定仍然存在欠缺和空白，但是从民事诉讼的角度来看，电子商务无论形式如何，它都主要借助合同的方式进行，所以，电子商务的管辖权确定问题也等同于电子合同这种特殊合同的管辖权确定问题。按照我国原《民事诉讼法》的规定，可能会影响管辖权确定的重要地点有 5 个，即合同缔结地、合同履行地、标的物所在地和双方当事人住所地或营业地。而由于电子商务交易的特殊性，新《民事诉讼法》中新增加的与争议有实际联系的地点理解非常广泛，因此本文对此不再展开阐述。而作为电子商务企业，基于应对多样化的电子商务纠纷的角度考虑，有必要对电子商务管辖权确认原则有一个清晰透彻的认识：

1. 被告住所地或营业地

被告住所地或营业地法院管辖规则是我国民事诉讼法的一般地域管辖规则。但是，具体到电子商务这一特殊的情况来说，由于双方当事人住所地或营业地，在电子商务活动中通过网络技术手段难以得知，且其在电子商务领域与合同联系的紧密程度较弱，运用这种规则反而与民事诉讼法所追求的便利当事人诉讼、便利法庭审判及保证案件公正等基本价值目标不符。所以，我们主张，在电子商务领域，除非当事人有特别的选择，不宜由被告所在地的法院管辖。

2. 合同缔结地

合同的缔结地，即合同的签订地，由于承诺的生效意味着合同的成立，所以一般认为承诺的生效地即为合同的缔结地。对于其认定，《电子商务示范法》有以下规定："除非发端人与收件人另有协议，数据电文应以发端人设有营业地的地点视为其发出地点，而以收件人设有营业地的地点视为其收到地点。"但是，在不涉及现实交付的电子商务领域，特别是在小额合同及适用定式合同的 B2C 贸易中，准确的确定当事人，尤其是顾客真实住所地是很困难的且不经济的。而较为方便的是，顾客缔约、确认交易时的 IP 地址是可以确定的，而此 IP 地址所指向的地址也是可以确定的，因此可以以此来作为电子商务合同缔结地的确认规则。但是，电子商务交易过程也有其特殊性，交易主体可以在任意地点登录网络完成合同缔结，或是在自己家中，或是在办公室内，甚至是在路边网吧任意一台电脑上，而实际上以此方式确定的合同缔结地与实际交易并无直接关联。因此如果简单的由缔约地所在法院管辖，也会面临着不利于法院审判和当事人诉讼的情况。因此，按照我国现行法律的规定，将其作为当事人可以通过合意选择的管辖地，既尊重当事人的意思自治，也不妨碍正常的诉讼和审判。

3. 标的物所在地

物之所在地，即电子商务合同标的物的具体所在地点，它也是确定管辖的重要依据。在涉及实物交付的电子商务领域，由于合同标的物是现实客观存在的，它的现实所在地即为物之所在地。而在不涉及实物交付电子商务领域，大部分的标的物以网络数据的形式保存在网络中，只是一种虚拟物。这种网络数据虽然无形无体，但实际上也是以一定的二进制的代码，存储于一定储存介质中，就像现实的货物存放于仓库中一样。所以，这种储存介质的地点就可以被认为是物之所在地，而依据 IP 地址特定的指向功能，这个地点是十分容易确定的。

4. 合同履行地

合同的履行地，指合同约定的履行义务和接受履行的地点，是合同标的物交、接的地点，它在合同领域是住所地规则之外的重要管辖权确定方法。由于上文已经指出，对涉及现实物交付的电子商务领域，其网络上的活动仅为合同订立的一种途径，而合同的履行行为完全是在现实世界中以实体物交换的方式进行，根据一般的贸易规则确定并无障碍。

而对于不涉及现实物交付的电子商务领域，传统理论认为由于网络交付涉及众多过程，使履行地点不能唯一确定。但是，如果我们排除数据传输过程中的各种路径和服务器选择不谈，那么整个交付关系就十分简单了，即由标的物占有人从自身的系统或发出指令，从标的物储存地将数据传输至交易相对方的系统或其指定存储地址。同时，我们完全可以排除传输中的各种因素直接认定上述的交付过程。基于此，不涉及现实物交付的电子商务的履行地，应当认定为数据发送方发送数据或接收方接收数据时的所在地或其指定的 IP 地址所在地，即为合同履行地。而上述两个地点到底由哪个地点的法院来管辖就完全是一个法律选择问题了。在这点上，我国法律并没有明确的规定，学术界和实务界一般认为应由义务履行地法院管辖。因此，我们认为在不涉及现实物交付的电子商务领域，应该以数据发送方发送数据时或提供服务时的所在地或其指定的 IP 地址所在地的法院管辖①。

第六节　电子合同的法律风险

【要点提示】

电子合同，指在网络条件下，合同当事人之间为了实现一定目的，通过电子邮件和电子数据交换，明确相互权利义务关系的协议或者契约。所谓电子邮件（E-mail），是以网络协议为基础，从终端机输入信件、便条、文件、图片或声音等，通过邮件服务器传送到另一端终端机上的信息。而电子数据交换（EDI）则是通过计算机联网，按照商定的标准采用电子手段传送和处理具有一定结构的商业数据，且应通过权威认证机构认证或合同订立各方认定的认证机构认证。

【相关案例】

原告李某参加了 A 公司与 B 公司于 1999 年 10 月 1 日至 5 日联合举行的网上拍卖活动，购得 3 台电脑，并已将货款汇出，但 A 网拍公司却以拍卖系统出现故障为由，对拍卖结果不予认可。故原告起诉要求两公司实际交付其所购电脑，并赔偿因电脑市价贬值而造成的损失人民币 12103 元。

被告 A 公司辩称，其按法定期限通过计算机系统在网上发布拍卖公告，写明拍卖期为 1999 年 10 月 6 日至 10 日。因计算机系统出现故障，导致拍卖程序在拍卖活动正式开始之前自行启动，但公告内容并未发生变化，考虑到确系网站系统故障导致上网浏览的用户可以报价，被告决定接受 10 月 5 日之前的所有报价。但李某之报价低于委托方的保留价，故其报价不具备法律效力。另外，被告称其并

---

① 电子商务的管辖权确定问题初探［EB/OL］. http://www.lawtime.cn/info/shangwu/dzswlw/201107234967.html.

没有对原告的出具任何有效的确认手续，故不同意李某之诉讼请求。

2000年3月22日，法院做出民事判决，认为被告的系统出现故障，李某的应价虽然经过拍卖系统确认，但低于委托人的保留价，其应价无效。

原告不服一审判决提出上诉，二审法院最终驳回上诉，维持原判。

【风险提示】

在电子合同的签订中，常常会遇见以下难题：

1. 网络广告的认定

从事电子交易的商家在互联网上刊登广告的行为到底应视为要约，还是应视为要约邀请？实践中仍存在争议。互联网上，任何人和单位都可以发布广告，进行商业活动，对于虚假广告，执法部门存在违法行为的管辖权确定难，网上证据确定难，违法责任追究难①。

2. 要约与承诺生效的时间

我国新《合同法》第十六条规定："采用数据电文形式订立合同，收件人指定特定系统接收数据电文的，该数据电文进入该特定系统的时间，视为到达时间；未指定特定系统的，该数据电文进入收件人的任何系统的首次时间，视为到达时间。"该法第三十四条同时规定："采用数据电文形式订立合同的，收件人的主营业地为合同成立的地点；没有主营业地的，其经常居住地为合同成立的地点。"电子合同的收到与合同的成立地点对于合同成立起关键作用。

电子合同与文本合同相比，法律虽然作出了时间和地点的规定，然而概念比较模糊，没有明确的法律条文，遇到网络问题时有规避现象，达不到传统合同法中的要约和承诺效果。部分学者认为，电子合同的收到与合同地点的条件只是起到确认之收讫，并未像文本合同那样得到时间和地点几乎完全的统一。因此，合同内容得不到法律的认可，也得不到公民的接受，存在着法律安全问题。

3. 电子数据自然属性导致的风险

我国新《合同法》已经将传统的书面合同形式扩大到数据电文形式。新《合同法》第十一条规定："书面形式是指合同书、信件以及数据电文（包括电报、电传、传真、电子数据交换和电子邮件）等可以有形地表现所载内容的形式。"但是电子合同是一种超文本形式，与书面合同有着很大的区别。电子合同订立的环境、传递信息的途径以及安全技术问题对传统的书面合同都是巨大的挑战。书面形式虽然扩大到了网络领域，可是在实际的买卖交易中并未得到广泛的应用。电子合同书面形式的立法只是在书面合同原有的基础上做了略微的改进，对网络交易放任还是管制也没有明确的态度，使得发生法律纠纷时产生矛盾，无法像文

---

① 陈荣彬，张红，何艾彬. 浅议网络广告的工商监管［J］. 中国工商管理研究，2003（5）.

本合同那样具有可靠的法律依据。

4. 电子签名的法律风险

按照《合同法》第三十二条的规定，只有"自双方当事人签字或者盖章时合同成立"。电子合同未必具有传统概念下的书面正式文本，此时所谓的签字盖章也就有了新的概念和方式，这就是电子签名。如同传统合同签字盖章方才生效一样，电子签名无效，则无法导致电子合同有效。随着电子签名确认技术问题的解决，需要从法律上给予其认可，确认其效力。

5. 证据风险

电子合同出现争议后应该以什么作为证据、怎样取证，目前还没有规定。这不仅涉及电子合同收到的时间和成立地点，还涉及买卖双方电子合同和电子签字的保管问题。这是电子商务大规模推广之前必须尽快解决的问题。

【化解对策】

为防范电子商务合同的法律风险，当事人应注意采取以下措施：

1. 掌握交易各方真实情况

网上交易参与方要积极采用多种方式掌握对方的真实身份、信用状况和履约能力，可以要求对方主动告知，可以向交易服务提供者查询，必要时也可以向工商管理部门查询。

网上交易参与方也要主动把自身与交易有关的真实信息告知对方。例如，营业执照的有关信息、特殊业务许可证照的有关信息、网下的实体经营地址和真实有效的联系方式。

如果交易一方拒绝提供基本信息，其他参与方要谨慎对待，尽量不与其交易，警惕和防范利用网络技术的复杂性和滞后性进行商业欺诈的行为。

2. 缔结合同要充分协商

网上交易参与方采用包括但不限于电子邮件、网上谈判的方式订立合同，要对下列事项协商一致：①与数据电文确认收讫有关的事项；②以数据电文形式发送的要约的撤回、撤销和失效以及承诺的撤回；③电子自动交易形成的文件的法律效力；④价款的支付，标的物和有关单据、凭证的交付；⑤管辖法院或仲裁机构的选择，准据法的确定。网上交易参与方如约定采用格式合同，制定合同的一方应严格遵守法律法规关于格式合同的规定，其他各方要仔细阅读合同条款，谨慎操作。

3. 进行合法交易

判别电子合同内容的合法性，首先应注意电子合同的格式条款。格式条款是当事人为了重复使用而预先拟定，并在订立合同时未与对方协商的条款。这一条款适用于普通商品，但其确立的基本原则如必要警示原则、承诺作出后方知要约内容无约束力规则、不利于条款制作人规则等，对电子商务仍然可以适用。

按照《合同法》规定，提供格式条款一方免除其责任、加重对方责任、排除对方主要权利的，该条款无效。如合同双方对格式条款的理解发生争议，应当按照通常理解予以解释。对格式条款有两种以上解释的，应当作出不利于提供格式条款一方的解释。格式条款和非格式条款不一致的，应当采用非格式条款。

4. 追究违约责任

经营者违约一般表现为不能交货、货不对板和约定不明。对此我们可以采取相应办法维权：对不能交货的，另一方有权主张取消交易并求得相应赔偿；条款约定不明、有国家规定的，按国家规定进行，如无国家规定，可按行业惯例进行。假如履行地点不明确，应在履行义务一方履行；如履行期限不明确，权利万可随时要求履行。如在必要时间内对方仍不履行的，相对方有权单方宣布解除合同。对于货不对板的，可以在合理时间内提出退货。

在电子交易中，经常存在违约与侵权竞合的情形。如电信公司为用户提供电子通信服务，因疏于管理、软件运行故障或第三人破坏线路，都可能使电信公司不能为用户提供服务而致违约的情况发生。企业应根据实际情况选择维权方式：如按侵权起诉，电信公司可主张应由第三人负责，因此免去赔偿责任；如以违约起诉，电信公司不能以没有过错为由免责，应向用户承担赔偿责任；如果事故原因由第三方引起，电信公司赔偿后可以向第三方追偿。由此可见，不同的诉求方式有不同的结果。在违约与侵权竞合的诉讼中，应根据对方的实力作出准确的判断。

5. 保存网上交易记录

网上交易参与方要注意保存交易全过程中形成的有关数据、文件资料，尤其是大宗交易，以作为纠纷处理时的证据。交易者身份等基本信息，保存期限建议不少于交易完成之日起的 2 年；日常交易信息，保存期限建议不少于交易完成之日起的 60 日。

6. 依法使用电子签名

网上交易参与方通过电子签名签订合同，要遵守电子签名的法律规定，使用可靠的电子签名，并由依法设立的电子认证服务提供者提供认证服务。大宗商品与重要服务的交易，建议生成必要的书面文件保证交易安全。

第七节　电子签名的法律风险

【要点提示】

随着互联网在我国的飞速发展，在虚拟的互联网上进行电子商务活动也变得越来越频繁，但是在电子商务交易过程中所产生的合同或文件是以电子文件的形式表现和传输的，这些电子文件实质上就是一些电子信号，所以传统的签名或盖章已经不再适用了，那么怎样才能保证这些电子文件的真实性和安全性呢，这就需要依靠新技术来实现了。这个新技术必须要完成同现实生活中签字或盖章一样的两个功能，即能够保证签名人对文件内容的认可，以及签名人的身份验证，所以电子签名就诞生了。各个国家对电子签名的定义都有所不同，我国《电子签名法》中认为电子签名"是指数据电文中以电子形式所含、所附用于识别签名人身份并表明签名人认可其中内容的数据。"

实现电子签名的主要技术手段有：基于公钥基础设施（PKI）的公钥密码技术的数字签名，以生物特征统计学为基础的识别标志，手印、声音印记或视网膜扫描的识别，一个让收件人能识别发件人身份的密码代号、密码或个人识别码（PIN），基于量子力学的计算机等。但是现在比较成熟的、世界各国普遍使用的还是基于 PKI（Public – Key Infrastructure）的公钥密码技术的数字签名技术，所以目前《电子签名法》中经常提到的电子签名一般就是指的这种数字签名技术①。

《电子签名法》规定，民事活动中的合同或其他文件、单证等文书，当事人可约定使用或不使用电子签名。当事人约定使用电子签名的文书，不得仅因为其采用电子签名的形式而否定其法律效力。

电子签名主要有 3 个作用：①证明文件的来源，即识别签名人。②表明签名人对文件内容的确认。③构成签名人对文件内容正确性和完整性负责的根据。与传统商务活动中的签名、盖章作用相同，具有同样的法律效力。电子签名是基于国际 PKI 标准的网上身份认证系统，数字证书相当于网上的身份证，它以数字签名的方式通过第三方权威认证有效地进行网上身份认证，帮助各个主体识别对方身份和表明自身的身份，具有真实性和防抵赖功能。与物理身份证不同的是，数字证书还具有安全、保密、防篡改的特性，可对企业网上传输的信息进行有效保护和安全的传递。目前，可以通过多种技术手段来实现电子签名。

具体来说，发生以下情形的，企业可以借助《电子签名法》保障自己的合法权益：①在网络商务和虚拟物品交易活动中，有不支付款项、不交付物品或者提供不符合约定的物品等违约行为的，可以要求电子签名人承担相应的违约责任。电子签名与手写签名具备同样的法律效力，但凡使用了该签名的人，就不能抵赖，否则对方可将此作为证据起诉。②电子签名人或者电子签名依赖方因依据电子认证服务提供者提供的电子签名认证服务从事民事活动遭受损失，电子认证服务提供者不能证明自己无过错的，可以要求电子认证服务提供者承担赔偿责任。

---

① 卞保武. 电子签名法对电子商务的影响［J］. 农业网络信息，2007（5）.

③在 B2C 模式和其他民事活动中，电子签名人知悉电子签名制作数据已经失密或者可能已经失密未及时告知消费者、并终止使用电子签名制作数据的情况下，给民事活动人造成损失的，应承担赔偿责任。

【相关案例】

2004 年 8 月，张某的朋友刘某分几次向他借款 5000 元、6000 元，张某如数汇去。2004 年 9 月，刘某第三次向他借款，被他拒绝，并向刘某提出还款要求，但刘某表示没钱，一直没将钱归还。为追回欠款，张某起诉至法院。刘某在法院辩称，这笔钱是她去年年初借给张某的，张某所汇的两笔钱不过是将欠自己的款项归还而已。而当初借钱时刘某并没有给张某打借条，两人全靠短信联络。在两个人都没有借条或收据的情况下，张某把他的飞利浦手机作为证据提交给法院。

法院开机后，发现该手机存有十几条来自刘某手机的短信息，其中 2004 年 8 月 27 日下午 3 点左右的短信内容是："借点资金援助吧。"第二条内容为："你真给啊？你不怕我骗你啊。"第三条短信内容为："你怎么这么实在！我需要 5000 元……你要是资助就得汇到我卡里！"第四条短信内容为："款已收到，谢谢你的信任。"2004 年 9 月 7 日短信内容为："前两笔还不够，我还需要 6000 元，如果多了再退回给你。"2004 年 9 月 15 日短信内容为："借你的两笔钱，我会尽快归还你的。"

为验证手机短信与刘某的联系，在第一次庭审中，法官当着原被告双方拨打了短信上的手机号码，接听者正是刘某，她也承认从 2004 年 7—8 月便一直使用该号码。但令人没想到的是，第二次开庭时刘某矢口否认该号码是她的。法院认为她没有相应的证据，也不能证明第一次承认是在受胁迫或重大误解下作出的，最后认定该号码就是她所使用。

法院审理后认为，按照《电子签名法》中的规定，电子签名是指数据电文中以电子形式所含、所附用于识别签名人身份并表明签名人认可其中内容的数据。移动电话短信息符合电子签名、数据电文的形式。通过对原被告提供的短信息的生成、储存、传递数据电文的方法，法院认定该信息保持内容完整性方法的可靠性，并据以鉴别发件人。本案中，经当庭质证，从双方手机的短信足以证明被告的欠款事实，最后，法院判决被告偿还原告 11000 元欠款。

【风险提示】

2004 年 8 月 28 日，我国《电子签名法》首次赋予可靠的电子签名与手写签名或盖章具有同等的法律效力，并明确了电子认证服务的市场准入制度。电子签名的风险主要表现为：

1. 信息安全风险

信息安全是人们进行网络交易时普遍担心的一个问题，目前被认为是难以破解的电子签名密码可能会在不久的将来，很容易被解开。网络中对信息的威胁和攻击主要有：截获信息、篡改信息、伪造电子邮件、假冒他人身份、不承认已经做过的交易。现在的网络中使用的防火墙并不能阻止内部用户向外拨号从而套取他人的信息，也不能防止数据驱动式的攻击。

2. CA 认证风险

国内电子签名的软硬件普遍不过硬。国内真正有实力的 CA 公司屈指可数，其中很多 CA 没有任何国家资质，只是在行业和政府内部使用，根本无法通过国家的正式审查。同时，作为第三方认证机构的 CA 中心也开始面临信任危机，当用户的利益遭受损失时，没有一种有效的赔付机制来理赔和保险，而这正在瓦解着 CA 中心的信誉。

3. 消费者维权风险

在申请数字证书和交易过程中，都要提供一些个人信息，而这些信息有些关乎消费者重大权益，极易被某些人用于不法目的。电子认证服务商掌握着电子签名人的个人信息，这些信息涉及消费者的个人隐私，因各种原因，电子认证的服务商有可能泄露甚至出卖个人电子签名的信息。而且，在网络金融活动中，银行系统有自己的 CA 认证中心，这就会导致银行的客户需由银行 CA 中心来进行认证工作，导致失密发生时，消费者无从救济。

【化解对策】

鉴于我国国情，大多数电子认证服务企业仍处于不规范运作中，这就需要尽快对这些企业进行行业评估，按市场准入标准及时对企业资质进行核准。建立统一的面向社会公众的服务窗口和信息渠道，公布电子认证服务行政许可申请、受理的具体条件、程序和办法。

《电子签名法》的实施确定了电子签名的法律效用，确立了认证服务机构的法律地位，增强了电子商务交易中的信用，但整个行业的诚信环境还需努力创建。电子认证是电子商务的关键环节，但是仅此还是不够的。要创造诚信有序的电子交易环境，保障从交易认证、结算到物流配送、交货等全过程的安全运行。与此同时，企业应认清不法电子签名的法律责任：按照法律规定，伪造、冒用、盗用他人的电子签名，构成犯罪的，依法追究刑事责任；给他人造成损失的，依法承担相应的民事责任。

对于电子签名问题引起的纠纷诉讼，其责任归属及承担究竟是适用过错原则还是无过错原则，《电子签名法》没有明确规定，只是采取了过错主体列举的方法进行规定，而对其他的责任主体过错及无过错责任承担没有规定，法学理论上也一直存在争议，这就需要在司法实践中应依据民法的相关规定，参考国际规则及总结一些国家的立法规定和判例来推定。

第八节　电子支付的法律风险

【要点提示】

根据人民银行 2005 年发布的《电子支付指引（第一号）》第二条规定，"电子支付是指单位、个人（以下简称客户）直接或者授权他人通过电子终端发出支付指令，实现货币支付与资金转移的行为。"由该指引我们可以看出，中国人民银行电子支付定义的本质是通过电子指令来达成的支付，并且该指引中也给出了电子支付的相应类型：网上支付、电话支付、移动支付、销售点终端交易、自动柜员机交易和其他支付①。

电子支付的服务主体是网络银行，网络银行、在线银行，是指银行利用 Internet 技术，通过 Internet 向客户提供开户、销户、查询、对账、行内转账、跨行转账、信贷、网上证券、投资理财等传统服务项目，使客户可以足不出户就能够安全便捷地管理活期和定期存款、支票、信用卡及个人投资等。网络银行具有如下特点：

1. 虚拟性和开放性

网络银行没有营业大厅、营业网点和柜台工作人员，有的只是与国际互联网连接的服务器，配备相关的交易方案，顾客只要通过电脑与国际互联网连接，就可以进入网络银行选择所需的服务。它的出现使金融交易形态从"真实型"转变为"虚拟型"；借助开放式的网络对大众提供金融服务的，更具有开放性。

2. 实现了电子化、无纸化操作

随着作为网络银行支付工具的电子钱包、智能信用卡等网上电子货币的出现，以及电子票据支付等业务的开通，支付工具从传统的纸张化向电子化发展，现金在网络银行的出现大大减少，银行与客户的面对面操作通过计算机实现人机无纸化操作。

3. 降低经营成本，提高经济效益

网络银行不必像传统银行营业网点那样供暖、照明，不必为那么多的员工支付工资，也不必打印账单文件，把银行的业务直接在因特网上推出，可以与大量客户同时进行银行服务且客户的等待时间大大减少，操作简便易行，极大地降低了银行的经营成本，提高了服务效率。

---

① 陈小立. 论电子支付风险的法律控制 [D]. 重庆：重庆大学法学院，2010.

4. 不受时间、空间、方式的限制

银行可以向客户提供全天候、大范围、跨地区、跨国界的实时金融交易服务，在任何时候、任何地方，以快捷地互联网络为客户提供服务，被人们称为是"3A"式服务方式，即 Anytime，Anywhere，Anyhow。

【相关案例】

A 商行负责人张某有一天上网进入某拍卖网站，他发现这个网站所拍卖的物品价格极其低廉。经过比较，张某选中了一款手机，价格比市场价要低 200 元左右，进入交易程序后，张某按网页要求进行入网登记，留下自己的姓名、地址、电子邮箱等个人资料，并输入自己信用卡的卡号及密码。

半个月后，手机如期寄到，令张某没想到的是，这是一件二手货。令他更为吃惊的是，当他去银行取钱时，突然发现自己的信用卡账户上已经空空如也。张某联想到拍卖网站，于是赶紧报警。

警方调查发现，原来组织该网站的是一个诈骗团伙，他们利用低廉的价格吸引网民，他们通过发送电子邮件或在互联网上提供各种吸引人的免费资料等引诱互联网用户，当用户接受他们提供的电子邮件或免费资料时，其编制的病毒也随之进入用户的计算机中，并偷偷修改用户的金融软件；当用户使用这些软件进入银行的网址时，修改后的软件就会自动将用户账号上的钱转移到不法分子的账号上。

【风险提示】

随着时下电子商务的快速发展，全新的"数字化"电子支付体系正一步步向人们走来，电子货币正发展成为电子商务的核心。它的普遍应用将为网络经济开辟新的更为广阔的空间，但由于网络交易的特点，电子支付也潜伏着法律方面的障碍。据统计，2000 年以来，英国中小企业因网络交易结算造成的损失，每年都在 5000 万美元以上，这些损失大都是在远程交易的电子商务过程中发生的。网上银行是在 Internet 上的虚拟银行柜台。通过网上银行，用户却可以不受空间、时间的限制，服务非常灵活方便，便于用户与银行之间以及银行内部之间的沟通。由于网上银行的固有特点，在蓬勃兴起的同时也给使用人带来不少风险：

1. 电子货币本身的法律风险

在交易规则上，针对网络银行使用电子货币的电子化结算服务，应通过法律手段加以规范。根据《中华人民共和国票据法》规定，客户委托银行办理资金转账，必须填写一定要素的书面结算凭证，并在结算凭证上签章。但网络银行办理时，客户终端屏幕上的文字和传送中的数据取代了书面凭证，密码代替了签章，其形式完全不同于现行这方面的法律要求。面对诸种差异，如不从法律角度予以认证，网络银行在办理网上货币支付时将面临法律风险。

2. 银行客户隐私权及各权益被侵害的法律风险

客户的隐私保护问题，在传统的银行环境下就已经存在，但是在网络银行环境下，由于银行持有客户信息的完整性以及信息传播的便捷性使得对客户隐私权的保护问题更显紧迫。为确保网络银行的安全运营，银行往往要求客户填报大量真实的个人信息，并掌握客户的金融财务信息。虽然当前的银行法律体系规定了银行保守客户秘密的义务，但并没有专门针对网络银行的特殊情况做出专门规定，更没有关于银行未能履行保护客户隐私的义务所应该承担的责任机制。由于网络所具有的脆弱性，个人隐私与商业秘密的保护受到严重威胁，因而需要专门规定银行对客户隐私保护的法律来明确各方的权利义务。

3. 银行与客户及相关服务提供商之间的责任划分不明

目前我国法律没有明确规定在发生风险的情况下，网络银行与客户以及网络银行服务的技术提供商以及认证者等第三方之间的责任如何划分，多是由网络银行与客户或者是与相关服务提供商之间的合同来规定。私法领域崇尚双方当事人的自由协商，对于网络银行与相关交易者之间的责任由各方在合同中约定本无可厚非。但是在银行与客户实力对比悬殊，尤其是在双方之间签订格式合同的情况下，如果法律仍然不予干涉，那么在各方力量的对比中，处于弱势一方的利益很可能得不到保障甚至被损害。

4. 生纠纷损失确认的风险

在使用电子货币的电子化结算服务中，对规范有关服务承担者的资格、明晰交易双方当事人权责以及保护消费者权益等方面，都应作出明确的法律规范，但目前尚未有明确的配套法律法规与之相适应。如在进行支付结算业务时，其实现首先要通过通信系统或互联网送到银行计算机系统，经过认证系统和网关后才能完成。其中各相关的机构和服务商都对业务的实现起着关键的作用。基于此种服务和作用，它们虽与银行客户之间无契约上的法律关系，但其间无疑业已形成一种事实上的法律关系。然而，它们的法律地位如何确定，应承担怎样的法律责任，在现行法律中还难以找到依据。一旦出现纠纷，银行的法律责任纠缠不清。

5. 网络犯罪的风险

目前，人们通过网络接受服务最为担心的就是网络的安全问题，网络银行同样面临着这样的问题。网络银行由于其营业内容的特殊性，更有可能成为网络犯罪分子的攻击目标。为了防范和制止网络犯罪，除了银行应做好事先的预防措施，更重要的是将制止网络犯罪放到国家行为的层面上由国家加强网络犯罪的法律宣传和教育，增强人们遵守网络安全协议的法律意识。对于已经造成危害的网络犯罪，法律应进行明确的规定，加强惩罚力度。

【化解对策】

随着网络交易规则的建立和完善，可以有效地降低网络结算的风险。企业应该对电子商务方面的特殊风险有清醒的认识和把握，才有利于风险的规避：

1. 加强管理工作

企业应高度重视计算机及其他机器设备的运用、维护及管理，建立健全有关规章制度，加强管理，明确保存和管理电子数据的有关措施，采取适当方式，妥善保存各类电子数据信息；要加强员工技术培训，避免操作失误，防止因数据丢失致使等原因而得不到法律保护。

2. 选择有实力的银行

选择进行网络交易的银行，应对其经营方式、信誉状况等方面的情况有一个基本了解。只有那些信誉良好的银行，才能有效保障客户的利益。了解一个金融机构的商务信用状况有利于经营者们在商务活动中作出准确的判断和正确的决定，良好而完整的信用则将增强企业的信心。另外，在网络贷款业务的初始阶段，适当保留一些行之有效的传统业务环节，仍不失为稳妥之举。

3. 加强对客户隐私的保护

欧盟1995年的《保护个人享有的与个人数据处理有关的权利以及个人数据自由流动的指令》（简称《数据保护指令》）中的规定值得借鉴。该《数据保护指令》为"数据主体赋予了一系列重要权利，包括有权获取数据，有权知道数据源自何处（如果此类信息是可知的话），有权要求纠正不准确的数据，有权将不法处理数据者诉诸法律，有权在某些情形下收回其允许使用数据的许可等"。依该指令规定，"个人数据所涉及的个人系该数据的主体，个人数据即归数据主体所有；未经数据主体明确同意，不得披露个人数据；数据用户对个人数据的使用权限于经数据主体同意的目的和用途，未经许可，数据用户不得向他人转让该数据使用权。"该保护指令还要求各成员国应采取适当的技术措施和组织措施，以保护个人数据不会意外丢失、免遭意外破坏或不受非法破坏，使个人数据——特别是当数据处理需要在某个网络中进行数据传输时——未经授权不被擅自改变、泄露或为他人所得，并且应禁止其他任何非法形式的数据处理。

4. 注意交易条款

进行网络结算时，应注意银行汇票行贷款业务章程、交易规则等，在网络银行业务中可能产生的一系列权利义务事先明确约定，这些约定是银行与客户之间的重要约束规范，也是银行和客户之间责任承担的重要依据，具有法律效力，企业经办人员应仔细阅读。特别以下几方面的内容，企业应予以重视：①一般说来，在网络交易中企业若有疑问应及时通知银行，过期不通知视为放弃异议权。②明确由于资料传送或者指示处理的延误或出现错误所导致的损失应由哪方承担，是由银行对此承担责任，还是由企业出具弃权书，放弃对此损失的索偿要求。③应明确因银行或者其工作人员的恶意或者重大过失导致企业利益受损的责任承担。损失应由银行承担责任，例如，银行内部工作人员盗用客户名义得到贷款。④银行免责的具体事项，如不可抗力等。

5. 明确银行与客户及相关服务提供商之间的责任划分

客户在与网络银行进行交易的情况下，往往处于弱者的地位。网络银行凭借其强大的经济实力、格式合同条款等，总是会限制客户的权利而扩张其自身的权利。加之，网络交易的所有数据材料都处于网络银行的掌控之下，更容易修改或删除对其不利的信息，使得客户利益的保障更为困难。因此，适当的做法是注意禁止交易合同中各种对客户歧视或不公平的规定，并应在具体风险的分担上给消费者以相应保护。只有这样做才符合经济法上保护弱者合法权益，注重实质公平的原则。

第九节　网络拍卖的效力风险

【要点提示】

网络拍卖指网络服务商利用互联网通信传输技术，向商品所有者或某些权益所有人提供有偿或无偿使用的互联网技术平台，让商品所有者或某些权益所有人在其平台上独立开展以竞价、议价方式为主的在线交易模式。

关于网络拍卖的主体，目前大多数观点认为它大致分为以下 3 种：①拍卖公司。因技术、专业人员、资金等因素，目前只有非常少的拍卖公司能够单独成立网站开展网络拍卖业务，现阶段，拍卖公司的网站一般多用于宣传和发布信息。②拍卖公司和网络公司或其他公司相联合。这种形式中包括拍卖公司之间进行联合开展拍卖业务而合作建立的网站，以"中拍网"为例，它即多个拍卖公司进行联合并通过重组"拍得网"而创立的拍卖网站。对于"嘉德在线"而言，它是由中国嘉德国际拍卖有限公司与日本软体银行、中国香港电讯盈科共同开拓网上拍卖业务所组建的专业性拍卖网站。③网络公司。网络公司在网络拍卖中提供交易平台和交易程序，为众多买家和卖家构筑了一个网络交易市场（Net－markets），由卖方和买方进行网络拍卖，其本身并不介入买卖双方的交易。这类网络公司在我国以 eBay 易趣、淘宝网为首要代表。

网络拍卖与传统拍卖的本质完全相同，因此，应当适用拍卖法的相关规定。在明确这一前提的同时，我们也应当清楚地看到，由于拍卖载体的变化，使得网络拍卖具有了一般拍卖所不具的特殊性。主要表现在：①传统拍卖都由拍卖师主持，而网络拍卖则由网络服务器按照事先规定的程序来控制。②传统拍卖在拍卖前要展示拍卖标的，并提供查看拍卖标的的条件及有关资料，而网络拍卖则只能在网上观看，不能到现场查看。③传统拍卖一般都是由参与拍卖的人到现场竞价，当场确认竞价结果。而网络拍卖的竞价人要通过网络参与竞价，竞价结果要到竞价截止日期才能确定。而网络拍卖过程中可能出现的技术性问题，如网络故障也是传统拍卖中不会出现的。因此，虽然从本质上讲网络拍卖是拍卖的一种形式，但载体的变化使得对传统拍卖的一般调整已不能完全适应网上拍卖的特殊性，如何运用法律手段对网络拍卖进行规范调整，直接关系到网络拍卖的发展和各方当事人的合法权益，是亟待解决的问题。因此，确定网上拍卖应当遵守有关基本法律原则的同时，也应当根据网上拍卖的特殊性，制定适合网上拍卖特点的法律，以弥补传统法律的空白。

【相关案例】

1999 年 9 月，A 有限公司委托 B 网拍公司在网上拍卖 3 台电脑，确定保留价为 7290 ~ 19800 元。次日，B 网在网上公布拍卖日期为 10 月 6 日—10 日，但未展示保留价。不料此次网上拍卖的软件发生故障，在公示拍卖日期前就自动运行进入拍卖点击程序。B 网的注册用户张某在 10 月 1 日—5 日通过网上竞拍报价，仅以 1000 ~ 5750 元购得上述 3 台电脑，并得到拍卖软件的确认，而网站则显示张某的报价因低于保留价而无效。后来，张某将购买电脑的货款汇到拍卖方，但却见到上述电脑仍在网上竞拍，于是继续要求给付拍卖标的，拍卖方坚持张某的应价因拍卖软件技术故障以及低于保留价而无效。张某遂诉至法院，一审判决张某败诉。

【风险提示】

网上拍卖，是传统拍卖业与 IT 业合作的产物。拍卖人是网络技术公司与拍卖企业的联合。单纯的传统拍卖企业，由于技术条件的制约，不能独立进行网上交易，而纯粹的网络技术公司又不具备拍卖经营范围，不属于《拍卖法》规定的拍卖范畴，有非法经营的嫌疑，两者的结合，正好弥补了各自的不足，使网上拍卖成为一种新兴的贸易方式，但这种贸易方式也充斥着各种风险：

1. 拍卖标的风险

拍卖是一种特殊的买卖，拍卖法对拍卖标的做了明确的规定，"法律、行政法规禁止买卖的物品或者财产权利，不得作为拍卖标的。""依照法律或者按照国务院规定需经审批才能转让的物品或者财产权利，在拍卖前，应当经拍卖人住所地的文物行政管理部门依法鉴定、许可。"拍卖法还对国家行政机关依法没收的物品、充抵税款、罚款的物品和其他物品、人民法院依法没收的物品、充抵罚金、罚款的物品以及无法返还的追回物品的拍卖作了特别的规定。而目前网络拍卖的标的林林总总，以至于黄金等一些限制流通物也堂而皇之地走上网上拍卖场。网上拍卖只能通过网页形式观看拍卖物品的图像和文字说明，不能到现场查看拍卖物品究竟如何，是否有瑕疵，因而对拍卖物品的真实性难以甄别，时常发生送到买受人手中的物品与网上拍卖的物品不一致；甚至有的在网络拍卖中欺骗买受人；还有的把法律和行政法规禁止买卖的物品或财产权利拿到网上来拍卖。国家之所以对某些特殊标的的流通予以限制，或出于国家经济利益，或出于公共利益、公共安全，世界上没有一个国家允许任何标的自由流通。网络是开放的，自由的，但开放和自由是有限度的，一切网上交易包括网络拍卖的标的都必须符合法律的规定。

2. 网络拍卖机构资质风险

根据《拍卖法》及《拍卖管理办法》的规定，"各种经营性拍卖活动，应当由依法设立的拍卖企业进行。"因此，所有经营性网络拍卖企业均应当取得我国拍卖行业主管机关的行政许可，以取得拍卖行业经营资质。否则，根据《拍卖法》第四十六条的规定，"未经许可从事经营性拍卖活动的企业，应依照国家有关规定予以取缔。"

另外，根据互联网信息服务管理办法的规定，"国家对经营性互联网信息服务实行许可制度；对非经营性互联网信息服务实行备案制度。未取得许可或者未履行备案手续的，不得从事互联网信息服务。"由于网络拍卖企业设立的拍卖网站均需要通过网站平台实现交易（或者部分交易），显属经营性互联网信息服务，因此，拍卖企业自建的网络拍卖平台必须按照上述管理办法的规定，办理相关行政许可手续，避免非法经营的风险。

3. 拍卖合同效力的认定风险

拍卖法中规定委托人与拍卖人就拍卖标的应达成委托拍卖合同，明确双方权利、义务及保留价等。因此，网上拍卖，委托人应与承担网络运营的网络公司及拍卖企业共同签订委托合同，或与拍卖公司签署委托拍卖合同，拍卖公司再与网络公司签署技术合同。单纯与网络公司签订委托拍卖合同会有被认定为无效的风险。

4. 网络现场与实体现场之间的信息同步风险

传统的拍卖会现场中，拍卖师与竞买人处于同一空间内，通过目视和举牌交流可以达到实时竞价和落槌。但是，在网络现场与实体现场同步拍卖的过程中，由于网络阻塞、时钟误差、黑客攻击、操作流程、系统反应等因素影响，网络现场信息与实体现场信息可能出现不同步的现象。这种情况下，如何保证拍卖活动的信息传递有效性和拍卖活动的公平性，对于主持拍卖的拍卖师是一个不小的考验。建议拍卖师充分考虑到发生此类问题的可能性，并制定相应的预案，适当照顾网络拍卖现场的竞买人的公平竞买权利，避免发生法律风险。

5. 拍卖成交风险

合同究竟是竞买人在网上出价并点击"出价购买"按钮时成立还是在网下双方谈好了发货方式、付款方式等交易细节时成立？如果合同成立的时间都不能确定，那么合同的效力就自然没法确定。并且随之而来的问题就是，在网上出价购买之后网下联系交易之前双方的任何一方如果反悔或者想要变更合同内容，这属于违约行为吗？需要承担违约责任吗？

《合同法》第一百三十条规定，"买卖合同是出卖人转移标的物的所有权于买受人，买受人支付价款的合同。"由此可见，买卖合同的基本条款就是关于标的物所有权转移的条款和支付价款的条款，这两个条款是决定买卖合同之所以为买卖合同而非其他合同的必备条款，而其他诸如发货方式、付款方式等条款均不是买卖合同的必备条款。所以，从法理上分析，拍卖人在网上公示拍卖标的图样、说明拍卖标的的基本情况，这是要约。竞买人阅读了这些公示内容，并且在网上出价并点击"出价购买"按钮，这是承诺。这个过程已经包含了转移标的物所有权和支付价款的合意了，所以，应当认为在网上出价购买这个阶段买卖合同就已经成立了。而网下联系交易实际上是对已经成立的合同的内容进行协议补充，其法律性质是对合同的变更。所以，在网上出价购买之后网下联系交易之前，如果买卖双方的一方对已经达成的买卖合同反悔，那么肯定属于违约行为，应当承担违约责任。如果双方在网下对发货方式、付款方式等内容不能达成一致的协议，只能视为未变更合同。如果双方对合同变更的内容约定不明确的，推定为未变更。（参见《合同法》第七十八条）所以，买卖双方在网下对交易细节的协商出现任何问题或者不一致，均不应认定为当事人的违约，也不应承担违约责任。在不能达成一致的情况下，并不等于没有履约的依据，《合同法》第六十一条和第六十二条作出了明确的规定。

6. 拍卖过程中证据保存风险

由于网络拍卖对网络的依赖程度非常高，而网络的证据又非常不容易获得和保存；另外，电子证据容易被修改，证明效力很低，须有其他证据加以补充才能作为认定案件的证据使用。在整个网络拍卖过程中，竞买人能获得的电子证据非常少，无非就是一些 E‑mail 等，但拍卖网站的服务器中保存和记录着整个买卖过程的所有数据资料，这就使得在举证方面拍卖网站占有绝对的优势地位，而买方则显得势单力薄，在出现了纠纷的时候往往因为举证不能，而无法获得应有的法律保护。

【化解对策】

为维护网上交易秩序，参与网络交易的企业应以主人翁的态度积极参与和使用交易信用管理体制。交易时应注意对方的信用指数，提高交易效率和安全性。注册时应认真、如实填写每一项目。交易完成时，应及时进衍双方的交易确认。如发现其他用户的不良行为或违法行为，应尽快与网站取得联系；如不慎受骗，应及时与警方和网站联系，寻求帮助。

拍卖网站可以通过拍卖行业协会向国务院负责管理拍卖行业的部门询问其关于网络拍卖应当适用的法律法规的态度和意见，如果主管部门表态了，那网络拍卖就具有了比较稳定的预期；拍卖网站还可以通过拍卖行业协会请求最高法院出台司法解释明确网络拍卖适用的法律法规；在前两项建议尚未实现的情况下，有条件的拍卖网站可以像雅宝交易网一样，依法成立一个传统拍卖公司；规模比较小的网站就应尽量避免使用"网络拍卖"的字眼，其使用的买卖规则也尽量区别于传统的拍卖规则和程序。

治本的关键在于网站本身能够拥有严密和有效的措施。为了不让犯罪分子有隙可钻，网站有责任建立更为严密的防范风险的安全系统。各交易网站可以建立和推行代收款信用担保交易方式，网络同行最好能建立信息交换制度，一旦发现诈骗情况，立刻进行统一沟通，以避免更多的用户受到诈骗。如能这样严格管理，买卖双方将彻底免除受骗上当之忧。

对于证据保存问题，第一，参与竞买的人应当注意保存交易证据，防止发生纠纷后，网站拒不提交交易记录或篡改交易记录的情况。现有法律和审判制度中规定，电子商务过程中一方保存的信息文件的复印件经过对方认可，可以作为证据。第二，加快鉴定技术的发展。上述下载的信息只有经过对方认可才能作为证据使用，对方要是不认可，情况就很复杂。这个时候，就需要专家进行技术鉴定。但是现有技术水平要证明究竟谁的信息是修改过的都很难。所以，必须加快鉴定技术的发展以适应现实的需要。第三，建立一个中立的、公正的第三方机构，让所有依法成立的拍卖网站的服务器均与之联网，由该机构对网站的交易进行备份。诉讼时该机构提供的备份材料无须交易双方认可即可直接作为证据使用。这种证据可视同为经过公证的证据，除非有其他证据足以推翻该证据的以外，该证据具有证明力。

第十节　商业秘密保护的法律风险

【要点提示】

电子商务交易中也可能会涉及侵犯商业秘密问题。1995 年 11 月 23 日国家工商行政管理局《关于禁止侵犯商业秘密行为的若干规定（修正）》规定，"商业秘密，是指不为公众所知悉、能为权利人带来经济利益、具有实用性并经权利人采取保密措施的技术信息和经营信息。"本规定所称不为公众所知悉，是指该信息是不能从公开渠道直接获取的。本规定所称能为权利人带来经济利益、具有实用性，是指该信息具有确定的可应用性，能为权利人带来现实的或者潜在的经济利益或者竞争优势。本规定所称权利人采取保密措施，包括订立保密协议，建立保密制度及采取其他合理的保密措施。本规定所称技术信息和经营信息，包括设计、程序、产品配方、制作工艺、制作方法、管理诀窍、客户名单、货源情报、产销策略、招投标中的标底及标书内容等信息。

《国家工商行政管理局关于商业秘密构成要件问题的答复》（1998 年 6 月 12日）明确了商业秘密的构成要件有 3 个：一是该信息不为公众所知悉，即该信息是不能从公开渠道直接获取的；二是该信息能为权利人带来经济利益，具有实用性；三是权利人对该信息采取了保密措施。概括地说，不能从公开渠道直接获取的，能为权利人带来经济利益，具有实用性，并经权利人采取保密措施的信息，即为《反不正当竞争法》所保护的商业秘密。

商业秘密的电子化、网络化，使得网络成为泄露商业秘密的重要渠道，从而增大了商业秘密保护的难度①。权利人采取保密措施，包括口头或书面的保密协议、对商业秘密权利人的职工或与商业秘密权利人有业务关系的他人提出保密要求等合理措施。只要权利人提出了保密要求，商业秘密权利人的职工或与商业秘密权利人有业务关系的他人知道或应该知道存在商业秘密，即为权利人采取了合理的保密措施，职工或他人就对权利人承担保密义务。

【相关案例】

2000 年 4 月 14 日，陈某入职 A 公司从事销售等工作。陈某在双方签订的《保密协议》承诺：其在 A 公司任职期间，非经同意，不得在与 A 公司生产同类产品或经营同类业务且具有竞争关系的企业、事业单位、社会团体（包括以股东、合伙人等方式设立企业）内任职，或者自己生产、经营与 A 公司有竞争关系的同类产品或者业务。2003 年 12 月 26 日，陈某离职。但是在 2003 年 6 月 2 日，陈某为股东并任法定代表人的 B 公司注册登记成立。B 公司在 2003 年 7 月以后与 C 有限公司有业务关系，其业务内容与 A 公司和 C 有限公司的业务同类。C 有限公司是 A 公司的长期客户，陈某参与了 A 公司与 C 有限公司的业务往来。A 公司就此起诉至法院，请求判令 B 公司、陈某立即停止商业秘密侵权、赔偿损失、赔礼道歉等。一审法院判决 B 公司、陈某停止侵犯商业秘密行为，并分别赔偿 A 公司。

---

① 韦景竹. 电子商务环境下的商业秘密保护及立法策略［J］. 图书情报知识，2003（2）.

【风险提示】

按照法律规定，某些信息依其属性就可以表明属于商业秘密，权利人无须采取其他保密措施。例如，某软件开发商在其开发的软件上进行加密，同时制作了解密软件。这种加密、解密措施自然属于该软件开发商的商业秘密，开发商只要控制了解密软件，就等于采取了保密措施，无须再采取其他保密措施。企业在商业秘密保护中的主要风险有：

1. 对商业秘密范围认识不全面

商业秘密涉及范围十分广泛，主要包括4种：经营秘密、交易秘密、技术秘密和管理秘密。其他方面信息符合商业秘密本质特征的，也应当受到法律的保护。经营中的商业秘密是指"管理诀窍、客户名单、货源情报、产销策略、招投标中的标底及标书内容"等信息。其内容具体包括：新产品的市场占有情况及如何开辟新市场；产品的社会购买力情况；产品的区域性分布情况；产品长期的、中期的、短期的发展方向和趋势；经营战略；流通渠道和机构等。企业技术信息中的商业秘密是指"设计、程序、产品配方、制作工艺、制作方法"等信息。其内容具体包括：技术水平、技术潜力、新技术前景预测、替代技术的预测、专利动向、新技术影响的预测等。

高新技术企业在保护自己利用某些独有的先进的信息或技术取得竞争优势时存在困难，商业秘密的范围不明确，导致企业无法保护自己的合法权益，因为权利人连保护什么都无明确的法律可依据。结果导致保护的范围大造成保密成本的增加，保护的范围小造成商业秘密的泄露，权利人无法进行具体的保护，致使处于高新技术企业生命线地位的商业秘密处在被泄露的风险之中。

2. 所确定的商业秘密不具有秘密性、商业利益和实用性

根据法律和国际条约的规定，受到法律保护的技术信息和经营信息等商业秘密，该项信息必须具有秘密性。商业秘密首要的构成条件就是该项信息应当具有秘密性，即没有被任何人向社会公开，不为公众所知悉。

如果不具有商业利益性，一项信息并不能被认定为商业秘密。只要一项信息是有价值的信息，就能够满足这一条件的要求。没有价值的信息，既然不能为权利人带来经济利益，也就不具有保护价值。

所谓具有实用性，是指该信息能够被权利人实际使用于生产或者经营。一项信息具有实用性，并不意味着必须能够直接用于生产经营。如果该项信息能够为权利人的生产经营活动提供间接的、有益的帮助，该项信息仍然应当认定为具有实用性。

3. 企业内部保密制度不健全

高新技术企业内部应当建立健全商业秘密保护的相关制度。如果企业内部没有保密制度或保密制度不健全，例如，内部职工保密意识不强，对商业秘密界定认识不足，疏忽大意导致商业秘密泄露；内部职工可能利用了企业保密制度的漏洞将商业秘密泄露于竞争对手；企业内部涉及商业秘密的部门或存放商业秘密的地方未设有监控系统和防盗系统，则企业职工可能会放松保守商业秘密的自觉性，导致商业秘密泄露。因此，高新技术企业内部保密制度不健全也会带来商业秘密泄露的法律风险。

4. 侵权举证更加困难

根据我国《民事诉讼法》的有关规定，商业秘密侵权诉讼一般适用"谁主张，谁举证"的原则。商业秘密拥有人或支配人向人民法院提起商业秘密侵权诉讼时，负有举证责任，应提出证据证明：自己拥有商业秘密；侵害行为与损害结果之间有因果关系。在电子商务环境下，商业秘密侵权具有高技术性，行为人大多是具有相当高的计算机技能的人员，电子证据的科技含量很高，权利人很难举证证明自己的主张。

【化解对策】

侵犯商业秘密案件发生的原因，除个别人见钱眼红、知法犯法外，企业对技术秘密的松散管理也是一个重要因素。商战不可无秘密，在市场竞争中想打败竞争对手，企业要防患于未然，制定周密的保护方案和措施：

1. 强化保护商业秘密的意识

高新技术企业要有效保护自身商业秘密，实现其经济价值，首先要从主观上重视商业秘密及其保护措施。①加强商业秘密的经济价值认识。只有认识到了商业秘密在市场经济中的实际和潜在价值，认识到了保护商业秘密的重要性和必要性，才会从主观上引起重视。②认识到本企业商业秘密的存在，即那些给本企业带来巨大经济利益的技术信息和经营信息，可以使自身在同行业中处于竞争优势，企业领导人应该心中有数。③加强对掌握和了解本企业商业秘密人员的保密宣传意识。比如应告知内部知情人员，竞业限制义务是法定的强制性义务等。④加强对非法泄露或使用商业秘密的侵权行为的法律保护意识。

2. 明确商业秘密的范围、分类并划分等级

企业不仅应当弄清楚所称的商业秘密的内容，还应当认真审查该项要求保护的信息，是否满足商业秘密的构成要件，即从是否具有秘密性，是否能够带来经济利益，有无合理的保密措施等方面来确定该项信息应否受到保护。具体包括4个环节：①确定商业秘密的具体范围。②对各项商业秘密划分为核心秘密、重要秘密、一般秘密三个等级，使商业秘密能够有重点地加以保护，确保安全。③明确各项商业秘密的保密期限。④对商业秘密事项做好标志工作，以便一目了然——知道是哪一级秘密、保密期限多长，有利于管理和使用。

3. 查明被控侵权信息的来源

被控侵犯商业秘密的人，经常辩称其商业秘密是通过合法途径得到的，因此，查明其信息的由来十分重要。在多数案件中，查明被控侵权人有关信息的由来，对于查明侵权人是否采取了不正当手段至关重要。企业应要确认被控侵权人是否采用了不正当手段。这是确定被控侵权人是否实施了不正当竞争行为的必要条件。只有侵权人采取了不正当手段获取、披露、使用他人的商业秘密，才承担相应的法律责任。不正当手段主要有胁迫、利诱、盗窃等。其他违反公认的商业道德的手段，也属于不正当手段。对于采取不正当手段获取、使用、披露商业秘密的，可以直接认定行为人有过错，要求其承担法律责任。

4. 加强内部信息管理

①为保障计算机安全采取相应的技术措施，如设立识别码和网络环境下企业商业秘密侵权及对策研究密码认证（Authentication）、防火墙（Firewall）、档案加密（Encryption）等。②采取加密措施，对于需要传输的商业秘密文件使用加密程序。目前比较先进的是在常规密钥密码体制中推广的 3DES 系统和公开密钥密码体制中被推荐使用的 RSA 体制。③实施网络监控，对于网络使用情况实行实时监督，发现问题及时应对。④企业需要提高保密意识，建立系统的保密规章制度。必要时同员工签订保密协议和竞业禁止协议。在此基础上，还要有计划地、经常性地对员工进行网络安全教育和法制教育，比如涉密计算机不要上网，不要擅自下载、安装和应用与工作无关的程序等，以免形成有意识或无意识的侵权后果。

5. 重视搜集证据

按照"谁主张，谁举证"的民事诉讼举证的一般原则，商业秘密侵权案件的主要的举证鲁任应当由提起商业秘密保护请求的原告方来承担。以人才流动导致的商业秘密侵权纠纷诉讼为例，作为原告起诉的民营企业指示应当证明：①自己拥有的该项信息构成商业秘密，依法受到法律保护。②被告所使用或披露的信息与自己的商业秘密具有一致性或相同性。③被告有获取商业秘密的条件并且存在披露、使用或允许他人使用通过上述途径取得的商业秘密的行为，主要应提供和职工签订的劳动合同、保密协议等证据。

第八章
企业借贷、担保与兼并

第一节　企业借贷风险

【要点提示】

借贷是企业融资的方式。但是，为了创造有序的金融环境，法律对金融秩序有严格的规定。因此，企业借贷因而也存在这样或那样的法律风险：收回贷款的风险、合同无效的风险等。换言之，企业①之间的借贷行为因违背相关法律规定，有可能被认定为无效并承担相应的法律责任。因为根据中国人民银行《贷款通则》第六十一条的规定，"企业之间不得违反国家规定办理借贷或者变相借贷融资业务。"而《最高人民法院关于对企业借贷合同借款方逾期不归还借款的应如何处理问题的批复》对此也有相应的规定，即"企业之间不得办理借贷或变相借贷融资业务。"另外，企业获得金融机构贷款以后转贷的，也有可能触犯法律关于高额转贷的禁止性规定。还有，对于企业与公民之间以借贷为名、进行非法集资或向社会公众发放贷款的行为，更为法律所禁止。例如，《最高人民法院关于如何确认公民与企业之间借贷行为效力问题的批复》规定，公民与非金融企业（以下简称企业）之间的借贷属于民间借贷，但是，具有下列情形之一的，应当认定无效：①企业以借贷名义向职工非法集资。②企业以借贷名义非法向社会集资。③企业以借贷名义向社会公众发放贷款。④其他违反法律、行政法规的行为，等等。

【相关案例】

某市 A 房地产有限公司与 B 实业有限公司具有良好的业务合作关系，B 实业有限公司的关联企业 C 投资公司因投资项目资金缺乏，通过 B 实业有限公司协调，就与 A 房地产有限公司借款一事达成协议。A 房地产有限公司同意借款 500 万元人民币给 C 投资公司，借款期为 1 年，从 2001 年 6 月 1 日—2002 年 5 月 30 日，按中国人民银行规定的同期贷款利率 3 倍计算收取资金占用费。B 实业有限公司为 C 投资公司该借款提供连带保证担保，C 投资公司同时将其对 D 发展有限公司享有 60% 的股权向 A 房地产有限公司提供质押担保。各方为此签署了《资金占用协议》《保证合同》和《股权质押担保合同》。A 房地产有限公司向 C 投资公司实际发放了贷款，并按月收取约定的资金占用费。借款到期后，C 投资公司仅偿还 100 万元人民币，并向 A 房地产有限公司申请延期偿付余款，A 房地产有限公司同意延长 3 个月，B 实业有限公司也盖章同意继续担保，直至 C 投资公司偿

---

① 本文所指"企业"为非金融类企业。

还借款本金为止。此后，C 投资公司在 2002 年 9 月偿还部分资金占用费后，一直未能偿还本金及其他约定的资金占用费。A 房地产有限公司经过多次催收无果的情况下，于 2002 年 12 月依法向法院提起诉讼。

法院经审理后认定：第一，A 房地产有限公司与 C 投资公司签署的《资金使用协议》无效，因其实质是企业间的借贷行为。但是因借款人实际占用了资金，给贷款人客观上造成了损失，一般应按中国人民银行规定的同期贷款利率计算赔偿损失。A 房地产公司按照中国人民银行同期贷款利率 3 倍计算收取资金占用费没有法律依据，其超出部分应当充抵本金的偿还。第二，B 实业有限公司向 A 房地产公司提供连带保证担保，因借款主合同无效，担保合同也无效。B 实业有限公司无须根据《保证合同》承担连带保证责任。A 房地产公司明知自己没有发放贷款的经营资质，具有明显的过错，但 B 实业有限公司应当知道企业间的借款无效却仍提供担保，其主观上也有过错，应当就 C 投资公司债务不能清偿部分的三分之一承担赔偿责任。第三，C 投资公司将其对 D 发展有限公司享有 60% 的股权向 A 房地产有限公司提供质押担保，并签署《股权质押担保合同》。作为其主合同的借款合同无效，该质押关系也无效，原告就质押股权拍卖或者变卖价款优先受偿的诉讼请求不能成立。

【风险提示】

1. 企业间借贷

所谓借款，是当事人一方将一定种类和数额的货币提供给另一方、有条件地在一定时期内转让所有权的行为。借款行为属于民事行为，所以，借款行为受《民法通则》《合同法》《商业银行法》等法律约束，也受国务院颁布的《非法金融机构和非法金融业务活动取缔办法》、中国人民银行《关于对企业间借贷问题的答复》《贷款通则》等法规、规章的约束。当然，"在上述众多生效文件中，只有部门规章《贷款通则》和《关于规范上市公司与关联方资金往来及上市公司对外担保若干问题的通知》对公司借贷作出了明确禁止规定，其他金融立法则是旨在强调非金融机构不能从事金融业务①。"在司法实践中，法院基本上按照上述法律法规、规章以及与政策将一般企业间的借贷活动确认为无效的民事行为。

2. 企业与公民之间的借贷

公民与企业之间的借贷属于民间借贷，依据民法原理为有效法律行为。但是，企业以借贷为名进行非法集资的：或向企业职工非法集资、或向社会公众进行社会集资的，均可能扰乱金融秩序，影响社会稳定，因此法律禁止这样的行为。另外，企业以借贷名义向社会公众发放贷款，收取利息，等于超出经营范

---

① 蒙瑞华．公司借贷法律问题研究［J］．西南政法大学学报，2010（2）．

围，从事金融企业的业务，也为非法。

3. 贷款收回问题

这是市场风险。所谓市场风险就是由市场的不确定性引起的产生经济损失的可能性。不确定性意味着市场主体的经济活动产生较大风险。负责任的企业在进行贷款之前，一般要进行可行性论证，以便有充足的资金源（或为新开项目所带来的效益，或为企业其他资产的变卖或到期的债权等）偿还到期的债务。但是，市场竞争瞬息万变，计划有时没有变化快。在融资借贷中，风险来源于资金周转计划的失败或根本没有计划。那么，风险可能表现为：到期的债权因诚信原因无法兑现；或者，预期的项目不仅没有产生利润反而还要更多的投入；而企业资产的变现也遇到了困难……这样的结果，对融资双方都极为不利。对借款方而言，到期的本金与利息难以收回，即使提起诉讼、官司打赢，执行能否到位都是一个未知数，风险不可谓不大。

【化解对策】

经济发展为上层建筑的基础，法律的根基在于经济基础，法律必须为经济基础服务。在当前金融危机波及我国之时，在中小企业融资困难、影响发展的当下，如何为企业纾解困难也是我们法律人义不容辞的责任。为了企业的发展，"法律人"认为，"经济人"可采取以下措施以缓解融资的困难。

1. 委托、信托贷款

委托贷款是指由委托人提供合法的资金，委托商业银行根据委托人确定的贷款对象、用途、金额、期限、利率等代为发放、监督使用并协助收回的贷款业务。委托人包括企事业单位及个人等。根据中国人民银行《关于商业银行开办委托贷款业务有关问题的通知》规定，"允许企业或个人提供资金，由商业银行代为发放贷款。"在委托贷款业务中，贷款对象由委托人自行确定。这就为企业之间合法的间接融资创造了条件。

所谓信托贷款，是指信托机构在国家规定的范围内，运用信托存款等自有资金，对自行审定的单位和项目发放的贷款。在贷款信托担保关系中，存在委托人（贷款人）、受托人（信托担保公司）和受益人（借款人）三方当事人。需要注意的是：信托财产既独立于委托人的财产，也独立于信托担保公司的财产；当借款人无力偿还贷款时，贷款人有权要求信托担保公司以信托财产偿还贷款。根据《信托投资公司管理办法》规定，信托投资公司可以接受委托，进行信托贷款。由于委托、信托贷款模式完全可以解决企业间贷款及担保的合法性问题，在企业间直接借贷受到限制的情况下，该模式不失为一种理想贷款方式。

2. 改变法律上的借贷主体的变通的贷款方式

（1）通过公民个人的借贷

除法律限制的几种情形外（如非法集资等），企业和公民之间的借贷属于民间借贷，依法受法律保护。所以，借款方与资金出借方可以个人为中介，以正常的借贷而非非法集资为目的，将拟进行借贷的企业连接起来，由资金出借方把资金借给选定的公民个人，借款企业为此借款行为提供担保，并由该公民把相应资金借给借款企业从而实现企业之间资金融通的目的。具体操作见图8－1：

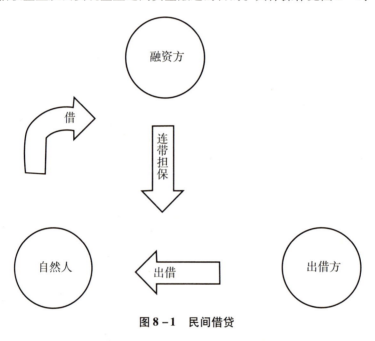

图8－1　民间借贷

当然，通过公民个人的借贷要严格地与非法集资区别开来。所谓非法集资，是指单位或者个人未依照法定程序经有关部门批准，以承诺在一定期限内以货币、实物以及其他方式向出资人还本付息或给予回报为诱饵，以发行股票、债券、彩票、投资基金等方式向企业内部员工或社会公众筹集资金的行为。非法集资的基本特征是：集资主体未获批准，以诱饵等欺诈为手段，以发行股票、债券、彩票、投资基金等为筹资方式，以非法占有为目的。而通过公民个人的借贷，本质上不是向个人进行的非法集资，而是诚信企业间通过个人形式并以担保债权实现的条件实现的资金融通方式，这种方式应该具有的特点是：融资数额较小、主体间关系紧密、债权实现风险较小、短期融通、诚实信用等。这种融资方式市场风险小，对金融秩序影响不大，但对市场经济的灵活发展有积极意义，因此在争议中也还值得提倡。

（2）先存后贷，存贷结合的变通方式

即企业可以将资金存入银行，然后用存单为特定借款人作质押担保，实现为特定借款人融资的目的。这种方式是委托贷款的转化形式，或者它本质上就是委托贷款，应该是合法的。具体操作见图 8 - 2：

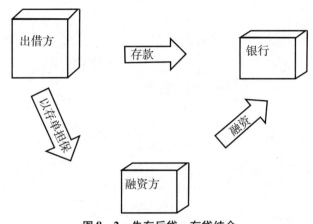

图8 - 2　先存后贷，存贷结合

诚然，变通的方式多种多样。除了上述我们讨论的内容外，变通的方式恐怕还有如典当、私募基金等特殊形式。根据我国的《典当管理办法》，典当实际上就是一种质押担保性质的借款，而典当合同完全可以看成是一种抵押借款合同。私募基金是改革开放的新兴事物，它能通过合法的集资而将集合的资金投资于特定的证券领域、房地产领域或股权领域的金融产品，因而在一定程度上也可被看成为变通的企业间的融资方式。

3. 以有效担保降低贷款风险

市场贷款因企业或个人诚信、经营风格、市场变化而充满变数，因此，企业借款融资的风险对借贷双方都有影响：出借方因种种顾虑不愿意出借，借入方因出借方的顾虑重重而难以如愿在恰当的时期得到恰当的贷款规模。减少市场风险的一个有效对策是各种形式的担保。担保是指法律为确保特定的债权人实现债权，以债务人或第三人的信用或者特定财产来督促债务人履行债务的制度。担保的方式多种多样，有保证、抵押、质押、留置等。在我们的生活中，人品、人格、人的诚信或具有一定经济实力的人也可以作为一种保证，以口头形式或书面形式出现就能实现债的担保。这就是第三人的信用保证的含义。显而易见，担保的出现以及附随于借款合同，借款行为的风险必然会大大降低。

总之，货币资本是市场经济的第一推动力。根据中国国情，资金市场一放就乱、一收就紧（经济发展缓慢）。企业之间的资金调剂完全行政化，不利于市场经济的发展。所以，我国法律法规等规范性文件并未完全禁止企业之间的借贷。根据"法律人"的理解，我们在这里提供一些对法律法规、规章、政策的宽泛理解，希望能帮助"经济人"对企业之间的借贷合法性有全新的理解，促使后者在守法的同时，能够创造渠道更为丰富、宽敞的融资渠道，为我国市场经济的可持续发展作出贡献。

第二节 企业借贷无效的风险

【要点提示】

由于国家对于融资方式的监管加强和一些企业自身运转中的问题不断呈现，对于很多中小企业而言，其获得合法的金融机构资金支持由于自身条件的不足而具有一定难度。但是，货币是市场经济的第一推动力。企业的存在法则就在于资金运转。没有足够的资金，一个企业无论是在自身的内部运营还是在外部的市场拓展方面都会举步维艰。所以，企业对于资金的强烈需求与现实条件下资金支持无法满足的这对矛盾，使得许多经济活动主体在融资中往往饥不择食，不顾借贷的方式方法，导致一些借贷行为无效。导致无效的借贷的原因很多，有主体不合格的情况，也有内容不合法的情况。例如，企业之间借贷。这种借贷方式，在我国还没有开放非金融主体进行融资的前提下，因被法律确认为无效而存在巨大的经济和法律风险。

【相关案例】

原告 C 公司起诉称，D 医药公司于 2007 年 8 月 24 日向 C 公司借款 1200 万元，承诺于 2007 年 9 月 24 日归还。但借款到期后，D 医药公司未按约定履行还款义务。2008 年 7 月 5 日，C 公司、D 医药公司及被告李某共同签署一份欠款协议，约定：2008 年 10 月 31 日 D 医药公司偿还 C 公司全部借款及利息，共计 1348 万元。同时，被告李某自愿对上述借款承担连带保证责任。协议到期后，D 医药公司未依约履行，成诉。

法院认为：C 公司与 D 医药公司签订的借款合同属无效合同，但 C 公司有权要求 D 医药公司返还借款本金及自 2007 年 8 月 25 日起至借款付清之日止，按中国人民银行同期贷款利率标准计算的利息损失。2008 年 7 月 5 日欠款协议亦无效，但因被告李某系 D 医药公司法定代表人，故应视为被告李某有过错。其承担民事责任部分，不应超过 D 医药公司债务不能清偿部分的 1/3①。

---

① 北京中嘉天成贸易有限公司与北京国润医药销售有限公司及李为东企业借贷纠纷案 ［EB/OL］. http：//www. 110. com/panli/panli_135570. html.

【风险提示】

1. 借款合同无效的风险

根据我国《民法》《合同法》以及有关的《经济法》《行政法》等的规定，借款合同在以下情况下无效：①一方以欺诈、胁迫的手段订立合同、损害国家利益的。②双方恶意串通，损害国家、集体或第三人利益的。③以合法形式掩盖非法目的的。④损害社会公共利益的。⑤违反法律、行政法规的强制性规定的。由第⑤点延伸出去，我国《贷款通则》第五十七条规定，"各级行政部门和企事业单位不得经营贷款业务。企业之间不得办理借贷或者变相借贷的融资业务。"出于维护金融秩序和其他各种因素的考虑，最高人民法院关于对企业借贷合同借款方逾期不归还借款的应如何处理问题的批复（1996 年 9 月 23 日）中批复如下："企业借贷合同违反有关金融法规，属无效合同。"

借款合同无效，其风险在哪？我国《合同法》第五十八条是这样规定的："合同无效或者被撤销后，因该合同取得的财产，应当予以返还；不能返还或者没有必要返还的，应当折价补偿。有过错的一方应当赔偿对方因此所受到的损失，双方都有过错的，应当各自承担相应的责任。"这里面的责任如果放大地看，出借方有可能因为自己的过错要承担过错责任——自己承担损失或部分损失，如本金的损失（对方偿还能力有限的情况下）、利息的损失。另外，按照最高人民法院关于对企业借贷合同借款方逾期不归还借款的应如何处理问题的"批复"，有部分利息必须被收缴，即"对自双方当事人约定的还款期满之日起，至法院判决确定借款人返还本金期满期间内的利息，应当收缴，该利息按借贷双方原约定的利率计算，如果双方当事人对借款利息未约定，按同期银行贷款利率计算。"所以企业之间的借贷合同是无效的，除了得不到法律的维护，还会受到收缴利息的惩罚。

2. 刑事责任的风险

企业之间的借贷合同无效，在严重破坏金融秩序的情况下，不仅要承担合同无效的民事责任，还要承担刑事责任。一般合法的金融机构借贷出的资金有严格的使用限制，即企业只能用于自身企业的发展需要。所以当一个企业并不是出于这个目的，而把从金融机构处获得的资金高利转贷给其他企业，达到一定的数额的，就严重扰乱了我国的金融秩序，这就有可能触犯《刑法》，构成犯罪。我国《刑法》第一百七十五条规定，"以转贷为目的，套取金融机构信贷资金高利转贷他人，违法数额较大的，处 3 年以下有期徒刑或者拘役，并处违法所得 1 倍以上 5 倍以下罚金；数额巨大的，处 3 年以上 7 年以下有期徒刑，并处违法所得 1 倍以上 5 倍以下罚金。单位犯前款罪的，对单位判处罚金，并对其直接负责的主管人员和其他直接责任人员，处 3 年以下有期徒刑或者拘役。"另外，个人、企业进行非法集资、数额较大的，构成非法集资罪，应被追究刑事责任。非法集资往往以高利为诱饵，以合同为掩盖，以非法占有为目的。从目前社会上所反映出来的一些非法集资的案例看，其往往对参与的社会公众造成血本无归的严重后果，社会危害较大，所以，非法集资数额达到法定标准就要承担刑事责任。根据我国《刑法》的规定，非法集资的罪名依照集资方式方法有非法吸收公众存款罪、集资诈骗罪、欺诈发行股票、债券罪、擅自发行股票、公司、企业债券罪等。

3. 信用风险

从本来意义上讲，信用风险又称违约风险，是指交易对方未能履行约定契约中的义务而造成经济损失的风险，即一方（受信人）不能履行还本付息的责任而使另外一方（授信人）的预期收益与实际收益发生偏离的可能性。但在这里，我们指的是：企业借贷无效后，受信人由于经营不善、无力偿还资金，给资金出借方造成的风险。这种风险会产生蝴蝶效应，波及其他企业，最后给国家金融体系产生原本意义上的信用风险。

【化解对策】

1. 遵循《民法》等私法规则

依法、诚实从事企业融资，是企业保持合法地位的不二法则。在市场经济条件下，面对激烈竞争，企业融资不能饥不择食，而须依法行事，避免行为的无效。例如，损害国家利益、公共利益的借款合同肯定是无效的合同行为，因为国家利益也可以被理解为公共利益。再如，"恶意串通"的方式应该避免。"恶意串通"的方式在现实生活中表现为多种多样。例如，夫妻结怨一方串通他人签订借款合同转移资产，公司或企业（包括集体企业或国有企业）实际控制人借借款合同转移资产等，其目的均在损害第三人利益、或集体利益或国家利益，合同当然无效。此外，企业不能以向公民借款方式进行非法集资，也不能相互拆借或借款。如果企业间确实需要相互融通的话，企业间可以通过市场中介例如银行、信贷机构、小额贷款公司等，合法融资，解决资金头寸问题。

2. 遵守《经济法》、《行政法》等公法规则

虽然《经济法》、《行政法》在理论上存在界限不定的分歧，但都属于公法范畴。换言之，市场经济由于其自身固有的弱点，国家不可能对其自由放任。因此，国家对市场经济的依法干预就是《经济法》、《行政法》产生的必然前提。为此，国家通过人大立法、行政立法是经济活动处于严格的政府管制之下。这就是公法——赋予政府管制经济，同时又规范政府管制行为的法律。所以，企业融资，在遵循以自由为宗旨的私法规则的同时，也要追随政府机构监管的脚步，服从经济立法、行政立法。《经济法》《行政法》的内容非常丰富，而且还在不断地调适。当然，安全与效率并重一直是我们的监管体系所遵循的一个原则。政府如

何把握监管的度，在市场稳定和市场繁荣中找到一条正确道路，是《经济法》《行政法》努力追求的方向。比如在对金融市场的监管时，必须强调安全与效率并重是一个重要的原则，在市场经济的主导地位不能动摇的前提下，政府的监管应侧重于引导、管制。作为一个企业，要学习《经济法》《行政法》，以便把握融资的合法性。如果说，法律内容太多，那就必须服从政府监管，围绕政府监管的信息而完善自身对市场经济的理解，掌握市场经济借贷的风向标，弥补自身因法律知识的欠缺而导致的资金管理制度的不足。例如，我们要在一些有名的非法集资的大案要案中学习市场融资的罪与非罪、合法与违法的界限、市场融资或借贷的方式方法。再例如，当在某一个时期有些落后地区的地方政府为加快经济发展而允许企业集资时，企业集资是可行的，但当政府一旦叫停集资，那么企业就必须立即停止集资，否则，法律风险就比较大了。

3. 及时与司法互动

一旦怀疑或被法院明确确定为无效的融资合同，为了避免损害的进一步扩大，当事人应该及时与人民法院沟通，征求司法建议。在实践中，一些企业想当然地理解法律，也不愿意就融资风险与法院进行有效沟通，导致其法律风险不断加大，以致出现资不抵债后老板"跑路"等不可收拾的局面。俗话说，"跑得了和尚跑不了庙"，对于融资企业而言，这些风险早晚都得面对。与法院及时沟通，通过法院的把脉、分析，这些遇到融资合同无效且在资金运行方面十分困难的企业，就可能在法院的建议下，以规范、诚信的方式，与债权人达成有关计划协议，化解财务风险。

第三节 公司担保合同的有效性

【要点提示】

担保从主体的角度可以有企业、公民等不同主体的担保。在企业担保中，公司担保不仅受《担保法》调整，还受《公司法》调整。由于公司担保，特别是上市公司担保是当今经济生活中极为普遍的法律行为，公司担保的合规性认识就变得非常重要。公司担保合同的有效性既要符合《公司法》的规定，又要符合《担保法》的相关规定，所以，其内容非常丰富，在现实生活中由于理解的不同，司法担保实践难免存在较多的意见分歧。下面通过案例分析实务中分歧出现的原因和解决方式。

【相关案例】

A公司《章程》规定，超过人民币3000万元的对外担保事项必须经过股东大会批准，低于人民币3000万元的对外担保事项必须经过董事会批准。但该公司董事长在2002年10月未经股东会或董事会批准的情况下，擅做主张与B商业银行签署了担保合同。不久，该公司董事长发生变更。由于主债务人并不能如期足额清偿债务，商业银行遂要求该公司承担担保责任。该公司辩称，原董事长签署担保合同的行为超越了章程规定的担保限额与决策权限，其签署的担保合同应属无效合同，公司不应承担担保责任。商业银行则认为，既然该公司的董事长是法定代表人，而且担保合同上盖有公司的公章，又有董事长的个人名章和真实签名，担保合同就应该是有效的，该公司必须承担担保责任。因此银行与公司之间就担保合同是否有效产生分歧，诉诸法院①。

该担保合同的有效性争议的焦点就集中在公司章程以及强制性规范对合同效力的影响。一审法院认为本案的担保行为发生在2002年，根据旧《公司法》第六十条第三款规定，"董事、经理不得以公司资产为本公司的股东或者其他个人债务提供担保。"由此，如未经股东大会（股东会）决议或者公司章程授权时，董事会也必然因法律对各个董事的禁止性规定而无权作出以公司财产对股东提供担保的决定。因此，2002年，该公司董事长在未征得公司董事会和股东会同意的情况下，提供担保，该担保合同违反旧《公司法》的强制性禁止性规定，应当认定为无效。

【风险提示】

1. 两种担保

根据《公司法》对外担保制度规定，公司的担保分为一般担保行为与特殊担保行为。

所谓公司的一般担保，是指公司为无投资关系、无实际控制关系的他人提供的担保。对于一般担保，法律遵循意思自治原则，赋予公司章程自行规定对外担保决策机构的权力，即公司可以通过制定公司章程自行决定本公司为他人提供一般担保的决策机构。当然，《公司法》对公司章程在选择对外担保决策机构时也给出了遴选的范围：两种选择，即公司通过公司章程决定一般担保决策机构的范围仅限于董事会（经营层）、股东大会（所有者层），如果超出这两者的范围，例如监事会行使决策权的话，那么，公司的对外担保的决定为无效决策机构作出，当然无效。

公司的特殊担保，是指公司为有投资关系、实际控制能力的他人提供的担保或其他必须由股东会作出决议的担保。必须由股东会作出决议的担保有两种情况：第一，公司为公司股东或者实际控制人提供担保的；第二，上市公司在一年

---

① 姜启波：担保纠纷新型典型案例与专题指导［M］．北京：中国法制出版社，2009．

内担保金额超过公司资产总额 30% 的担保。针对第一种情况，有效地担保取决于股东会议的决议，而股东会议的决议由出席会议的股东（拟被担保的股东或者受拟被担保的实际控制人支配的股东，不得参加表决）所持表决权的过半数通过。第二种情况的担保，应当由股东大会作出决议，并经出席会议的股东所持表决权的 2/3 以上通过。

2. 学理解释

理论界对上述担保合同的"强制性规定"情形有较为深刻的解说。所谓强制性规范，是指通常以"应当""必须""不得"等用语提醒当事人必须严格遵守而不得随意以协议改变。近年来，理论界与实务界对强制性规定的分类进行探讨，并形成效力性强制性规定与管理性强制性规定之区分及其不同效力影响之认识。目前形成的共识是：强制性规定区分为效力性强制性规定和管理性强制规定，违反效力性强制性规定，合同无效；违反管理性强制性规定，合同未必无效①。2005 年修改后的《公司法》第十六条第一款规定，"公司向其他企业投资或者为他人提供担保，依照公司章程的规定，由董事会或者股东会、股东大会决议；公司章程对投资或者担保的总额及单项投资或者担保的数额有限额规定的，不超过规定的限额。"该条款作为一条"强制性规范"，为避免公司由于对外滥行担保而危害公司债权和中小股东，合理兼顾债权人与担保公司及其背后的利益相关者的权利与义务作出贡献②。依照学理分析，《公司法》第十六条第一款属于管理性的禁止规范，那么违反该款的抵押担保合同则并非一定无效，而是要考虑其他因素和具体的情况。例如，相对人的善意问题。根据《合同法》第五十条规定，"法人或者其他组织的法定代表人、负责人超越权限订立合同的，除相对人知道或者应当知道其超越权限的以外，该代表行为有效。"依照此学理，本案中，董事长作为法定代表人越权签署的担保合同，在相对人是善意的情况下应当是有效的。这体现了法律对于交易安全的保护。除非相对人的恶意或存在主观过错。倘若被越权代表的法人主张相对人非善意，就必须承担相应的举证责任，即被越权的代表的法人只要能证明相对人在签订合同时是知道或者应当知道法定代表人越权签约的事实，就能否定担保合同的有效性，从而免受法定代表人越权签署的合同的约束。

而该法第二款规定，"公司为公司股东或者实际控制人提供担保的，必须经股东会或者股东大会决议。"其属于效力性禁止规范，违反效力性禁止规范则意味着必然的无效。

---

① 仇海珍，马天娇. 效力性强制规定与管理性强制规定区分标准研究 [J]. 山东理工大学学报，2011 (7).

② 解亘. 论违反强制性规定契约之效力 [J]. 中外法学，2003 (1).

当然，认定一条禁止性规范是效力性的还是管理性的，其核心不在规范中禁止性的文字，而在于立法意图在保护私法自由和国家强制之间的取舍。文义解释在区分禁止性规范类型时并不一定可靠，综合分析立法对保护的法益取舍才是根本。台湾学者苏永钦认为可以将管制法益、管制取向、管制领域、管制重心、管制性质、管制强度、管制工具、管制本意 8 项因素作为考察的对象，最终判定担保合同的效力①。

【化解对策】

1. 商情调查

笔者认为该案中银行债权人在于担保公司签署担保合同时，必须索要担保公司的股东协议和公司对外担保的总额情况，了解担保公司对外提供担保时的内部决策程序、决策权限等，以保证该担保协议没有违反强制性规定，保证担保合同的有效性。理由有三：一是我国公司法依然以股东会作为中心地位。按照这一理路，公司章程的相关决策权属于股东会。二是公司对外担保而形成的相关债务对公司及其股东蕴藏着巨大的风险，银行索要股东会决议有助于尊重广大股东知情权与决策权。三是对于银行债权人而言，索要股东协议更有利于避免诉讼举证责任的困难度。这就需要签订担保合同的担保方应该尽可能地向相对一方当事人提供本公司的章程、年内对外担保的总金额。

2. 重点把握一般担保合同与特殊担保合同

我国现行《公司法》规定："公司向其他企业投资或为他人提供担保，依照公司章程的规定，由董事会或股东会、股东大会决议；公司章程对投资或者担保的总额及单项投资或者担保的数额有限额规定的，不得超过规定的限额。"因此，公司对外担保根据法律有无特别要求被区分为一般担保与特殊担保。

根据一般担保合同的原理，非公司股东、或公司实际控制人与公司签订一般担保合同，股东会议或公司董事会均有权决定，当然，要视公司章程的规定。那么，一般担保合同有些什么特征呢？首先取决于公司章程的规定。公司章程规定了对外担保的权力、决策程序。换言之，如果公司章程不允许公司对外进行担保，那么，公司就不能对外进行担保。其次，明确一般对外担保的决策结构是董事会、股东会或者股东大会。如果公司章程规定公司可以进行对外担保，那么，其对外担保的决策权力也是由公司章程明确规定的：公司章程在公司董事会、股东会或者股东大会之间作了选择性规定。最后要明确本公司股东、个人及单位以及一定限额情况下的担保不适用一般担保原理。

诚然，非公司股东或公司实际控制人与公司签订担保合同，还要了解公司在

---

① 王轶. 强制性规范及其法律适用 [J]. 南都学刊, 2010 (1).

当年内签订担保合同的金额总额，如果该总额超过公司资产总额的 30%，那么，此时所签担保合同属于特殊担保合同，《公司法》对此有两项特殊要求：一是签订合同的决议权在股东会议手中；二是股东会议决议的有效性需经出席会议的股东所持表决权的 2/3 以上通过。另外，《公司法》明确规定了公司为公司股东或者实际控制人提供担保的，必须经股东会或者股东大会决议，即特殊担保。换言之，无论在公司章程中是否规定了公司为公司股东或者实际控制人提供担保的程序，在公司作出担保时，都应当根据《公司法》的这个规定履行相应的法定程序。这属于效力性强制性规定，违者无效，除非事后股东会或者股东大会决议追认。

3. 公司法定代表人或负责人越权签订担保合同的效力认定

公司法定代表人或负责人越权签订的担保合同，一般应认定为无效。因此，与公司签订担保合同，相对方应预先了解公司的章程。

对公司法定代表人或负责人越权签署的担保合同的效力审查，我们不仅要依据《公司法》进行审查，还应结合《合同法》第五十条的规定，即"法人或者其他组织的法定代表人、负责人超越权限订立的合同，除相对人知道或者应当知道其超越权限的以外，该代表行为有效"。这在民法原理看来就是表现代理制度的一个运用。该条规定保护的合同相对人仅限于在签约之时主观上为善意的相对人，而不包括在签约之时主观上存在恶意（明知对方行为越权）或者过失（应当知道而稀里糊涂地不知道）的相对人。当然，根据契约自由精神，越权法定代表人所在的法人可以通过合法的内部追认程序使"越权"成为"授权"，自然解决合同的效力问题；但法人如果不认该越权行为时，善意的相对人的合同利益也应该受到保护。每念及此，公司法定代表人或负责人的越权担保合同的效力就是一个巨大的法律风险。这样的合同，效力如何认定？笔者认为，由于《公司法》第十六条第一款明确规定了公司对外提供担保时的内部决策程序和权限，而这是公开透明的法律规定，所以，无论是提供担保的一方当事人及其利益相关者、还是接受担保的一方当事人，均应被视为"知道"或"应当知道"这一法律条文，或者说，合同当事人都应根据这一法律条文约束担保合同的签订行为。否则，合同相对方就存在恶意或主观过失。因此，结合《合同法》第五十条的规定，但凡公司法定代表人或负责人越权签订担保合同，一律无效。因为基于《公司法》的规定，相对人知道或者应当知道其超越权限。所以，与公司签订担保合同的相对人，为确保合同的有效性，在签订合同时必须索要公司的章程，以遵循该公司对外提供担保时的内部决策程序与决策权限，并根据章程、程序索取且审查董事会决议或股东会决议。

第四节　担保内容所指客体的否定性

【要点提示】

担保这一法律制度对于促进资金融通和商品流通，保障债权的实现，发展社会主义市场经济具有重要作用。但是由于担保知识的缺乏，很多民事主体往往会忽视担保内容所指客体的合法性，导致担保合同无效，担保权难以实现。这严重影响了资金链的稳定和商品流转的效率。这里举个案例探讨，一面能够引起法律关系主体重视，避免纠纷再次发生；另一面也提出了应对政策，为类似案件的处理提供启示。

【相关案例】

2005 年 5 月 20 日，某乡村民王一为了兴办养殖场所需资金要，与 A 信用社签订了一份借款合同，贷款为 15 万元，贷款期为 2 年。作为条件，王一必须以另有自留地、自留山作为担保。贷款到期后，王一没有偿还贷款，引发纠纷，某信用社提起诉讼，要求王一以抵押的自留地、自留山承担法律责任。

法院审理后认为，第一，自留地、自留山等集体所有的土地使用权一般不得抵押。我国《物权法》第一百八十四条规定："下列财产不得抵押……（二）耕地、宅基地、自留地、自留山等集体所有的土地使用权，但法律规定可以抵押的除外……"。与此相联系的是，《担保法》第三十七条规定："下列财产不得抵押……（二）耕地、宅基地、自留地、自留山等集体所有的土地使用权"。第二，法律规定了可以抵押的例外。即《担保法》第三十五条第五款规定："抵押人依法承包并经发包方同意抵押的荒山、荒沟、荒丘、荒滩等荒地的土地使用权"和《担保法》第三十六条第三款："乡（镇）、村企业的土地使用权不得单独抵押。以乡（镇）、村企业的厂房等建筑物抵押的，其占用范围内的土地使用权同时抵押"。类似的规定，我们还可以在 1995 年原国家土地管理局颁布实施的《农村集体土地使用权抵押登记的若干规定》里看到，其所限定的可设立抵押的农地使用权范围为："依法承包并经发包方同意抵押的荒山、荒沟、荒丘、荒滩等农村集体荒地的土地使用权（以下简称集体荒地土地使用权）和抵押乡（镇）村企业厂房等建筑物涉及所使用范围内的集体土地使用权（以下简称乡村企业集体土地使用权）"。第三，经法庭调查，村民王一的自留地、自留山，不属于荒山、荒地等性质，其上也没有村企厂房等，因此，其担保行为属于单独设立抵押物权行为，该行为违法，故该抵押合同无效。

【风险提示】

1. 担保内容所指客体

债权担保的内容即担保权与担保义务组成的权利义务关系。债权人的担保权因人的担保和物的担保的性质不同，也表现不同的属性。在人的担保即保证中，担保权是一种债权性的请求权，属债权范围；而在物的担保中，则是一种物权性的优先受偿权，故也称为担保物权，两者间的效力相差较大。与此相对应，担保义务人的义务在人的担保中，实为一种债务，而于物的担保中则是一种物权负担。民事法律关系的客体是指权利和义务所指的对象。主要包括物、行为、非物质财富和人格利益①。所以担保内容所指客体可以理解为第三人的信用或者特定的财产。而担保内容所指客体的否定性主要集中在"物保"方面即强调担保物种类的否定性。

2. 公益设施设定抵押的否定性

公益设施是有关社会公共利益保障的财产，是不能用于抵押的。因为一旦允许公益设施用于抵押，那么当债权人为实现抵押权时，一般会采取对公益设施进行拍卖等形式来处分，如此的话必然会对社会公共利益产生影响。所以，此时在法益的衡量上我们的法律是偏向于对公益的保护，以此来实现社会意义上的公平正义。但是我们又不得不承认，允许这些财产来担保融资是有利于事业单位的进一步发展的，从长远意义上来说是有利于公共利益的。到底如何限定和平衡这些错综复杂的利益关系。我国《担保法司法解释》第五十三条规定：学校、幼儿园、医院等以公益为目的的事业单位、社会团体，以其教育设施、医疗卫生设施和其他社会公益设施以外的财产为自身债务设定抵押的，人民法院可以认定抵押有效。

所以，我国法律规定：公益设施一般不能设定抵押。这是担保客体否定性的一种表现。但是，公益团体为了公益事业发展而产生的债务（自身债务）可以将公益设施设定抵押担保。

3. 集体土地使用权设定抵押的否定性

相比过去，农民对于土地的依附性有所下降，但是农民的重要保障还是土地。因为相对于城市市民来说，土地是他们的衣食父母，没有土地，他们就失去了谋生手段。再则，我国对于集体土地实行严格的土地管制制度，对于土地的用途是有严格限制规定的，特别是对耕地的保护。所以我国法律明确规定：集体土地所有权不得抵押；耕地、宅基地、自留地、自留山等集体所有的土地使用权不得抵押；承包人承包的荒山、荒沟、荒丘、荒滩等荒地的土地使用权不得抵押。

---

① 蔡永民，李功国，贾登勋．民法学［M］．北京：人民法院出版社，2006：100.

这对于我国农民的土地利益是很好的保护。但是，抵押是一种很好的融资手段。承包土地的农民、在集体所有制土地建设的乡镇企业，在经济活动中均有灵活运用资金、调剂资金头寸的需要。为了促进农村经济的发展，也为了农村承包经营户搞活经济的需要，我国法律在这方面也规定了担保客体否定性的例外。法律规定：抵押人依法承包并经发包方同意抵押的荒山、荒沟、荒丘、荒滩等荒地的土地使用权可以抵押；以乡镇、村企业的厂房等建筑物抵押的，其占用范围内的建设用地使用权可一并抵押。

4. 违法、违章建筑物设定抵押的否定性

违法，违章建筑是无法进行权属登记的，属于法律禁止流通的物，所以是不能以此设定抵押的。所谓违法、违章建筑就是未经主管部门发给建筑许可证而擅自动工新建而成的各种建筑物。这种建筑在未经处理或者补办合法手续之前，是不能产生房屋所有权上的法律效力的。当然，建造人也不可能取得房屋所有权，登记机关也不能进行权属登记。

5. 其他财产设定抵押的否定性

例如，所有权、使用权不明或者有争议的财产不能设定抵押。所有权、使用权不明的财产，说明其物权处于不确定、不稳定状态，如果在其上设定担保物权，那么，该担保物权就面临难以实现的高风险。所有权、使用权存在争议的财产，也是如此。再如，依法被查封、扣押、监管的财产，不能设定抵押。因为这类财产或因为违法财产如违法的手段或存在纠纷处于法律控制之中，其物权状态存在高度的法律风险，再在其上设定抵押已没有多少意义。此外，法律、行政法规规定不得抵押的其他财产，不得设定抵押物权。例如，城市土地所有权。

【化解对策】

1. 谨慎对待担保物

纠纷案例的出现往往是因为法律关系主体法律意识不强、违法担保而导致担保合同无效。这就很容易导致财产损失。倘若当事人能够在行为做出之前就能合理避免，不必要的纠纷就不会出现。特别是2007年《物权法》颁出以后，有关担保物的法律条款更加明晰，所以法律关系主体更加应该在行为之前仔细阅读下法律条款。一方面可以做到保护自己的利益，另一方面财产有效的流转也会更加有利于整个社会的经济发展。经济活动主体在签订担保合同前，应该围绕担保合同所指向的客体，着重走好以下两步：一是查阅法律，特别是《物权法》、《担保法》，确证担保客体进行担保的法律非禁止性，当然，要注意一般禁止与例外情形。二是就担保合同所指向的特定客体进行现实调查，调查其物权性质是否为法律所允许设定担保；调查其物权状态是否处于法律风险状态，以便确定在其上设定抵押是否可行。

2. 把握担保客体否定性的例外

在现行法律中，土地所有权是不能成为抵押的对象的，就连使用权的抵押也是有很大限制的。农村土地使用权也只有在"地随房走"的规则下，谈到乡镇企业厂房的抵押时才会出现农村土地可以抵押的情形。在广大农村，私房抵押尚还在禁止当中，当然更不会出现宅基地可以抵押的情形。但是乡村企业厂房的抵押可以适用"房随地走"的规则，说明至少在技术上农村土地使用权在技术上实现流转是可能的。那么法律为何禁止又或者出现空白呢？农民是这个社会平凡但又特殊的群体，法律的立法目的在于更大程度上维护他们的特殊利益，农村土地是这个集体在于农村的特殊福利性质的财产，带有一定的身份限制，允许流转会使得农民的利益受损。在司法过程中，在现行的法制体系下，农村土地抵押的限制还没有解禁，所以还是要把握这样的界限。但是不论从融资发展，还是从农民的私权意识增强的角度来看，理论上有关农村土地流转的问题，还是值得商榷和探讨的。

同样，公益设施抵押的限制，也是立法出于对公共利益的保护。我们不得不在立法前进行法益衡量：债务人想取得资金，用财产进行抵押，使债权人能够在减少风险的前提下愿意与之交易。这一制度设计的目的就是使债务人实现融资，实现资本的有效运作，如果运转顺利，将是个双赢的机制。综合考量多方利益的平衡，公益设施只能在以下这种情况下可以设定担保：学校、幼儿园、医院等以公益为目的的事业单位、社会团体，以其教育设施、医疗卫生设施和其他社会公益设施以外的财产为自身债务设定抵押的，人民法院可以认定抵押有效。在这里"担保目的"是担保有效性的前提，即为公共利益的存在与发展目的而在自身欠债的情况下，在自身设施上设定的担保物权，是有效的。反之，则无效。

3. 在利益的平衡考量中确证担保行为

法律规定的有限性与社会关系的无限性的矛盾、法律的相对稳定性与社会生活的变动不居的矛盾、法律的正义性与法律的具体规定在特殊情况下适用的非正义性的矛盾成为"绝对严格规则主义""法典万能论""盲目的理性主义""概念法学"等无法回避的问题。法律的不合目的性、不周延性、模糊性及滞后性成为法律局限性的主要表现[①]。既如此，我们就要学会在各种利益和矛盾中找到平衡点。而解决担保内容客体有效性问题时，我们的思维就要来回穿梭于人的生存发展、经济发展、社会公益、主观目的等这些客观规律和主观价值中。

---

① 徐国栋. 民法基本原则解释 [M]. 北京：中国政法大学出版社，2004：180－186.

第五节　担保主体资格的否定性

【要点提示】

担保合同的有效性，受担保法的调整，也受《合同法》的调整。法律出于对特殊利益的保护和避免公共利益的流失，会对担保合同的主体作出否定性规定。《担保法》第八条、第九条、第十条同时列举规定了国家机关、学校、幼儿园、医院等以公益为目的的事业单位、社会团体，企业法人的分支机构，一般不具有担保主体资格。而不以公益为目的的事业单位、社会团体，依据《担保法司法解释》第十六条规定，即从事经营活动的事业单位、社会团体为保证人的，如无其他导致保证合同无效的情况，其所签订的保证合同应当为有效。在司法实践中，特殊主体作为担保主体资格是否具有否定性，存在分歧。

【相关案例】

A市水电局下属的水产良种繁殖场（下称良种场）是市政府成立的试验基地，1996年5月，以其使用的国家划拨给水电局用于试验的3.7万平方米土地，为杨某在信用社的贷款120万元作抵押担保，与信用社签订了《国有土地使用权抵押合同》，并在国土局办理了土地使用权抵押登记，领取了土地使用权抵押许可证。贷款到期后，杨某无力还款。信用社于1998年提起诉讼，主张抵押权。该案于1998年审结，法院判决杨某按期还款，逾期未还，以抵押土地作价清偿。

2002年，检察院提起抗诉，该案进入再审。检察院的抗诉理由是，国有土地使用权用于抵押的前提是抵押人依法有权处分。本案抵押物，属于水电局所有，良种厂作为水电局的分支机构，无权将该国有土地使用权进行抵押，故抵押合同无效。债权人信用社未严格审查抵押物的权属和抵押人的主体资格，对抵押合同的无效具有一定过错。

经查明，良种厂是水电局下属的不具有法人资格的分支机构。法院认定抗诉机关的抗诉理由成立，抵押合同无效，债权人、债务人、抵押人对此均有过错，根据《担保法》第五条第二款规定，各自承担相应的责任。良种厂因为不具有法人资格，根据《民法通则》第四十三条之规定，其责任由水电局承担①。

当然，在案件审理过程中，就该国有划拨土地能否用于抵押、国家机关能否作为担保主体的问题引起了激烈的讨论。一种意见认为，法律否定国家机关作为

---

① 佚名．本案抵押合同是否有效：兼析国家机关能否作为抵押主体及划拨土地能否进行抵押［EB/OL］．http://www.66law.cn/topic2010/huabo/22211.shtml.

担保主体的资格，但没有直接否定国有划拨土地的抵押性用途。首先，《担保法》没有明令禁止划拨土地的抵押，因此，划拨土地可以用于抵押；其次，《最高人民法院关于适用〈中华人民共和国担保法〉若干问题的解释》（下称《解释》）明确规定国家机关不得有担保行为，但《担保法》中只规定国家机关不得提供保证，并没有禁止其他的担保方式。依《解释》第一百三十三条第二款规定，《解释》颁布以前已经终审的案件，不能适用《解释》，只能适用《担保法》，因此，国家机关进行的除保证之外的担保形式应该是有效的。但是，另外一种意见对此持否定性态度。讨论中，论者经走访国土部门和信贷部门，了解到：这些部门认为，划拨土地可以用于抵押，但在行使抵押权时必须首先交纳土地出让金。现实中，他们进行了大量这样的操作，而且大部分都是国家机关以国有划拨土地进行的抵押①。

【风险提示】

1. 国家机关作为担保主体的问题

国家机关不能为担保主体，其所签担保合同无效。当然，在审理中，要注意两点：首先，法院在审理时首先应审理主合同的性质，如果主合同属于外国政府贷款或者国际经济组织贷款而进行转贷，或者外国政府的混合贷款或者国际经济组织的混合贷款，则保证合同有效②。其次，国家机关不承担保证责任，并不意味着法院不受理国家机关为保证人的案件，法院依然要受理，然后依据法律来判断国家机关应承担的责任。如因双方都存在过错，国家机关要承担一定的责任③。

2. 事业单位、公益性组织作为担保主体资格问题

事业单位、公益组织其职能定位是为国家事业、公共利益专职服务的单位，为了避免事业单位、公益组织卷入商业活动与经济利益纠纷中，《担保法》第九条规定：学校、幼儿园、医院等以公益为目的的事业单位、社会团体不得为保证人。如果国家机关和以公益为目的的事业单位、社会团体违反法律规定提供担保的，担保合同无效。因此给债权人造成损失的，应当根据《担保法》第五条第二款的规定处理，"即担保合同被确认无效后，债务人、担保人、债权人有过错的，应当根据其过错各自承担相应的民事责任。"

---

① 佚名. 本案抵押合同是否有效：兼析国家机关能否作为抵押主体及划拨土地能否进行抵押 [EB/OL]. http://www.66law.cn/topic2010/huabo/22211.shtml.
② 解亘. 论违反强制性规定契约之效力 [J]. 中外法学，2003（1）.
③ "中国银行香港分行与新疆维吾尔自治区人民政府保证合同纠纷上诉案"，最高人民法院民事裁定书（2002）民终字第16号.

3. 法人分支机构、职能部门担保主体的问题

法人分支机构、职能部门，不具有法人资格，往往没有独立的财产与法律地位，一般不能作为担保主体。换言之，其所签担保合同为无效。但是，具体情况复杂多变。如果担保人是企业法人的分支机构或职能部门，法院在审理时需要先查看其是否有企业法人的书面授权，如果有书面授权，则担保合同有效。在现实生活中，法院还遇到如授权范围的明确与不明确问题、担保合同相对方明知或不明知法人分支机构的所授权的范围及其越权等问题。如果书面授权不明确，法人分支机构、职能部门作为担保主体的担保合同，有效；如果书面授权明确，而法人分支机构、职能部门越权签订担保合同，则担保合同的越权部分无效。在无效的担保合同中，如果双方当事人均存在过错，那么，各自承担相应的过错责任。

4. 村委会作为担保主体问题

村委会担任保证人时，由于没有明确的法律的规定，所以它的保证主体地位值得商榷。各地的判决也不一致。

（1）法律规定模糊

我国法律未明确肯定或否定村委会的担保主体资格问题。例如，《担保司法解释》第十五条对《担保法》第七条规定的其他组织（可以成为担保主体的）作进一步明确规定时，提到："《担保法》第七条规定的其他组织主要包括：①依法登记领取营业执照的独资企业、合伙企业；②依法登记领取营业执照的联营企业；③依法登记领取营业执照的中外合作经营企业；④经民政部门核准登记的社会团体；⑤经核准登记领取营业执照的乡（镇）、街道、村办企业。"该条例中，没有明确村委会的保证人资格。

（2）学理主张

按照《中华人民共和国村民委员会组织法》第二条规定，"村民委员会是村民自我管理、自我教育、自我服务的基层群众性自治组织，实行民主选举、民主决策、民主管理、民主监督。"由此断定：村民委员会定性为基层群众性自治组织，既不属于国家机关，也不属于法人分支机构和事业单位，也不属于具有公益事业性质的社会团体。有种观点认为，按照民法的一般法律原则，法律未作禁止性的规定时，当事人即可从事该项行为。既然法律没有禁止村民委员会为担保责任人，那么实践中就不应当否认其担保人的资格。但是因为农村村民委员会具有管理公共事务权力的成员自治组织，同时又具备管理公共事业的特点，农村村民委员会作为担保的主体资格一般不适当。笔者同意这样一种观点：为了本村公共事业或本村集体经济发展需要，为自身所欠之债而进行担保的，则担保合同有效，当然，需要履行特别程序，即其对外提供保证应经过村民

会议决议方为有效①。

【化解对策】

1. 注意主体资格总体否定性问题

国家机关、无民事行为能力人、限制民事行为能力人、以公益为目的的企事业单位、社会团体（学校、医院、科技馆等）等，无担保主体资格。根据我国的民法通则，无民事行为能力人当然不能为担保主体。至于限制民事行为能力人，如果在其理解的范围的担保，其具有担保主体资格，否则，其担保合同无效。以公益为目的的企事业单位、社会团体（学校、医院、科技馆等）等，无担保主体资格。国家为了公共利益的完整性，也为了公共事业不被商业性经营活动（担保活动毕竟属于经济活动）所打扰，法律否定了它们的担保主体资格。

2. 法人分支机构、职能部门担保主体的担保资格问题

①企业法人分支机构未经法人书面授权与债权人订立保证合同，该保证合同无效。法律后果：因此给债权人造成损失的，债权人和保证人有过错的，应当根据其过错各自承担相应的民事责任；债权人无过错的，由保证人承担民事责任（最终由企业法人承担民事责任）。②企业法人分支机构有法人书面授权的，可以在授权范围内提供保证，但应当依据《公司法》关于公司担保行为的决策审批程序进行授权。其法律后果：保证合同依法有效。③企业法人分支机构经法人书面授权提供保证的，如果法人书面授权范围不明，法人分支机构应当对保证合同约定的全部债务承担保证责任。法律后果：因授权不明提供的保证，默认为已经授权，保证合同依法有效。④企业法人分支机构经法人书面授权提供保证，但企业法人的分支机构超越授权范围与债权人订立保证合同。该保证合同未超出授权范围的部分依法有效；超出授权范围的部分无效。

3. 村企担保可行

正如上文所言，村委会的担保不仅在理论上存在争议，而且在实践中也会遇到村委会无物、无财可供担保债权实现的窘境。在现有的一些判例中，人民法院往往借最高人民法院《关于贯彻执行〈中华人民共和国民法通则〉若干问题的意见》规定，即"保证人应当是具有代偿能力的公民、企业法人以及其他经济组织"，直接否定村委会的保证主体资格。因此，在与村集体或村企的贷款——担保合同签订过程中，最好避免村委会出现在担保主体资格中，有村企担保奉为可靠。因为根据法律规定，村企厂房连同厂房下的集体所有制土地的使用权均可抵押。

---

① 姜启波．担保纠纷新型典型案例与专题指导［M］北京：中国法制出版社，2009：41－42．

第六节　反担保的法律风险

【要点提示】

　　反担保是指为债务人担保的第三人，为了保证其追偿权的实现，要求债务人提供的担保。目的是：确保第三人追偿权的实现。根据我国《担保法》第四条规定，第三人为债务人向债权人提供担保时，可以要求债务人提供反担保。反担保适用本法担保的规定。反担保构成要件是：第三人先向债权人提供了担保，才能有权要求债务人提供反担保；债务人或债务人之外的其他人向第三人提供担保；只有在第三人为债务人提供保证、抵押或质押担保时，才能要求债务人向其提供反担保；须符合法定形式，即反担保应采用书面形式，依法需办理登记或移交占有的，应办理登记或转交占有手续。应当看到，担保适用的原则、方法、标的物、担保物种类适用于反担保。当然，反担保的担保方式一般只有保证、抵押、质押。

　　在现实生活中，经济活动主体往往充分运用这些反担保措施，对担保债权设定反担保。这为充分搞活经济创造了空间与方式。但是，相应的理解上的偏差、经济纠纷也可能纷至沓来。为了避免这种风险，这里作简短分析。

【相关案例】

　　2000 年 8 月 12 日，李某的朋友杨某与北京 A 公司签订《汽车分期付款购销合同》约定杨某以分期付款的方法在北京 A 公司购买 B 型轿车一辆，总价款人民币 166000 元。根据北京 A 公司与中国某银行 C 支行联合推出的贷款购车办法，杨某首期支付车辆总价款的 40%（人民币 66400 元），剩余 60% 款项（人民币 99600 元）由 C 支行审查客户资信后，直接划给北京 A 公司在支行开设的账户。当日，李某应杨某的请求在北京 A 公司签署了由该公司提供的担保书。担保书中的担保人为李某（甲方），被担保人为杨某（乙方），主要内容为：根据购车合同及汽车消费信贷合同，若乙方不能按贷款协议之规定偿还所欠银行的本金及利息，或乙方不具备偿还能力时，甲方自愿为乙方承担担保责任，负责偿还乙方所欠银行的所有款项。该担保书作为购车合同的附件，存放在北京 A 公司。

　　2000 年 8 月 14 日，杨某在中国平安保险股份有限公司为该车投保，保险期限自 2000 年 8 月 15 日零时起至 2001 年 8 月 14 日 24 时止。

　　2000 年 8 月 21 日，杨某与 C 支行签订《中国某银行北京市分行汽车消费贷款借款合同》，杨某向该行借款人民币 99600 元，借款期限为 60 个月，自 2000 年 8 月 21 日起至 2005 年 8 月 21 日止，按月还本付息。当日，北京 A 公司又与该行签订《中国某银行北京市分行汽车消费贷款保证合同》，北京 A 公司为杨某所签借款合同向该行提供担保，担保方式为连带责任保证。此后杨某共还贷款金额人民币 3152.57 元。

2000 年 10 月 20 日，杨某酒后驾车且超速行驶，造成车毁人亡，经北京市公安交通管理局朝阳交通支队认定：杨某负事故全部责任。根据中国平安保险股份有限公司机动车辆保险条款中关于责任免除的规定，驾驶员饮酒造成事故的，保险人不负责赔偿。杨某死亡后，北京 A 公司承担连带保证责任共向 C 支行支付人民币 26418.82 元（自 2000 年 10 月至 2001 年 10 月）。

北京 A 公司于 2001 年 9 月诉至法院，要求李某承担反担保责任支付车款计人民币 93791.95 元。李某辩称，作为保证人，我与北京 A 公司均系为被保证人杨某向银行担保。北京 A 公司并未向我说明要求我提供的担保为反担保，在我出具的担保书中亦无反担保的意思表示，且我所签担保书系北京 A 公司提供的一种格式合同，根据《合同法》有关规定，应作出不利于提供格式合同一方的解释。故北京 A 公司并不具备债权人的主体资格，请法院驳回其诉讼请求①。

法院审理后认为：北京 A 公司作为汽车销售方，在为购车人贷款购车向银行提供担保前，为保证其在承担保证责任后自身债权的实现，而要求债务人（即购车人）或第三人向其提供的担保为反担保。李某提供的担保即属反担保性质的担保。在李某签署的担保书中虽未列明合同相对方，但因该担保书由北京 A 公司出具并持有，故应视其为该担保合同的相对人，亦即北京 A 公司系该反担保合同之担保权人，李某则为反担保合同中的担保人。作为一般保证人，在被保证人杨某不能履行债务时，李某应承担保证责任。北京 A 公司作为本担保的保证人，在其承担保证责任（即取得追偿权）后，有权向反担保人追偿。鉴于目前北京 A 公司尚未履行全部债务，故其只能就已履行部分向李某追偿。对杨某尚未到期的、北京 A 公司未履行的债务，北京 A 公司无权要求李某承担保证责任，对北京 A 公司此项诉讼请求，不予支持。李某提出的是其向银行担保的主张，因无证据证明，故不予采信。李某在担保书中对被保证人、保证方式作出承诺并注明该担保书为《分期付款购销合同》之附件，故李某以该担保书为格式合同，应作出不利于北京 A 公司解释的抗辩理由不能成立。

【风险提示】
1. 反担保的从属性所导致的风险

根据担保法原理及其法律规定，担保合同是主合同的从合同，主合同有效是从合同有效的前提条件，如果主合同无效，则担保合同无效。这说明：担保与主

---

① 佚名. 信贷消费中为消费方提供的担保是对销售方贷款担保的反担保［EB/OL］. http://wenku. baidu. com/view/ef6c364d2e3f5727a5e9625e. html.

债权之间的关系是从属性质的关系。反担保从属于担保合同。即反担保从属于担保债权，主债权无效或被撤销，担保随之失效，反担保亦随之失效。虽然担保法也承认国际独立担保的合法性，但我国法院不承认国内独立担保、从而反担保的有效性。

2. 反担保主体资格的否定性风险

根据担保原理，担保合同主体资格的否定性原理同样适用反担保主体资格的问题。根据我们在前文的分析，国家机关、学校、幼儿园、医院等以公益为目的的事业单位、社会团体、未经企业法人书面授权的企业法人的分支机构、职能部门不得为保证人。此类法律禁止提供反担保的主体签订的反担保合同属典型的无效反担保合同。在担保业务实践中，担保方绞尽脑汁，为了增加借款人的还款压力，有时会接受国家机关和公益单位为借款人提供的反担保。此时的反担保合同为无效。只有在担保方和反担保方对反担保合同的无效都承担过错责任的情况下，无效担保主体才承担不超过债务人不能清偿部分的 1/3 法律责任。此外，公司董事、经理违反公司法规定，以公司资产为本公司的股东或者其他个人债务提供担保的，担保合同无效。以此类推的反担保合同也属无效。

3. 反担保内容与反担保客体的风险

从反担保内容来看，违反法律的担保例如违反公序良俗、违反公共利益等的反担保无效。从客体的角度看，法律规定有些财产不得设定反担保。例如，国家机关的财产；学校、幼儿园、医院等以公益为目的的事业单位、社会团体的教育设施、医疗卫生设施和其他公益性设施（除非为自身发展产生之债设定的反担保）；土地所有权；耕地、宅基地、自留地、自留山等集体所有的土地使用权（抵押人依法承包并经发包方同意抵押的荒山、荒沟、荒丘、荒滩等荒地的使用权和乡（镇）、村企业的厂房等建筑物抵押需占用范围内的土地使用权同时抵押的为例外）；依法被查封、扣押、监管的财产；以法定程序确认为违法、违章的建筑物，等等。

【化解对策】

1. 注意担保人抗辩权的行使

担保与主债权之间的关系是从属性质的关系，反担保从属于担保合同。即反担保从属于担保债权，主债权无效或被撤销，担保随之失效，反担保亦随之失效。在有效的反担保合同中，主债权消灭，担保权随之消灭，反担保权亦随之消灭。为了保护担保人的利益，法律根据担保人因从属性原理规定了担保人享有债务人对债权人的抗辩权。以此类推，反担保人亦享有债务人和担保人的抗辩权，因此，担保公司应特别注意，一旦担保人放弃抗辩权的，反担保人可以拒绝承担反担保责任。

2. 反担保主体资格的审查

在反担保业务中，一旦发生代偿，担保公司的损失是否能够挽回，不仅取决于反担保人的清偿能力和履约能力，而且尤其取决于反担保主体资格的法律否定性。所以，担保人应当严格审查反担保主体资格。审查的原理等同于我们前文对担保主体资格的否定性讨论所强调的方方面面。

3. 反担保内容与反担保客体的详察

（1）注意反担保内容的合法性

例如不动产反担保的，必须进行抵押登记。法律规定，以《担保法》第四十二条规定的财产抵押的，应当依法办理抵押物登记。

（2）防止反担保客体的风险

要避免以法律禁止的财产或权利作为反担保的客体；其次，要注意动产抵押反担保方式的有关法律风险。在我国现行法律制度下，动产抵押法律风险较大。原因有三：第一，我国动产抵押担保缺乏配套的登记制度。第二，抵押期间，抵押人转让抵押物无须征得抵押权人的同意（仅规定抵押人转让抵押物时有通知抵押权人的义务）。第三，动产的转让一般无须经过管理部门的登记。因此，要注意动产抵押反担保权利落空的问题。

第七节　企业兼并的财务"黑洞"风险

【要点提示】

一般而言，企业并购是企业在市场经济条件下的自主行为，是市场经济的自由竞争行为。从资源配置的角度看，它有利于企业间优胜劣汰，有利于实现规模经济，有利于社会资源的优化配置，能够实现利益的最大化。但是，企业并购是一个相当复杂的交易活动，正因为它是自由竞争行为，因此，企业并购也可能引来较大的经济纠纷，尽管相关的法律法规已对并购有明确的规定。这就引起诉讼风险，在很多情况下，如果兼并方没有全面了解正在并购的目标公司的债权债务情况又没有相应的合同条款对目标公司的债务陷阱进行必要的责任限定，那么，诉讼的结果很可能让兼并方大惊失色——以败诉告终。因此，兼并方事前调研、合同完善，以防目标公司的债务"黑洞"——实际债务超出了兼并双方以账面形式显示的交易债务。

何谓企业兼并？我国法律（包括法规、规章）对此的认识有一个过程。1989年，国家体改委、国家计委、财政部、国家国有资产管理局发布了《关于企业兼并的暂行办法》，规定，"企业兼并，是指一个企业购买其他企业的产权，使其他企业失去法人资格或改变法人实体的一种行为，不通过购买方式实行的企业之间的合并，不属本办法规范"。根据这项规定，企业兼并的主体是企业；企业兼并的方式是购买；企业兼并的后果是被兼并企业失去法人资格或改变法人实体。显而易见，这样的定义是狭隘的，因为它把现实生活中许多其他兼并方式如股权置换、内部交换等方式所实现的兼并统统排除在大门之外。有鉴于此，1996年，我国财政部颁布了《企业兼并有关财务问题的规定》，认为兼并是指"一个企业通过购买等有偿方式取得其他企业的产权，使其丧失法人资格或虽然保留法人资格但改变投资主体的一种行为。"因此，企业兼并的关键词是：主体为企业；方式为有偿；结果为被兼并企业的法人资格的消灭或实体的改变——如投资主体的改变、经营模式的改变或经营方向的改变等。

从"经济人"的角度看，企业兼并是企业出于减少竞争对手或降低重置成本，为了提高经济效益而采取的资产重组的行为。但是，谋事在人，成事在天。在企业兼并中，事与愿违者常有之。究其原因，企业资产、财务信息虚假从而演变为兼并者资金填不满的"黑洞"，这是主因。所以，在企业兼并战中，诚实信用的市场经济背景是非常重要的。可惜，我国今天的市场经济已经演变为尔虞我诈的功利主义的"赌场"了。在实际企业兼并中，因贸然行动而失败的案例不少，试举一例。

【相关案例】

在香港股市上，A公司收购B公司一案显示了信息风险的可怕。A公司是1989年上市的一家主营录像带的公司，上市后股价从1元升到7元以上，堪称工业英雄股；为使公司业务多元化，A公司有意发展电视业务，又考虑到电视机、录像机、录像带产销的关联性，且A公司已持有10%的B公司的股份，B公司也有良好的发展前途，所以A公司遂有兼并B公司的意图。在善意收购未成功后，A公司强行兼并了B公司。但事实证明，这是一场在错误的时间与错误的对象打的一场错误的收购战，这一系列错误归根到底就是信息风险的结果。在信息决策上，A公司只看到B公司诱人的一面，而对B公司过度投资泰国等国家的生产基地，债务负担沉重，导致策略性亏损的情况所知甚少；1990年B公司被A公司收购后，每况愈下，接连大幅亏损，到1992年年底，B公司已欠款2.6亿港元，年利息支出高达0.76亿港元，净资产为负540亿港元；A公司也受到了B公司的拖累，被迫进行债务重整，先是在1993年以每股0.1港元的价格（当时收购价为1.87港币）出售B公司34%的控股权，后又在1994年寻求改名，重新申请上市。但是，新公司的股权有八成落入一新加坡公司①。

---

① 佚名.企业兼并有哪些法律风险 [EB/OL].http：//news.9ask.cn/gsbg/bgss/200901/134207_3.htm.

【风险提示】

企业兼并能够满足企业较多的利益诉求，包括但不限于扩张规模、占领异地市场、满足消费者的多品牌偏好、挖掘人才、多领域扩张等不同需求。诚然，由于市场本身的风险，也由于市场主体之间合作与竞争的困难与激烈，企业兼并可能给企业带来巨大机会的同时，也可能给企业带来巨大的风险。企业兼并的风险可能来源于市场，也可能来源于政府管制，还可能来源于法律的不完备——对市场竞争行为规范的不完备等。其中，企业兼并中的财务"黑洞"，其实就是法律的不完备、被兼并企业市场行为的不规范共同作用的结果。这个财务"黑洞"，就是被兼并企业中埋伏的、没有能够列入资产兼并负债表中的一系列债务。造成这种情况的原因很多，其中之一是有些企业的财务制度不规范，不少债务并未入账，另一个原因是或兼并有债务，如该企业为其他企业的债务的担保，民事纠纷赔偿责任等。信息不对称是造成这种现象的直接原因①。

所谓信息不对称是指交易双方对交易客体的知悉程度不同：往往是一方掌握知识全面，而对应的另外一方不甚了了。例如，对消费品的买卖，买卖双方对产品的知识就是不对称的，消费品的生产方比较知晓，而买受方则难以掌握全面的信息，如农产品受农药污染程度的信息。信息不对称的交易是不平等的交易，但这种不平等因缺乏证据（信息掌握偏少的一方不易掌握信息不对等的证据、因信息不对等所遭受的损失等）而难以获得法律保护。信息不对称兼并而引发的法律风险是指企业在并购过程中对被收购方的了解与目标公司的股东和管理层相比，可能存在严重的不对称，给兼并活动带来法律责任上的不确定性。例如，被收购方隐瞒一些影响兼并交易谈判和价格的不利信息。从并购方的方面看，作为兼并多种生产要素、多种关系交织构成的综合系统的企业，兼并具有复杂性，信息的不对称使得并购方很难在相对短的时间内，能做到深入了解被并购对象的赢利状况、资产质量兼并（例如有形资产的可用性、无形资产的真实性、债权的有兼并效性）、产品质量、市场前景、劳动关系等，这就导致在实施并购后，极易陷入"利益陷阱"，引发企业的法律风险②。

【化解对策】

1. 事前调研

围绕目标公司的资产、债权债务等状况，事前调研的对象主要是：目

---

① 周月萍. 企业并购与法律风险防范 [J]. 施工企业管理，2007 (7).

② 徐伟，马志忠. 企业并购中的法律风险与防范机制分析 [J]. 山东理工大学学报：社会科学版，2008 (6).

标公司的资产即财务状况、目标公司的债权债务情况、主要经济合同、知识产权等。被兼并公司的债权债务常常是兼并活动的陷阱所在。围绕目标公司的债权债务情况，事前调查包括：被兼并企业应收款状况（是否为合法有效、账龄状况、对方当事人的偿还能力等）、目标公司将要履行、正在履行的或已经履行的包括但不限于借款合同债务、担保合同债务、货物或服务债务以及多种多样的连带责任债务。另外，还必须调查被兼并企业在环境保护、知识产权、产品质量、劳动安全、人身等方面是否产生侵权之债。

2. 完善合同

兼并公司必须通过合同构筑一垛高墙，把"黑洞"债务的洪水堵在兼并大门之外。合同"栅栏"主要应该由以下部分组成：

（1）目标公司对债务情况进行具体陈述并作出必要承诺

在合同中，双方都要就有关事项作出陈述与保证，作为被兼并方，要对自己的组织机构、法律地位、资产负债状况、合同关系、劳资关系以及保险、环保等重要方面就资产、债务、风险责任等作出详细的描述，并就债务的有限性与可控性作出必要的承诺，承诺一旦实际债务与合同约定债务有出入，兼并方可以通过调整交易价格、主张赔偿或退出交易等方式来避免风险，或者承诺己方违约将承担的保证责任。

（2）价金保留约定

为确保公司并购交易能够顺利完成交割并以避免收购后的债务黑洞，兼并方可在合同中约定收购价金分期给付。更为有效的是，收购方可约定将收购价金的一部分保留在收购后一段时间或约定的条件成就后再行给付。因为在收购后一段时间，兼并方入驻目标公司，负责对目标公司的管理与运行，将能很快了解目标公司的具体债务，如故意隐藏的公司债务，那么，兼并方此时通过保留的价金与被收购方进行交涉、对抗，将更为有效。

（3）赔偿责任确立

收购合同可以专设条款对受到对方轻微违约而造成的损失通过减扣或提高并购价格等途径来进行弥补或赔偿。例如，对于目标公司的经营、财务状况等在交割日与签约日的客观差异，就可以通过上述途径来解决。这样做的好处，就是使得双方在客观情况发生变化时仍能保持交易的公平，从而排除了因客观情况改变以及一方为达到使自己有利的价格隐瞒部分真实情况而嫁祸于另一方的交易风险。至于非因恶意而疏于披露某些信息，也可进一步约定。如把诸如环保、经营范围等政策性风险以及善意隐瞒的责任限制在特定的时间或项目内，以便将并购过程中不可预知的风险降到最小①。

3. "绕道走"策略

为了避免债务风险，不少大型企业采用合资的方式来实现企业的扩张，如康佳集团、海信集团等。在海信集团准备收购淄博电视机厂时，发现该厂债务过多，并且不是很清楚，于是决定采取合资的方式与之合作。海信提供技术、品牌和部分流动资金，而淄博电视机厂则将其设备厂房折价入股。通过建立合资的新企业，海信斩断了来自淄博电视机厂的所有债务风险。后来在收购贵州华日电器有限公司、临沂市山东电讯四厂的案例中，海信集团用同样的方法避开了债务风险②。

第八节　中国企业跨国并购的法律风险

【要点提示】

随着改革开放的深化，中国企业不断发展壮大，中国企业有了走出去、闯世界的能力，中国企业跨国并购的案例时有发生。可以说，中国企业正以积极的姿态拨弄世界潮头——参与全球化的自由竞争。以 2009 年为例，中国企业的海外并购行为仅次于德国，居世界第二位。但是，对于中国企业的海外并购来说，风险与成功同在。这里，举一失败的案例（说它失败是因为它的兼并没有成功，但其结果未必不好），以便探讨中国企业跨国并购的法律风险和应对之策。

【相关案例】

2008 年开始的金融危机，对美国的经济，尤其是对美国的汽车产业影响更是巨大。美国的通用汽车公司申请破产保护。2008 年 9 月底，通用汽车公司负责人表示通用计划正式出售悍马品牌。2009 年 6 月，四川腾中重工集团和通用集团宣布开始就悍马收购事件进行商议，作为一家民营企业的腾中重工开始了收购悍马的漫长过程。2009 年 6 月 29 日，四川腾中重工集团开始与政府部门进行沟通，收购开始了政府审批的阶段。同时，国家有关部门也积极准备此次收购事项（此次收购需要得到商务部和国家发改委的通过）。2009 年 10 月 9 日，腾中重工和通用汽车就悍马的出售达成了最终的协议，腾中重工将收购悍马的品牌、商标和商品名称的所有权，而此笔的交易额度高达 1.5 亿美元。在达成收购协议之后，国家商务部在多次宣布未收到腾中提交有关收购悍马的申请，而腾中重工却表示确

① 单润泽，杜轶学. 企业兼并收购中的风险避让 [J]. 前沿，1999（2）.

② 周月萍. 企业并购与法律风险防范 [J]. 施工企业管理，2007（7）.

已递交了有关申请的材料。2010 年 2 月 24 日，有关媒体报道国家相关部门对此次收购持消极态度，极有可能会否决此次跨国收购事项，这为此次收购蒙上了阴影。美国东部时间，2010 年 2 月 24 日，通用汽车集团宣布由于未获得中国监管部门的同意，腾中重工对悍马的收购失败，通用将关闭对悍马的运营①。

【风险提示】

1. 政治风险

由于制度不同，也由于文化的不同，中国的社会主义政治制度与中国的东方特色，毫无疑问会使中国在发展与发达的道路上遭遇西方发达国家的"羡慕嫉妒恨"。加之，全球爆发金融危机后，各国经济普遍不景气，贸易保护主义抬头，西方发达国家纷纷制定了一些歧视性的贸易保护政策。这些因素导致了企业尤其是中国的企业在海外并购所遭遇的不公平待遇。

2. 产业政策风险

保护环境是当今中国选择产业发展的重点考虑内容。可以说，中国汽车业政策重点扶持的对象，是节能环保、低油耗、低排量的新能源汽车，这是常识。但是，腾中意欲收购悍马可以说是反其道而行之。悍马一直以来以"油老虎"著称。其庞大的车型与强悍的马力依靠就是大排量与高油耗。悍马主力车型，H3 的排量有 3.7L、5.3L 等型号，H2 排量达到 6.0L 以上，百公里油耗起码 20 升，二氧化碳排放惊人。中国的石油对外依存度超过 50%，能源紧缺早已被提上议程。同时，石油资源紧缺、未来油价的不确定性等，使腾中一旦接下悍马这样的"油老虎"就犹如接下了一块"烫手的山芋"②。悍马巨大的耗油量、二氧化碳的大排放量，与中国乃至世界倡导的节能减排能源消耗政策、环保型产业政策、经济可持续发展政策不能相容。悍马作为一个曾经优秀的品牌，在世界环保潮流冲击下，这种高油耗大排量车辆，显然已不合时宜，与现代消费观念、信贷政策、税收政策相悖，所以，其陷入经济发展的困境。事实上，在腾中重工宣布终止交易之后，通用汽车也宣布启动关闭悍马业务的程序，说明悍马的价值已日薄西山。

3. 法律风险

世界有三大以上法系，包括但不限于英美法系、大陆法系和中华法系。法系与法系之间，存在一定的制度鸿沟。在海外并购过程中，复杂的法律环境、多样的文化环境，都会使企业面临法律风险。企业进行海外并购势必涉及诸如公司法、劳工法、环境法、反垄断法以及政府的经济政策等纷繁复杂的法律条文与政治环境。收购美国的通用汽车公司的分支，意味着一个中国化企业必须面对发达

---

① 李伟，邓斌. 从腾中收购悍马看中国企业海外并购 [J]. 商品与质量，2010 (4).
② 李拉. 腾中失"马"焉知非福 [J]. 产权导刊，2010 (4).

国家美国的浩如烟海的判例及由此确立起来的法律精神，在收购中一旦遇到问题，还要承担发达国家非常昂贵的诉讼成本。

4. 资本经营的风险

企业的海外并购往往需要一笔巨额资金。对于任何企业来说，不可能在仓库里预先准备一笔巨额资金，闲置不用，等待收购之用，这不符合资本经营的规律，也不符合"经济人"追求利益最大化的偏好。如果企业从内部运作资本，就会面临占用企业过多的流动资本，从而降低资本的流动比率以及对适应外部环境的能力；如果企业外部运作资本，那就要面临着巨大的财务费用负担与巨大的还款压力。

【化解对策】

企业需要针对并购存在的各种潜在风险，做好风险评估工作，采取有效措施降低和规避风险。

1. 妥善处理非经济性风险因素

所谓海外兼并中非经济性因素，主要是目标企业所在国对企业兼并构成障碍的政治风险、政策如产业政策风险和法律风险。针对非经济性兼并风险，企业兼并要在政府、法律界人士的共同帮助下，建立政治风险的超前研判机制、预警机制，做好收购前的各种预案。有关政府部门也要有针对性地开展商业服务外交，牵头建立起海外商业并购的协调机制，对于兼并活动要给予统筹规划和指导，进行风险提示，给予风险应对的指导、协调，协助国内实力企业选准兼并市场、兼并项目。同时，为了防止这种风险的无限扩大，政府可以鼓励企业选择目标企业所在国的某个企业作为合作伙伴，利用合作伙伴在所在国的影响、地位和国民的感情，降低非经济性风险。

2. 健全融资风险预测、监控体系

企业并购要量力而行。所谓量力而行，就是根据企业的并购目标，制定包括并购价格、并购成本、融资方式、融资结构以及企业并购可能失败所导致的经济损失等可行性经济预案。海外兼并中尤其需要注意的是兼并的融资方式以及融资结构。从经济数据看，据麦肯锡的统计数据，过去20年全球大型企业兼并案例中，成功率不到50%，而我国海外收购失败率更高达67%。目前我国企业海外并购融资模式虽已呈现多元化趋势，但常用海外融资渠道和支付手段仍较为单一落后，同时国内资本市场和金融业的发展完善仍存在诸多壁垒。分析2000—2010年我国企业海外并购贷款案例可以看出，目前虽然巨额资金需求促使部分企业开始尝试海外上市、海外发债、换股等多元化的融资手段，但我国海外并购主要还是

来源于自有资金、国内银行贷款以及国际银团贷款等负债融资渠道①。为了分散风险，同时能寻求国际资本的主持，企业进行海外兼并，在选择并购的支付方式时，可以根据自身特点对支付方式进行结构设计，实现现金、股权与债务方式的有效组合，混合支付；同时注意选择合适的币种和合适的金融杠杆，扩展资金来源，避开汇率风险。

3. 正确选择并购的目标企业

选择目标企业、目标市场，关系到企业兼并成功后国内外市场的整合、企业已有经营优势与市场开拓的风险整合。从经济学的角度看，目标市场的战略定位一般是跨国公司并购的战略出发点，是为了获取产业领导地位和市场竞争优势。中国企业在跨国并购中，也要准确选择目标企业，以便实施宏观的战略目标。理论界一般认为，选择的标准有以下几个参考答案：第一，从业务范围看，目标企业与本企业现有业务是否相符或兼容。即从业务的纵向角度或横向扩张的角度看，是否具有一致性或关联性。第二，从企业文化的角度看，目标企业与本企业的文化观、价值观是否一致或领先。企业文化是软实力，也是生产力。发达国家的目标企业在文化、价值方面一般具有领先地位，但也不绝对。例如，悍马汽车的生产理念在环保方面就存在问题，与国际环保、节约理念相违背。第三，目标公司的硬实力，即目标公司的产品在市场的美誉度、影响力。如果目标公司的产品在某一市场上具有领先的地位和较高的市场占有率，对于国内企业急于要扩大国际影响来说，无疑是锦上添花。

腾中公司联姻悍马，之所以出初步看来板上钉钉、一步步走向胎死腹中，其关键是腾中选择的目标公司在文化价值观上已经落后于时代潮流。难怪此项收购交易失败、通用汽车声称将关闭悍马品牌后，获得了美国环保人士的欢迎②。

---

① 孙巍，江波. 中国企业海外并购特点［EB/OL］. http：//article. chinalawinfo. com/Article_Detail. asp？ ArticleID =67194.

② 张毅. 腾中收购悍马为何夭折［EB/OL］. http：//auto. 163. com/10/0226/11/60EOCTPR00083ID3. html.

Chapter 9 | 第九章
刑事犯罪

第一节　企业设立犯罪风险

【要点提示】

近年来，随着市场经济的快速发展，参与市场生产经营活动的各类主体也越发活跃，其中公司是最为主要的一类市场主体。但在公司设立过程中也产生了一些违法犯罪活动，比如违反公司法规定进行融资、验资，骗取验资证明取得公司登记，也有公司的发起人、股东违反公司法的规定不交付货币、实物或者未转移财产权，进行虚假出资，还有在公司成功设立后将注册资本抽逃。这些行为严重扰乱了社会经济秩序，均应受到法律的惩处。市场经济需要活力，同时亦需要安全。现代经济的相互依赖性越来越强，一个公司的违规行为可能会给整个国家经济带来负面影响，因此，仅凭《经济法》、《行政法》规范、调整是不够的，必须在刑事法律中加以体现。我国在 1993 年 12 月 29 日通过的《中华人民共和国公司法》中首先对此类行为产生的法律后果作出了规定。然而，此时《刑法》中并没有规定此类犯罪，造成实践中难以落实《公司法》的相关规定。1995 年 2 月 28 日《关于惩治违反公司法的犯罪的决定》出台，首次在我国的刑事法律中设置了虚报注册资本罪等一系列罪名，1997 年新《刑法》修订时又将这些内容吸收入刑法典中，在《刑法》第一百五十八条、第一百五十九条分别规定了虚报注册资本罪和虚假出资、抽逃出资罪。

【相关案例】

案例一：

2009 年 3 月，被告人卜某为设立无锡 A 公司（注册资本为人民币 500 万元），通过他人委托江苏 B 服务中心有限公司沈某垫付注册资本并办理公司设立登记事宜。同年 4 月 28 日，被告人卜某通过沈某垫资 500 万元假充某有限公司股东的出资，骗取验资报告，欺骗公司登记主管部门，取得公司登记。法院经审理后认定被告人卜某犯虚报注册资本罪，判处罚金人民币 15 万元。

案例二：

被告人李某于 2009 年 8 月申请设立外国自然人独资的 C 公司，在工商行政管理部门办理登记并领取了营业执照，当时的实收资本为零。后经两次股权变更，被告人李某与两名澳大利亚籍人达成由双方各出资 1000 万美元的股权变更协议，并据此至工商行政管理部门办理了股权变更登记。在上述过程中，被告人李某于 2009 年 12 月 29 日、2010 年 7 月 6 日向他人分别借款 100 万美元、50 万美元用于其本人向 C 公司出资，并进行了相应验资。随即，被告人李某利用事先订立的假购销合同向银行申请结汇，以支付货款的名义，于 2009 年 12 月 30 日、2010 年 7 月 8 日将上述出资款项撤回后用于归还借款，撤回的款项合计人民币 10208699.99 元。2011 年，C 公司因无法正常经营，已无力支付员工工资。最终法院以被告人李某犯抽逃出资罪，判处有期徒刑一年四个月，并处罚金人民币 25 万元。

【风险提示】

如前所述，我国《公司法》对出资期限、出资方式及首次出资数额的比例都作了严格的限定，并明文禁止在公司成立后抽逃出资。如果违反这些规定，虚假出资或者抽逃出资，则不仅会遭受行政处罚，还可能承担虚假出资、抽逃出资的刑事责任。

1. 虚假出资、抽逃出资罪

虚假出资、抽逃出资罪，是指公司发起人、股东违反公司法的规定未交付货币、实物或者未转移财产权，或者在公司成立后又抽逃其出资，数额巨大、后果严重或者有其他严重情节的行为。"数额巨大、后果严重或者有其他严重情节"是划清本罪与非罪的主要界限。

入罪标准：

①超过法定出资期限，有限责任公司股东虚假出资数额在 30 万元以上并占其应缴出资数额 60% 以上的，股份有限公司发起人、股东虚假出资数额在 300 万元以上并占其应缴出资数额 30% 以上的。

②有限责任公司股东抽逃出资数额在 30 万元以上并占其实缴出资数额 60% 以上的，股份有限公司发起人、股东抽逃出资数额在 300 万元以上并占其实缴出资数额 30% 以上的。

③造成公司、股东、债权人的直接经济损失累计数额在 10 万元以上的。

④虽未达到上述数额标准，但具有下列情形之一的：a. 致使公司资不抵债或者无法正常经营的。b. 公司发起人、股东合谋虚假出资、抽逃出资的。c. 两年内因虚假出资、抽逃出资受过行政处罚两次以上，又虚假出资、抽逃出资的。d. 利用虚假出资、抽逃出资所得资金进行违法活动的。e. 其他后果严重或者有其他严重情节的情形。

2. 虚报注册资本罪

虚报注册资本罪，是指申请公司登记的个人或者单位，使用虚假证明文件或者采取其他欺诈手段，虚报注册资本，欺骗公司登记主管部门，取得公司登记，虚报注册资本数额巨大、后果严重或者有其他严重情节的行为。

虚报注册资本罪的行为方式是使用虚假证明文件或者采取其他欺诈手段虚报注册资本。所谓使用虚假的证明文件，是指向公司登记主管部门提供与实际情况不相符合的、不真实的、伪造的或隐瞒了重要事实的证明文件，既可以是公司登记申请人伪造或篡改的，亦可以是与验资机构中的验资人员恶意串通，从而取得虚假的证明文件等。至于其他欺诈手段，则是指除使用虚假的证明文件以外的虚报注册资本的手段，如使用虚假的股东姓名、虚构生产经营场所等，但不论是使用虚假证明文件还是其他欺诈手段，都是为了虚报注册资本，并为虚报注册资本服务。

入罪标准：根据《最高人民检察院、公安部关于经济犯罪案件追诉标准的规定（二）》规定，申请公司登记使用虚假证明文件或者采取其他欺诈手段虚报注册资本，欺骗公司登记主管部门，取得公司登记，涉嫌下列情形之一的，应予立案追诉：

①超过法定出资期限，实缴注册资本不足法定注册资本最低限额，有限责任公司虚报数额在 30 万元以上并占其应缴出资数额 60% 以上的，股份有限公司虚报数额在 300 万元以上并占其应缴出资数额 30% 以上的。

②超过法定出资期限，实缴注册资本达到法定注册资本最低限额，但仍虚报注册资本，有限责任公司虚报数额在 100 万元以上并占其应缴出资数额 60% 以上的，股份有限公司虚报数额在 1000 万元以上并占其应缴出资数额 30% 以上的。

③造成投资者或者其他债权人直接经济损失累计数额在 10 万元以上的。

④虽未达到上述数额标准，但具有下列情形之一的：a. 两年内因虚报注册资本受过行政处罚两次以上，又虚报注册资本的；b. 向公司登记主管人员行贿的；c. 为进行违法活动而注册的。

⑤其他后果严重或者有其他严重情节的情形。

【化解对策】

注册资本既是公司经营资本的一部分，也是划分股东权益的标准之一，还是公司承担风险、偿还债务的基本保障，公司以其全部资产对公司的债务承担责任，一旦出资有虚假，就可能损害债权人的利益，扰乱社会主义市场经济秩序。目前，一些投资者在投资公司、项目公司或者其他合作型的企业过程中，出于资金流转的需要，往往会在会计事务所对新成立的公司验资完成后把注册资本金返还给投资的公司，实际上此种行为已构成了抽逃出资，情节严重的有可能就会触犯刑法。为此，建议投资者采取以下措施防止上述风险发生：

①尽量不通过中介公司帮助提供垫付资本金的服务，因为绝大多数情况下中介公司在完成公司注册后都要把注册资本金撤回。

②注册资金在新公司成立验资后，在短期内不要撤回或者发生借款行为。

③注册资金在新公司成立后，应当用于公司的经营活动开支，避免通过借款、往来款形式划给第三方。

④注册资本金不是越大越好，要遵守注册资金不抽逃的法律规定，注册资金

金额越大，就意味着公司占用资金额度越大。这对于拥有多家企业实体的企业主或投资人而言，擅自动用公司的注册资本金划入到自己的其他公司，也可能构成抽逃注册资本金。

⑤公司注册后，如果属于不使用的壳公司，需要抽回资本金的话，应当尽快注销公司后再划转注册资本金。

⑥公司注册资本金制度目前确实存在一定不合理性。但在目前法制管制框架下，如果紧急情况下股东实在需要动用资本金周转，财务账面上需要严格反映出是经营性货款、预付款等款项名目，同时有发票等其他财务票据体现，不宜简单以企业往来款、借款等方式体现。同时，应当在处理完资金周转后及时返还给公司。

第二节　侵犯知识产权犯罪风险

【要点提示】

1. 基本概念

知识产权是人类创造性劳动的智力成果，包括专利权、商标权、著作权等。侵犯知识产权罪是指违反知识产权保护法规，未经知识产权所有人许可，非法利用其知识产权，侵犯国家对知识产权的管理秩序和知识产权所有人的合法权益，违法所得数额较大或者情节严重的行为。

2. 具体种类

1997 年修订的《中华人民共和国刑法》将"侵犯知识产权罪"作为一个独立的犯罪类别规定于"破坏社会主义市场经济秩序罪"中，具体主要包括：

①假冒注册商标罪。假冒注册商标罪是指违反国家商标管理规定，未经注册商标所有人许可，在同一种商标上使用与其注册商标相同的商标，情节严重的行为。所谓"情节严重"，还需要通过司法实践形成司法解释。一般而言，情节包括犯罪数额和其他情节（多次、后果危害、影响大）。

②销售假冒注册商标的商品罪。是指销售假冒他人注册商标的商品，销售金额较大且故意的行为。

③非法制造、销售非法制造的注册商标标识罪。指伪造、擅自制造他人注册商标标识，或者销售伪造、擅自制造的注册商标标识，情节严重的行为。

④侵犯著作权罪。指以赢利为目的，违反著作权法规定。未经著作权人许可，侵犯他人著作权的专有权利，违法所得数额较大或者有其他严重情节的行为。

该罪法定的具体行为方式包括 4 种：一是未经著作权人许可，复制发行其文字作品、音乐、电影、电视、录像作品、计算机软件及其他作品的；二是出版他人享有专有出版权的图书的；三是未经录音录像制作者许可，复制发行其制作的录音录像的；四是制作、出售假冒他人署名的美术作品的。

⑤销售侵权复制品罪。指以赢利为目的，销售明知是侵权复制品，违法所得数额巨大的行为。

所谓"侵权复制品"是指未经著作权人的许可，非法复制发行著作权人的文字作品、音乐、电影、电视、录像制品、计算机软件及其他作品；未经录音、录像制作者许可，非法复制发行其制作的录音录像。

⑥假冒专利罪。指违反国家专利管理规定，在法定的专利有效期限内，假冒他人被授予的专利，情节严重的行为、假冒专利行为的具体表现是：在法律规定的专利有效期限内，未经专利权人许可，而制造、使用或者销售取得专利的发明；以欺骗手法登记为专利权人、专利受让人、专利许可证持有人；以自己的非专利技术冒充他人的专利技术，等等。

⑦侵犯商业秘密罪。侵犯商业秘密罪是指违反商业秘密保护法规，侵犯商业秘密给商业秘密的权利人造成重大损失的行为。

法定的侵犯商业秘密行为有 3 种表现形式：①以盗窃、利诱、胁迫或者其他不正当手段获取权利人的商业秘密的。②披露、使用或者允许他人使用前项手段获取的权利人的商业秘密的。③违反约定或者违反权利人有关保守商业秘密的要求，披露、使用或者允许他人使用其所掌握的商业秘密的。

3. 侵犯知识产权犯罪的主要行为表现

①假冒行为；②非法出售行为；③非法制作行为；④以不正当手段获取、披露、使用商业秘密的行为。

4. 侵犯知识产权犯罪的有关立案标准

（1）假冒注册商标罪

起刑标准为非法经营数额在 5 万元以上，或者违法所得数额为 3 万元以上；如果假冒两种以上注册商标的，非法经营数额在 3 万元以上，或者违法所得数额为 2 万元以上。

（2）销售假冒注册商标的商品罪

销售假冒注册商标的商品罪起刑标准为非法经营数额在 5 万元以上。

（3）非法制造、销售非法制造的注册商标标识罪

起刑标准为：伪造、擅自制造或者销售伪造、擅自制造的注册商标标识在 1 万件以上，或者非法经营数额在 5 万元以上，或者违法所得数额为 3 万元以上；伪造、擅自制造或者销售伪造、擅自制造两种以上注册商标标识在 1 万件以上，或者非法经营数额在 3 万元以上，或者违法所得数额为 2 万元以上。

（4）侵犯著作权罪

起刑标准为非法经营数额在 5 万元以上，或者违法所得数额为 3 万元以上；或者，以赢利为目的，未经著作权人许可，复制发行其文字作品、音乐、电影、电视等作品，复制数量合计在 500 张（份）以上的。

（5）销售侵权复制品罪

起刑标准为个人非法所得 10 万元以上的。

（6）假冒专利罪

起刑标准：非法经营数额在 20 万元以上或违法所得数额在 10 万元以上的；给专利权人造成直接经济损失 50 万元以上的；假冒两项以上他人专利的，非法经营数额在 10 万元以上或违法所得数额在 5 万元以上的。

（7）侵犯商业秘密罪

起刑标准：给商业秘密权利人造成损失数额在 50 万元以上的。

【相关案例】

案例一：

无锡 D 烟酒有限公司系由自然人投资的有限责任公司，于 2012 年 1 月 17 日被核准注销。2011 年 2 月至 2011 年 4 月，被告人嵇某在担任该烟酒公司总经理期间，在公司经营活动中，为牟利，从他人处低价购入一批假冒"LAFITE"注册商标的葡萄酒用于销售。2011 年 4 月 6 日，被告人嵇某在烟酒公司内，将假冒"LAFITE"注册商标的 6 瓶 2004 葡萄酒销售给袁某，得款人民币 9576 元。同日，无锡工商行政管理局崇安分局在烟酒公司仓库内查获了假冒"LAFITE"注册商标的 141 瓶 2004 葡萄酒（标签价为每瓶人民币 1680 元）、假冒"LAFITE"注册商标的 3 瓶 2006 葡萄酒（标签价为每瓶人民币 1480 元），共计价值人民币 241320 元。法院最终认定被告人嵇某犯销售假冒注册商标的商品罪，判处有期徒刑 2 年，缓刑 3 年，并处罚金人民币 15 万元。

案例二：

被告人鞠某、徐某、华某原系无锡 E 科技电子有限公司的计算机工程师。2008 年 10 月，被告人鞠某在利用职务便利窃得该公司登记注册的某人机监控软件技术程序后，与被告人徐某、华某已合谋出资成立了无锡 F 工控技术有限公司，生产销售与无锡 E 科技电子有限公司同一技术的文本显示器。2008 年 12 月至 2010 年 10 月间，三被告共向山东、上海等多家单位及个人销售文本显示器 2045 台，销售金额计 45 万元。2010 年 11 月，被告人鞠某、被告徐某在本案案发并被取保候审期间，又伙同他人成立无锡市 G 电气技术有限公司，继续生产销售上述文本显示器 114 台，销售金额计 2.5 万元。法院最终认定，三被告侵犯著作权罪名成立，遂依法判处被告人鞠某有期徒刑 3 年、罚金人民币 12 万；被告人徐某有期徒刑 1 年 6 个月、罚金 8 万元；被告人华某有期徒刑 1 年 6 个月，缓刑 2 年并处罚金人民币 5 万元。

案例三：

被告人唐某与其弟被告人王某合谋非法私自架设运营网络游戏服务器牟利。2008 年 12 月，二被告人在其租住处通过互联网非法下载了由 H 公司独家经营的某网络游戏服务器端、客户端等软件，并于 2009 年 6 月 15 日至 7 月 9 日间，通过 FTP 方式上传至上述服务器硬盘内，私自架设假冒的该网络游戏服务端，在互联网上招揽玩家牟取非法利益。法院最终认定，被告人唐某、王某以赢利为目的，未经著作权人许可，架设私人服务器，通过互联网络复制、发行他人享有著作权的计算机游戏软件，并提供服务，违法所得数额巨大，其行为已构成侵犯著作权罪。被告人唐某被判处有期徒刑 3 年，缓刑 3 年，并处罚金人民币 10 万元。被告人被判处有期徒刑 3 年，缓刑 3 年，并处罚金人民币 10 万元。

【风险提示】

知识产权的权利人自我保护意识淡漠，不懂得利用法律手段积极主张和维护自己的权利。主要表现在以下几个方面：①未在用人之初就与相关人员签订完备的保密协议并对员工进行知识产权保护方面的合理规范。②在企业内部对涉及知识产权部分的管理上结构混乱、责任不明、无档可查。③在知识产权的使用和转让中，合同格式不规范，不懂得运用法律原理去规避可能遭到的侵权风险。

法律规定的单位知识产权犯罪认定标准较高，部分犯罪因数额不够难以处罚单位。在 2004 年《关于办理侵犯知识产权刑事案件具体应用法律若干问题的解释》公布之前，司法实践部门打击知产犯罪适用的数额依据是最高人民检察院和公安部的《关于经济犯罪案件追诉标准的规定》，在上述《规定》中，相关知识产权犯罪案件领域单位犯罪的追诉标准是个人犯罪的五倍。《关于办理侵犯知识产权刑事案件具体应用法律若干问题的解释》虽然降低了单位犯罪的追诉标准，但单位犯罪的追诉标准仍是个人犯罪的 3 倍。

侵犯商标权犯罪与生产、销售伪劣产品罪，非法经营罪交叉竞合情况集中于假烟、假酒、假药类案件，此类案件占侵犯商标权犯罪案件总数近三成。根据有关规定，以上罪名竞合时应择一重罪处罚。但从实际判决情况看，此类案件的定性仍有较大差异。

侵犯知识产权案件的管辖规则由于犯罪集团化、网络化等趋势，产生了诸多弊端，导致此类案件出现管辖缺位，立法与实践需要脱节，加之地方保护主义的存在，致使部分犯罪分子无法被追究刑事责任。

【化解对策】

1. 加大对侵犯知识产权犯罪的打击力度

在查处侵犯知识产权犯罪案件中，由于利益驱动，有关行政执法部门往往只注重对行为人进行行政处罚，而不按照规定将构成犯罪的案件移交司法机关处理，造成"以罚代刑"，行为人为了缴足罚款或捞回"损失"往往采取更疯狂的侵犯知识产权的行为。因此，司法机关和行政机关应互通信息，密切配合，公检法要加强沟通，统一犯罪认定标准，形成打击知识产权犯罪的合力，严厉打击侵犯知识产权的犯罪分子。

2. 引导知识产权权利人加大对自身利益的保护

知识产权权利人自己有保护自身权益的职责和义务，将对知识产权违法犯罪的预防融合到企业的整体经营管理之中，建立完善的对外防御性制度及严格的内部管理制度，防止知识产权的"监守自盗"行为的出现。主要包括以下几方面的内容：①对专利权、商业秘密等知识产权产业化的评估者、合作者进行调查和质询的制度。②对已经取得的知识产权及时获得相应法律保护的制度。③监视、跟踪及排除侵权行为的制度等。④对知识产权权利人应建立完善的知识产权管理制度，将知识产权的保护纳入日常的科技和经营管理。⑤与员工签订知识产权保护协议。⑥对所聘用的员工进行普及性的维护知识产权的意识和技术教育，形成良好维权氛围。

3. 加大舆论宣传，引导公众自觉参与维护知识产权活动

要从科教兴国的战略高度，加大对保护知识产权的宣传力度，唤起公众对知识产权的广泛关注。对查处侵犯知识产权的相关案例，无论是司法机关办理的案件，还是行政执法机关处理的案件都进行广泛的宣传报道；对于购买侵犯知识产权所生产的产品的危害性，特别是个别人因购买这类产品造成严重损害的要广泛报道；对如何鉴别侵犯知识产权产品的方法也要予以宣传。通过加大舆论宣传，使公众认识到侵犯知识产权犯罪的社会危害性，提高全社会尊重知识产权的法律意识，促使知识产权的保护意识深入人心。

第三节　企业员工职务经济犯罪风险

【要点提示】

无论企业大小强弱，职务犯罪始终是其运营过程中难以回避的共性风险。近年来的审判实践表明，随着改革开放的深入和市场经济的推进，职务犯罪，尤其是企业员工为谋求个人经济利益、利用自身职务便利而实施的职务经济犯罪，正呈现持续高发的态势。这其中，又以侵占类犯罪、挪用类犯罪及贿赂类犯罪最为常见。鉴于本章其后已专辟"商业贿赂法律风险"一节，故本节仅就前两类犯罪所涉及的贪污罪、职务侵占罪、挪用公款罪、挪用资金罪等加以阐释。

1. 国有企业多发：贪污罪、挪用公款罪

该两罪的行为主体均为国家工作人员，就企业而言，具体针对的是国有公司、企业中从事公务的人员或者国有公司、企业委派到非国有公司、企业从事公务的人员。

①贪污罪。《刑法》第三百八十二条规定，"国家工作人员利用职务上的便利，侵吞、窃取、骗取或者以其他手段非法占有公共财物的，是贪污罪。"所谓"利用职务上的便利"，是指行为人利用自身职务所具有的管理、经手相关公共财物的权力及方便条件；而在此基础上所采取的"侵吞""窃取""骗取"等手段，实践中则多表现为对上述财物的据为己有、监守自盗乃至欺骗取得等非法行为。根据《刑法》第三百八十三条的规定，对犯贪污罪的，应当按照数额大小（分为5000元以下、5000元以上不满5万元、5万元以上不满10万元、10万元以上4档）及其他情节轻重分别处罚，相应的量刑则从免予刑事处罚至死刑不等。

②挪用公款罪。《刑法》第三百八十四条规定，"国家工作人员利用职务上的便利，挪用公款归个人使用，进行非法活动的，或者挪用公款数额较大、进行赢利活动的，或者挪用公款数额较大、超过3个月未还的行为，构成挪用公款罪。"此处的"归个人使用"，是指①将公款供本人、亲友或者其他自然人使用。②以个人名义将公款供其他单位使用。③个人决定以单位名义将公款供其他单位使用，谋取个人利益的。该条还规定，犯挪用公款罪的，处5年以下有期徒刑或拘役；情节严重的，处5年以上有期徒刑；挪用公款数额巨大不退还的，处10年以上有期徒刑或者无期徒刑。（对各情形下"数额较大""数额巨大""情节严重"的认定参见最高院《关于审理挪用公款案件具体应用法律若干问题的解释》）

2. 民营企业易见：职务侵占罪、挪用资金罪

一般而言，该两罪的行为主体均为非国有公司、企业的工作人员。少数情况下，国有公司、企业中未从事公务的非国家工作人员也可以成为其犯罪主体。

①职务侵占罪。《刑法》第二百七十一条规定，"公司、企业或者其他单位的人员，利用职务上的便利，将本单位财物非法占为己有，数额较大，即构成职务侵占罪。"该罪与前述贪污罪有共通之处，两者皆以"利用职务上的便利"为必须；且贪污罪多采取的侵吞、窃取、骗取等手段，同样是职务侵占罪"非法占为己有"行为在实践中的具体体现。该罪的处罚标准有"数额较大"与"数额巨大"之分，法院审理中，对前者通常以5000元至1万元为起点，处5年以下有期徒刑或拘役；对后者通常以10万元为起点，处5年以上有期徒刑，可并处没收

财产。

②挪用资金罪。《刑法》第二百七十二条规定，"公司、企业或者其他单位的工作人员，利用职务上的便利，挪用本单位资金归个人使用或者借贷给他人，数额较大、超过3个月未还的，或者虽未超过3个月，但数额较大、进行赢利活动的，或者进行非法活动的，应认定为挪用资金罪，处3年以下有期徒刑或拘役。"该条包含的三种情形具有不同的入罪门槛：①挪用资金归个人使用或借贷给他人，须数额较大，以1万~3万元为起点，且超过3个月未还。②挪用资金进行赢利活动的，须数额较大，以1万~3万元为起点。③挪用资金进行非法活动的，对数额与时间没有限制，但通常达到5000元~1万元以上的即予追诉。同时，该条还规定，一旦犯本罪并达到"挪用本单位资金数额巨大的，或者数额较大不退还的"，将处3年以上10年以下有期徒刑。

【相关案例】

案例一：

被告人周某，原系I国有制造公司会计。2001年10月至2002年8间，被告人周某利用职务之便，先后2次将从本公司总经理蒋某处收到应当记入本单位公款计人民币23848元，未按规定入小金库账，而将该款占用。2002年年底，该公司的主管单位I国有集团有限责任公司对蒋某进行离任审计，被告人周某交账时隐瞒了上述款项被其占用的事实。为了销毁证据，2003年1月9日晚11时许，被告人周某采用翻窗、撬门的手法进入蒋某办公室，将蒋某放在办公室的列有"小金库"收支清单和有其签收"小金库"收入的原始记录本窃走并焚毁。同月13日，被告人周某前往区检察院自首，并退缴赃款人民币23848元。滨湖法院最终以被告人周某犯贪污罪，判处其有期徒刑1年，缓刑1年。

案例二：

被告人颜某，原在J国有市政建设工程公司担任经理。任职期间，其与公司职员贾某等人商议个人合伙购买挖掘机用于经营活动。为筹集资金，被告人颜某于1999年12月28日，利用职务之便，擅自将本单位资金人民币20万元，电汇至K工程机械有限公司购买挖掘机，而后进行赢利活动。2000年6月7日，被告人颜某指使贾某等人以补开入股收据、调整记账方式等方法，将此款改为本单位的长期投资。滨湖法院最终以挪用公款罪判处被告人颜某有期徒刑5年。

案例三：

被告人倪某，原系L汽车销售服务公司售后服务部服务顾问，负责该公司售后服务业务及与保险公司协商事故车辆定损和理赔等工作。2008年8月—2010年10月间，倪某因沾染赌博恶习，遂利用职务便利，先后8次采取截留客户预付的车辆损坏维修款或保险公司支付的保险理赔款的手法，侵吞其所在公司资金人民币741405元用于挥霍并潜逃。滨湖法院最终以被告人倪某犯职务侵占罪，判处其有期徒刑7年，并处没收个人财产人民币1万元。

案例四：

被告人浦某，原在其舅舅所开设的M燃料公司担任出纳会计。2004年4月—2009年2月间，浦某利用管理公司现金的职务便利，采用从公司银行账户提款后少记账或不记账以及少存资金多记账的手法，先后30次截留公司资金人民币193500元归个人使用，超过3个月未归还。浦某供称，因工作忙、待遇低导致了心理不平衡，遂起贪念将公司资金用于个人生活开销、购买衣物等；其认为公司负责人是自己的舅舅，即使知道了也不会认真追究。滨湖法院最终认定被告人浦某犯挪用资金罪，判处其有期徒刑1年6个月，缓刑2年。

【风险提示】

企业内部职务经济犯罪之所以屡见不鲜，一方面固然是因为涉案员工价值观念错位、法律意识淡薄，但更主要的原因在于被害企业未对此项风险予以足够重视，以生产经营为中心的管理制度或多或少在预防、遏制腐败问题上考虑不周或落实不严，从而为犯罪提供了滋生的土壤。

1. 队伍建设存在"短板"

在金钱至上思想不断冲击人们价值观的当前，一些企业培养考察员工的立足点仍局限于追求利润的最大化，业务技能培训几乎是员工常规教育的全部，提升道德品质及守法意识等内容则被弃置一旁。队伍建设的长久跛行可能导致个别员工出现思想偏差，受利益所惑铤而走险，通过攫取单位资产满足个人贪欲，最终造成企业利益受损、经营受阻。

2. 制度执行忽视"破窗"

企业内部大环境中的不良现象若被放任存在，会诱使员工效仿，甚至变本加厉。这一"破窗效应"很好地诠释了企业规章制度制定及落实不力所带来的职务经济犯罪风险。有的企业明知管理存在疏漏，如未将外派业务员销售情况纳入财务管理并定期对账，但因长期以来平安无事便放任不纠，直至业务员挪用资金案发才追悔莫及。还有的企业，尤其是家族企业，规章制度多，有效执行却少，员工违反制度并不会受到严肃处理，放纵之下，犯罪分子便有了可乘之机。

3. 监督机制形同虚设

一些国企虽设有纪检、监察、审计等部门，但其监督工作大多重形式轻实质，难以发挥真正的制约作用。同时，对一些改制后的国企以及民企而言，外部没有政府部门的监管，内部也未能严格按照现代企业制度进行规范制约，对财务、审计等重点岗位的监督不到位，对下级员工的管理流于形式，缺乏必要的警惕和防范意识。

【化解对策】

1. 加强思想教育，构筑思想防线

企业应加大法制宣传教育力度，增强员工思想道德水平及遵纪守法意识。将职业道德教育和法律法规教育列为员工培训项目，纳入选拔考核范围。对于财务、会计等关键岗位的员工，更应重点对其道德品质进行考察。通过举办专题培训班、召开廉洁座谈会、观看警示录像、旁听职务犯罪庭审等活动，着力提高员工的法律意识和自律意识，引导其树立守法光荣、侵占可耻的观念，筑牢拒腐防变的思想防线。

2. 完善规章制度，实行规范管理

企业应在内部确立制度的崇高地位，营造尊重制度的良性氛围。一方面要克服"懒政"心态，及时发现并整改职务经济犯罪高危环节。如在财务管理方面，应分设会计出纳、严格管理印鉴、加强对账核查；在外派业务员管理方面，应设立专职财务人员，建立规范账务账目，并定期联系客户单位以掌握业务往来信息。另一方面要狠抓制度执行，结合思想教育疏堵并举。定期对规章制度的实施情况进行检查分析，做到有规划、有布置、有措施、有落实，一旦发现违法行为即予严惩，以"制度面前人人平等"之势遏制和消除利用职务便利犯罪的机会。

3. 改进机制建设，健全监督制约

企业应通过畅通监督渠道、优化监督机制，打造严密科学的制约体系。在规范流程和构设组织时，应充分考虑到权力制衡，防止在销售、采购、财务等关键岗位和环节上权力过度集中。常有警醒之心，切实发挥公司监督部门的监督职能，定期开展稽核监督检查，加强对重点领域的监控；同时，强化公司其他部门内上下级之间及平级之间的监督职能，充分发挥相互制约、敦促自律的作用。

第四节　商业贿赂法律风险

【要点提示】

商业贿赂是市场经济活动中的一种现象，指市场参与者在参与市场活动中，采用物质或者非物质方式贿买对方单位或个人，用以排挤竞争者，获得交易机会或者优惠条件的行为。

刑事立法方面。

中国1979年的《刑法》第一百八十五条把贿赂罪作为一种渎职罪予以规定，其后又先后颁发了《关于严惩严重破坏经济犯罪的决定》《惩治贪污罪贿赂罪的补充规定》和《关于惩治违反公司法的犯罪的决定》，并于1997年3月修改了

《刑法》，扩大了贿赂罪的主体范围，加大了刑事处罚力度，规定对犯贿赂罪情节特别严重的可处无期徒刑甚至死刑。

2006 年 6 月 29 日起施行的《刑法修正案（六）》，将商业贿赂犯罪的主体扩大到了公司、企业以外的其他单位工作人员。将《刑法》第一百六十三条修改为："公司、企业或者其他单位的工作人员利用职务上的便利，索取他人财物或者非法收受他人财物，为他人谋取利益，数额较大的，处 5 年以下有期徒刑或者拘役；数额巨大的，处 5 年以上有期徒刑，可以并处没收财产。

"公司、企业或者其他单位的工作人员在经济往来中，利用职务上的便利，违反国家规定，收受各种名义的回扣、手续费，归个人所有的，依照前款的规定处罚。

"国有公司、企业或者其他国有单位中从事公务的人员和国有公司、企业或者其他国有单位委派到非国有公司、企业以及其他单位从事公务的人员有前两款行为的，依照本法第三百八十五条、第三百八十六条的规定定罪处罚。"

将《刑法》第一百六十四条第一款修改为："为谋取不正当利益，给予公司、企业或者其他单位的工作人员以财物，数额较大的，处 3 年以下有期徒刑或者拘役；数额巨大的，处 3 年以上 10 年以下有期徒刑，并处罚金。"

司法实践中，商业贿赂的表现形态主要有以下几种：

①以现金方式的贿买或者收受的行为。

②以各类劳务费、辛苦费形式进行贿买或者收受的行为。

③以有价证券（包括债券、股票等）贿买或者收受的行为。

④以贵重物品贿买汇总收受的行为。

⑤以提供免费消费的形式贿买或者收受。

⑥以账外回扣的形式贿买或是收受。

⑦以佣金的名义贿买或者收受。

【相关案例】

案例一①：

N 汽船（中国）有限公司成立于 1995 年，是外商法人独资的有限责任公司。被告人宋某于 2006 年 7 月进入该公司工作，并于 2009 年 8 月 17 日起转任集装箱部出口销售部职员，负责 N 公司与 O 运通国际货运代理有限公司在日本航线上的订舱业务。被告人宋某于 2010 年 1 月至 4 月期间，在经手办理上述业务的过程中，多次收受 O 公司给予的"返佣"，金额共计人民币 32614 元。2012 年 5 月 23 日，被告人某某主动向公安机关投案，如实供述了上述作案事实，并退缴了全部

---

① 上海市黄浦区人民法院（2012）黄浦刑初字第 1261 号刑事判决书。

赃款。

后被告人宋某因犯非国家工作人员受贿罪，被判处有期徒刑1年，缓刑1年。

案例二①：

湖南P公司系有限责任公司。2010年5月份起，被告人汤某担任该公司营销部经理，负责某项目的推广和公司对外广告发布的工作。2011年1月，被告人汤某利用职权之便，以可将某项目商业街推广广告交给长沙Q广告策划有限公司为条件，向该公司负责人罗某索取人民币4万元；2010年5月起，被告人汤某利用职务之便，以可与长沙市R广告策划有限公司续签广告代理合同为条件，向该公司负责人魏某索取"回扣费"人民币4万元。

后被告人汤某因犯非国家工作人员受贿罪，被判处有期徒刑1年，缓刑1年。

案例三②：

2007年2月，上诉人陈某进入S公司工作，任大客户业务经理，负责与国内大客户联系业务。同年4月，T公司开发某促销品项目，刘某、饶某均是T公司上述项目团队的成员，刘某负责参与供应商的审核及评估以及促销品技术指标的设定和测试；饶某负责参与供应商的审核及评估，以及促销品的订单及交货安排。陈某为获得T公司的上述促销品业务及按时取得货款，与刘某商定由S公司支付刘某好处费。随后，陈某向S公司总经理、副总经理林某、黄某汇报了上述情况，并将与刘某商定的好处费数额报大，林某、黄某表示同意。同年6月4日，S公司与陈某签订劳动合同，以上述项目订单执行完成为合同期限，并在合同中约定：陈某的提成为2%，计算公式为：（营业额－税金－财务损失－佣金）×2%。同年7—12月，S公司分三次向T公司供应促销品原料共计968734个，共收取货款合计3200余万元。期间，S公司除依照合同约定向陈某支付提成外，林某还按每个促销品4.15元的比例从个人账户内另行支出4015473.6元给陈某，陈某从中转给刘某好处费共计150万元，刘某将其中的25万元分给饶某。刘某、饶某分别于2009年1月8日、9日向公安机关投案自首。同月9日，上诉人陈某被公安机关抓获归案。

后上诉人陈某犯对非国家工作人员行贿罪，判处有期徒刑3年，缓刑4年，并处罚金5000元。

【风险提示】

商业贿赂犯罪大案要案和窝案串案比例很高。据相关司法机关统计，2003年至2005年，司法机关查办的涉案金额5万元以上的贿赂大案达17158件，占贿赂

---

① 长沙市雨花区人民法院（2012）雨刑初字第536号刑事判决书。
② 广东省广州市中级人民法院（2009）穗中法刑二终字第472号刑事判决书。

案件总数的 54.3%，其中百万元以上的 592 件；县处级以上贿赂犯罪要案达 4452 人，这些贿赂案件在性质上大部分是商业贿赂案件[①]。

商业贿赂的危害极大，通过商业贿赂，往往使得假冒伪劣的产品可以流入市场，直接危害到人民群众的利益；同时还会因为虚假账目隐瞒收入等行为造成国家税收的流失；更为重要的是，商业贿赂会给整个市场经济公平交易的秩序带来巨大的影响，不给钱不办事，没回扣没生意，到头来所有的不当利益都会转嫁到消费者头上，长此以往最终损害的将是整个经济的发展。

现阶段我们可以通过各种媒体了解到商业贿赂在诸多领域屡屡发生，虽然前阶段司法机关对商业贿赂行为的打击并不多，但是随着社会经济的发展，规范市场秩序的需要，今后对于商业贿赂的司法打击势必会加强。特别是对权力集中、资金密集、竞争激烈、商业利润空间比较大的领域将会成为司法机关重点关注的对象，其中工程建设、土地出让、医药购销等涉及国计民生、社会大众关注的行业将成为重中之重。

【化解对策】

1. 规范选任制度，加强廉洁教育

在公司进行招录人员之初，对待录用人员之前从业情况进行背景考察，员工正式录用后，企业要加强廉洁教育，树立公平竞争的企业文化，提高员工不参与商业贿赂廉洁从业的意识，以产品自身的质量和企业自身的服务拓展市场，避免商业贿赂下一时的虚假繁荣。

2. 制定完整的企业制度，以制度规范企业行为

从企业内部的权力机制着手，平衡股东大会、监事会、董事会的权责，对各项权力的运行以分权手段进行制衡与监督。因为再小的商业贿赂行为，往往都建立在企业高管的明示或者暗示之上，所以，要将制度治理的重点放在企业的管理层中，如董事及各高管。从英美发展起来的独立董事制度作为防范商业贿赂，平衡中小股东利益的重要制度，可以为我们引荐学习。

3. 树立公司的社会责任理念

公司不仅仅是股东获取最大利润工具，公司作为法人，更是社会的组成者和参与者。公司的成长和收益不仅仅涉及股东个人的权益，不仅仅是公司自身小范围的利益，我们应该树立公司的发展带给周边相关人员和法人共同发展进步的理念，公司从以往的赢利为先的模式中走出来，更多关注周边的社会责任，我国的《公司法》修订后将公司的社会责任引入了法律，当然，理念的产生和发展还需要公司长期的贯彻和实施，特别是公司的决策者理念的转变。

---

① 王振川. 关于治理商业贿赂的若干问题 [N]. 检察日报，2006 – 08 – 31.

第五节　安全生产事故犯罪风险

【要点提示】

安全生产，是指在生产经营活动中，为防止人员伤亡和财产损失而采取相应的事故防控措施，从而确保作业人员人身安全及生产经营活动顺利进行的相关活动。对于企业而言，安全生产是安身立命之本，也是切实履行社会责任的途径和目标。但现实中，安全生产事故总是与安全生产相伴相生。为保护公共安全和社会管理秩序，我国《刑法》对安全生产事故进行严格规制，凡在人员损害、财产损失等方面造成严重后果的，便将追究相关人员的刑事责任。审判实践中，涉及安全事故犯罪的企业主要集中在采矿、建筑、运输、制造等领域，相关罪名以重大责任事故罪、重大劳动安全事故罪、工程重大安全事故罪等为主。

1. 重大责任事故罪

本罪是指在生产、作业中违反有关安全管理规定，因而发生重大伤亡事故或造成其他后果的行为，针对主体包括企业中对生产、作业负有组织、指挥或管理职责的人员，以及直接从事生产、作业的人员。《刑法》第一百三十四条第一款规定，"犯重大责任事故罪的，处 3 年以下有期徒刑或拘役；情节特别恶劣的，处 3 年以上 7 年以下有期徒刑。"

2. 重大劳动安全事故罪

本罪是指安全生产设施或者安全生产条件不符合国家规定，因而发生重大伤亡事故或造成其他严重后果的行为，涉及主体为企业中导致安全生产设施或安全生产条件不符合国家规定的直接责任人，包括企业负责人、投资人、实际维护人等人员。《刑法》第一百三十五条规定，"犯重大劳动安全事故罪的，处 3 年以下有期徒刑或拘役；情节特别恶劣的，处 3 年以上 7 年以下有期徒刑。"

3. 工程重大安全事故罪

本罪是指建设单位、涉及单位、施工单位、工程监理单位违反国家规定，降低工程质量标准，造成重大安全事故的行为，规制对象为前述单位的直接责任人员；其所谓"重大安全事故"，既包括造成人身伤亡的安全事故，还包括工程本身的安全事故。《刑法》第一百三十七条规定，"犯工程重大安全事故罪，处 5 年以下有期徒刑或拘役，并处罚金；后果特别严重的，处 5 年以上 10 年以下有期徒刑，并处罚金。"

【相关案例】

被告人唐某，为 U 建设集团有限公司承建的某商品房工程工地的项目经理，系该工程安全生产的第一责任人。2010 年 9 月 21 日—11 月 2 日，该工程监理单位曾先后多次向被告人唐某所在单位提出搭建于该工地 5 号楼的卸料平台不符合施工方案要求，存在安全隐患，需要立即整改，并两次发出整改通知单。被告人唐某知悉该情况后，在随后组织生产作业过程中严重不负责任，未履行安全生产职责，不按规定落实整改措施。同年 11 月 4 日 10 时许，被告人唐某组织安排施工人员在该未通过安全验收即投入使用的卸料平台上作业时，因该卸料平台从十层楼搭建处脱落，致使在该卸料平台上搬运钢管的张某随该卸料平台坠下并当场死亡。后经区安全生产监督管理局调查认定，卸料平台未按照施工方案搭设，搭设后项目部未组织验收是导致事故发生的直接原因；唐某作为该项目经理，未有效督促、检查本单位的安全生产工作，对事故隐患未采取有效措施，其行为违反了《中华人民共和国安全生产法》第十七条第四项的规定，对事故的发生负有主要责任。

滨湖法院经审理认为，被告人唐某在生产、作业过程中违反有关安全管理的规定，发生重大伤亡事故，造成 1 人死亡，其行为已构成重大责任事故罪。鉴于被告人唐某归案后认罪态度较好，所在单位已赔偿了被害人近亲属的经济损失，最终判处其有期徒刑 1 年，缓刑 1 年。

【风险提示】

安全生产无小事。无论是国有企业还是民营企业，但凡与安全生产事故犯罪沾上边，往往意味着严重的人员伤亡、惨重的财产损失；随之而来的巨额赔偿、声名受损，更将使企业遭遇重创，甚至陷入难以为继的境地。法院在审理中发现，安全生产意识、安全管理水平、从业人员素质如何已成为企业能否远离安全生产事故犯罪的风险节点。

1. 安全生产意识淡薄催生事故

一些企业的负责人缺乏起码的安全生产意识，对于安全生产相关的法律法规及行业标准一无所知，在企业生产经营中片面追求经济效益，只重生产不重安全。同时，一些一线作业人员虽对安全生产操作规程有相当了解，但自恃经验丰富，思想上麻痹大意，对违章作业习以为常，放松了安全生产这根弦。事故的发生是偶然的，然而在安全生产意识缺位的情况下，便是必然的。

2. 安全管理水平低下防控无力

有的企业里，"安全第一"只闻口号、不见行动，其自身的基础安全管理较为薄弱，仅满足于应付安全检查的表面文章。在非理性逐利心理的驱使下，这些企业将本该投入预防责任事故的资金挪作经营之用，没有完善的安全生产条件、没有专职的安全监管人员、没有健全的安全生产制度，安全管理工作多凭经验、走过场。这种无视安全本身增益的短见薄识，日后必将为安全生产事故付出沉重的代价。

3. 从业人员素质不高埋下隐患

采矿、建筑、运输、制造等行业的一线作业人员多数文化程度不高，自我保护意思与能力较差，既对企业负责人漠视安全生产管理的现状认识不足，也对行业作业危险一知半解，在遭遇紧急情况时多不知所措，不能及时采取合理的应急措施。同时，某些企业安全管理人员专业化程度低，对于危险的辨识、分析、评价不到位，无法有效防控事故的发生。此外，有的安全生产直接负责人守法意识差，发生事故后或对人员伤亡及财产损失不以为意，认为赔偿就可解决，或竭力遮掩真相，谎报、瞒报有关情况，最终受到了法律的严惩。

【化解对策】

1. 强化安全生产教育培训

企业应保证安全生产培训经费支出，定期对从业人员开展安全教育培训，内容可包括安全生产法律法规、方针政策，行业安全技术标准、操作技能，相关事故的判断、分析、处理规程等。培训应注重将树立安全生产意识贯穿始终，不走过场、注重实效，促使受训员工对安全生产由被动接受向主动要求的思想转变，并成为安全生产的有力实践者、安全事故的专业处置者，从而将安全生产事故犯罪遏制在萌芽状态。

2. 健全企业安全管理制度

在组织架构上，企业内部应建立专门的安全生产管理机构，配备专职安全管理人员。在资金保障上，企业应按时足额提取安全生产经费及安全生产风险抵押金，并保证专款专用，为安全生产条件和应急救援处置提供经济支持。在考核机制上，企业内部应构建安全生产责任体系，确立本岗位对本岗位负责、上级岗位对下级岗位负责的层次分明的责任制度。通过对安全生产任务的目标分解、层层把关，对安全隐患的定期排查，对责任事故的严肃追究，加强各相关人员的责任心，确保个人与企业远离安全生产事故犯罪。

3. 填补应急管理建设空白

安全生产事故应防控结合，为此企业需建立应急管理机制。一方面，应将安全生产管理机构及人员、一线作业人员纳入应急队伍，定期开展应急演练，并加强对重点部位的防控及值守工作；另一方面，应充分利用安全生产专项资金更新应急救援装备，确保事故发生时能够快速响应、科学施救，最大限度地减少人员伤亡和财产损失。

第六节　环境污染事故犯罪风险

【要点提示】

环境是人类社会赖以生存的基础。企业作为社会的一分子，理应在追求经济效益的同时兼顾环境利益。但在现实中，大量企业无视环境资源对我国经济发展的直接影响，为个体利益罔顾环境利益，违规向环境排放未经处理的废物，导致环境污染蔓延，环境质量日益恶化。

为严肃追究企业环境刑事责任，有效遏制环境事件的高发态势，《刑法》第三百三十八条将污染环境的行为纳入规制范围，其规定违反国家规定，排放、倾倒或者处置有放射性的废物、含传染病病原体的废物、有毒物质或者其他有害物质，严重污染环境的，构成污染环境罪，处 3 年以下有期徒刑或者拘役，并处或单处罚金；而后果特别严重的，处 3 年以上 7 年以下有期徒刑，并处罚金。

【相关案例】

案例一①：

2011 年 4 月下旬，三被告人刘某、吴某、王某，为赚取从云南省 V 有限公司运出铬渣的运费及补贴，经预谋后，联系并取得该公司分管铬渣综合利用的副总经理左某、总经理汤某同意后，从该公司拉出铬渣随意倾倒、堆放在麒麟区越州镇、三宝镇等地。后因结算铬渣运输费需要签订合同、开具运输发票，以及左某提出要考察从事利用、处置铬渣单位的情况，刘某便与代某及袁某联系，让两人帮忙隐瞒真相。在袁、代二人的帮助下，刘某、吴某安排车辆从 V 有限公司运出铬渣 60.1 吨堆放在贵州省兴义市 W 铁厂内，并请左某、汤某到现场考察。考察中，代某明知铬渣有毒，却谎称正在从事利用、处置铬渣，汤某、左某在未认真考察其有无从事利用、处置铬渣的经营许可证是否实际在利用、处置铬渣的情况下，同意并签订了合同。其后，吴某、刘某等人继续组织车辆从该公司运出铬渣。截至案发，3 人共从该公司运出铬渣共计 5272.38 吨，其中 5212.28 吨均被倾倒在麒麟区三宝镇、越州镇，导致倾倒地的环境被严重污染，造成的直接经济损失共计人民币 422.4537 万元。

2012 年 5 月 9 日，云南省曲靖市麒麟区法院以污染环境罪分别判处被告人吴某、刘某、王某等 7 人有期徒刑 4 年到缓刑 3 年，并处罚金人民币 5 万元到 3 万元不等的刑罚。

案例二②：

2011 年 3 月，从事危险品运输的倪某以 X 燃气配送中心的名义作为运输方，吉林省 Y 化工厂为收货方，分别与作为供应方的湖北省 Z 科技公司、江西省 A 材料公司签订了四氯化硅废液运输及处理合同。在运输四氯化硅废液时，倪某为节省运费，向合同供应方提供了其伪造的吉林 Y 化工厂收货证明等。同时，倪某与

---

① 云南曲靖铬渣污染案一审 7 人被判污染环境罪 [EB/OL]. http：//news. cnwest. com/content/2012 - 05/17/content_6515375. htm.

② 湖北荆门首例环境污染案六被告人分别被处刑罚 [EB/OL]. http：//www. chinacourt. org/article/detail/2013/04/id/937376. shtml.

无处理资质的王某商议，以每车 5500 元的处理费用将该废液交由王某处理。后王某以每月支付 3 万元为条件，将陈某位于钟祥市西环一路的一处场地予以占用，用以排放四氯化硅废液。2011 年 4 月初，倪某安排王甲等人，先后从供应方拖运 18 车四氯化硅废液（每车可装二三十吨）交给王某，王某与弟弟、陈某等在上述场地安装了简易的排放设施后，将四氯化硅废液用井水简单稀释即直接向钟祥市城市管网排放，所排废液流入钟祥市污水处理厂后，造成污水处理厂菌种死亡、设备受损，导致未经处理的污水流入南湖，引发大面积污染，约 400 吨鱼死亡。此事给钟祥市污水处理厂、南湖渔场共造成损失 400 余万元。

　　2013 年 3 月 29 日，湖北省荆门市中级人民法院以污染环境罪分别判处倪某等 6 名被告人缓刑至有期徒刑 5 年不等的刑事处罚，并分处 25 万元至 45 万元不等的罚金，同时对 6 人违法所得予以追缴。

　　【风险提示】

　　企业在生产经营活动中污染环境乃至构成环境犯罪，不是一个孤立的问题。它不仅事关企业的生死存亡，也关系到群众的切身利益，更可能因为牵涉范围广而演变为群体事件，成为考验政府执政能力的社会稳定问题。因而，环境污染的事前预防远比事后处理重要。为此，我国的环境刑事政策也做出了相应的改变，将重心转移到预防环境污染危险行为之上，最明显的例子便是《刑法》第三百三十八条。其前身为"重大环境污染事故罪"，《刑法修正案（八）》施行后变更为"污染环境罪"，降低了入罪门槛，扩大了犯罪行为的类型，体现出立法者将环境保护关口由产生实害结果前移至出现严重危险状态的刑法预防思想。这意味着，与以往相比，企业更易被追究环境刑事责任，因环境问题面临的法律风险更大了。

　　鉴于此，企业今后在运作过程中对于环境风险的考量应更全面、对节点控制应更严格。具体而言，如在项目建设过程中，应避免选择存在被禁止、拟淘汰、群众反响强烈等情况的项目，建设前应当通过环评报告审批，建设中应严格按照报批的环评文件施工等；在生产经营过程中，正式投入生产的项目应经过环保验收，应按规定向社会公开排污事项，严格按总量和许可证要求排污，规范设置排污口，主动接受环保部门的监督检查，并备有环境事故处理应急预案等。

　　当然，上述风控措施都应建立在对环境风险产生原因的清醒认识上。这是基础条件，却被大部分陷入环境污染危机的企业所忽略。从实践来看，如果一家企业始终无法端正法律知识匮乏、守法意识淡薄、存在侥幸心理等不良主观态度，那么即便环境风险在短期内未显现，迟早也将爆发。

　　【化解对策】

　　1. 定期开展排查

　　企业应时刻保持对环境风险的警惕之心。随着国家法规的改进、行业标准的修订、工艺技术的进步、操作人员的更替，就各生产经营环节的环境风险及时开展自查或委托专业机构进行排查。

2. 全面评估隐患

企业应对前述排查出的环境风险隐患开展全面分析，如将排查出来的环境法律责任风险分门别类，按法律规定确定不同风险隐患的风险责任、大小程度等；又如，对影响环境安全的突发环境事件隐患进行风险等级评估，依据评估结果确定后续措施。

3. 落实防范措施

企业应就排查出的环境风险隐患及其评估结果及时做出回应，如自觉履行并纠正法律规定的环境风险隐患防范责任，依程序违法和实体违法的分别采取不同的补救措施等。此外，一旦发生环境风险，企业必须及时应对，通过启动应急措施，尽可能将环境危机控制在最小范围，切实担负起应有的社会责任。

第七节　涉税收犯罪风险

【要点提示】

税收犯罪是指违反国家税收法律，侵犯国家税收稽征权，妨害国家税收征管活动，情节严重的行为。税收犯罪是一个理论上的概念，我国《刑法》中没有单独设立税收犯罪这样一个宽泛的罪名，它是对现行刑法所涉税收方面犯罪的理论概括。税收违法通常表现为违反国家税收法律、法规的行为，情节轻微的情况下由行政法规调整，发展到情节严重的情况下，依照《刑法》相关规定则承担相应刑事责任。税收犯罪的最直接后果就是国家税收减少，削弱国家统治能力，妨碍国家政治权力开展。

《刑法》分则第三章第六节对此类犯罪进行了详细的界定，主要包括纳税人逃避纳税义务的犯罪、骗税犯罪、妨害发票管理的犯罪等。其中，规避税款缴纳义务的犯罪主要包括偷税罪、抗税罪、逃避追缴欠税罪等；骗税犯罪主要是指骗取出口退税罪、虚开增值税专用发票、虚开用于骗取出口退税、抵扣税款的其他发票罪；妨害发票管理犯罪主要包括伪造、出售伪造的增值税专用发票罪；非法出售增值税专用发票罪；非法购买增值税专用发票、购买伪造的增值税专用发票罪；非法制造、出售非法制造的用于骗取出口退税、抵扣税款的发票罪；非法制造、出售非法制造的发票罪；非法出售用于骗取出口退税、抵扣税款的发票罪；非法出售发票罪等7个罪名。

【相关案例】

案例一：

被告人袁某作为无锡 B 公司的法定代表，在 2006 年 10—11 月，在无货交易的情况下，分两次，从一上门推销发票的张姓男子处，支付票面金额 7% 作为开票费，为无锡 B 公司虚开了上海市 C 公司开具的增值税专用发票 11 份，该 11 份发票税额合计 18332.41 元，价税合计 126170 元。袁某将上述发票申报抵扣。在袁某为自己经营的无锡 B 公司虚开增值税专用发票的同时，又为邻居无锡市 D 公司股东蒋某从张姓男子处以支付票面金额 7% 作为开票费的办法，在无货交易的情况下，虚开增值税专用发票 71 份，该 71 份发票税额总计 115556.46 元，价税总计 795300 元。蒋某在取得上述发票后，利用其中 70 份虚开的增值税专用发票骗取出口退税 87332 元，剩余的一份发票抵扣税款 1502.4 元。对于被告人袁某的处罚分两个部分，第一部分是其作为单位责任人处罚，第二部分是其个人向他人介绍虚开，所以应对于被告人袁某数罪并罚。而对于单位的罚金，应当在法定刑 3 年以下的刑期对应的罚金数量刑，即对单位处罚为 2 万~20 万元。

最终，滨湖区人民法院判决被告单位无锡 B 公司犯虚开增值税专用发票罪，判处罚金人民币 3 万元；判决被告人袁某犯（单位）虚开增值税专用发票罪，判处有期徒刑 6 个月；犯虚开增值税专用发票罪，判处有期徒刑 2 年，并处罚金人民币 6 万元，决定执行有期徒刑 2 年 3 个月，缓刑 3 年，并处罚金人民币 6 万元。

案例二：

2008 年 1 月至 2010 年 7 月间，被告人朱某在无锡市滨湖区建设工程安全监督站门口附近等地，通过沈某（因犯受贿罪已判刑）先后 14 次将伪造的《建筑业统一发票（代开）》21 份出售给吴某等人，票面金额共计人民币 28556142.86 元。沈某向吴某等人收取了开票费共计人民币 1251810 余元，被告人朱某向沈某收取了开票费共计人民币 797390 元。

最终，滨湖区人民法院判决：①被告人朱某犯出售非法制造的发票罪，判处有期徒刑 3 年，缓刑 4 年，并处罚金人民币 40 万元。②被告人朱某扣押在案的人民币 50 万元予以没收，上缴国库。

【风险提示】

司法实践中最为常见的税收犯罪案件为虚开增值税专用发票罪案件，我国《刑法》第二百零五条规定，"虚开增值税专用发票或者虚开用于骗取出口退税、抵扣税款的其他发票的，处 3 年以下有期徒刑或者拘役，并处 2 万元以上 20 万元以下罚金；虚开的税款数额较大或者有其他严重情节的，处 3 年以上 10 年以下有期徒刑，并处 5 万元以上 50 万元以下罚金；虚开的税款数额巨大或者有其他特别严重情节的，处 10 年以上有期徒刑或者无期徒刑，并处 5 万元以上 50 万元以下罚金或者没收财产。"

有前款行为骗取国家税款，数额特别巨大，情节特别严重，给国家利益造成特别重大损失的，处无期徒刑或者死刑，并处没收财产。

单位犯本条规定之罪的，对单位判处罚金，并对其直接负责的主管人员和其他直接责任人员，处 3 年以下有期徒刑或者拘役；虚开的税款数额较大或者有其他严重情节的，处 3 年以上 10 年以下有期徒刑；虚开的税款数额巨大或者有其他特别严重情节的，处 10 年以上有期徒刑或者无期徒刑。

由此可见，我国《刑法》对虚开增值税专用发票案件的打击力度非常之大，司法实践中，虚开增值税专用发票案件被判处死刑的案件也屡见于各类媒体。那么，到底什么叫虚开增值税专用发票呢，虚开的情形又有哪些，犯罪的数额又是怎样规定的呢，根据法律和相关司法解释虚开增值税专用发票或者虚开用于骗取出口退税、抵扣税款的其他发票，是指有为他人虚开、为自己虚开、让他人为自己虚开、介绍他人虚开行为之一的。

具体数额规定：

①虚开税款数额 1 万元以上的或者虚开增值税专用发票致使国家税款被骗取5000 元以上的，应当依法定罪处罚。

②虚开税款数额 10 万元以上的，属于"虚开的税款数额较大"。

③具有下列情形之一的，属于"有其他严重情节"：a. 因虚开增值税专用发票致使国家税款被骗取 5 万元以上的。b. 具有其他严重情节的。虚开税款数额 50万元以上的，属于"虚开的税款数额巨大"。

④具有下列情形之一的，属于"有其他特别严重情节"：a. 因虚开增值税专用发票致使国家税款被骗取 30 万元以上的；b. 虚开的税款数额接近巨大并有其他严重情节的；c. 具有其他特别严重情节的。

利用虚开的增值税专用发票实际抵扣税款或者骗取出口退税 100 万元以上的，属于"骗取国家税款数额特别巨大"；造成国家税款损失 50 万元以上并且在侦查终结前仍无法追回的，属于"给国家利益造成特别重大损失"。利用虚开的增值税专用发票骗取国家税款数额特别巨大、给国家利益造成特别重大损失，为"情节特别严重"的基本内容。虚开增值税专用发票犯罪分子与骗取税款犯罪分子均应当对虚开的税款数额和实际骗取的国家税款数额承担刑事责任。

虚开增值税发票的主要形式：①开具"头尾不一"的增值税专用发票。这种手段是在开票方存根联、记账联上填写较小数额，在收票方发票联、抵扣联上填写较大数额，利用差额，少记销项税额。开票方在纳税时出示记账联，数额较小，因而应纳税额也较少；收票方在抵扣税款时，出示抵扣联，数额较大，因而抵扣的税额也较多。②"拆本使用，单联填开"发票开票方把整本发票拆开使用,在自己使用时,存根联和记账联按照商品的实际交易额填写,开给对方的发票联和抵扣联填写较大数额,从而使收票方达到多抵扣税款,不缴或少缴税款的目的,满足了收票方的犯罪需要,促进了自己的销售。③"撕联填开"发票。存根联,客户联,财务做账联,仓库提货联,上下联不一致,故俗称"鸳鸯联"。它蓄意抬高出口货物的进项金额和进项税额。④"对开"犯罪方式开票方与受票方互相为对方虚开增值税专用发票,互为开票方和受票方。⑤"环开"犯罪方式几家单位或个人串开,形同环状。

【化解对策】

1. 提高认识

企业决策者树立纳税意识,了解税收对国家建设和社会发展的作用,提高对国家和社会责任感,诚实纳税,增强国家的财政收入,增强我国在国际上的综合竞争力。

2. 从源头严格控制

在司法实践中,税收犯罪往往以各种类型的增值税发票和普通发票作为犯罪手段。对于中小企业而言,为了降低进项成本或者应付生产中急缺的原料,往往采取向个人购买或者到自由市场购买,在采购此类原料后,应当到税务机关缴纳税款,开具正规发票,从源头严格控制。否则,随着生产经营的进行,在对外销售过程中,因为销项要开具正规发票,而进项票据又极少,为了多抵扣税款和应付检查,从而铤而走险购买假票或者让他人为自己虚开发票,走上犯罪道路。

3. 杜绝各种虚开增值税发票行为

最高人民法院《关于适用〈全国人民代表大会常务委员会关于惩治虚开、伪造和非法出售增值税专用发票犯罪的决定〉的若干问题的解释》(1996.10.17 法发〔1996〕30 号)中根据立法机关的决定进一步概括了虚开增值税专用发票的犯罪类型。虚开增值税专用发票是指有为他人虚开、为自己虚开、让他人为自己虚开、介绍他人虚开增值税专用发票行为之一的。详细阐述为:①没有货物购销或者没有提供或接受应税劳务而为他人、为自己、让他人为自己、介绍他人开具增值税专用发票。②有货物购销或者提供或接受了应税劳务但为他人、为自己、让他人为自己、介绍他人开具数量或者金额不实的增值税专用发票。③进行了实际经营活动,但让他人为自己代开增值税专用发票。综上,我们不难看出,我国对增值税发票犯罪的打击力度很大,简单而言,只要涉及增值税发票,除了正常开具之外,其他任何类型的虚开即使实际上进行了经营活动,在符合法定犯罪数额的情形下,均作为犯罪处理。所以,对于增值税发票的开具应当非常谨慎。

4. 规范开具普通发票

《刑法》修正案八中对普通发票类犯罪进一步加强了打击力度。在《刑法》

第二百零五条后增加一条，作为第二百零五条之一："虚开本法第二百零五条规定以外的其他发票，情节严重的，处 2 年以下有期徒刑、拘役或者管制，并处罚金；情节特别严重的，处 2 年以上 7 年以下有期徒刑，并处罚金。单位犯前款罪的，对单位判处罚金，并对其直接负责的主管人员和其他直接责任人员，依照前款的规定处罚。"将司法实践中经常遇到的虚开普通发票行为也纳入刑事打击范围。在《刑法》第二百一十条后增加一条，作为第二百一十条之一："明知是伪造的发票而持有，数量较大的，处 2 年以下有期徒刑、拘役或者管制，并处罚金；数量巨大的，处 2 年以上 7 年以下有期徒刑，并处罚金。单位犯前款罪的，对单位判处罚金，并对其直接负责的主管人员和其他直接责任人员，依照前款的规定处罚。"该条文的出台，将司法实践中常见的知假票而买假票的行为纳入刑事打击范围。所以，作为企业的经营者不但要重视增值税发票的开具规范，也要对普通发票的开具规范进行强化，引起足够的重视，莫以为开开普通发票都是小事，偶尔不够用的情况下购买一些假票冲冲也无妨。

第八节　金融犯罪风险

【要点提示】

金融犯罪，指发生在金融活动过程中的，违反金融管理法规，破坏金融管理秩序，依法应受刑罚处罚的行为。近年来，金融犯罪金额越来越大，而且涉及面广，受骗人多，善后处理难，易引发大规模群体性事件，影响社会稳定。目前，金融犯罪领域最突出的一类犯罪形态是非法集资犯罪，主要涉及的罪名包括非法吸收公众存款罪、集资诈骗罪、欺诈发行股票、债券罪和擅自发行股票、公司、企业债券罪。实践中，非法集资犯罪主要体现在《刑法》所规定的非法吸收公众存款罪和集资诈骗罪两个罪名里。

根据 2010 年 11 月 22 日最高人民法院《关于审理非法集资刑事案件具体应用法律若干问题的解释》第一条，违反国家金融管理法律规定，向社会公众（包括单位和个人）吸收资金的行为，同时具备下列四个条件的，除《刑法》另有规定的以外，应当认定为《刑法》第一百七十六条规定的"非法吸收公众存款或者变相吸收公众存款"：①未经有关部门依法批准或者借用合法经营的形式吸收资金；②通过媒体、推介会、传单、手机短信等途径向社会公开宣传；③承诺在一定期限内以货币、实物、股权等方式还本付息或者给付回报；④向社会公众即社会不特定对象吸收资金。同时该解释还规定，下列日常生活中的行为也以非法吸收公众存款罪定罪处罚：①不具有房产销售的真实内容或者不以房产销售为主要目的，以返本销售、售后包租、约定回购、销售房产份额等方式非法吸收资金的。②以转让林权并代为管护等方式非法吸收资金的。③以代种植（养殖）、租种植（养殖）、联合种植（养殖）等方式非法吸收资金的。④不具有销售商品、提供服务的真实内容或者不以销售商品、提供服务为主要目的，以商品回购、寄存代售等方式非法吸收资金的。⑤不具有发行股票、债券的真实内容，以虚假转让股权、发售虚构债券等方式非法吸收资金的。⑥不具有募集基金的真实内容，以假借境外基金、发售虚构基金等方式非法吸收资金的。⑦不具有销售保险的真实内容，以假冒保险公司、伪造保险单据等方式非法吸收资金的。⑧以投资入股的方式非法吸收资金的。⑨以委托理财的方式非法吸收资金的。⑩利用民间"会""社"等组织非法吸收资金的。⑪其他非法吸收资金的行为。

【相关案例】

2010 年 7 月，被告人刘某在黑龙江省哈尔滨市注册成立黑龙江 E 有限公司，被告人刘某为法定代表人。2011 年 9 月，被告人刘某与被告人李某等人合谋，由被告人李某等人至无锡、苏州等地吸收公众存款，被告人刘某分得吸收存款额的40%，其余部分归被告人李某等人支配。2011 年 9 月 19 日，被告人李某以被告人刘某为法定代表人，在无锡市滨湖区注册成立了黑龙江 E 公司无锡分公司，以"新能源开发、生物秸秆煤"为项目吸引群众投资，借款模式为："每位客户的投资起点为 1 万元，上不封顶，年利息24%，按月支付。"后被告人李某招募业务员，通过到公共场所散发"邀请函"等宣传资料、电话联系、开设投资讲座等方式吸引无锡地区的不特定对象投资，双方签订书面合同，约定借款期限为一年，年利率为24%，按月支付利息为2%，到期还本。2011 年 10 月—2012 年 2 月，E公司无锡分公司共吸收无锡地区社会不特定对象 140 余人投资款共计人民币7445000 元，造成重大经济损失。被告人刘某被法院以犯非法吸收公众存款罪，判处有期徒刑 5 年，并处罚金人民币 5 万元。

【风险提示】

由于近年来中央采取的持续银根紧缩和遏制过度投资等调控措施，我国金融体系内的流动性明显趋紧，致使银行对贷款对象的选择更为严格，放贷门槛也逐步提高。而在民间存在大量富余资金，其中一些人抱着不劳而获、一夜暴富的幻想，希望通过放贷迅速致富。在民间非法集资过程中，借贷款双方达成借款共识，签订相关借贷手续，有的打个收条，甚至有的口头达成"君子协定"，当天就可收到相应资金，操作相当简便，因此，非法集资具有相当大的市场空间。

近年来随着国家经济快速发展，人民群众的个人收入也在不断增长，家庭财富得到一定的积累，但由于存款利率低，炒股、炒房风险大，加之群众投资渠道狭窄，一些非法集资者抛出高额回报的诱饵，受害人在贪利的心理支配下，很难作出正确判断，投资行为往往缺乏理性，这些心理被犯罪分子把握和利用，导致其上当受骗。所以说，预期高额回报一定程度上为非法集资犯罪滋生了温床。

有关职能部门在日常业务工作中存在"重业务、轻管理"的现象，没有引起政府领导的足够重视，造成对公司、企业的监管不严，给非法集资犯罪分子有可乘之机。由于非法集资诈骗案暴露之前，受害人有利可图，不到东窗事发不会将案件线索提供给公安机关，而公安机关往往缺乏打击、防范非法集资诈骗的主动性，等到案发时，公安机关才立案侦查，破案成本高，侦破难度大，挽回经济损失低，直接影响了打击处理的力度和效率。

【化解对策】

1. 强化宣传，提高人民群众的法制意识

由于非法集资的欺骗性以及人民群众法制意识不高等，造成很多人在能获得高额回报的诱惑之下，不能正确区分合法与非法、违法与犯罪的界限，甚至在自己的合法权益受到侵害的时候，也不知道如何进行保护，所以，要通过广播、电台、电视、网络等多种媒体，向广大群众宣传非法集资、高利借贷的危害性，自觉抵制高利借贷活动，增强理性投资意识，依法保护自身权益。

2. 强化监管，提高社会管理的风险意识

非法集资犯罪涉及稳定问题，因此要从维护稳定的高度出发，进一步提高认识，树立风险意识，形成监管、打击合力。工商、税务和银监等部门要加强日常监管，对公司、企业的经营状况要做到心中有数；公安、检察、法院要建立司法部门之间长期的、行之有效的协作机制，合理分工、相互配合、信息共享、达成共识，形成从根本上遏制民间非法集资犯罪的猖獗势头。

3. 强化打击，提高公安机关的责任意识

公安经侦部门要树立"守土有责"的责任意识，落实打击措施，有效遏制非法集资犯罪的嚣张气焰。要广泛收集线索，将职业放贷者列为高危人群进行管理，落实各项管控措施，在金融部门的配合下，密切关注放贷者接触的人和事等情况，严密监控私人资金的流转，严防扰乱金融管理秩序犯罪活动。对银监部门通报的非法集资活动，要迅速予以打击处理，同时配合有关部门采取有效措施，积极引导，使真正的经济实体能有效地服务于当地经济建设。

4. 强化立法，提高源头管理的规范意识

当前，在经历了轰轰烈烈的系列"跑路"事件后，国家并没有关闭民间借贷的大门，而是正在采取措施进行引导。要预防非法集资犯罪的发生，相关职能部门就要加强对民间借贷市场的调查研究，探索制定出相关法律法规，奠定民间放贷行为的合法性基础，使民间借贷有章可循、有法可依，真正实现阳光化运行，对严重扰乱金融借贷市场秩序和严重危害社会治安秩序的民间违法高利借贷行为，可依法从快予以严惩，促进经济社会稳步发展。

第九节　其他扰乱市场秩序犯罪风险

【要点提示】

《刑法》分则第三章第八节规定了扰乱市场秩序罪，具体是指违反国家对市场监督管理的法律、法规，进行不正当竞争，从事非法经营贸易或者中介服务活动，以及强行进行交易，扰乱和破坏等价有偿、公平竞争和平等交易的市场秩序，情节严重的行为。罪名包括损害商业信誉、商品声誉罪，虚假广告罪，串通投标罪，合同诈骗罪，组织、领导传销活动罪，非法经营罪，强迫交易罪，伪造、倒卖伪造的有价票证罪，倒卖车票、船票罪，非法转让、倒卖土地使用权罪，提供虚假证明文件罪，出具证明文件重大失实罪，逃避商检罪。其中非法经营罪是司法实践有较多争议的罪名，近年来，随着经济社会的发展，经营的方式以及交易对象的种类进一步拓展，使得非法经营罪持续"膨胀"。

【相关案例】

2007 年 10 月起，被告人张某先后注册成立了无锡 F 商行、无锡 G 艺术馆、无锡市 H 经营部等三家单位，又以上述三家单位名义开设银行账户，并从无锡市金融电子技术服务中心、中国银联股份有限公司江苏分公司申领了 3 台销售点终端机具（即 POS 机）。后被告人张某在无真实货物交易的情况下，用上述 POS 机为他人的信用卡刷卡后，到开户银行提取现金返还的方式套取现金，并收取套现金额 1%～5% 手续费。2008 年 4 月起，被告人张某除自己非法套现外，还以帮助"养卡"及收取费用为条件，将上述 POS 机及空白支票、财务印鉴等物品提供给他人以上述方式非法套现。2009 年 2 月 28 日《刑法修正案（七）》实施后，被告人张某为牟取非法利益，继续实施上述行为。2009 年 3 月 1 日—6 月 15 日，被告人张某先后将商户名为无锡市 H 经营部、无锡 G 艺术馆的 POS 机及银行账户、空白支票、财务印鉴等提供给倪某等人用于非法套现，并每月收取 1000 元费用；2009 年 10 月 10 日—12 月 22 日，被告人张某将商户名为无锡市 H 经营部的 POS 机及银行账户、空白支票、财务印鉴等提供给叶某等人用于非法套现，并每月收取 1000 元费用；2009 年 12 月 21 日—2010 年 4 月 29 日，被告人张某先后将商户名为无锡市 H 经营部、无锡 F 商行的 POS 机及银行账户、空白支票、财务印鉴等提供给付某等人用于非法套现，并收取了 10000 元费用；2009 年 12 月 23 日—2010 年 5 月 6 日，被告人张某先后将商户名为无锡 F 商行、无锡 G 艺术馆的 POS 机及银行账户、空白支票、财务印鉴等提供给邵某用于非法套现，并每月收取

5000 元费用。同时，被告人张某等人为解决资金周转问题，在此期间亦通过上述 POS 机用自己及其持有的亲友的信用卡非法套现，后在还款日前重复刷卡套出现金用以归还前期欠款，累计刷卡套现数额计人民币 4000000 余元。综上，2009 年 2 月 28 日—2010 年 5 月，被告人张某单独或者伙同他人采用上述手法，为自己及他人的信用卡非法循环套现金额总计人民币 22500000 余元。法院最终认定被告人张某犯非法经营罪，判处有期徒刑 5 年，并处罚金人民币 5 万元。

【风险提示】

非法经营罪主要有以下几种行为方式：

①未经许可经营法律、行政法规规定的专营、专卖物品或者其他限制买卖的物品。为了保证市场正常秩序，在我国对一些有关国计民生、人们生命健康安全以及公共利益的物资实行限制经营买卖。只有经过批准，获取经营许可证后才能对之从事诸如收购、储存、运输、加工、批发、销售等经营活动，没有经过批准而擅自予以经营的，就属非法经营。所谓限制买卖物品，是指依规定不允许在市场上自由买卖的物品，如国家不允许自由买卖的重要生产资料和紧俏消费品、国家指定专门单位经营的物品，如烟草专卖品（卷烟、雪茄烟、烟丝、复烤烟卷烟纸、滤嘴棒、烟用丝束、烟草专用机械）、外汇、金银及其制品、金银工艺品、珠宝及贵重药材等。所有这些都是国家为调控特定物品的经营市场而作的特殊规定，非经许可即经营限制买卖的物品，给国家限制买卖物品市场造成了很大的混乱。

②买卖进出口许可证、进出口原产地证明以及其他法律、法规规定的经营许可证或者批准文件。经营许可证或者有关批准文件，是持有人进行该项经济活动合法性的有效凭证，无之则就属于非法经营。一些不法分子本来没有经营国家限制买卖物品的资格，无法获取有关经营许可证件或者批准文件，便从他人处购买甚或伪造经营许可证或批准文件，企图逃避检查、制裁。此种行为直接促使了情节严重的非法经营国家限制买卖物品的活动泛滥，具有相当大的危害性，因此，亦应以刑罚予以惩治。进出口许可证由国务院对外经济贸易管理部门及其授权机构签发，不仅是对外贸易经营着合法进行对外贸易活动的合法证明，也是国家对进出口货物、技术进行管理的一种重要凭证。进出口原产地证明，是指用来证明进出口货物、技术原产地属于某国或某地区的有效凭证。所谓其他法律、行政法规规定的经营许可证或者批准文件，一般是指对限制买卖物品的经营许可证件或批准文件。如烟草专卖许可证包括烟草专卖生产许可证、烟草专卖经营许可证、准运证。

③未经国家有关主管部门批准，非法经营证券、期货、保险业务，或者非法从事资金支付结算业务。

④其他严重扰乱市场秩序的非法经营行为，如非法买卖外汇、非法经营出版物、非法经营电信业务、在生产、销售的饲料中添加盐酸克伦特罗等禁止在饲料

和动物饮用水中使用的物品、非法经营互联网业务、非法经营彩票。

【化解对策】

本罪的刑事违法性与其行政违法性是一致的，也就是说非法经营者必然违反有关的工商行政法规，没有行政违法性就不存在刑事违法性。在我国目前行政经济法规不很健全的情况下，考察某一经营行为是否违反国家规定，一定要把国家政策的精神吃透，对既不宜提倡、也不宜急于取缔的，要因势利导，使其向有利于社会的方向发展，不轻易作犯罪处理。

本罪在主观上要求行为人必须是出于故意，对于因不知其为非法而进行非法经营的，不认为构成本罪，而只能给予行为人以行政处罚。

本罪在犯罪情节上要求情节严重的才构成犯罪，而认定情节是否严重，应以非法经营额和所得额为起点，并且要结合行为人是否实施了非法经营行为，是否给国家造成重大损失或者引起其他严重后果，是否经行政处罚后仍不悔改等来判断。

构成本罪的前提是违反国家规定，因此了解《刑法》中的"国家规定"便可以远离非法经营罪。《刑法》中违反"国家规定"是指违反全国人民代表大会及其常务委员会制定的法律和决定，国务院制定的行政法规、规定的行政措施、发布的决定和命令。其中以国务院办公厅名义制发的文件，符合以下条件的视为《刑法》中的"国家规定"：一是有明确的法律依据或者同相关行政法规不相抵触；二是国务院常务会讨论通过或者国务院批准；三是在国务院公报上公开发布。

第十节　涉产品质量犯罪风险

【要点提示】

引用国际标准化组织制订的国际标准——《质量管理和质量保证——术语》（ISO 8402—1994）中的概念，产品质量是指产品"反映实体满足明确和隐含需要的能力和特性的总和"。具体包括产品结构、性能、精度、纯度、机械和物理性能以及化学成分等内在的质量特性，亦包括外观、形状、手感、色泽、气味等外部质量特性。这些质量特性的内容主要包括：产品的适用范围；产品的品种、规格和结构形式；产品的主要性能；产品的试验、检验和验收规则；产品的包装、储存和运输等方面的要求。

我国现行规范产品质量的法律范围很广，主要包括：产品质量法、标准化法、药品管理法、食品安全法等。设计产品质量的法律风险也非常广泛，限于篇幅的原因，本节着重就产品质量引起的刑事风险进行分析。

我国《刑法》第一百四十条规定，"生产者、销售者在产品中掺杂、掺假，以假充真，以次充好或者以不合格产品冒充合格产品，销售金额 5 万元以上不满 20 万元的，处 2 年以下有期徒刑或者拘役，并处或者单处销售金额 50% 以上二倍以下罚金；销售金额 20 万元以上不满 50 万元的，处 2 年以上 7 年以下有期徒刑，并处销售金额 50% 以上二倍以下罚金；销售金额 50 万元以上不满 200 万元的，处 7 年以上有期徒刑，并处销售金额 50% 以上二倍以下罚金；销售金额 200 万元以上的，处 15 年有期徒刑或者无期徒刑，并处销售金额 50% 以上二倍以下罚金或者没收财产。"

【相关案例】

2008 年 3 月—2012 年 4 月，被告人曹某在无白酒生产资质和不符合生产食品卫生条件的情况下，在其租用的原无锡市滨湖区某路农机厂附近一仓库内以及无锡市滨湖区某路口的一仓库内，采用直接将自来水及食品添加剂掺加进食用酒精的方法生产不合格散装白酒。后被告人郭某、李某、马某、陈某在明知被告人曹某销售的散装白酒系既无任何标签、标识，也无质量合格证明的不合格产品的情况下，仍向曹某购买上述白酒共计 92230 千克，货值共计人民币 301750 元，并在各自经营的烟酒店对外销售。此外，被告人曹某还将其生产的上述不合格散装白酒共计 9000 千克通过其妻子被告人熊某经营的新区 I 商城经营部进行销售，销售金额共计人民币 58000 元。

根据最高人民法院、最高人民检察院《关于办理生产、销售伪劣商品刑事案件具体应用法律若干问题的解释》第一条的规定，"不合格产品"是指"不符合《中华人民共和国产品质量法》第二十六条第二款规定的质量要求的产品"。而《中华人民共和国产品质量法》第二十六条第二款第一项规定产品质量必须"不存在危及人身、财产安全的不合理的危险，有保障人体健康和人身、财产安全的国家标准、行业标准的，应当符合该标准"。可见，被告人曹某所生产的散装白酒，必须符合白酒生产、销售的相关国家标准、行业标准。就白酒的生产而言，《白酒厂卫生规范》（GB 8951—1988）等国家标准对白酒的生产环境作出了严格的规定，被告人曹某勾兑白酒的地点显然不符合这一要求；就白酒的销售而言，《白酒检验规则和标志、包装、运输、储存》（GB/T 10346—2006）、《饮料酒标签标准》（GB 10344—1989）等国家标准都要求白酒在出厂时于包装上必须要有产品品名、生产日期、保质期、生产地址、原料与配料等有关信息的标签标识，且附有产品质量检测合格证明，而曹某在销售其勾兑的散装白酒时，既没有在包装上附着有标签标识，更没有随附产品质量检测合格证明。

综上所述，被告人曹某生产、销售的散装白酒不符合相关国家标准，属于《刑法》中规定的不合格产品。后被告人曹某因犯生产、销售伪劣产品罪，被滨湖区人民法院判处有期徒刑 2 年，并处罚金人民币 20 万元。

【风险提示】

1. 连带赔偿责任的法律风险

我国《产品质量法》规定，产品质量侵权的受害者可以向生产者要求赔偿，也可以向销售者要求赔偿。生产者和销售者承担连带赔偿责任，也就是说如果产品质量事故是由于经销商运输、储藏不科学等原因造成的，生产者也可能要承担先期赔偿义务。所以生产企业承担的民事风险是显而易见的。

2. 刑事处罚企业的决策者和直接责任人员风险。

对于此类犯罪，企业决策者往往在产品质量的源头上容易产生麻痹和松懈的心理，迫于竞争压力，将行业内不成文的规矩作为自己的准则，将国家法律法规置于不顾，殊不知，一旦被查处，法不责众的托词根本无法作为辩解的理由。特别是食品、药品生产单位，要从采购原料作为起点，严格依照《药品管理法》、《食品安全法》等相关法律作为自己的行动准则，树立起"除法律外无其他行规"的意识，将法律规范及国家标准贯穿整个生产销售的始终。

3. 经济处罚

对中小型企而言，创业是艰难的，但是守业更难。面对日益严酷的竞争环境，如果在思想上有所松懈，放松了对产品质量的坚持，那么一旦发生产品质量风险，首先要承担高额的民事赔偿，更要承担巨额的刑事罚金。而处罚的后果往往就是企业无力赔偿民事损失，更无力缴纳刑事罚金，即便是原来实力雄厚的企业，在产品质量纠纷过后，也会因为商业信誉的丧失而逐步推出市场。

【化解对策】

第一，决策者树立产品质量意识，特别是涉及国计民生的食品药品企业，更要树立产品质量就是企业生命的意识。以法律规定的质量为原则，不把行业内的潜规则作为降低产品质量的借口。

第二，强化企业法务部门的作用，关注企业的经营活动，搜集产品信息以及相关的标准、法律法规、政策计划等，建立有效的风险管理制度和风险管理办法。

第三，建立产品质量危机处理机制，积极处理，依法赔偿，妥善安置。

后 记

　　作为一名基层法院管理人，我此前未系统学习过管理学、组织行为学、人力资源管理学，更未系统学习过领导执行力和心理学。在多年的法院管理实践中，我深感现代社会转型对法院工作的要求越来越高，司法管理者的理念和素质必须与时俱进。2011 年，一个很偶然的契机，我有幸进入了中欧国际工商学院（中欧）EMBA 学习。

　　中欧 EMBA 设置的课程内容广泛，涉及管理学和领导执行力等方面的知识与技能。通过聆听教授们的授课和同学们的指教，我开阔了视野，更新了理念，学到了许多实务前沿的新知识：管理以人为本，制度先行，用睡莲模型指导设计工作，着重培育价值观；运营管理紧密围绕瓶颈控制，提高组织效率；财务管理重视现金为王、成本控制；人力资源管理注重战略与组织能力，建立员工能力、塑造员工思维、改进员工治理方式；培养合适的领导技巧和行为等。这些已经规范成熟的工商管理综合知识，对于科学管理法院、检验管理制度与措施、推动法院绩效管理更趋合理无疑有着借鉴作用，同时也为我提升自身领导管理水平奠定了一定的知识基础。

　　结合多年的法院管理经验，中欧 EMBA 学到的理论知识为我思考解决管理中遇到的实际问题提供了指引。例如，什么样的法院管理模式更符合审判实际；人案比的合理配置、法官的遴选管理与选拔模式在哪里；对期望理论反映出的绩效回报低的现象（职位与职级数限制、干警无提升空间等）如何改进；更为重要的是如何创新审判思路与工作方法，开展法院文化建设，塑造法院精神价值。我深信，将管理理论运用于实践，将有助于拓宽管理思路，为推动法院科学发展提供有力的支持。

　　市场经济是法治经济，中欧希望培养通经济、善管理、懂法律的复合型人才。因时间所限，中欧 EMBA 设置的商法课程只有短短 4 天，而在普通法学院校通常需要一个学期的时间。大多数无法学基础的同学只能掌握一些框架，但在课程交流中，他们对于《合同法》《物权法》《劳动合同法》等表现出颇为浓厚的兴趣，由此触发了我为班级、为同学们做些力所能及的司法服务的想法。所谓"创业艰难百战多"，企业从创设、生存到发展壮大非常不易，生产经营中常常会遭遇诸多法律风险：印章合同介绍信等管理不善、授权不慎重，订立合同及融资行为不规范等导致诉讼，劳资纠纷造成群体性事件，等等。如果企业管理者法律知识匮乏或危机应对经验不足，一个或多个法律风险往往就会给企业造成严重影响甚至是致命的打击。一个生动的案例就是：某年销售额达几十亿的企业，因资金链断裂后法律应对的缺失，短短 17 天就轰然倒塌，不得不令人扼腕叹息。为此，我有心将审判工作中遇到的法律风险案例以理性的眼光加以总结、分析、汇编，为经营管理者言说法律风险、避免友情损伤、预控企业损失、节约交易成本、预防和减少纠纷的产生。我想以《法官商谏》一书的编纂与出版，为即将到来的毕业留下一点纪念，并作为 EMBA11SH4 班的礼物献给中欧及校友们！

　　本书由我院部分中青年法官和辅导员共同撰写，第一章由张磊、唐玉、贺锡霞完成；第二章由徐贞、程鹏完成；第三章由周小舟、贾俊完成；第四章由包文炯、杨洋完成；第五章由周飞、彭云翔完成；第六章由丁国军、石志如完成；第七章由马毅萍、孙熠完成；第八章由潘云华完成；第九章由郁松、徐克兵、蔡晓琪完成。他们在承担繁重的司法审判任务的同时，充分利用业余时间，分工分类收集资料，对多种案例进行筛选总结，形成了企业法律风险提示与对策建议，陈文革、谷姝姝也为统稿及后续出版工作付出了大量的劳动。编纂不仅是练兵，也促进了学习与调研的互动，但由于才疏学浅，加之工作紧张、时间仓促、经验缺乏，不足之处在所难免，敬请同行批评指正。

　　对于此书的出版，我要感谢中欧的领导与老师们，朱晓明院长欣然为本书写序，陈杰平教授热情指点，赖卫东老师更是积极帮助联系出版事宜；Ellen 老师、黄伟老师、刘伟老师、陈宇铮老师在我两年的学习中给予了很多的关心与帮助。我要感谢中欧 EMBA11SH4 班及火星组同学们对我课程学习的指导，班委会同学的无私奉献让我感受到真挚的友谊。课题组王治卿、裔玉乾、张宏杰、杨建元的交流与帮助，对本书出版的支持，让我深深体会到团队合作的重要。尤其是张宏杰、李凤成、胡卿瑞、费莉、史央清、项东等同学挑战自我，投身戈壁挑战赛活动，实践"理想、行动、坚持"的拼搏奉献精神，深深激励着我，更激发着我敬业进取。我还要感谢 EMBA11SH6 班曹淑溇，她为本书的出版发行提出了专业的指导意见；感谢中欧出版集团易学君、胡峥峰两位先生，是他们的辛劳使本书能够早日面世。

无锡市滨湖区人民法院院长　王春年

2013 年 8 月

CEIBS | 中欧经管图书　名校典读丛书

伦敦商学院营销学教授、世界五大顶级营销演讲人之一
尼尔马利亚·库马尔（Nirmalya Kumar）

与您探讨
中国本土品牌走向世界的八大途径

ISBN：978-7-5047-4749-5
定价：48 元

哈佛大学名师、全盛资产董事会主席
罗伯特·C. 波曾（Robert C.Pozen）

智慧分享
经理人如何最高效地工作

ISBN：978-7-5047-4623-8
定价：46 元

未来研究院总裁及杰出院士、十年预测家
鲍勃·约翰森（Bob Johansen）

逻辑推断
未来成功领导者必须掌握的十大新技能

ISBN：978-7-5047-4625-2
定价：42 元

哈佛大学教育与行为学著名教授
克里斯·阿吉里斯（Chris Argyris）

为您解析
失调企业打破自设困境的三大刺激策略

ISBN：978-7-5047-4635-1
定价：42 元

前伦敦商学院院长，哈佛商学院副院长、中欧副院长兼教务长
约翰·奎尔奇（John A.Quelch）

带您领略
"地点"（Place）在商业营销活动中的神奇魔力

ISBN：978-7-5047-4431-9
定价：36 元

扫描二维码，了解更多中欧经管图书！
联系我们：lfannie@ceibs.cdu